鴻池幸武文楽批評集成

多田英俊　編著

大阪大学
出版会

鴻池幸武と吉田栄三　昭和一三年九月二一日
早稲田大隈会館庭園にて（吉田栄三自伝所載）

口絵　鴻池幸武自筆書入本

これは、昭和一八年三月二八日大阪堂島かごの楼にて、武智鉄二主催で行われた「古靱太夫を聴く会」に配布された小冊子（178×127㎜）の、鴻池幸武自筆書入がある紙面のみの影印である。この会について、『浄瑠璃雑誌』四一八（昭和一八年四月、七五頁）に「豊竹古靱大夫を聴く会」と題して詳細な記述があるので転載する（段組み箇所で省略のある読点は補った）。また、同誌四二〇（昭和一八年六月、巻頭）には、列席者の集合写真（および氏名）が掲載されており、鴻池も写っている。なお、口絵の後に翻字と補説を付した。

本誌同人武智鉄二氏は三菱銀行大阪支店長として今回来任せし熊坂弥造氏歓迎の意を兼ね、三月廿八日十三時堂島かごの楼に文楽座櫓下豊竹古靱大夫を聴く会を催したり、請待されたるは主として三菱系経済家、大阪市有数の名士三十幾名、本誌同人太宰博士、高安博士、鴻池幸武、大西重孝、林秀雄等綺羅星の如く並べば新に活字とせる語本（引用注…前記小冊子）が銘々に配布さる、武智氏は熊坂支店長並に一同に対し簡単に挨拶する所あり、熊坂氏は武智氏が事業界のために貢献せし処、及び絵画、浄瑠璃に関して尽瘁努力の多大なるを賞讃し而して天下の珍品古靱師の御殿、質店を聴き得る事を感謝すれば、古靱師は清六を伴い床上に顕われ、妹脊門松質店の段を語る各自手にせる活字本と対照一字一句も忽せにせず聞入る、一時間半余にして了演、暫く休憩。見台を取替え再び床上の人となり、今度は伽羅先代萩御殿を語る、是も冒頭より椽下迄、一冊丸ごかし（休息）配膳時節柄物資調達困難の中に於て万端整備到れり尽せり、満座歓を極め二十時頃解散せり、厳父正次郎氏は体躯偉大にして温容恰かも渋沢栄一の如し風格総理大臣として恥しからず、斡旋甚だ務められたるを感謝す。

古靱太夫を聴く會

昭和十八年三月二十八日

於 堂島かごの樓

染模様妹背門松　質店の段

解　説

明~~治~~和十四年十二月北堀江座初演、真世話語りの名人二代目豊竹此太夫の風を傳へる難曲である。作者は菅専助。俗に「皮足袋の久作」とも呼ばれ、その意見を中心に、相愛のお染久松の心中にまで到る経路に、お染や母親の眞情、市井の風俗描寫、白骨の御文章の技巧等を取入れた名作である。　古靱太夫としては昭和八年二月の文樂座興行の初役以来十年振りの所演で、當時の三味線は鶴澤友次郎であった。

一

うと伏し拝《おが》み〲久松連れて中庭から藏へ急ぐは假の牢、口には思ひ桐のとう、脊筋の紋の見へるまで見送るお染が手を引いて居間へ這入れば九ツの鐘かう〲と轟かす、胸も板縁そろ〲と忍び出でたる娘氣は戀路の闇のくらまぎれ、心は先へ飛石のつめたさ乙はさ、ふるはれて膝もわな〲やう〲とさぐり寄つたる藏の前、久松そこにか、つめたかろ、嘸《さぞ》寒かろといふ声も歯の根も合はぬふるい声、内にもそれと懐しさの顔さし出せど窓の細あやも涙の声ひそめ逢ひたかつたお染様、今生のあひ納《おさ》め、今一度お顔が見たけれど、心に任《まか》せぬ今宵の闇是まで忍び逢ふよさは、月夜を恨み闇の夜よ指をかぞへて待つた報《むく》ひ、かはす詞が暇乞《ひまごひ》、宵にみた夢の内自害して死だのは、もう魂は飛び出たしらせでかなござりましよ、諄《くどごと》なからお前はながらへ後弔《とむら》ふてといふ声も咽喉《のど》につまつてむせ返る、お染は窓に延上り、ヲヽ道理じや〲はいのふ、何の生きて居られうぞ、わしとても親々の心に背《そむ》く夫結《つまむす》び、ふり捨てゝ山家屋へたとへい

たとて人の口ゝアレアノ山家屋の嫁を見い可愛そふに久松が思ひ詰めて死んだのを見捨てゝ直す
ぐに嫁入りは大身代の山家屋で栄耀がしたさぢや、皆欲じや、厚皮頬《あつかはづら》の女《おなご》ぢやと大阪中に指さ
ゝれ人に憎くまれ笑はれて人交《ひとまじは》りがなろかいのふ、生恥をさらさふよりいとしいそなたと一時に
死んで未来の契《ちぎ》り楽しみ必ず呵《しか》ってたもんなと、くどき歎くも道理なる、アゝコレ声が高い、ア
レ仏前にも旦那の声お勤めが始まった、アノお声が聞き納《おさ》め、長々お世話になった上恩を仇な
なる此のしだら御赦《おゆる》しされて下さりませ、お梁様スリヤそふいふても御一所に、サイノ〳〵どふ
も生きては居られぬはいの、御尤《ごもっと》もでござりますそのお腹では〳〵なるほど生きては居られます
まい、エゝ悲しい事を言ひ出してたもる、五月《いつつき》こせば人の形二人が仲の奔走子《ほんそうご》、可愛や因果な
腹に宿って月日の光りも見ず、闇から闇に迷ふと思や身わしが砕けていぢらしいはいの〳〵ト入
ヲゝそうでござります、その子ばかりかお前も、そなたもこの世の名残りは真の闇所隔《へだ》てゝ

死ぬるとも未来は必ず一つ蓮《はちす》、引ゝ連立《つれだ》って参りますと内と外とに園原や、有《ある》とは見へて声はかり今を限りの暇乞《いとまごひ》、佛前には親太郎兵衛看経の声、殊勝なり、アレ〳〵久松夜明けも近いか元朝《がんてう》のお勤《つと》め、これからが白骨のお文様《さま》、そなたやわしや腹の子の未来の引導《いんどう》聴聞《てうもん》しや、それ人間の浮生《ふしやう》なる相をつらく観ずるに、おほよそはかなきものは此の世の始中終《しぢうじゆう》幻の如くなる一期《ご》なり、お文様お聞きなされませア〻お文に違ひはない、ア、思へば夢の一期でござりましたな、朝《あした》は紅顔あって夕《ゆふべ》には白骨となれる身なり、既に無常の風来りぬれば則《すな》はち二つの眼《まなこ》忽ちに閉じ、一つの息《いき》長く絶えぬれば紅顔空しく変じて桃李《とうり》の粧《よそほ》ひを失ひぬる時は大親眷族集って歎き悲しめども更にその甲斐《かひ》あるべからず、さてしもあるべき事ならねばとて、野外に送りて夜半の煙りとなし、果てぬれば只白骨のみぞ残れり、嘸《さぞ》あの通りに死んだ後では爺《とゝ》様《さん》か〻様の歎き悲しみ今見るやうでおいとしはい、コレ申し不孝を赦《ゆる》して下さんせへ、早く後生の一大

事を心にかけて阿弥陀佛を深く頼み参らせて念佛申すべきものなり、穴賢《あなかしこ》〳〵言含さぬど二人共
是が此の世のお別れと、わつと泣出すその中にも今死ぬる身の偽《いつは》りを誠《まこと》と思ひ親父様、寒かろ
けれど夜明まで此の藏に居てくれい、旦那に隠して夜明にはお家《いえ》が出して下さるはづ、二日の
朝は迎ひにくるといそ〳〵としていなしやつたが、死骸を在所へつれていて嘸《さぞ》や恨みの諄《くりごと》と思
へは悲しい〳〵と窓にくひ付き泣居たる、斯くとは知らず坪の内、何やら物音氣づかひと障
子ぐはらりと親太郎兵エ、そこに立つて居るは誰じや、アイわたしでござります、フウム〳〵お
染か、此の寒いに何して居《お》るサ、是はなアノヲヽそれ〳〵餘《あま》り炬燵《こたつ》の火がきつうて上氣したさ
かいで爰《こゝ》へ醒《さ》ましに、フムウそれでそこに居るか、アイ、そんならマアちよつと爰《こゝ》へこい〳〵
ハテサテ爰へこいふに、しる通り先度《せんど》のもや〳〵から内外《うちそと》のものや嬶《かゝ》が手前、子に甘いと言は
れふかと思ひ常住《ぜうじう》こはい顔してゐれど、心の内ではおりや何にも呵《しか》つて居やせぬぞよ、案じな

〳〵が我もむちやくちやと山家屋へいくはいやぢやそうなけれど、コリヤ義理のある嫁入り、言はいでも合點《がつてん》であろ、何かはおいて、媒人《なかうど》が西方の町のお年寄、今更変改《へんがい》してはこのお主《しゆ》の顔も立たず本家を粗末にすると言はれては太郎兵エ、人中《ひとなか》へ顔出しがならぬ、われも時分《じぶん》の娘じやもの、惚《ほれ》れ者もある、こそ〳〵とやつたこともあろ、それぢやてゝ叱《しか》りやせぬけれども

こうした訳じや程に、何んにもかも東堀へ流して、さつぱりと嫁入りしてくれ、アヽ同じ男を持たすなら好《す》いた者に添はしはせいで、むごい親じやと恨んでくれなよ、イヤモ恨むる分は何んぼ恨んでも憎くんでも構《かま》やせぬが、一筋な子供心で埒《らち》もないことやどして薗《その》八節《ぶし》やらの道行《ゆき》に語《かた》られるやうになつたらば、おりやモウ泣死《なきじに》にかな、するであろ、ナ、呑み込んだか、得《と》心《しん》したか、今御前《ごぜん》で戴いた白骨のお文《ふみ》は元朝と灰寄に戴く段、あの通りじや程に、生きてゐる間《ま》が花じや、死んで仕廻へば美しいその顔も、はでな形《なり》も只白骨のみぞ残れり、必ず〳〵ア

ノお文《ふみ》さまを灰寄せ読まさぬやうにしてくれよ、とこぼす涙は身に熱湯、只アイ〳〵と
ばかりにて延紙《のべがみ》のかずく泣きつくす、サア〳〵七ツでもあろふ、おれはそろ〳〵礼俯《れいそし》らへ、
猶でもつめと〻手をひかれ、鴛鴦《おし》の片羽《かたは》の別れ路《ぢ》や泣く音《ね》立てねどかり袖に包《つゝ》む涙に脇さむく
胸は冷せど是非《ぜひ》もなく伴《ともな》ひ内《うち》へ・

鴻池幸武

糸一つ〳〵ケシテ

うと伏し拝《おが》み〳〵久松連れて中庭から蔵へ急ぐは仮の牢、口には思ひ桐のとう、脊筋の紋の見へるまで見送るお染が手を引いて居間へ這入れば九ツの鐘かう〳〵と轟かす、胸も板椽そろ〳〵

セツキョウ　音遣と　絃の足

と忍び出でたる娘気は恋路の闇のくらまぎれ、心は先へ飛石のつめたさこはさ、ふるはれて膝

チイーン　撥遣　合　（一息〳〵）　と指　足　（ケス）

◎足取

もわな〳〵やう〳〵とさぐり寄つたる蔵の前、久松そこにか、つめたかろ、嘸《さぞ》寒かろといふ声も

フシ落の間　足

歯の根も合はぬふるい声、内にもそれと恋しさの顔さし出せど窓の網あやも涙の声ひそめ逢ひたかつたお染様、今生《こんぜう》のあひ納《おさ》め、今一度お顔が見たけれど、心に任《まか》せぬ今宵の闇是まで忍び逢ふよさは、月夜を恨み闇の夜よ指をかぞへて待つた報《むく》ひ、かはす詞が暇乞《ひとまごひ》、宵にみた夢の内

んで

自害して死だのは、もう魂は飛び出たしらせでかなござりましよ、諄《くりごと》ながらお前はながらへ後弔《とむら》ふてといふ声も咽喉《のど》につまつてむせ返る、お染は窓に延上り、◎チヽ道理じや〳〵はいのふ、何の生きて居られふぞ、わしとても親々の心に背《そむ》く夫結《つまむす》びふり捨てヽ山家屋へたとへい

糸スベテギンウケ風

たとて人の口、アレアノ 間ヲあケツメテ 山家屋の嫁を見い ツ（ケシテ） 可愛そふに久松が思ひ詰めて死んだのを見捨てゝ直《す》
ぐに嫁入りは大身代の山家屋で栄耀がしたさぢや、皆欲じや、厚皮面《あつかはづら》の女《おなご》ぢやと大阪中に指さ
ゝれ人に憎くまれ笑はれて人交《ひとまじは》りがなろかいのふ、生恥をさらさふよりいとしいそなたと一時に
死んで未来の契《ちぎ》り楽しみ 糸キメテ 必ず呵《しか》つてたもんなと、くどき歎くも道理なる、アヽコレ声が高い、ア
レ仏前にも旦那の声お勤めが始まつた、アノお声が聞き納《おさ》め、長々お世話になつた上恩を仇な
なる此のしだら御赦《おゆるし》されて下さりませ、お染様スリヤぞふいふても御一所に、サイノ〱ごふ
も生きては居られぬはいの、御尤《ごもつと》もでござりますそのお腹では、 息の間 なるほど生きては居られます
まい、ヱヽ悲しい事を言ひ出してたもる、五月《いつつき》こせば人の形 チ 二人が中の奔走子《ほんそうご》、可愛や因果な
腹に宿つて月日の光りも見ず、闇から闇に迷ふと思や身ふしが砕けて 十分 ナイテ 突込 カブセテ いぢらしいはいの〱、
チヽそうでござります、その子ばかりかお前も、そなたもこの世の名残りは真の闇所隔《へだ》てゝ

死ぬるとも未来は必ず一つ蓮《はちす》、チヽ〔カブセテ〕連立《つれだ》つて参りますと内と外とに園原や、有《あり》とは見へて声ばかり今を限り〔手厚く〕の暇乞《いとまごひ》、仏前には親太郎兵衛〔何気なく〕看経の声、殊勝なり、アレ〳〵久松夜明けも近いか元朝《がんてふ》のお勤《つと》め、これからが白骨のお文《ふみ》様、そなたやわしや腹の子の未来の引導聴聞《いんどうてうもん》しや、それ人間の浮生《ふしやう》なる相をつら〳〵観ずるに、おほよそはかなきものは此の世の始中終《しぢうじゆう》幻の如くなる一期《ご》なり、お染様お聞きなされませアノお文に違ひはない、アヽ思へば夢の一期でござりましたな、朝《あした》は紅顔あつて夕《ゆうべ》には白骨となれる身なり、既に無常の風来りぬれば則《すな》はち二つの眼《まなこ》忽ちに閉じ、一つの息《いき》長く絶えぬれば紅顔空しく変じて桃李《とうり》の粧《よそほ》ひを失ひぬる時は六親眷属《しんけんぞく》集つて歎き悲しめども更にその甲斐《かひ》あるべからず、さてしもあるべき事ならねばとて、野外に送りて夜半の煙りとなし、果てぬれば只白骨のみぞ残れり、嘸《さぞ》あの通りに死んだ後では爺様《とゝさん》かゝ様《さん》の歎き悲しみ今見るやうでおいとしはい、コレ申し不孝を赦《ゆる》して下さんせへ、早く後生の一大

事を心にかけて阿弥陀仏を深く頼み参らせて念仏申すべきものなり、穴賢《あなかしこ》〳〵言合されど二人共
走つて
是が此の世のお別れと、わつと泣出すその中にも今死ぬる身の偽《いつは》りを誠《まこと》と思ひ親父様、寒かろ
糸走つて
以下 マクッテ
けれど夜明まで此の蔵に居てくれい、旦那に隠して夜明にはお家《いえ》が出して下さるはづ、二日の
朝は迎ひにくるといそ〳〵としていなしやつたが、死骸を在所へつれていて嘸《さぞ》や恨みの諄《くりごと》と思
へは悲しい〳〵と窓にくひ付き泣居たる、斯くとは知らず坪の内、何やら物音気づかひと障
糸 ツメテタヽム
カスカニ
子ぐはらりと親太郎兵ヱ、そこに立つて居るは誰じや、アイわたしでござります、フウム〳〵お
一寸キメテ
笑をふくみ
染か、此の寒いに何して居《お》るサ、是はなアノチヽそれ〳〵余《あんま》り炬燵《こたつ》の火がきつうて上気したさ
かいで爰《こゝ》へ醒《さ》ましに、フムウそれでそこに居るか、アイ、そんならマアちよつと爰《こゝ》へこい〳〵
ハテサテ爰へこいふに、しる通り先度《せんど》のもや〳〵から内外《うちそと》のものや嬶《かゝ》が手前、子に甘いと言は
れふかと思ひ常住《ぜうじう》こはい顔してゐれど、心の内ではおりや何にも呵《しか》つて居やせぬぞよ、案じな
カハリ
ヤサシイ息デ

〳〵が我もむちやくちやと山家屋へいくはいやぢやそうなけれど、コレヤ義理のある嫁入り、言はいでも合点《がつてん》であろ、（サラツト）何かはおいて、媒人《なかうど》が両方の町のお年寄、今更変改《へんがい》してはこのお主《しゆ》の顔も立たず本家を粗末にすると言はれては太郎兵ヱ、人中《ひとなか》へ顔出しがならぬ。われも時分《じぶん》の娘じやもの、（定めて思わしことのあるであろ）惚《ほれ》れ者もあろ、こそ〳〵とやつたこともあろ、それぢやて丶呵《しか》りやせぬ、けれどもこうした訳じや程に、何んにもかも東堀へ流して、さつぱりと嫁入りしてくれ、（ヨ）ア丶同じ男を持たすなら好《す》いた者に添はしはせいで、むごい親じやと恨んでくれなよ、（ナイテ）（カハリ）イヤモ恨むる分は（サラツト）何んぼ恨んでも憎くんでも構《かま》やせぬが、（下へ）一筋な子供心で埒《らち》もないことやごして薗八節《そのぶし》とやらの道《みち》行《ゆき》に語《かた》られるやうになつたらば、おりやモウ泣死《なきしに》にかな、するであろ、ナ、（ヤサシク）呑み込んだか、得《とく》心《しん》したか、今御前《ごぜん》で戴いた白骨のお文《ふみ》は元朝《がんてふ》と灰寄せに戴く段、あの通りじや程に、生きてゐる間《ま》（アヒダ）が花じや、死んで仕廻へば美しいその顔も、はでな形《なり》も只白骨のみぞ残れり、必ず々々ア

肚デナイテ
ノお文《ふみ》さまを灰寄せ読まさぬやうにしてくれよ、とこぼす涙は身に熱湯、只アイ〳〵と
ばかりにて延紙《のべかみ》のかず〳〵泣きつくす、サア〳〵七ツでもあろふ、おれはそろ〳〵礼拵《れいこし》らへ、
糸ギンカヽリ
稲でもつめと、手をひかれ、鴛鴦《おし》の片羽《かたは》の別れ路《ぢ》や泣く音《ね》立てねごふり袖に包《つゝ》む涙に脇さむく
音
胸は冷せど是非《ぜひ》もなく伴《ともな》ひ内《うち》へ、ツウン
重く
テン〳〵
（カハツテ裏撥）

（補説）書入本の筆記者について

小冊子の最終ページに記された鴻池幸武の署名が、本人の自筆であるかどうかは、『浄瑠璃雑誌』で考えるならば、掲載「文楽評」のいくつかに記されている署名がその証左となる。当誌の署名は、四〇三、四〇四、四〇七、四一一、四一七の各号に存在するが、すべて完全に一致するので、初出の四〇三（昭和一六年一〇月）に掲載された署名を以後の各号へそのまま流用したものと断定できる。小冊子の署名は、それから約一年半後に記されたものであるが、比較対照すると、小冊子の方は私的な所持者表示であるためか、「鴻」字の旁の部分などに崩しが見られるものの、筆跡鑑定を行うまでもなく、本人のものであると特定できる。

床本詞章への書き込みについては、署名と比較対照すると、文字の色と太さから見て、同一の赤ペンを用いて記されたものであるとして問題はない。

加えて、この小冊子は鴻池幸武旧蔵書として古書店が入手したもので、その中には、鴻池幸武の蔵書印のあるもの、武智鉄二と共同で演出した、創造劇場第1回試演のパンフレット（昭和一五年五月）、さらには、鴻池幸武からの寄贈書に対する本人宛礼状などが含まれている。

以上の諸点から、小冊子の署名および書き込みは鴻池幸武本人によるものであり、小冊子自体も鴻池幸武本人が所蔵していたものであると、結論付けることができる。

※この小冊子は、『伽羅先代萩』「御殿」ならびに『染模様妹背門松』「質店」の床本（解説を含む）であるが、詞章への書入があるのは「質店」の奥に当たる箇所、通称「蔵前」の部分のみである（なお、当日の奏演順は「質店」が先）。他に書入がない理由や、書入が当座の筆記か事後のものかについては、判断する材料が見当たらず不明である。

鴻池幸武文楽批評集成

VITAM
IMPENDERE
VERO

Decimus Junius Juvenalis

目次

第二部　鴻池幸武文楽批評集……55

序

口伝は師匠に有り
稽古は花鳥風月に在り

竹本筑後掾

第一部

鴻池幸武による「文楽評」の成立

――背景と特徴分析――

はじめに

鴻池幸武（一九一四〜一九四五）は、昭和一〇年代に精力的に活躍した文楽・浄瑠璃義太夫節研究家である。昭和二〇年春、出征先のフィリピンにて三〇歳の若さで戦死したため、その研究活動は大成を見ることなく終止符を打たれた。芸に対する鴻池の態度は厳しく、「若し彼が健在なら、現代の文楽の芸人のすべて、及び歌舞伎役者の大部分は、その生存をすら許されなかったのではないだろうか」(1)とは、鴻池の二歳年上の畏友であり、昭和の終焉まで生きた演出家・演劇評論家、武智鉄二（一九一二〜一九八八）の言である。

夭折した鴻池幸武であるが、現在に至るまで高く評価されている仕事を残した。『吉田栄三自伝』(2)および『道八芸談』(3)の上梓である。ともに、人形浄瑠璃文楽における名人の芸談を聞き書きしたもので、明治大正期における文楽の輝かしい歴史を辿る上で、極めて重要な資料となっている。とはいえ、聞き書きである以上、そこには鴻池幸武自身の批評文は記されていない。文楽・浄瑠璃義太夫節に関して鴻池が執筆した批評のほとんどは各種芸能雑誌・新聞に掲載されたものであり、今日では閲覧困難な誌（紙）上に執筆したものも相当量ある。すなわち、その全容を明らかにするには、それら掲載文を統合し分析する作業が必要となるのである。本書は、約一〇年というごく短い期間ながら、近代の人形浄瑠璃文楽を語る上で大きな足跡を残した、鴻池幸武の「文楽評」（劇評を中心とするが、文楽とりわけ浄瑠璃義太夫節に言及した文章も含む）について、これまで行われていなかった総合的な考察を試みるものである。

なお、本文および注における記載は、引用を含めすべて新字新仮名遣いとし、総ルビは省略した。ただし、浄瑠璃詞章は旧仮名遣いのままとした。また、第二部所収の「文楽評」に言及する場合は、目次と同じ通し番号を囲み数字で示した。

一　鴻池幸武と「文楽」

鴻池幸武が文楽・浄瑠璃義太夫節研究家となった背景には、二人の人物の存在を忘れてはならない。一人は実父の鴻池善右衛門幸方であり、もう一人は師事した石割松太郎である。

父の鴻池幸方（一八六五〜一九三一）は、近世以来大阪の代表的富豪とされる鴻池善右衛門の一一代当主である。彼は義太夫節に深く関わり、別荘で躑躅の宴を設けた際に余興として文楽座の人気太夫を招いて語らせたという話が、『道八芸談』の「はしがき」に記されている。もちろん、当時のいわゆる旦那衆の多くは自身で義太夫節を語ったし、文楽界のパトロンとして自他共に任じていたが、贔屓の文楽太夫に対し、私財を投じてSPレコードに吹き込みをさせる[26]など、善右衛門幸方の徹底した姿勢は他に例を見ないものであった。彼の四男として大正三年に誕生した鴻池幸武は、当然そのような父の影響を大きく受け、まだ小学生であった大正の末年に、初めて人形浄瑠璃文楽座の舞台を鑑賞しているし[1]、ラジオ放送開始とともに放送番組の統計を取りながら、受信機から流れてくる義太夫節も聴いていた[52]。義太夫節には、父が所有するレコードでそれ以前に慣れ親しんでもいた。このような基盤の上に、前述の宴席余興の際には、三味線を弾いた鶴沢道八と知り合い親交を深めた。それが一六年後に『道八芸談』として結実することになるのである。

石割松太郎（一八八一〜一九三六）には、早稲田大学文学部国文学科入学後に師事した。石割は大阪毎日新聞社で文楽等の劇評を担当していたが、昭和七年に母校早大の講師となり、浄瑠璃を中心とする江戸文芸を教授していた。鴻池幸武は石割の下で文楽・浄瑠璃義太夫節の研究を進め、昭和一一年に石割が逝去した際には、門下生としてその葬儀、追悼法会、納骨に参列した[4]。形見分けの際には、師の未発表原稿をもらい受けている[5]。この師弟関係について、武智鉄二は「鴻池さんは早稲田に学び、石割松太郎氏の薫陶を受けた。石割氏は義太夫節の『風《ふう》』というものに着目した最初の学者であり、鴻池さんも『風』に関する造詣は甚だ深い」[6]と言及している。実際、鴻池は早大卒業後早稲田大学演劇博物館の嘱託として勤務し[7]、文楽・浄瑠璃義太夫節の研究に専念する。そして、勤務の翌年には『吉田栄三自伝』を出版するに至るのである。石割を師としたことによる、文楽座三業との交友の広がりは、当時の太夫三巨頭の一人と目され後に櫓下となり戦後山城少掾を受領した、二世豊竹古靱太夫一人を取り上げても明らかである。先年、古靱太夫から鴻池幸武へ宛てた書簡が発見され[8]、浄瑠璃史上の名跡や曲目に関する鴻池の質問に、古靱がその博識を以て答えているが、二人の交流には、石割と古靱との親交がその前提として存在していたのである[9]。

鴻池家という金看板を背負い、斯界における幅広い人脈を有し、人形浄瑠璃文楽の聞き巧者、見巧者である鴻池幸武は、文楽・浄瑠璃義太夫節研究家となるに相応しい資質と環境を備えていた。実際、学識に裏付けられた辛辣ながら的を射た批評によって、二〇歳代の若さながら、文楽・浄瑠璃義太夫節研究家として揺るぎない地位を築き上げていくのである[10]。

二　鴻池幸武による「文楽評」の成立過程

鴻池幸武の「文楽評」は、彼の文楽・浄瑠璃義太夫節研究家としての活動がわずか七年余に限られるとはいえ、その多くが月刊誌掲載であったこともあり、相当数が存在する。そこで、すべての「文楽評」を時系列順の一覧にまとめて番号を付すとともに、掲載誌（紙）別の表を作成して検討を加えた結果、鴻池幸武の「文楽評」は大きく三期に分けることが妥当であると判断した。

第一期　習練期

第一期に属する「文楽評」は、『浄瑠璃時報』一本（昭和一一年二月）、『演芸画報』二本（昭和一四年二月、昭和一四年五月）、『上方』一本（昭和一四年二月）、さらに、鴻池幸武の死後に発見され昭和一一年八月三日と記載のある、『観照』一本（昭和二四年八月）の計五本ある。発行の拠点は前二誌（紙）が東京である。鴻池家の御曹司にして、石割松太郎を師とする早稲田の学生、研究家として頭角を現し、『吉田栄三自伝』を出版するに至る、文楽・浄瑠璃義太夫節研究家として注目を集め始めた時期に相当するものである。

『浄瑠璃時報』は月二回発行の新聞であるが、戦前昭和初期に集中して数多く発刊されていた文楽・浄瑠璃義太夫節関係雑誌類の一つとみてよい。記事の最後に昭和一一年二月九日とあり、この時期の鴻池幸武は早稲田大学四年生であり、次年度からは早稲田大学演劇博物館に嘱託として勤務することになるが、それ以上に、師事していた石割松太郎が持病をこじらせ、四ヶ月後の六月末に亡くなるという、いわば師の代役的位置にあった時期ととらえることが重要である。加えて、「吉田扇太郎丈の長逝を悼みて」(1)との題から明らかなように、この青年人形遣いの急逝を惜しむ内容ゆえ、その師である名人吉田栄三の芸に言及することも多く、この二年後に『吉田栄三自伝』を書き上げたことが思い合わされる。鴻池幸武が署名記事を書くことにより、自ら人形浄瑠璃文楽批評の第一歩を示したものと判断してよいであろう。

その内容は、故人の芸を偲ぶことが中心になるのは当然として、具体的にカシラの種類ごとに詳細な考察を行い、文楽座の実情に触れたりライバル関係にあった桐竹紋十郎の芸との比較をするなど、人形に限定されてはいるが、「文楽評」として読む価値の高いものとなっている。舞台を見る目がすでに養われていたことは、『吉田栄三自伝』にも活かされることになる。

『演芸画報』は、明治四〇年に創刊され昭和一八年戦争激化にともなう雑誌統合により廃刊されるまで三七年間に総発刊冊数四四〇を数え、当時最も著名で最大の勢力を誇った演劇雑誌である。ここで劇評の筆を揮うことは、名実ともに演劇評論家としての地位を確立することを意味する。鴻池幸武は、「初春の文楽座」（4）ならびに「花見月の文楽」（5）と、大阪文楽座における一月公演と四月公演の「文楽評」が、立て続けに掲載となった。鴻池は、前年一一月に『吉田栄三自伝』を出版し、早稲田大学演劇博物館嘱託としても勤務しており、石割の後継者たる文楽・浄瑠璃義太夫節研究家として認知されたと考えられよう[11]。

　連載二本はまさに劇評そのもので、後年「熱すると稍もすれば辛辣になり勝ちで、喧嘩腰に似て来る」（36・307、七頁）[12]と自認する筆法が早くも現れている。また、狂言の建て方と役割についての所論や、明治初期から大正までの名人に加え歌舞伎役者の芸にも言及するなど、演目に沿って単に演者の良し悪しを羅列するのではない、文楽・浄瑠璃義太夫節研究家鴻池幸武としての姿が如実に現れたものでもある。その一方で、やはりそれが習練期に属するものであることは、単に経験年数的なものだけではなく、武智鉄二や『浄瑠璃雑誌』との出会いが、鴻池の「文楽評」確立に必要不可欠であったからである。右の自認箇所直前に「演芸画報の各位はお名前さえも伺いはじめ」と、このわずか二年半後には『演芸画報』と関係が疎遠になっていたように、ここを批評活動の場とすることはなかった[13]。東京を拠点とする雑誌と距離を置く結果になったことは、次に述べる第二期（確立期）での批評活動と密接に関わりがあるのである。

　大阪を拠点とする『上方』に掲載された「豊沢団平の操史の存在意義」（3）は、文楽三味線豊沢団平を研究の主題としている。冒頭において、故師石割松太郎による研究の方法論が示され、その研究とは近世人形浄瑠璃の実際の討究で未完成のままであり、鴻池が取り組もうとする豊沢団平の研究は、その重要なブロックをなすものであることが、自身の論の前提として述べられている。鴻池幸武の研究家としての姿勢が、すでに確立しているのである。豊沢団平は、鴻池幸武の「文楽評」において、浄瑠璃義太夫節の価値基準をなす最重要人物であるが、これに関しては後に一項を設けて詳述する。ここでは、上方文化に対し影響力を及ぼしてきた財閥鴻池家の御曹司にして、新進の文楽・浄瑠璃義太夫節研究家という立ち位置が認識されていた結果、上方郷土研究会員であった彼に執筆が依頼されたという点と、「郷土芸術追憶号」でありながら、人形浄瑠璃文楽についての一般読者に馴染み深い話題ではなく、自らの批評の原点となる事柄に関して詳述し、この時期すでに堂々たる論陣を張るに至っていたこと、さらに、これまで誰一人としてなし得なかった文楽三味線の研究に、方向性を定めて取り掛かっていた事実を押さえておく必要がある。

もう一本、『観照』に掲載された「幕内秘録㈢」[2][14]は、鴻池幸武が故師石割松太郎の後継者であることを如実に示したところに、最大の特徴がある。内容は、石割が「何となく耳にした幕内の話で、発表の出来ない面白いこと、おかしいこと、劇壇の出来事を書いておく。[15]」と記した、その形を引き継いだもので、歌舞伎役者を中心としたかなり際どい話が、二〇〇〇字前後の字数で数項目補綴されている。「今後種々劇界に関係せんとする小生、先生の志を継ぎ、此筆を続けんと思い立」（[2]・62、一〇頁）とあるように、早大卒業を前にして、引き続き文楽・浄瑠璃義太夫節研究家としての道を歩もうとする姿勢も感じられる。前記『上方』より二年半前、最初の「文楽評」から半年後という早い時期に、自身の口から直接に石割の後継者宣言が発せられていることを、編著者が今回初めて確認したことになる。加えて、石割の場合、経歴や年齢からして、劇界の裏話を聞き貯めていたことは自然に了解されるものの、二二歳になったばかりの鴻池が、数点とはいえ知り得ていたという事実は、やはり、鴻池家の御曹司という側面と、石割松太郎を師とする研究家であるという側面とが、彼を特徴付けるものであることを証明している。

第二期　確立期

第二期には、武智鉄二の個人編集・発行による雑誌、『劇評』に執筆した「文楽評」七本を主体として、『浄瑠璃雑誌』の同人となり精力的に執筆を始めた頃の「文楽評」六本（『劇評』再掲分は除く）が属する。

他に、『紀元二千六百年』への寄稿一本がある。

『劇評』は、昭和一四年四月に創刊され昭和一五年三月に廃刊となるまで、月刊誌として一二冊発行された。鴻池幸武は、昭和一四年七月の第四劇評集から廃刊時まで八本の原稿を提供しているが、そのうち「文楽評」に関わるのは七本である。このわずか一年間が、鴻池にとっては決定的な意味を持つ。それは、鴻池自身の文楽・浄瑠璃義太夫節研究の方向性が定まり、武智鉄二と肝胆相照らす関係となり、武智の理論確立に多大な影響を与えるまでになったことである。中でも、浄瑠璃義太夫節において「風」を最重要としたこと、文楽界において豊竹古靱太夫を中核となす太夫としたこと、その語り口に近代性という一つの方向性を与えたことは、結果的に、鴻池の戦死により武智と山城の関係においてそれらが確立することになったものの、鴻池が武智と組むことにより、戦後文楽の有り様を決定付けたと考えて間違いない。(16)

『浄瑠璃雑誌』は、明治三二年の発刊以来、素人義太夫の趣味誌として長らくその命脈を保っていたが、昭和一四年一〇月をもって、浄瑠璃義太夫節に関する舌鋒鋭い批評を主眼とした演劇評論誌へと変貌した。その姿勢は、鴻池・武智を含む同人一同による巻頭宣言からも明白で、(17)『劇評』において精力的な批評活動を行っていた、鴻池および武智を同人として招いた結果である。実際、『劇評』への寄稿によって確固たるものになった鴻池の「文楽評」は、そのうちの二本が同人改組した『浄瑠璃雑誌』へそのまま転載され、その辛辣な批評が文楽の三業に衝撃を与えることになる。(18)厳しく批判された芸人にとっては、自己の存在を否定されたかのように感じられる、これまでのいわゆる評判記とは性格をまったく異にした、革命的な劇評なのであった。このことは、文楽の近代化にとっても大きな出来事であった。なお、この遠慮会釈のない筆致は、他の雑誌や批評家、とりわけ東京のそれと確執をもたらすことになった。前述の同人改組には、関東の同人を加えるという大きな変更点も含んでいたが、鴻池と武智を中心とした新進気鋭の若手による、学究的で緻密かつ理路整然たる批評、芸術的理想の下に一切の妥協を廃した批判精神こそ、新生『浄瑠璃雑誌』の評論本体であると見なされ、在京の名士たる評論子から反発や攻撃を受けるに至ったのである。[19]

このように、鴻池および武智は『劇評』と『浄瑠璃雑誌』双方を批評活動の場としていたが、演劇の戦時体制を批判し風刺した『劇評』を当局が問題視するに至ったこと、『劇評』発行の経済的負担が厳しくなったことにより、『劇評』は廃刊となった。[20]それ以降、鴻池はその最後（応召され戦死）に至るまで、『浄瑠璃雑誌』に「文楽評」を書き続けることになるのである。

『劇評』への最初の寄稿である「浄瑠璃の「風」に就いて」[6]は、鴻池の批評基準となる「風」を提示しつつ、石割松太郎の後継者としての立場を鮮明にし、研究家として学問的裏付けを伴った「文楽評」を書くことにより、これまで主流であった各雑誌・新聞の印象的観劇評とは一線を画すものとなっている。また、「古靭の「寺子屋」」[8]という、語り場一段を聞き込み、詞章を丁寧に踏まえて丸々詳細に分析した評言は、幼少時から慣れ親しんだ耳と、早稲田での文楽・浄瑠璃義太夫節研究との賜物であり、鴻池にしか書けないものである。さらに、武智との「対談」[22]と言う形式での合評も、単なる太夫と三味線の奏演評にとどまらず、互いに文楽評論家としての立ち位置を確認しながら、辛辣かつ妥協のない議論を戦わせている。その際、鴻池が常に語り弾く際の具体的な用語に言及していることに、とりわけ注目する必要がある。加えて、「中村章景の思い出」[16]は、「中村章景追悼の頁」に書かれた、親友の歌舞伎役者の死を悼む内容であるが（なお、鴻池は一六頁に及ぶ「中村章景年譜」も編集している）、そこには、丸本歌舞伎を演ずるに際しての、浄瑠璃義太夫節に対する造詣とそれに基づいた厳格な稽古の必要性が、中村章景の役作りという具体的エピソードを記しながら主張されている。以上の内容は、浄瑠璃の「風」と密接に関わるものであり、浄瑠璃義太夫節を核とする文楽を歌舞伎から厳然と区別することにもなるのである。

『浄瑠璃雑誌』にあっては、「風」を中心とした音曲的伝承と高い芸術性を要求する姿勢が、「文字太夫君へ」[10]において典型的に見られる。この批評態度は合評記においても貫かれており、鴻池幸武の「文楽評」

を他に対して際立たせる結果となっている。その中にあって、「富小路喜八郎の歿年に就いて」[13]は、鴻池幸武の文楽・浄瑠璃義太夫節研究家としての側面を最も明確に表しており、各資料を横断しながら筋道を立てて論じていく筆法は、彼自身が研究課題とした、文楽の三味線に関する学術論文の一端として、この評論を読むことを可能にしている。

この二誌のほかには、『紀元二千六百年』に寄稿した「人形浄瑠璃に就いて」[15]がある。これは、雑誌名と題名からすると、日本を代表する伝統芸能人形浄瑠璃を称揚し、それを啓蒙する内容と予想される。ところが、鴻池はまず文楽座の人形浄瑠璃のみが芸術的価値を有すると断言し、中でも浄瑠璃義太夫節の曲風と、三味線豊沢団平の研究とが最も重要であると記している。寄稿の最後を、芸人が本格的な芸を目標に精進するか否かで、後援庇護するか批判糾弾するかが決せられると結んでいるのは、鴻池自身の「文楽評」のあり方をそのまま表明したものと言えよう。ここには、批評家と研究家という鴻池幸武が有した二つの側面が、人形浄瑠璃という一般的テーマを前に、自身の理想を追究する形で現れているのである。なお、この雑誌は内閣紀元二千六百年祝典事務局が共同編集に加わり、執筆者陣も帝大教授や「新日本音楽の大家」と紹介されている宮城道雄等が名を連ねているところからして、この時期には、鴻池幸武が文楽・浄瑠璃義太夫節研究家として公的に認知されていたと見てよい。

第三期　完成期

第三期には、『劇評』廃刊後、前述の新生『浄瑠璃雑誌』を活躍の場として、精力的な批評活動を行い、文楽座本公演のたびにその評が掲載され、武智と並んで文字通り雑誌の顔となった、三年間三二本（再掲分を除く）の「文楽評」が該当する。この第三期、三〇歳で応召され戦没した鴻池にとっては、むしろ未完の終期と称すべきかもしれないが、劇評に関して言えば、質量ともに比類なく、取り扱った対象も多岐にわたり、文字通り頂点に達していた。『浄瑠璃雑誌』は、昭和一六年八月発行の四〇一号において再び同人改組が行われ、素人義太夫界や他雑誌の関係者が排除されるなど、人形浄瑠璃の批評と研究に絞り込んだ雑誌となり(21)、その中で鴻池幸武の存在はますます大きくなった。実際、鴻池最後の評が掲載された後、厳しさを増す戦局の中、『浄瑠璃雑誌』も残り一年半で六号を発行して廃刊となる。劇評も、文楽評切抜帳という形となって主体性を保ち得なかった。その意味からすれば、学究的演劇評論誌として再出発した『浄瑠璃雑誌』は、鴻池幸武の「文楽評」が掲載されることで、その目的を達したのであり、一応の完成形を示したと見てよい。鴻池のこの時期の劇評を完成期とするのも、発表の場所を得て思う存分筆を揮うことができたことに加え(22)、掲載誌のそれと呼応しているからなのである。

『浄瑠璃雑誌』掲載の完成期「文楽評」群は、それだけに内容も充実している。それを示す顕著な例として、前述確立期における「古靱の「寺子屋」」8と、それより約三年後に書かれた「道明寺聞書」49を比較してみる。両者ともに、豊竹古靱太夫の語った三大狂言の切場に関する詳細な分析評であるが、後者は字数にして三倍、かつ、語りの節章や三味線のツボに随所で言及し、実演者の芸談に匹敵する専門的な内容を含んでいる。特筆すべきなのは、後者が「風」に言及していることで、しかも一般論にとどまらず具体的に二世竹本政太夫の音遣いや語り口について記し、政太夫風とされる他の初段との比較も行っている。全体として、完成期におけるそれは、杉山其日庵（茂丸）の『浄瑠璃素人講釈』に見られる竹本摂津大掾や竹本大隅太夫等の芸談に基づいた、主観にとどまらない客観的な批評に類するものであり、今日ならば、音楽学研究者にして可能な専門性を備えている。鴻池は、書簡のやり取りをした豊竹古靱太夫、また、聞き書きを行った鶴沢道八などから、杉山同様の「口伝」を受けていたものと考えるのが妥当である。また、いわゆる観劇評にとどまらず、その批評の対象が多様化していることも重要である。これも一例を挙げると、「放送局の義大夫名曲選に就いて」32は、伝統芸能におけるマスメディア批評の先駆ととらえられるし、「文楽評の評」36

と「中央公論秋季特大号特輯グラフ『文楽』評」[39]は、東京における文楽批評へのメタ批評であって、従来にはないスタイルである。また、「新櫓下豊竹古靭大夫に寄す」[42]および「豊沢新左衛門追悼」[55]は、単に個人の技芸に言及するのではなく、文楽の伝統継承や芸術性を取り上げた大所高所からの批評であり、「因協会技芸奨励会審査」批判」[47]は、斯界内部にまで切り込んだ意欲的な姿勢が、他の批評人には見られないものとなっている。

ここで、もう一つ重要な点に触れておきたい。「大隅の『椎の木』――四月の文楽座――」[48]は、盟友武智の批評を以前から収載中の読売新聞に掲載された、「大隅の〝椎の木〟――（文楽座評）――」[45]を再録したものなのである[23]。鴻池自身の劇評が読売新聞に掲載されたことは、これまで趣味的な同人雑誌や専門的な演芸雑誌という狭い範囲の中にとどまっていた彼の存在が、一般の人々に知られることになったということを意味する。すなわち、鴻池家の御曹司である幸武が、文楽・浄瑠璃義太夫節研究家にして評論家であるという事実が世間に認知されたわけであり、画期的な出来事として特記されるのである。

今回、『浄瑠璃雑誌』中のコラムの一行記事を発見し[24]、これを端緒として、これまで一般的にはもちろん専門家の間でも知られていなかった戦前の読売新聞・関西版の存在を確認することができた[25]。読売新聞・関西版には「関西芸能」欄が設けられており、学術的意味からすると、各種芸能や芸能史を研究する上で新資料が発見される可能性は高い。加えて、図書館学の視点からすると、戦前に関西版が存在したという新事実は、図書館書誌データにおける基本的事項の書き換えを必須とすることとなる。読売新聞社および国立国会図書館による、戦前関西版の完全なマイクロフィルム化を切望するものである。本著の主題からは外れるが、重大な指摘となるので、ここに明記しておく。

さて、『浄瑠璃雑誌』掲載以外では、まず、創造劇場という若手歌舞伎俳優の研究団体[26]において、武智鉄二とともに共同演出した『絵本太功記』「十冊目」（尼ヶ崎の段）の上演パンフレットが大きな意味を持つ。

鴻池幸武は「院本劇「太功記十冊目」に就き」[25]において、今回の試みを院本劇としての上演と称し、正しい浄瑠璃義太夫節すなわち「風」こそが、劇の演出になると述べている。それは、従来の歌舞伎劇の約束を無視するものでもあった。「風」の絶対視がここでも明瞭に現出している。この試みが戦後のいわゆる武智歌舞伎につながるものであることは、論を俟たない。さらにここでは、鴻池と武智の関係にも注目したい。「地理的関係から鴻池氏が主としてせりふまわしや其他の技術上の指導と批判とを受持ち、遠隔地居住の私は作品や人物の解釈と、それに伴う仕科の決定とを受持った」[27]とあるように、まず、鴻池が東京を拠点、すなわち早稲田大学演劇博物館嘱託として研究活動を進めていることがわかる。また、地理的関係とはいえ、技術的な指導を鴻池が担当していたことは、「風」により演出を進めるということが実態を伴っていた証拠でもある。これは、鴻池が聞き巧者であり見巧者でもあったことも示している。この芝居を鑑賞した渥美清太郎（『演芸画報』およびその後身の『演劇界』編集者）が、「人形劇の研究の権威である鴻池幸武氏と、何物にも妨げられない自由辛辣な劇評集を毎月刊行して劇界を驚かしている武智鉄二氏とが共同で演出に従っていられる」[28]と書いていることも、二人が当時どのような人物として見られていたかを如実に示している。鴻池は、文楽・浄瑠璃義太夫節研究家として確かな地位を築いていたのである。

次は、『浄曲新報』の「『浪花女』の撮影に立会って」[29]で、鴻池が映画制作に関わった記事である。この映画は文楽三味線で明治期の大立者であった豊沢団平の妻お千賀をヒロインとしたもので、鴻池は監督溝口健二の求めに快く応じるばかりでなく、進んで協力を申し出て、調査資料や風俗写真などを提供し、撮影現場にも立ち会っている。鴻池幸武が文楽・浄瑠璃義太夫節研究家、とりわけ団平の研究者として認知されていた証拠である。[29]ここで鴻池は、団平研究こそが浄瑠璃義太夫節研究の核であることをあらためて力説し、その研究を遂行中であると述べている。第一期で宣言された研究家としての道を、着実に歩んでいたわけである。加えて、この映画が上演され、広く人々が団平の偉業を知り文楽人形浄瑠璃に親しむ契機となることを、自身の喜びとして述べており、いわゆる象牙の塔に立て籠もる学者輩とは一線を画している。これは、文楽・浄瑠璃義太夫節研究家としての鴻池幸武を正しく理解するためにも押さえておかなければならない。

最後に、『上方』一二一号（「文楽号」）に寄稿した「三味線の芸系について」[31]について言及する。まず冒頭で鴻池は、太夫・人形に比して三味線に関する評論や研究が皆無であることを述べ、最後に、豊沢団平の演奏を浄瑠璃義太夫節三味線の正格な目標であると締めくくっている。これは、第一期習練期以来一貫して自身の研究主題としてあった、豊沢団平の研究が画期的なものであることを再認識させる。続いて、題名の通り四家（鶴沢、野沢、竹沢、豊沢）の系譜を詳述しており、現代の研究は未だにその内容を質量ともに超えるものが存在しない。しかも、鴻池自身からして研究途上にあることを記しており、戦没することがなければ、文楽三味線に関する一大研究が完成していたに違いない。音楽学校から出た『日本音楽大年表』義太夫の部の続編を現代までまとめて刊行すべく、調査研究を進めていたという溝口健二の言及[30]も、文楽・浄瑠璃義太夫節研究家鴻池幸武の姿をとらえているものである。

このように、鴻池幸武の「文楽評」はいずれも、鴻池家の御曹司として幼少より文楽に親しんだ経験に基づき、聞き巧者であり見巧者である面と、早稲田時代を中心に培われた学究的思考ならびに知識に裏付けされた、文楽・浄瑠璃義太夫節研究家としての側面とが、当代一流の太夫・三味線ならびに人形遣いとの交流を通して、理想的な形で融合し花開き結実したものである。その批評群は、人形浄瑠璃文楽を様々な角度からとらえることとなり、「文楽評」としてはもちろん、近代文芸批評としても質量ともに充実した、優れた文学作品群を形成したものと言える。それでは、次章にて鴻池の「文楽評」を内容的に分類しながら、その全容を明らかにしていく。

三　鴻池幸武による「文楽評」の特異性

鴻池が「文楽評」において言及した内容を検討した結果、四点が浮かび上がったので、以下に詳述する。一つは鴻池が最重要視した「風」に関わるものであり、次はそれが実際の伝承と技芸において現れたとする彦六座への具体的言及である。三つ目は、幼少期から父の影響下にあって劇場通いやレコード鑑賞を通じて培われた、鴻池の優れた感性がとらえる音曲性の側面であり、最後は、それらの「文楽評」を特徴付ける、御曹司、研究家そして文学者としての各面である。論述に当たっては、根拠となる「文楽評」からの引用を、単なる羅列に終わらぬよう留意して適宜挿入した。

1　芸術としての文楽とその裏付けたる「風」

『浄瑠璃雑誌』が長らく素人義太夫の趣味誌であったように、文楽は古典的な大衆芸能として日常的に親しまれ、三業の芸についての評判も誌上でかしましかったが、いわゆる評論や批評と呼べるものは存在しなかった。それは、対象を評するにあたっての基準が確立していなかったためである。鴻池幸武は、美的価値の基準を「風」に置き、文楽を芸術としてとらえた。この方法は、学問上の師であった石割松太郎がすでに行っていたが[31]、鴻池は「風」において徹底した。武智鉄二も全面的に賛同し、戦後の文楽界において武智はこの立場から大きな影響力を発揮することになる。

鴻池はまず、狂言の建て方に対して、「もっと浄瑠璃の芸術的真価に対する考えに真剣さが欲しい」（4・72、三〇頁）と注文を付ける。これは、幕内の顔順あるいは客の人気といった現象的な面からではなく、浄瑠璃五段構成ならびに切場端場という、本質的なところでの組み立てを考えるべきとの提言である[32]。しかも、この発言は硬直した観念論ではなく、その直前部分で述べているように、現状のみどり狂言を認め、通し狂言に付物という人形浄瑠璃本来の建て方が出来ないのは仕方ないと、現実を見据えた柔軟なものなのである。この真剣さはまた、芸術たる文楽を批評する自らにも、「芸術批評に感情や利害が伴うてはなりません、これを排除し虚心坦懐一層忌憚ない芸評をする決心」（12・115、二頁）を課すこととなる。鴻池の、批評家としてのこのあり方は、次の文面に最も具体的な形で表現されている。

兎に角お客の態度の芸への影響は古来甚大なものとされているから、何としても何等かの形に於いて厳格正統な評言を呈するお客が沢山出来なければ斯芸は亡びてしまう。その先鋒たる可きものが文楽の批評家であることは論を俟たない。この意味に於いてこゝ数年来私は微力な耳で一生懸命聴いて、家々の評によって芸が向上されるのを目標に、出来るだけ正しい批評をして来た積りである。勿論私がいったこと全部が必ず正しいとは定っていないから、公表した後も始終気をつけて数回聴直し、前にいったことが間違っていると心付いた時は訂正するように努めている。（36・306、六頁）

この厳格な姿勢は、その批評の対象である文楽芸人にも、芸術家として自らの天職に一生懸命の努力を払うよう求める。鴻池を含む同人四人合評の、遠慮会釈のない真っ向正面からの批判は、ある芸人をして、裁判沙汰にする云々との反応を生むに至るが、これに対して、「奮励一番、真の芸術家になって貰いたい、批評者を見返えして貰いたい」（12・115、二頁）と返している。あくまでも理想を追求するその姿勢は、やはり文楽を芸術と位置付けるところからくるものである。さらに、「私の作曲論というのは、演奏そのものの芸術的価値（中略）をも作曲意図に入れる可きである」（53・411〜412、一七頁）とする鴻池の物言いは、単に朱章を並べて節付けをするのではなく、それが一流の三味線弾きによって演奏されることまでを含んで初めて、作曲の意図が聴衆に伝わるという、再現芸術としての音楽というところにまで言及したものである。

では、文楽を芸術たらしめるものは何か。それは「風」であると鴻池は断言する。「浄瑠璃の「風」に就いて」と題する評論の初めには、以下のように記されている。

浄瑠璃の「風」とは何か、解り易くいえば、浄瑠璃の音曲的骨髄である。従って芸術的価値その物となる。換言すれば浄瑠璃の黄金律――生命線といえる。一つの外題を書卸した名人の太夫・三味線の芸妙を目標として、之を再演再々演する亦名人の太夫・三味線の崇高なる伝統の力によって産出されたものを「風」と称する。故に、その外題の動かす可からざる芸の本体であるから、苟くも之を上演するに当っては、何としてもその本体である「風」に触れて行かないと、芸術的に徹底しない計りか、総て無意味な事となって来るのである。（6・84、四〜五頁）

また約一年後、その「風」に則って演出した丸本歌舞伎――鴻池はそれを院本劇と称している――の上演パンフレットには、より具体的な記述が見られるので、併せて引用しておく。

総て義太夫物は申すまでもなく、その書卸しは人形浄瑠璃芝居に於てゞ、従って芸の基礎はその時に出来上っているのであります。それを義太夫道では『風《フウ》』といって居ります。即ち院本作者が書いたテキストの作意を汲んでこれに作曲を施し、初演した太夫、三味線弾の芸術で、その戯曲の芸術的骨子として今なお厳存して居り、斯道の修業の目標となっているもので、その曲の足取、息などの口伝となっているものであります。（25・239、二頁）

もちろん、この「風」とは実際的なものであって、一段の語り場に名人の太夫が関わってくる。それゆえ、鴻池も評するにあたっては個々の「風」について言及しており、例えば、「目標は書卸しの咲大夫風がなくてはなりません」（12・123、七頁）、「もっと東風なるもの丶研究が必要であろうと思います」（23・215、一三頁）、「初演者竹本大和掾の「風」そのものがこの曲の芸術的価値」（32・282、四九頁）、「初代染大夫と初代春大夫が夫々の「風」を掛合って、この段を組織した」（35・295、一七頁）、「西口政大夫の古浄瑠璃の風であると思う」（49・382〜383、一八頁）などが挙げられる。また、「風」が現行曲においてどのような形で存在し、その曲にどのような意味を与えるかということについて、「風」は一曲の冒頭部分に多く残っていること、音曲的口伝によって曲を進行させるため、露骨な劇的表現が制限されていることなどを具体的に述べているが、これは今日の音楽学者によっては指摘されているものの、当時、批評あるいは論文で言及しているのは鴻池だけである。「劇音楽」（33・287、五三頁）という用語も、西洋オペラならばいさ知らず、日本の伝統芸能における捉え方としては斬新である。浄瑠璃義太夫節を「表現主義的音楽」（29・258、三面）ととらえるのも、同様である。

　さらに、再現芸術として丸本（五行床本）の節章を大切に語り弾くことが、「風」に直結することになるから、音遣いや撥遣いに対する言及をはじめ、ノリ間、息、模様など太夫および三味線の技巧を個別の演目に即して指摘し、ハリマ、ハルギン、ウレイ、スエテなど詳細に節章やツボを取り上げて評している。このような専門的批評は、優れた耳と学問的裏付け、そして当時第一人者の太夫・三味線との親密な交流を持ち得た鴻池幸武なればこそ、可能となったものである。

　以上、鴻池幸武は「風」を浄瑠璃義太夫節における最重要事項と位置付けたわけであるが、とりもなおさずそれは、浄瑠璃作品を題材とする丸本歌舞伎にも当てはまることになる。ところが、歌舞伎における竹本がチョボと称される（鴻池自身も評言中に使用している）ように、歌舞伎は歌舞伎役者とその演技が最重要である。ゆえに、鴻池にとっては、「風」を体現できた太夫・三味線とそれに呼応する人形によって演じられた舞台が、歌舞伎との比較において絶対的優位を保つことは当然である。古靱の「寺子屋」を聴いて、歌舞伎座における菊吉の「寺子屋」を「とても比べものにならぬ」（8・94、一四頁）と評し、栄三が遣った盛綱の肚を「歌舞伎の役者にはまるで出来て居らない」（22・191、二一頁）と断定するなどがそれに該当する。先に引用した「浄瑠璃の「風」に就いて」6の執筆動機が、菊五郎の演じた「吃又」における「風」の研鑽不足を指摘するところから発したものであることも、押さえておく必要がある。また、文楽・浄瑠璃義太夫節と歌舞伎に関するこの所論は、武智鉄二にとりわけ大きな影響を与えた。武智を文楽の世界に引き込み、武智が歌舞伎も含めた芸能論を構築するに際しての中核をなすことになるのである。[33]

さらに、文楽を芸術として位置付け、「風」をその裏付けとした鴻池幸武にとって、素人義太夫や女流義太夫は、批評の対象には成り得ないばかりか、耳を傾けようともしなかった。「素人義太夫に極めて無関心な私」（26・242、一〇頁）と自称する通りである。その彼が、一度だけ女義の奏演について「文楽評」を書いていることは注目に値する。冒頭に、「女義大夫の最高目標――即わちどの点まで語れたら女義大夫として完全なものであるか、という批評の基準とすべきものを知らないから、嘗て女義大夫の批評は絶対慎しんでいた」（34・291、六二頁）とあるのは、この項の最初で述べた、「批評の基準」を明確にする、批評家としての厳格な姿勢が再確認されたものである。今回批評を行った理由を、「一両年前には時折因会女子部の例会を一聴して、中には比較的良心的な演奏者もあり、近頃の文楽のヒネ腐ったものよりはまだ少し好感が持てるように思っていたから」（同）と述べているのは、あくまでも文楽座の浄瑠璃義太夫節との比較対照のためということを意味する。また、肯定的評価は、「朧気ながらも一つの目標を立てゝ義大夫節なり、伝兵衛を語ろうとしている」（同・292、同）「予ねて女義大夫は、カットの名手であると聞いていたが、段切に「目は見えねども見送る母、名を絵草紙に聖護院」とやったのには全く感服した」（同）の二点のみである。これは、女義に対する批評というよりも、目標設定と原作重視という、これまで種々の「文楽評」において繰り返し述べてきた事項を、女義においてもそのまま適用したものである。要するに、鴻池にとって浄瑠璃義太夫節とは、文楽座のそれ以外にはなく、「風」を価値基準とし、芸術たるべきものなのであった。

Ⅱ　彦六座賞讃と文楽座批判

鴻池は、「風」を、書卸しのそして再演再々演した名人の太夫・三味線の伝統が継承されたものとした。その結果、必然的にそれを体現している太夫・三味線が高く評価されることになる。鴻池が精力的に批評活動を展開していた当時にあって、それは豊竹古靱太夫であり、鶴沢道八であった。なぜこの二人であるのか、それは、両人ともに明治期三味線の大立者であった二世豊沢団平と繋がるからである。鴻池は、「義大夫節の三味線は、故清水町団平の芸風を敬慕し、之を研究踏襲せなければ」（47・369、一七頁）と断言している。

ここで、この団平への評価が、大正末年発行の『浄瑠璃素人講釈』において杉山其日庵が述べている評言に依拠していることを確認しておきたい。鴻池の「風」に関する理論は、師の石割松太郎のそれを深化させたものであることはすでに述べた。石割が『浄瑠璃素人講釈』を原点としていることは、武智鉄二も指摘しているところであるが[34]、鴻池自身、「権威杉山氏の極めがあるから間違いない」（30・265、九頁）というように、『浄瑠璃素人講釈』に対して絶対的評価を与えていた。その杉山は、団平が残した芸談を何よりも重要視している[35]。同書中には、当時の二大巨頭であった竹本摂津大掾と竹本大隅太夫から直接聞いた話が主として記載されているのだが、それらの出所は団平の発言なのである。摂津大掾はその越路太夫時代に団平が相三味線となっているが、団平は幕末の名人三世竹本長門太夫に見出されてその相三味線となり、続いて摂津の師匠である五世竹本春太夫を弾いていた。また大隅は、団平が彦六座へ移ってその相三味線となり、厳しい稽古によって大成した太夫であり、生々しい逸話が書中に散見される。また、団平が奮闘した彦六座にあって名人と言われた、四世竹本住太夫と五世竹本組太夫の芸話についても言及が見られる。ちなみに、鴻池はある老大家の話として、「古靭大夫の上に位する大夫は、三代目竹本大隅大夫、四代目竹本住大夫、竹本摂津大掾、六代目竹本組大夫の四人であった。この席順は大分公平で、真実的であると思う」（42・344、一三頁）と書いているが、この老大家とは他ならぬ道八のことである。(36)

そして、鴻池幸武は、団平とその芸について、自らも分析して評価し次のように位置付けている。そこには、鴻池による、現代を先取りした形の、芸術論、演劇論、音楽論の中心概念が明示されてもいる。

一口で客観的に評しますと、まず団平自身が、純音楽的才能と劇音楽的才能の両面を、義太夫節に取り必要にして且十分なだけ具備して居り、それを発揮する技量があるのは申すに及ばぬ事で、その目標とする所は、表現的な義太夫節で、従って正しい意味のリアリスティック、正に三味線に於ける模倣型演奏法の大成者であります。（31・279、五七頁）

さて、その団平が古靭と道八へと繋がるのは以下の通りである。団平の薫陶を受けた大隅は、団平没後の相三味線となった三世鶴沢清六を鍛え上げ、さらに清六が豊竹古靭太夫を一人前の太夫に育て上げた。大隅に関しては、鴻池自身がその語る「吃又」を「清水町団平の直伝」（6・85、六頁）ととらえ、「堀川」の劇評では「先代大隅のレコードを基本として」（11・113、一八頁）と書いている。そして、古靭を「その出来は先代大隅大夫以来と信ずる」（33・290、五五頁）、「古靭の音遣いなど、故大隅大夫以来の名音であると信ずる」（35・304、一二頁）と位置付けているのである。一方の道八は、団平に心酔して私淑し自ら住み込み弟子となったほどであり、鴻池が聞き書きした『道八芸談』においても、団平の身辺に至るまで詳細に証言している。このことは、聞き書きとしての性格上、聞き手である鴻池の、団平に対する強い思いが形となって表れた結果とも考えられよう。「清水町団平の伝授と思うが、道八もそれをよく憶えて素晴らしい稽古をしたものと感心した」（38・322、一八頁）との評価が、このことを如実に物語っている。なお、鴻池は豊沢団平の生涯およびその事績について、『上方』に寄稿した「豊沢団平の操史の存在意義」3中で詳細に述べ、古靭と道八にも同じく言及し、「豊沢団平を識らずして、人形浄瑠璃史は絶対に判らない」（3・70、二一頁）と断定もしている。ちなみに、この文章の冒頭で鴻池は「近世人形浄瑠璃の実際の討究、という事に就き、近世とは明治時代であって、その具体案の中、最も重要なブロックは、豊沢団平の研究であると思うのである」（同・66、一八頁）と記しているが、この「実際の討究」すなわち文学的のみでなく実際の舞台に即した研究と、「豊沢団平の研究」とが、鴻池幸武の文楽・浄瑠璃義太夫節研究における二本柱であり、彼の「文楽評」を特徴付ける根底ともなっているのである。

この古靭と道八に、彦六座時代に団平の弟子となった三味線、豊沢新左衛門、豊沢仙糸が加わる。「新左衛門の心で仙糸の技巧が弾かれたのが名人団平と推察される」（35・299、二〇頁）との評言が象徴的であるし、新左衛門を評した「彼の目標とした具合乃至表現はいうまでもなく清水町団平を頭として」（55・423、二六頁）との物言いからも確実である。もちろん、大隅も道八以下の三味線三人も、彦六座（およびその後継の諸座）の退転後は文楽座に身を寄せるわけであるが、文楽座からすると負け組投降兵である彼らこそ、文楽の芸術性すなわち「風」を継承し、本物の芸を見せる真の文楽人であるとするのである。しかし、文楽座において彦六系は冷遇されており、一般的な評価も文楽座生え抜きの芸人に対する方が上であった。それに対し鴻池は、中央公論による文楽特集グラフ――撮影土門拳、解説三宅周太郎という豪華版――を取り上げ、的確で鋭い建設的批判を展開しているが、その中で次のような決定的発言をしている。

現行されている文楽の芸は、古靭大夫の全面、織大夫の半面、極く最近の大隅大夫の一面、三味線では、新左衛門、道八、仙糸、清六の全部分、清二郎の一部、団六の僅かな一面、人形では栄三、文五郎の全面、その他極く少数の者の一面を除けば、殆んどの芸が代用品の例に漏れない有様なのである。

（中略）

彦六座こそ、あらゆる困窮と戦い、芸術的には実に絶大なる存在意義と功績を残した（この具体的説明をすれば非常に長くなるから、残念乍ら省略する）に拘らず、営業的には遂に敗退の憂目を見たもっとも適切な例である。そこには、「舞台で死ね」と根本教訓をして遂に自らその範を垂れた大団平を首班として、大隅大夫、組大夫等が真に死物狂いの芸をして、前受が悪うて客が続かず華麗な文楽座に営利的敗北をしたのである。（39・330～331、二四～二五頁）[37]

この彦六座賞賛は、当然のことながら文楽座批判となる。しかも、豊竹古靭太夫が櫓下に就任する昭和一七年までは、「過去十数年来、凡そ古今にその例を見ない非櫓下的技芸の持主の故竹本津大夫が櫓下の任に座り続け、為に櫓下という芸の目標、引いては義太夫節全般に亘る芸の標準及び段階が全く失われ、斯芸の堕落の癌的根拠が存在していた無秩序時代」（42・343、二二頁）とまで酷評するほどであった。津太夫の前の櫓下は、三世竹本越路太夫であったが、鴻池はこの三世越路にはほとんど触れていない。故人でありしかも録音を一切残さなかったからとはいえ、大正期の名人と呼ばれていた太夫に対する言及が見られないのは、やはり団平とも繋がる「風」の伝承を明確には認め難かったことに加え、前述の五指にも入らなかったからであろう。この姿勢はまた、文楽座の中堅芸人への評価にも至る。三世越路の弟子であった七世竹本文字太夫には、「大汗かいてわめくのが関の山」（7・87、一頁）、同じく三世竹本相生太夫には、「聞及ぶ唐人の寝言とはこの事ならん」（40・338、三六頁）とまで言う。その一方で、文字を「新左衛門を相三味線に得て初めて本格的な義太夫節が語れたのであった」（55・424、二七頁）とし、相生を「道八に離れた先月一ヶ月の浄瑠璃等根本的に崩れて居た」（5・79、六五頁）とする評が、鴻池の立ち位置を明確に示している。

さらに、竹本角太夫へ「角大夫ならお賑やかなお浄瑠璃とでもいって置こうが、重大夫と改名したれば、唯ではすまされぬ」（40・337、三五頁）、竹本叶太夫へ「叶大夫改め七代目春大夫、（中略）どう考えても「取り返しのつかぬ事をした」というのが最も適切な批評と信ずる」（同・338、三六頁）と評した。これは、「風」の打ち止めとされる竹本重太夫の五代目を襲名した角と、その「風」が残る竹本春太夫の七代目を襲名した叶に、「風」の重要性と伝承の厳格性を示すとともに、大名跡襲名を安易に許した文楽座への批判をも意味する。しかし、前述文字が六世竹本住太夫を襲名するに際しては、「このまゝで行けば住太夫の名を辛うじて辱めぬ程度の芸を存続出来るであろう」（55・425、二七頁）と、相三味線が新左衛門ならば肯定もするのである。一方、文楽座生え抜きの三味線に対しては厳しい評価を下していた。「団平の流れを汲んでいる人は、勿論団平には遥かに及ばぬ乍らもこの目標を以って演奏している筈です。それは義太夫節の三味線として今後最も正格な目標であり、芸風であると信じます。豊沢家一家のみか、今後の三味線弾の総てが進む可き道であります」（31・279、五七頁）と述べる鴻池幸武にとって、それは当然のことなのであった。

III　理屈以前の音曲性重視

「風」を浄瑠璃義太夫節の核ととらえ、歯に衣着せぬ「文楽評」を展開した鴻池幸武だが、彼と軌を一にしていたのが武智鉄二である。しかし、この両者の「文楽評」を比較すると、決定的な違い、すなわち鴻池（逆に言えば武智）の批評の根幹が奈辺にあるのかが明白になる。そのことを具体的に示すため、合評における両人の直接的やりとりから、特徴的な部分を二箇所引用する。

鴻池　つまり、此段では皆神経を尖らせているが早瀬が一番興奮していない、そこで、早瀬以外の人物の興奮程度が完全に語れたら自然早瀬のこの段における格というものが生れて来はしないでしょうか。

武智　つまり冷淡でなくして冷静な早瀬ということになるでしょう。
鴻池　そうなんです。
武智　常識的な人間という意味で……。
鴻池　それが他の人物、所謂肚が語られぬ程、従って早瀬が影の薄いものになりはしないかということに……。
武智　早瀬というのは一番常識的な意味で封建的な女ですなあ。
鴻池　それはそうなんです、この作曲から言っても早瀬のところに一番常間が多いんですね。
武智　成程ね。（22・184、一三〜一四頁）

武　（前略）「又明日」の語り工合、大夫は娘で語って居ましたが、津大夫は婆の詞で語って居った様に記憶して居りますが、理窟や文章から云うと婆の詞か色の方がよいと思います。
森　是れは中々六つかしい問題ですな……
鴻　語る色どりから云うと娘の方がはんなりします。
武　然し私は浄瑠璃は何処までも理窟に合わぬ語り様はいけないと思います。
鴻　理窟は御尤もですがこれを婆の色で語ると盲婆の足取りで運ぶ必要があります。斯う云う処に遅い婆の足取りのあると云う事は耳ざわりの点から果してどうでしょうか。（11・112、一八頁）

最初は、「盛綱陣屋」（『近江源氏先陣館』三段目切場）に登場する、早瀬の人物評である。当段は大曲であり、立役佐々木盛綱と老婆微妙や、捕虜となった佐々木小四郎（盛綱の弟で敵対関係となった高綱の子）とその母篝火が、互いに心理戦を繰り広げる。その中にあって、早瀬の心理は単純明瞭で、夫盛綱と子の小三郎の手柄をひたすら喜んでおり、人形遣いの格からしても一段軽い役となっている。鴻池は、この早瀬の表現が浄瑠璃義太夫節の常間で処理され、他の人物はその複雑な肚が語り弾かれることにより、相対的にその簡明な平常性が際立つと、音曲的側面から分析しているのであるが、武智はそれを常識と封建制という時代思想的な捉え方をしているのである。抽象的かつ観念的な概念の先行が、武智の評論には常に感じられる。(38)

次は、人気曲「堀川猿廻し」(『近頃河原の達引』切場)の冒頭、三味線の稽古で細々と生計を立てる老婆と弟子の娘おつるが一曲の浚えをする箇所である。詞章を引用すると、「モウ〳〵どこで弾きなさつても恥しいことはないと、聞いて笑顔の片男波、また明日といふ汐に、おつるは立つて帰りける」となる。武智は、娘が老婆の褒め言葉に喜び、また明日という言葉をきっかけに帰るわけだから、老婆の詞として語るか、老婆の地の文として色で処理をすべきと主張しており、まさに理屈に叶った読解である。ところが、鴻池は、喜ぶ娘の描写とその弾んだ気持ちで帰るという地に挟まれた箇所は、音曲的見地からして娘として語る方が適切であるとする。とりわけ、「語る色どり」と「耳ざわり」という用語が重要で、文楽を芸術とし「風」をその核心としながらも、浄瑠璃義太夫節を聞く者の愉悦や快楽を蔑ろにはしないのである。「耳を楽しませに行って居る我々聴客」(17・158、三七頁)という書き方なども、そのことを如実に示している。

また、浄瑠璃の詞章を問題にする場合にも、それが浄瑠璃義太夫節として語られるという、実際的な音曲的立場から判断するのが、鴻池幸武の特徴である。例えば、「封印切」(『冥途の飛脚』)の書き下ろしを竹本義太夫(二世、播磨少掾)の高弟竹本頼母に対するものと考えた武智に対し、その根拠を、義太夫と頼母の語り口の相違に求めるべきであるとしたことなどが挙げられる。(39)

さらに鴻池は、超絶無比とされた古靱の「岡崎」(『伊賀越道中双六』四段目切場)についても、「今度の岡崎は面白い面白くないは別として」(12・127、一〇頁)とし、聞く者が「面白い」と感じる点を評価の一つとしていることも、武智とは異なる特徴点である。これは、冒頭で述べたように、幼少時から義太夫節に親しみ、聞く耳が形成されていたからと考えられる。語りの節章や三味線のツボを聞き分けられたからこそ、それを劇評に生かすことも可能となったのである。「大夫は耳がよくなければ大成せない」（12・119、五頁）とも語る鴻池は、また、「人形浄瑠璃に就いて」15と題する文章で、太夫と三味線に言及した一二〇〇字中、約八〇〇字を三味線に費やしている。三味線は、その音色と音階そして間や足取りといった、他との判然とした差異が識別困難な要素が拠り所であるため、「素人」である評論家が最も言及しにくい分野なのであるが、右の文章中「「妹脊山」の三味線の譜を聴くと、この時代の三味線は、総ての点でもう相当の発達をしていたものと思われるのです」（15・149、一四頁）とまで書ける鴻池の耳は、まさに玄人の領域に達するものであったとみなされる。聞き書きである『道八芸談』を素人が読んでも、すんなりと腑に落ちるのは、聞き手である鴻池が、語り手道八の芸、そして三味線のツボや奏演法までも、自らの耳で全き理解をしていたからに他ならないのである。

Ⅳ　御曹司、研究家そして文学者

鴻池幸武は、『上方』十周年記念「文楽展覧会」に所蔵の逸品を出展し[40]、盟友武智の入営壮行会を瓦屋橋の別邸で盛大に開催し[41]、英文学者夫妻と英国領事の文楽鑑賞を食事まで一切の世話をし[42]、自著『吉田栄三自伝』では栄三と対等に一問一答を行っており[43]。また、彼を「若《わか》」と呼んで敬う古靱や栄三、道八らを武智に紹介した[44]。御曹司なればこそである。

鴻池幸武は、戦後に『義太夫年表』が完成するはるか以前に、労作「続邦楽年表・義太夫節の部」の遺稿を残し、「団平研究」著作の計画を立て、その遺書に「文楽古典への愛情のみ」を書き残した[45]。三〇歳での戦没は無駄死にと呼ぶしかないが、その業績と姿勢のみをもってしても、研究家と呼ぶに値する。

そしてもう一点。鴻池幸武の「文楽評」に目を通していると、思わず声を上げ笑ってしまうことが幾度となくある。武智鉄二をはじめとする同時代人による劇評はもちろん、現在に至るまでこれほど面白く読める劇評は、鴻池の筆によるもの以外にはない。その理由は、彼の劇評中に登場する比喩の巧みさにある。例えば、武智との対談で、次のような場面（中堅以下の太夫・三味線掛合による景事『豆まき』の批評）がある。

武智　それでは三味線はどうでした。
鴻池　乞食節ですね、（笑）あれではそうより印象が残りません。何んだか頭にぴんと来ません。あまり芸術的価値から言っても問題にする程のものではありませんが、武智さんどうお思いですか。
武智　同感というところですね、だが重造以下の三味線は揃って居ったことは揃って居りましたね。
鴻池　オールスフだからでしょう。つまり純綿が混っていないからよく揃っているのです（笑）
武智　辛辣ですね、スフとは。
鴻池　つまり今頃文楽で若い者同士でやると却ってよく揃うといっていますが、それがスフの芸同士だからです。例えば今度この顔触には仙糸位な所が出るともう揃わなくなるでしょう。それは当り前で仙糸一人が純綿で後がスフですから揃う訳がありません。（笑）その意味です。
武智　つまりどんなに弾いても揃うんですね。
鴻池　とんとお説の通り。（22・180、九頁）

さすがの武智も、鴻池の「オールスフ」発言に二の句が継げずにいるが、これは、武智が三味線を揃っていると一応肯定的に評価したものを、バッサリ切り捨てたように聞こえたからである。しかし、鴻池が比喩の意味を説き明かすに及び、武智も同意の笑声をあげる。この比喩の巧みさは、時局をタネに芸格の違い（高低）を見事に表現しているところと、武智の批評眼もある意味正しいということをうまく伝えているとところにある。結果として、武智は理解したところを言い換えて示し、鴻池がそれに賛同するという、対談による劇評（合評）の収め方としても理想的な形となっている。その文章センスに、文学者としての資質を認めることさえ可能である。ちなみに、武智はその翌月の『浄瑠璃雑誌』合評会において、鴻池の発言に対し「云わば八十五パーセントのスフ混織と云う訳ですな。」（23・214、一二頁）と応じている。

もちろん、その比喩によってこき下ろされ攻撃されたと感じる芸人は多かった。中堅若手太夫の中で唯一評価されることもあった織太夫にしてからが、自らに向けられた比喩に対して悲憤し、反感を覚え、愚痴をこぼしている。[46] しかし、その辛辣さは、鋭く核心を突くがゆえであり、高い芸術性と本格的な芸を求めることがすべてである鴻池幸武の「文楽評」にとって、必要不可欠というより必然的帰結とすべきものであった。文楽に対する深い愛情ゆえの裏返しと言うこともできる。

その前では、時局や国策などは比喩の材料にこそなれ考慮されるべきものではない。したがって、本物の芸を身につけた前途有望な芸人が出征する際には、お国のためではなく文楽の芸のために、惜別の言葉を率直な筆致で、かつ繊細な感性でもって述べることになる。例えば、毎年夏の南座文楽見物における印象的な出来事の一つとして、「吉田栄三の楽屋を訪れようとエレベーターに乗ると「吉田光之助君応召明日出発」の掲示が出て居てハッとした事が今尚新らたな記憶である」（7・90、四〜五頁）と記す。これは、前述のスフ発言と併せ、当局からすれば注意を要するものと見られかねないが、鴻池は意に介さない。戦没した場合には、その芸の持ち主とその芸そのものが失われたことへの哀悼以外に、筆を費やすことはないのである。

このように、誰憚るところなく思うところを開陳し、一切の妥協を廃して真実や理想を追究し、それを机上の空論ではなく現実の奏演に求めた鴻池幸武の有り様は、彼が鴻池家の御曹司であり、故石割の後継を自認する文楽・浄瑠璃義太夫節研究家であり、表現力に富んだ文学者でもあったというところに帰着するのである。

おわりに

鴻池幸武は、武智鉄二の初劇評集『かりの翅』（昭和一六年八月発行）の編集を引き受け、同書の最後で「編者の言葉」を記している。次にその全文を掲げる。

武智さんは演劇批評に関する私の破格的親友である。その交際は比較的新らしいが、二人が夫々趣味としている演劇批評の態度の合致によって友好は急速度に親密化したのである。従って、武智さんの発表された劇評の大部分は、私に取っても自身の観劇史の如き感がする。その劇評をこの度上梓されるに際し、編輯を私が依頼されたのであるが、役目としては荷が勝ち過ぎているものゝ、右の点で私自ら適任であると思っている。と同時に、私が嘗て経験し、今に忘れ得ぬ処女公版の喜びを、私の微力によって親しき友に与え得た事は、私として近来にない悦びである。

（この本の発行所千歳書房に取っても、これが処女出版である由、何かの因縁であろう。）

原稿の分類や編輯は色々考究した上、右の如くにした。標題「かりの翅」は武智さんが特に好きな「奥州安達ヶ原三段目」の段切の一句を選んだ。尚、二三の短い批評と、これは非常に惜しかったが、太宰施門氏と故森下辰之助氏と私共との文楽の合評を割愛した。

挿入してある写真は、六世菊五郎丈のはその息菊之助丈より、他は夫々市川八百蔵丈、中村翫右衛門丈、万代峯子嬢、吉田栄三丈に願って頂いたものである。こゝでお礼を申上げる。

最後に著者、発行者共に同時の処女出版であるこの書が、芸界に貢献する所多きを望んでやまない。

右のように、鴻池は武智のよき理解者であり、文楽に関して先行者の鴻池が武智をよく導いたと言える。一方、その資質という点から見れば、武智が抽象度の高い思想家的側面を強く備えていたのに対し[47]、鴻池は感性的な文学者の面影を色濃く従えていた。

武智鉄二は、豊竹古靱太夫の相三味線であった四世鶴沢清六のことを、鴻池幸武が「てんから認めていなかった[48]」と述べている。そして、受領後の山城と清六が決定的に決裂したのは、昭和一九年一月公演での「道明寺」（『菅原伝授手習鑑』二段目切場）段切における三味線の間と足取りの問題だとして、山城や吉田栄三の証言を持ち出している。一方の鴻池は、昭和一七年六月『浄瑠璃雑誌』誌上において、その前月末に京都帝国大学学芸部主催で行われた、古靱の「道明寺」に関する詳細な分析批評を載せているが、そこには、武智が問題にした段切についても言及があり、「清六は、指遣いは実によく出来ていたが、間は大分狭く、完璧ではなかった。尤も素浄瑠璃であったから多少間が狭かったのかも知れぬが」（49・383、二八頁）としている。一読すると、武智の指摘通りに思われるが、ここに清六の三味線を否定する言辞はないし、他の箇所では賞賛の言も記されている。加えて、その前年の批評32では、名曲を名演奏し得る芸術家の三味線の一人に、清六の名を挙げている。鴻池が戦地へ赴くのは昭和一九年六月であり、わずか一年余の間に評価が一八〇度転換し、全否定にまで至ったとは到底考えられないし、鴻池の筆法として、本音と建前、陰日向があるはずもない[49]。この両者における認識のズレは、等閑視できないものである。

研究家でありながら理屈に溺れず、鋭くかつ素直で柔軟な耳を以て浄瑠璃義太夫節を愛し、辛辣ながら冷笑的皮肉屋でもなければ机上の評論家でもなかった、鴻池幸武の「文楽評」は、「風」の問題も含めて、より帰納的に読まれなければならない。その意味からも、戦争を生き延びて持論を確立し、演繹的筆致を特徴とする武智という枠の中から、夭折した鴻池の所論をうまく掬い上げる必要があると思われるのである。

注

（1）武智鉄二「あとがき」『道八芸談』日本芸術名著選4　昭和六二年一一月、ぺりかん社、二九二頁。
　なお、経歴については、正確を期すため、『鴻池家年表』（平成三年四月、鴻池合名会社）を参照した。鴻池幸武の続柄、没年月日、没年齢、さらには父の代数など、各種事典等の記載事項がまちまちであり、正しく記されたものはなかった。「鴻池幸武文楽関係略年表」を作成したのには、その意味もある。

　また、鴻池幸武を主題とするまとまった論考としては、森西真弓「『浄瑠璃雑誌』と鴻池幸武――文楽批評のあり方・小考」（『上方芸能』一七二号　平成二一年六月、三四～三七頁）があるのみである。
（2）複数の版がある。①昭和一三年一一月、相模書房。②昭和二三年五月、和敬書店（高安六郎序・武智鉄二序の追加、昭和一三年一二月以降の年譜増補）。
（3）複数の版がある。①昭和一九年一月、鴻池幸武。②昭和六二年一一月、日本芸術名著選4、ぺりかん社（武智鉄二の註解・あとがきの追加）。
（4）「葬儀・追悼法会（大阪）・納骨の記」（「石割松太郎先生追悼号」『文芸と批評』第三号　昭和一一年九月、早稲田大学国文学会、四七～四八頁）。なお、同誌同号冒頭に「石割松太郎先生略歴」が掲載されている。
（5）「この記録は昭和二十四年三月、故鴻池幸武氏の所蔵書籍の整理に当った時、本箱の中から発見したもので、石割松太郎氏の未発表原稿に鴻池氏がその続篇を書き加えている。鴻池氏の跋文に依れば「昭和十一年六月廿九日先生死去遺物分けの際小生貰い受け」たものとなっている。」（石割松太郎（遺稿）「幕内秘録」の冒頭囲み記事『観照』二一号　昭和二四年五月、三頁）
（6）注（1）、二九一頁。
　なお、「風」という、浄瑠璃義太夫節にとって最も難解な事項については、祐田善雄「浄瑠璃の芸と風――曲風と曲節」（『日本の古典芸能7浄瑠璃　語りと操り』　昭和四五年一二月、平凡社、一六三～一六七頁）、井野辺潔「序　様式研究の諸レヴェル　（三）〈風〉の認識」（『義太夫節の様式展開』　昭和六一年一〇月、アカデミア・ミュージック、三～五頁）が、近世における意味合いから、近代に入り焦点化した杉山其日庵および石割松太郎そして武智鉄二に至るそれぞれの理解とそれに対する評価を、論考としてまとめている。

（7）『紀元二千六百年』（二巻一三号　昭和一四年一二月）の編集後記、執筆者紹介欄に「早稲田演劇博物館嘱託」とある。当誌の共同編集に内閣紀元二千六百年祝典事務局が加わっており、公的記録に準じるとしてよい。

（8）小島智章、児玉竜一、原田真澄「鴻池幸武宛て豊竹古靱太夫書簡二十三通――鴻池幸武・武智鉄二関係資料から――」（『演劇研究』第三五号　平成二四年三月、一～三六頁）

（9）「石割さんとは、あとですっかりいゝ友達になりましたが、毎日新聞にいられた時分には、新聞の劇評じゃあ、ずいぶんこッぴどくやッつけられましたよ。」（『山城少掾聞書』　昭和二四年八月、和敬書店、一九二頁）

（10）古靱太夫も、「浄るりに関しての御研究／下さいます事を私しは／何より難有嬉しく／存んじて／おり升」（注（8）昭和十年十一月二日付け）と、鴻池に返信している。

（11）同書についての好意的な書評が、発行直後の『演芸画報』昭和一四年一月号に全ページ広告とともに掲載された。書評掲載ページが鴻池執筆の文楽評ともども安部豊の編輯範囲であること、鴻池執筆前後の文楽評がすべて安部豊執筆であることから、鴻池の執筆は安部の依頼によるものとも考えられる。なお、同書の書評は浄瑠璃関係誌にも掲載されている（『太棹』一〇二　昭和一四年二月　斎藤拳三、『浄瑠璃雑誌』三八一　同年八月　樋口吾笑、『同』三八四　同年一一月　紫紅生）。

（12）算用数字は本書第二部での掲載頁。漢数字は原典での頁数。以下も同様である。

（13）鴻池幸武は、昭和一四年五月大阪四ツ橋文楽座で古靱太夫が語った「寺子屋」を聴いて、「古靱の「寺子屋」」[8]（昭和一四年九月一日印刷）を『劇評』（第六劇評集）誌上に書き上げたが、その冒頭で「この稿は、当時某演芸雑誌に掲載される筈であったが、ごてごて書いている中に締切が来て了って、そのまゝになっていたものである。」（[8]・93、一三頁）と記している。同年二月と五月に『演芸画報』上に「文楽評」を発表しているから、この「某演芸雑誌」が『演芸画報』である可能性は高い。しかし、同年七月『劇評』（第四劇評集、同年七月一日印刷）誌上に初めて寄稿していることから、武智と知り合った同年六月時点で、すでに鴻池の批評活動の中心は関西に移行したと考えるべきである。

（14）石割松太郎（遺稿）として「ハシガキ」と二一項分が、『観照』一一号（昭和一四年五月）に掲載され、一二（同年六月）に(二)二二項分が、一三（同年八月）に(三)（遺稿）鴻池幸武として、継承執筆分が掲載された。

（15）石割松太郎（遺稿）「幕内秘録」冒頭「ハシガキ」。

（16）武智鉄二「『風』の倫理」（『劇場』季刊第一号　昭和二四年二月、演劇文化社）として結実した。
なお、武智は自身二冊目の劇評集『蜀犬抄』（昭和二五年四月、和敬書店）において、「故鴻池幸武君に捧ぐ」と献辞を記している。

（17）「（前略）吾人一同（引用注…関西之部一五人と関東之部一五人の総勢三〇人）既に古稀に近き同氏（引用注…経営者樋口吾笑）の過去に於ける忍苦に一臂の力を藉し、今後本誌の愈々益々隆盛を図ると共に真の浄瑠璃芸術の興隆を達成すべく志を同うせるもの相計り、浄瑠璃雑誌同人会を組織し、私交を離れ直言直筆、評論に批判に正々堂々の筆陣を張り多く世人の行う、是を是とし非は之を避くる如き所謂八方美人の文筆を戒め、斯道向上のため多少の非難を顧みず又敵視せらるゝをも覚悟し、専ら本誌面の向上発達を計るべきを誓うものなり、敢て茲に告白す。」（「吾人の告白」『浄瑠璃雑誌』三八三　昭和一四年一〇月、二頁）

（18）「武智さんの劇評という冊子へ私が書いた文楽の批評が浄瑠璃雑誌に転載されて広く文楽の人に読まれ、私の書いた悪口（？）に対して大分いろ〳〵抗議があるようです。」（10・102、八頁）

（19）中でも、『太棹』（昭和三年六月東京で創刊）との確執は、双方が誌上で批判合戦をするという様相を呈し、昭和一七年末まで尾を引いている。このうち、鴻池について言及がある部分を転載する。
「太夫紋下、三味線紋下をこき下ろして、此浄曲の発展に反しはしないでしょうか。大阪鴻池と申せば、大阪で名高い旧家ではありますが、現在批評されて居らるゝ当御主人は御歳も三十歳前後の由、なか〳〵此むつかしい古曲芸術の批評は如何なるものでしょうか、古本を調べた位では如何かと思われます。」（近江清華「樋口吾笑氏に」『太棹』一一一　昭和一五年一月、七頁）

「（前略）自分（引用注…前記「樋口吾笑氏に」に対する反論「近江清華氏に」を書いた武智鉄二）や鴻池は二十何歳の若い者だが、天狗雑誌の三羽がらすだぞ、やがて批評界の紋下になるんだぞ、という訳らしいが、随分背負ってる人達だとおもいますね。」（田中煙亭「沼津廃曲・下手糞友次郎――天狗雑誌の一記事問題となる――」『太棹』一一四　昭和一五年五月、三頁）

　これらに対する、『浄瑠璃雑誌』側の認識がわかる記事を併載する（段組み箇所の省略読点を補う）。

「此の点から前述の太宰、鴻池、武智、辻部、中野の同人諸氏の斯道の原文研究と芸術的深趣味から立脚した批判には其一語にさえ私は頭が下がるのです。殊に武智、鴻池両氏が、年歯三十に足らぬ青年、三十年も月謝を払うた事を無上のプライドとして居る東京の某氏等から見れば取るに足らぬ若輩、嘴青きひよことでも云うべき人々でありながら其論旨の井然たる、調査の綿密なる理想的見地、厳然たる批判こそ実に斯道の指針です。斯道の為め今後尚幾十年間斯道の警析者として仰ぐ事が出来ると云うのは実に斯道の為め心強き極みであります。例えば私が斯道に於ける正しき唯一の批判者であると仮定しても既に還暦の身です。あと幾年の努力が出来るでしょう。此点から考え見れば武智、鴻池両氏の如きは実に斯道の至宝と云うも敢て過賞ではないと信じます。是等の得難き批判者を同人とした本誌の批判評論には何の遺漏もないと信じます。」（森下辰之助「本誌の使命と天職」『浄瑠璃雑誌』三九〇　昭和一五年六月、九頁）

（20）森彰英『武智鉄二という芸術』平成二三年一月、水曜社、一二〇頁。

　なお、検閲の対象になったのは「菊吉の寺小屋」（『劇評』第三号　昭和一四年六月、六～二八頁）であり、武智自身が以下のように証言している。

「「菊吉の寺小屋」という評論文があるわけです。その中で、わたしの考え方が、大体戦争中の軍部の要請するところは、歌舞伎というのは、忠君愛国を推進する劇だと、だから盛んにやれ、というようなことだったんですが、本当はそうじゃなくって、封建制度のもとで、忠君愛国ということを押しつけられた人間が、人間として苦しむことを表わした演劇だと、だから本当は逆なんで、封建時代の町人とか、そういう大衆が、封建制度のもとで苦しんで、その苦しみを忠義ということをやらなければいけないんだけれども、それは非常に人間として耐えがたいことだということを、たとえば「寺小屋」なら、自分の子供を殺さざるをえなかったと。それで、自分の子供を殺すということをほめる演劇じゃなくて、殺した親の苦しみというものを訴える演劇だということを書いたわけです。その当時、検閲制度というのがございまして、そのところが、当時の情勢として不隠当だといって、二カ所削除を命ぜられて、その本の中にも、「省略」と書いてございますが（引用注…「菊吉の寺子屋」『武智鉄二全集第二巻』六七頁の注に、「「劇評」誌の印刷所神戸新聞社の注意により削除したもの。当時の検閲の基準による」とある）、二カ所削除を命ぜられまして、で、そのことに関して敵性の思想をもっているんじゃないかということで、西宮警察の特高に呼び出されたわけです。」（「被告人尋問——武智鉄二への尋問——」『ドキュメント日本人　一〇　法にふれた人』昭和四四年一月、学芸書林、一七三頁）

（21）「（前略）本誌は第四百一号を期して、浄瑠璃・演劇の批評に、研究により一層の発展段階に到達したのである。」（「同人改組に就きて」『浄瑠璃雑誌』四〇一　昭和一六年八月、目次）

（22）「この『浄瑠璃雑誌』の所有者が、樋口吾笑という老人で、当時七十近い年輩であったろうか、まるで文楽の合邦の人形を見るような小柄な、頭の禿げ具合から、金壺眼まで、合邦に瓜二つな人だった。この人が『浄瑠璃雑誌』の編集権をわれわれ新進の批評家に提供するということで、結局大西重孝が編集長の役目をひきうけ、鴻池幸武、沼艸雨、北岸佑吉、祐田善雄、吉永孝雄、辻部政太郎、それに私などが同人となり、紙面の刷新を図ることになった。もちろん、われわれとすれば、発表の場がほとんどなくなっていた際のことゝて、たいへんありがたいきわみで、好き勝手な批評を書き散らしたのだが、そもそもが『浄瑠璃雑誌』なので、いきおい文楽の批評が中心になり、なかでも鴻池と私とが、毒舌のかぎりをつくした批評で、大方の恨みを買ったものであった。」（武智鉄二「文楽　その芸　その人びと」「土門拳文楽　その背景」『土門拳　文楽』昭和四七年一二月、駸々堂出版、一九〜二〇頁）

（23）読売新聞既刊分は、「ヨミダス歴史館」としてデジタル化されている。その中に都道府県別「昭和の地域版」も収録されているが、関西版は存在しない。昭和二七年一一月二五日の大阪読売新聞社設立によって、関西各府県版が発行されたというのが通念であり、現行の書誌情報における扱いも同様である。今回原紙により、読売新聞本社（東京）発行の地方版である関西版（第四面）の、昭和一六年九月一六日から昭和一七年八月四日までの発行と、八月五日以降の読売報知新聞での継続発行が確認できた。

なお、武智の批評とは、「ここに掲げる四篇の劇評は、読売新聞社の需めに応じて執筆したものの転載である。（八月九日―十三日）」（武智鉄二「大阪八月の各座」『浄瑠璃雑誌』四〇二　昭和一六年九月、一〇頁）と記されているもので、「四篇の劇評」は、関西版発行以前の昭和一六年八月九、一〇、一二、一三日の「家庭と教養」面に掲載された。同面は関西歌壇俳壇、ＪＯＢＫラジオ番組表を含む本社（東京）発行の地方版であるが、同面地方版の詳細については関西版も含め不明であると読売新聞東京本社からは回答があった。今回の発見を契機として、研究者側からも原紙掲載記事の発掘等を早急に進める必要がある。

（24）『浄瑠璃雑誌』四〇九　昭和一七年五月、四八頁下部、「芸界展望」欄に「▽同人鴻池文楽評　四月十日読売所載。」との記載があった。

なお、同欄次項「▽同人武智中座評　十二日読売紙上発表／十六日（引用注…十七日が正しい）同紙に鳥江銕也の抗議、廿三日それに対する武智の痛快なる反駁。」とある批評群も関西版にのみ掲載された。この武智の反駁は、鴻池の盟友として面目躍如たるものがある。松竹株式会社大阪支店に所属していた鳥江が、「武智鉄二氏の「忠臣蔵の通し」と題する本欄の中座評は甚しいものだ、今の世の劇評家諸氏は戦時下演劇の文化使命に就て深く考え、これを教導するに「親切」を以て臨むべきであるのを、徒らに老成ぶった態度で冷笑し、傍観評をなすが如きは許さるべきだろうか」（「中座評を駁す――武智鉄二氏に与う――」）と、国家の威を借りて押さえ込もうとしたのに対し、「私が中座の忠臣蔵を悪評したのは「戦時下演劇の文化使命に就て」鳥江氏よりも深く考えたからだ。劇評は古典破壊宗の総本山営利会社松竹の利益の為に存在するものではない。」（「鳥江氏に応う」）と、狐の正体を暴きつつ切り返したのは、痛快の二字に尽きよう。

また、武智のこの記事は『蜀犬抄』に『新聞評一束』として収載され、後に『武智鉄二全集第二巻』に再録されたが、本文に『昭和十六年八月から十七年四月までの間に、読売新聞の需めに応じて』とあるのみで、いずれも記事の掲載年月日、関西版が初出であることに触れていない。

(25) 戦前の読売新聞・関西版は、国立国会図書館サーチ（旧「全国新聞総合目録データベース」）、読売新聞社史（八十年史、百年史、百二十年史、大阪発展史）に記載されず、読売新聞大阪本社には昭和一六年一二月九日以降の関西版紙面マイクロフィルムが保存されているものの、不完全であり、同社では発行期間を確認できなかった。その発行部数も東京本社では確認できなかったが、戦前大阪で読売新聞を扱っていた万伸社での扱い数が外地を含め六万台に達したとの記録がある。（「朝日新聞販売史」五二二頁、大阪府立図書館の教示による）

(26) 架蔵。他に演劇博物館が所蔵（注（8）、三頁）。また、郡司正勝所蔵分の表紙写真が郡司正勝　中村雀右衛門対談「かぶきの女形を語る」（『国文学　解釈と教材の研究』三七巻六号　平成四年五月）九頁に掲載。

(27) 武智鉄二「歌舞伎演出の再吟味――絵本太功記を中心として――」『劇場』月刊三巻四号　昭和二三年六月、二頁。

なお、武智は後にこの「創造劇場」について、「苦い経験を嘗めている」と、次のように回想している。

「昭和十五年六月、丁度今から十年以前のことだが、現在の友右衛門、当時広太郎が、創造劇場なる研究劇団を組織し、そこで歌舞伎の再検討として、太功記十段目を演じ、私が鴻池幸武君と協同演出に当ったが、その時の既成劇壇からの干渉と圧迫とは正に言語に絶するばかりで、広太郎へは先輩を通じて非難攻撃が集中する、父親友右衛門は脅迫される、出演者の連中へはその師匠から叱責が来る、人物の出入、居所、仕科にまで一々干渉される、松竹の重役が使者に来る、果は演出者二人が詫証文の如きものまで入れさゝれ、そうでないと芝居が開けられないという騒ぎで、それかあらぬか、私は又特高警察から一応の取調べを受けるということで、旧勢力温存派の攻撃が一手に集中したという形になった事であった。／勿論この時一度きりで、その後そのような仕事は思いもよらず、広太郎は失意の内に戦争に行くし、鴻池君も亦比島の曠野に屍を曝すというようなことで、私の歌舞伎再検討の念願も、劇評の上でその主張を繰返すのみで、遂に劇壇の一潮流としてすらとり上げられることが無くて済んだ。」（「歌舞伎再検討について」『幕間』四巻一二号　昭和二四年一二月、三三〜三四頁）

（28）渥美清太郎「創造劇場の「太功記」」『演芸画報』第三四年第七号　昭和一五年七月、一三頁。

なお、「創造劇場」は大谷広太郎が代表で公演は一回のみ（権藤芳一　今尾哲也　堂本正樹　山田庄一「座談会　武智歌舞伎とその時代」『歌舞伎　研究と批評』二六　平成一二年一二月、六七頁）の「劇団」であった。この「創造劇場」は、広太郎の父六代目友右衛門が主宰した芸道会の義太夫稽古に端を発するもので、広太郎と「どこへいくのにもお神酒徳利で出ていく」仲であった中村章景が鴻池幸武の親友であるのは、本文においても言及した。また、鴻池家は昭和三九年の雀右衛門襲名にも関わっていた。（注（26）六〜二八頁）

ちなみに、上述芸道会の義太夫授業で使用されたテキスト『義太夫知識』第一篇基礎知識篇（芸道会　昭和六年三月――架蔵）は、NDLなど主要OPACに未収録の新発見書籍である。この序に「「義太夫知識」は第五篇より成立なし一篇は基礎知識として音声の研究にあてました、第二篇は間拍子及びアクセント、リズム、メロデー、ハーモニイ等の音楽的又は語楽的の練習」とあり、明治期以降に流入した西洋音楽理論の応用が見られ、かつ、豊沢団平の功績について三頁にわたって詳述しており（同書、二九〜三一頁）、鴻池幸武の「文楽評」との関連についても興味深く、未見の篇の探索と併せ、さらなる考察を要する。

（29）「（前略）貴重な写真を初め文献を貸して下さったのみでなく、忙しい研究の暇を割いて大阪迄来て私の資料蒐集に絶大の援助を与えて下さった鴻池幸武氏の御好意に対し感謝の意を表しておきたい。」（溝口健二「豊沢団平聞書　「浪花女」の劇を構成する人々のグリムプス」『日本映画』五巻一〇号　昭和一五年一〇月、

一五九頁）

（30）久保田辰雄「溝口健二縦横談――氏に就いて語り氏に就いて訊く――」『新映画』一九四〇年一一月号　昭和一五年一一月、四一頁。

（31）石割松太郎「浄瑠璃の「形式」と浄瑠璃の「風」」（『近世演劇雑考』昭和九年九月、岡倉書房）同「浄るり「曲風」の発生と、今日批判の標準」（同）

（32）以下の記事も、鴻池の立場をよく表している。

「会は先ず雑誌劇評主宰武智鉄二氏の〝一の谷嫩軍記に就て〟と芝居の筋と作者並木宗助及びその世界観に関する平易なる解明が試みられ、次いで組打の作風と題して鴻池幸武氏が浄瑠璃の各段の構想として第一段は事件登場人物の顔見世第二段目より事件が漸く葛藤化し三段に到りクライマックス、四段に事件の解決の曙光を見出し、五段は大団円であり、一つの段の中に種々の物があり、その最重要の物を切場と称し今夜の演し物は一の谷の二段目の端場と云い端場の構想が如何に巧みに仕掛けられるか等々その蘊蓄を傾けて第一部の解説を了え（後略）」（「学芸部主催文楽研究会」『京都帝国大学新聞』第三〇六号　昭和一四年一二月五日）

（33）「このため私は、劇壇関係に多くの友人を、あらたに獲ることができた。その新しい友のなかに文楽研究家の鴻池幸武がいた。彼は大阪の有名な旧家の御曹子で、父祖の代からの文楽のパトロンの家柄でもあった。彼自身は早稲田の演劇博物館に勤めていたが、彼の文楽に関する該博な知識や、芸についての深い造詣は、私にとってこの上ない魅力であった。彼との交際のなかで、私は文楽についてより多くのことを、より深く知ることができ、また、歌舞伎の芸がいかにつまらないものであるかを、ますます思いあたるようになった。

たとえば鴻池はこんな話をした。

「五代目菊五郎の前で、名人の大隅太夫が『先代萩』の「政岡忠義の段」を語ったとき、聞き終って五代目が、『大隅さんのように語ったら、素顔で袴をつけてやっても、きっとお客を泣かせることができます。しかし、あれでは役者が長生きできません。きっと若死にしてしまいます』というたそうだす」ここまでは誰でもがいう役者の芸談である。しかし、鴻池のは、それから先の結論、あるいは彼自身の感想が、余人と違っていた。彼はこうつけ加える。

「そやから、歌舞伎はあきまへんねん。五代目いうたら、歌舞伎の代表的な名優でおまっしゃろ。そいつが、舞台で死ぬ覚悟ができてまへんねん。そんなことで、ええ芸ができるわけがおまへん」

私は、吃音の鴻池が語る間《ま》の話術に聞き入りながら、くそみそにやっつけられる歌舞伎に快哉を叫び、いつしか、ますます深く文楽の魔力に惹き入れられていった。

そうして、その時、文楽の芸は、死の想念と、不思議なくらい、私の内で密着して受けとられるのであった。」（注（22）、一三〜一四頁）

（34）「義太夫節に於ける「風《ふう》」の解明を試みた最初の人は石割松太郎氏（浄るりの「形式」と浄るりの「風」・浄るり「曲風」の発生と、今日批判の標準——以上二篇「近世演劇雑考」収録、「人形芝居の研究」再録であったが、同氏の所論は、杉山茂丸氏著「浄瑠璃素人講釈」所載の「風」に関する著述の部分を、石割氏の論理と独断とに好都合に按配して、摂取した点が多かったため、「風」の本質を理解せしめるのとは反対に、それを混迷と晦渋との中に追いやった恨みがあった。」（注（16）、二九頁）

なお、『人形芝居の研究』は修文館版（昭和一八年一一月）の他に『近世演劇雑考』発行以前の更生閣版（昭和八年一〇月）がある。

（35）「はしがき」七『浄瑠璃素人講釈』（大正一五年一一月、黒白発行所、三頁）において、杉山は、「風」の口伝を知るには、「先ず近代に於ける、豊沢団平の言い残した事を始めとして、次は竹本摂津大掾、竹本大隅太夫、名庭絃阿弥等に就いて、熱心に修業し、又咄を聞くの外無いのである」と書いている。

（36）老大家を道八と判断した根拠は、武智鉄二が道八から得た回答における太夫が同一であることによる。（『芸十夜』 昭和四七年一〇月、駸々堂出版、五五～五六頁）

（37）なお、織は八世竹本織太夫（後の八世竹本綱太夫）で、古靱の一番弟子。団六は織の相三味線であった七世竹沢団六（後の十世竹沢弥七、戦後の一時期に山城少掾をも弾いた）。大隅は三世竹本大隅太夫の弟子で昭和二年に師の四世を継承。清六は古靱の相三味線四世鶴沢清六。清二郎は三世清六の弟子で、戦後は鶴沢藤蔵と改名し山城少掾の相三味線。

（38）古靱に対しても、「喜内の武骨一遍は正に封建イデオロギーそのものゝ具体化されたもので昔から喜内を中心に語る事になっているが、それでは特に現代人らしい語り口の古靱大夫にはふさわしくない、その意味で今回の「講七」は不成功であったといえると思います。」（23・217、一四～一五頁）との評価を下している。

（39）「私の書卸し頼母説に関して鴻池氏から御注意があった。面白いから記す。間違ったところがあれば、それは私の思い違いである。

冥土の飛脚中の巻の最初の書出しは「歌」になつているに対し、下の巻の書出しは「謡」になり、その文章も前者は軽妙、後者は荘重で、大夫をよく知って文章を書いた近松が、頼母に前者を、義大夫に後者を与えたということを想像する余地がある、というのである。これは頼母説を一応容認したところから出発したような点がないでもないが、そこから出発すれば首肯しやすい説であると思う。記して後日に資したい。」（武智鉄二「豊竹駒大夫の封印切」『浄瑠璃雑誌』三九三　昭和一五年九月、一七頁）

（40）「一、二代目団平肖像一幅／一、摂津大掾賛、越路太夫画一幅」（「『文楽展』出品者と略目録」『上方』一二八　昭和一六年八月、三九頁、改行を／で示した）

（41）「武智鉄二氏壮行会」『浄瑠璃雑誌』三九七　昭和一六年二月、五九頁。同三九六　口絵。

なお、鴻池幸武出征に際し歓送会が開かれたとする記事がある（坂東簑助「もう一度泣きたい」『経済往来』第八巻第一一号　昭和三一年一一月、九八～九九頁）。ただし、他に裏付ける資料がなく、応召を昭和十七年とし、内容も武智壮行会同様の道八による「阿古屋琴責」三曲披露であり、確定にはなお考察を要する。

(42) 寿岳文章「思いだすこと」『文楽』二巻五号　昭和二二年六月、七頁。
(43) 鴻池幸武「一三　芸談」『吉田栄三自伝』昭和一三年一一月、相模書房、二三四〜二四一頁。
(44) 武智鉄二「「武智歌舞伎」物語」『武智歌舞伎』昭和三〇年一〇月、文芸春秋新社、三〇〜三一頁。
(45) 武智鉄二「序」『吉田栄三自伝』昭和一三年五月、和敬書店、四〜九頁。なお、武智が言う「続邦楽年表・義太夫節の部」と、注(30)で溝口が言及した『日本音楽大年表』義太夫節の部の続編は同一のものである。

ここで、「遺書」に言及した部分を以下に引用しておく(五〜七頁)。まさに、鴻池に対する弔文と呼ぶにふさわしい内容となっている。

その愛情の深さが、俗物共の思惑とは反対に、限りないものであったことを、鴻池さんは死を以て私達に示してくれた。即ち鴻池さんはその「遺書」の中に唯文楽古典への愛情のみを書き残して逝ったのである。鴻池さんは恒に「私は死んでも家の事は何も心配しなくてもよいのだし、芸のことだけが気にかかるから、遺言の中にはそのことを書いておこうと思う」と言っていたが、その通り、遺書の中で家や肉身のことには一言もふれていない。今その全文を左に掲げる。

文楽座人形浄瑠璃技芸者の芸道修業を怠らず、斯道の繁栄後続に専心せられんことを期せられたし

本当に勿体ないことだと思う。鴻池さん平常口を開けば文楽座芸人達の斯芸に対する自覚と反省と熱意との不足を嘆じ、罵って居たのだが、それでも結局死に臨んで、この俗物共や下手糞共に満腔の希望と信頼とを寄せたのである。相手がどんな性悪女であるかを知っていて、尚且溺愛せずには居られなかったのである。こんな深い愛情が世に又とあったであろうか。この遺書が豊竹山城少掾に手交せられた時、山城少掾はそれを押し頂いて「もっとごつんとした烈しいことを書いておいて下さったらよかっ

たのに」と嘆じた。あまりにも過分な期待を寄せられたことに対する、文楽の今日の顚落を痛感している名人山城の、これは恐らく恐懼の言葉であったのだろう。然しこの溺れるような愛情が結局鴻池さんの真骨頂なのだと私は思った。そうしてこれでよいのだと思った。勿論私の文楽芸人への憎しみ――恐らくこの鴻池さんの真情すら汲みとり得ないであろう彼等への憎しみは、山城少掾の嘆きと共に深まった。然しそれへの愛も亦それ以上に深められたことであった。

(46)「今の綱太夫は当時織太夫といっていたが、素質もあり、勉強もよくしている太夫だったが、それすら鴻池君はあまり褒めなかった。「あれは駕をかついで走っているような浄瑠璃だ」とか、「象のようにどんくさい」とか言って、綱太夫を悲憤させた。綱太夫は私に「まだ貴方の批評は、理窟一点ばりだから、うなずける面もあるが、鴻池さんのように言われると、なるほどと思うまえに反感を覚えて、そんならやって見せとくなはれ、と言いたくなります」とこぼしたことがある。」（注（44）、三一頁）

(47)「『風』の問題は難解無比な哲学的ならびに技術的内容を有している」（武智鉄二「演劇時評　伝統芸能の周辺6　語るということ」『テアトロ』第三四巻五号　昭和四二年四月、二九頁）

(48)注（1）、一九三頁。

(49)このほかにも、武智は「鴻池氏は私に「何か妙なことをやっていますが、別に相談もせられないことまで口出しする訳に行かないから、だまっていますが、あれでは物になりますまい」と言い〳〵して、溝口のために心配していた。」（「「浪花女」を観て」『浄瑠璃雑誌』三九四　昭和一五年一〇月、三六頁）と記しているが、「『浪花女』の撮影に立会って」[29]の中で鴻池が書いている内容と比較すると、齟齬が生じている。

鴻池幸武文楽関係略年表

※各誌（紙）に掲載された文章はすべて「批評」と表現した。

和暦	年齢	項目
大正　三	○	・大阪鴻池財閥当主一一代鴻池善右衛門幸方の四男として誕生（七月一五日）
大正一四	一一	・ラジオ放送開始とともに放送番組の統計を取る（義太夫節も聴く）
大正　末	一二	・初めて文楽座の舞台を鑑賞（それ以前に父所有レコードで義太夫節を聴く）
昭和　三	一四	・鶴沢道八を知る（父所有別荘での宴席余興「寺子屋」奏演時・太夫は大隅）
昭和　八	一九	・早稲田大学文学部国文学科入学（石割松太郎に師事）
昭和一一	二二	・『浄瑠璃時報』に初の批評「吉田扇太郎丈の長逝を悼みて」掲載（二月） ・石割松太郎逝去（六月） ・石割松太郎の未発表原稿「幕内秘録」に続編を書き加える（八月、なおこの原稿は鴻池の死後発見され『観照』（昭和二四年八月）に掲載）
昭和一二	二三	・早稲田大学演劇博物館嘱託として勤務（文楽・浄瑠璃義太夫節の研究に専念） ・吉田栄三と会見し芸談の聞き取りを始める（七月）
昭和一三	二四	・『吉田栄三自伝』出版（一一月）

昭和一四	二五	・『上方』に批評掲載（二月、一六年一月） ・『演芸画報』に批評掲載（二月、五月） ・織太夫を通して武智鉄二を知り意気投合する（六月頃） ・『劇評』に批評を執筆掲載（七月〜一五年三月） ・『浄瑠璃雑誌』内容改善のため同人となり文楽合評会にも出席（武智は一〇月の合評会より出席）、以後批評を執筆掲載（九月〜一八年五月） ・京都帝国大学学芸部主催文楽研究会に武智とともに解説者として参加（一一月、演者は豊竹古靱太夫・鶴沢清六他） ・『紀元二千六百年』に批評掲載（一二月）
昭和一五	二六	・創造劇場（若手歌舞伎俳優の研究団体）として武智と共同演出で『絵本太功記』「十段目」を上演、パンフレットに批評掲載（五月） ・映画「浪花女」制作に協力、それに関し『浄曲新報』に批評掲載（一〇月）
昭和一七	二八	・『読売新聞・関西版』に批評掲載（四月）
昭和一八	二九	・「古靱を聴く会」に出向き奏演（古靱・清六「質店」の奥、通称「蔵前」の部分）を聴取、小冊子の詞章に書き入れを残す（三月） ・『浄瑠璃雑誌』掲載「豊沢新左衛門追悼」が最後の批評となる（五月）
昭和一九	三〇	・『道八芸談』出版（一月、自家） ・応召（六月）
昭和二〇	三〇	・フィリピンにて戦没（四月一八日）

鴻池幸武「文楽評」一覧　時系列順

※時系列順に番号を付した。再録分はアステリスクで示し、元の番号も記した。
同一掲載誌（紙）に複数の掲載がある場合は号数も併記した。

昭和年	月	日	番号	評題	掲載誌（紙）号数	再録	区分
一一	二	一五	1	吉田扇太郎丈の長逝を悼みて	『浄瑠璃時報』		第一期
	八	三	2	幕内秘録㈢	『観照』		
一四	二	一	3	豊沢団平の操史の存在意義	『上方』九八		
	〃	〃	4	初春の文楽座	『演芸画報』三三・二		
	五	一	5	花見月の文楽	〃　三三・五		
	七	五	6	五月の木挽町　付・浄瑠璃の「風」に就いて	『劇評』四		第二期
	八	五	7	四ツ橋と南座の文楽	〃　五		
	九	五	8	古靱の「寺子屋」	〃　六		
	〃	三〇	9	四ツ橋文楽座豊竹古靱太夫の寺子屋＊	『浄瑠璃雑誌』三八二	8・7	
	一〇	三〇	10	文字太夫君へ	〃　三八三		
	〃	〃	11	文楽座十月興行合評記	〃　〃		
	一一	三〇	12	文楽座霜月興行合評記	〃　三八四		
	〃	〃	13	富小路喜八郎の歿年に就いて	〃　〃		
	〃	〃	14	十二月興行役割の不満	〃　〃		
	一二	一一	15	人形浄瑠璃に就いて	『紀元二千六百年』		
一五	一	三〇	16	中村章景の思い出	『劇評』一〇		

鴻池幸武「文楽評」一覧　時系列順

期	番号	年	月	日	題名	掲載誌	号	注
第二期	17		〃	〃	文楽座初春興行印象	〃	〃	
	18		〃	〃	東都初春芝居の感想	〃	〃	
	19		二	二五	源大夫の『弁慶上使』	『浄瑠璃雑誌』	三八六	
	20		〃	〃	文楽座初春興行印象＊	〃	〃	17
	21		三	一五	中村章景の思い出＊	『寒雀』		16
	22		〃	三〇	鴻池幸武・武智鉄二対談　二月の文楽座批評 —盛綱陣屋・天網島などをめぐって—	『劇評』	一二	
第三期	23		四	三〇	文楽座三月の合評記	『浄瑠璃雑誌』	三八八	
	24		〃	〃	四月の文楽浄瑠璃人形芝居合評記	〃	〃	
	25		五	二七	院本劇「太功記十冊目」に就き	『創造劇場第一回試演パンフレット』		
	26		八	三〇	森下辰之助さんの思い出	『浄瑠璃雑誌』	三九二	
	27		〃	〃	文楽納涼興行評	〃	〃	
	28		九	三〇	織大夫・団六の「川連館」その他	〃	三九三	
	29		一〇	一五	『浪花女』の撮影に立会って	『浄曲新報』		
	30		一一	三〇	新橋演舞場の素浄瑠璃	『浄瑠璃雑誌』	三九五	
	31	一六	一	一五	三味線の芸系について	『上方』	一二一	
	32		四	二〇	放送局の義大夫名曲選に就いて	『浄瑠璃雑誌』	三九八	
	33		〃	〃	文楽座三月興行短評	〃	〃	
	34		〃	〃	女義の「堀川」評	〃	〃	
	35		八	三一	新橋演舞場の文楽	〃	四〇一	
	36		九	三〇	文楽評の評	〃	四〇二	

	〃	〃	37	――編輯余談――沼津は晴か雨か	〃	〃		第三期
	一〇	三一	38	盆替り芝居行脚	〃	四〇三		
	一一	三〇	39	中央公論秋季特大号特輯グラフ『文楽』評	〃	四〇四		
	〃	〃	40	直感批評	〃	〃		
	一二	三一	41	「賢女鑑十冊目」聞書	〃	四〇五		
一七	一	三一	42	新櫓下豊竹古靱大夫に寄す	〃	四〇六	45	
	〃	〃	43	文楽座櫓下と古靱	〃	〃		
	二	二八	44	櫓下披露狂言の批判　古靱大夫の『熊谷陣屋』	〃	四〇七		
	四	一〇	45	大隅の〃椎の木〃――（文楽座評）――	『読売新聞・関西版』			
	〃	三〇	46	玉次郎追悼	『浄瑠璃雑誌』	四〇八		
	五	三〇	47	「因協会技芸奨励会審査」批判	〃	四〇九		
	〃	〃	48	大隅の『椎の木』――四月の文楽座――＊	〃	〃		
	六	三〇	49	道明寺聞書	〃	四一〇		
	八	三〇	50	芸の力	〃	四一一		
	一〇	一	51	ビクターレコード『寿式三番叟』合評	〃	四一三		
	〃	〃	52	和泉太夫追悼	〃	〃		
一八	一	二〇	53	文楽東京公演所産	〃	四一六		
	三	二〇	54	古靱の『寺子屋』其他――一月の文楽座評――	〃	四一七		
	五	二〇	55	豊沢新左衛門追悼	〃	四一九		

鴻池幸武「文楽評」一覧　掲載誌（紙）別

※掲載誌（紙）順は時系列順「文楽評」掲載の早い順とした。

『浄瑠璃時報』（昭和四年一月〜昭和一二年）月二回発行新聞　浄瑠璃時報社

1　吉田扇太郎丈の長逝を悼みて　昭和一一年二月一五日

『上方』（一　昭和六年一月〜一五一　昭和一九年四月）月刊雑誌　上方郷土研究会

二本

3　豊沢団平の操史の存在意義　九八　昭和一四年二月一日

31　三味線の芸系について　一二一　昭和一六年一月一五日

『演芸画報』（第一年第一号　明治四〇年一月〜第三七年第一〇号　昭和一八年一〇月）月刊雑誌　演芸画報社

二本

4　初春の文楽座　第三三年第二号　昭和一四年二月一日

5　花見月の文楽　第三三年第五号　昭和一四年五月一日

『劇評』（創刊号　昭和一四年四月〜第十二劇評集　昭和一五年三月）月刊雑誌　劇評刊行会（発行者　武智鉄二）

七本

6　五月の木挽町　付・浄瑠璃の「風」に就いて　第四劇評集　昭和一四年七月五日

7　四ツ橋と南座の文楽　第五劇評集　昭和一四年八月五日

8　古靭の「寺子屋」　第六劇評集　昭和一四年九月五日

16　中村章景の思い出　第十劇評集　昭和一五年一月三〇日

17　文楽座初春興行印象　〃

18　東都初春芝居の感想　〃
22　鴻池幸武・武智鉄二対談　二月の文楽座批評──盛綱陣屋・天網島などをめぐって──　第十二劇評集　昭和一五年三月三〇日

『浄瑠璃雑誌』（一　明治三二年二月～四二五　昭和二〇年二月）月刊雑誌　浄瑠璃雑誌社
三七本
9　四ツ橋文楽座豊竹古靱太夫の寺子屋＊　三八二　昭和一四年九月三〇日
（8　古靱の「寺子屋」『劇評』、7　四ツ橋と南座の文楽『劇評』の順で再録）
10　文字太夫君へ　三八三　昭和一四年一〇月三〇日
11　文楽座十月興行合評記　〃
12　文楽座霜月興行合評記　三八四　昭和一四年一一月三〇日
13　富小路喜八郎の歿年に就いて　〃
14　十二月興行役割の不満　〃
19　源大夫の『弁慶上使』　三八六　昭和一五年二月二五日
20　文楽座初春興行印象＊　〃
（17　文楽座初春興行印象『劇評』の再録）
23　文楽座三月の合評記　三八八　昭和一五年四月三〇日
24　四月の文楽浄瑠璃人形芝居合評記　〃
26　森下辰之助さんの思い出　三九二　昭和一五年八月三〇日
27　文楽納涼興行評　〃
28　織大夫・団六の「川連館」その他　三九三　昭和一五年九月三〇日
30　新橋演舞場の素浄瑠璃　三九五　昭和一五年一一月三〇日

32 放送局の義大夫名曲選に就いて　三九八　昭和一六年四月二〇日
33 文楽座三月興行短評　〃
34 女義の「堀川」評　〃
35 新橋演舞場の文楽　四〇一　昭和一六年八月三一日
36 文楽評の評　四〇二　昭和一六年九月三〇日
37 ――編輯余談――沼津は晴か雨か　〃
38 盆替り芝居行脚　四〇三　昭和一六年一〇月三一日
39 中央公論秋季特大号特輯グラフ『文楽』評　四〇四　昭和一六年一一月三〇日
40 直感批評　〃
41 「賢女鑑十冊目」聞書　四〇五　昭和一六年一二月三一日
42 新櫓下豊竹古靱大夫に寄す　四〇六　昭和一七年一月三一日
43 文楽座櫓下と古靱　〃
44 櫓下披露狂言の批判　古靱大夫の『熊谷陣屋』　四〇七　昭和一七年二月二八日
46 玉次郎追悼　四〇八　昭和一七年四月三〇日
47 「因協会技芸奨励会審査」批判　*四〇九　昭和一七年五月三〇日
48 大隅の『椎の木』――四月の文楽座――　〃
（45 大隅の〃椎の木〃――（文楽座評）――『読売新聞・関西版』の再録）
49 道明寺聞書　四一〇　昭和一七年六月三〇日
50 芸の力　四一一　昭和一七年八月三〇日
51 ビクターレコード『寿式三番叟』合評　四一三　昭和一七年一〇月一日
52 和泉太夫追悼　〃
53 文楽東京公演所産　四一六　昭和一八年一月二〇日

54　古靭の『寺子屋』其他――一月の文楽座評――　四一七　昭和一八年三月二〇日
55　豊沢新左衛門追悼　四一九　昭和一八年五月二〇日

『紀元二千六百年』（昭和一三年一月〜昭和一六年一月）月刊雑誌　紀元二千六百年奉祝会
（内閣紀元二千六百年祝典事務局　共同編集）

15　人形浄瑠璃に就いて　第二巻第一二号　一二月号　昭和一四年一二月一一日

『寒雀』五代目中村芝雀追憶集（昭和一五年三月一五日）芝雀追憶集刊行会（発行者　武智鉄二）
21　中村章景の思い出*
（16　中村章景の思い出『劇評』の再録）

『創造劇場第1回試演　パンフレット』（昭和一五年五月二七日）創造劇場事務所
25　院本劇「太功記十冊目」に就き

『浄曲新報』（第一号　昭和一〇年九月一日〜第一〇八号　昭和一七年七月一五日）月二回発行新聞　大日本浄曲協会
29　『浪花女』の撮影に立会って　第八七号（三）　昭和一五年一〇月一五日

『読売新聞・関西版』（昭和一六年九月一六日〜昭和一七年八月四日）日刊新聞　読売新聞社
45　大隅の〝椎の木〟――（文楽座評）――　昭和一七年四月一〇日

『観照』（1　昭和二一年八月〜29　昭和二七年七月）月刊雑誌　観照社
2　幕内秘録㈢　昭和一一年八月三日　第二三号　昭和二四年八月三〇日

第二部

鴻池幸武文楽批評集

収録に際して

【文字表記等について】

原文を尊重するという見地に立つとともに、読みやすさを考慮して、次のように原則を定めた。

一　旧字体で書かれているものは、新字体に改める。
二　旧仮名遣いで書かれた口語文の批評等は、新仮名遣いに改める。なお、踊り字はそのままとする。
三　浄瑠璃詞章等文語文の原文は、旧仮名遣いのままとする。ただし、ルビは新仮名遣いに改める。
四　誤字・脱字等は、浄瑠璃詞章も含めて、鴻池幸民→鴻池幸武、受領名の「椽」→「掾」、などのように明白なものも改めず、太字や括弧・記号の不一致また位置ずれなども、原文のまま収録する。よって「ママ」表記は用いない。
五　正誤表に記載あるものは、正誤表に従い改める。
六　行長は掲載各誌（紙）の段組みによらず、段落および改行は原文に従う。段組みの行末に当たるため句読点が省略されたと判断される場合は最小限の範囲で補い、傍に⊥の記号を付してそれを明示する。
七　掲載された批評には、活字または自筆で著者（鴻池幸武、本誌同人鴻池幸武、等）表記があるものも多いが、表記の有無は取り立てて意味を持たないと判断されるため、省略する。
八　太夫名表記については、「太夫」「大夫」が同一雑誌・新聞紙上、さらには同一批評内でも混在し、区別に有意性はないと判断されるが、表記は原文のままとする。
九　他の資料により、本文を補訂する必要があると判断した箇所を、［備考］欄を設けて該当本文の頁・行数（空白行は数えない）を示し、補訂内容（↓は誤記訂正、…は補足説明）を記載する。ただし、引用部分のルビは省略する。

【収録対象について】

鴻池幸武の記した文章のうち、文楽・浄瑠璃義太夫節に関する内容で、雑誌・新聞・パンフレットに掲載されたまま、散逸状態にあるものを網羅する。直接の対象が歌舞伎であっても、人形浄瑠璃文楽に言及しているものは載録する。したがって、鴻池幸武の編著『道八芸談』および『吉田栄三自伝』中の文章は、採録していない。

【収録順について】

一　「鴻池幸武「文楽評」一覧　時系列順」に準じた。

二　再録分は、異同箇所のみを該当本文の頁・行数（空白行は数えない）を示して記し、異同がすべての箇所にわたる場合は㊎として示す。ただし、現代仮名遣いで同じ文字となる、い―ゐ、エ―ヱ、う―ふ、等の異同は省略する。

本書には、現在の観点から見た場合、差別に関わる不適切な表現があるが、本著作の書かれた時代性を考慮して、原文通りとした。

○昭和一一年

1　吉田扇太郎丈の長逝を悼みて

『浄瑠璃時報』第百五十三号　昭和十一年二月十五日

正月松の内と云うに、聊か寂し過ぎる客足を相手に、依然活気のない興業を続けて居る文楽座を一日訪れた時、今更乍ら、私は云うに云われぬ寂しさを感じた。正月からアノ有様では、と暗い心持に襲われ乍ら憂然と上京して数日後青年人形遣の吉田栄之助が突然死亡し、師匠の栄三が彼の為に貯めて置いた金子を、愛弟子の霊前にポンとなげ出し、一座のものを驚かしたと云う事実が、溢れる師弟愛の美談として、大阪朝日新聞に出て居るのを読んで、愛弟子を失った名匠の心中を察し、且その師弟愛の麗わしさを思い、感傷の涙に咽ばずには居られなかった。そして同時に、将来ある若手人形遣を失った斯道の損失を歎かざるを得ないのであった。

だのに、その涙未だ乾わかざる今日、またもや栄三丈の門下、吉田扇太郎丈の訃報に接した時、ハッと思った。殊の外無人の人形遣、要らぬ老婆心の様ではあるが、此際一人でも失う事を常々から恐れて居り、替り目毎に見る手摺に一人でも、欠勤の事を聞こうものなら、何の義理もない、あかの他人の事を我事の様に心配して来た私、それが、とう〳〵事実となって現れたのである。兼ね〳〵恐れて居た不祥事に正に直面したのである。⊥そして、その犠牲が特に将来を嘱目されて居た扇太郎丈に廻ろうとは、生前、文楽座中の誰よりも熱心に、且、つゝましやかに、只管芸道に精進して居た扇太郎氏の為に、以下、生前の追憶を思い出すまゝ筆にし、せめてもの香華に代え度いと思う。

扨、私が初めて丈を舞台に観たのは、はっきり覚えて居ないが、やはり、私が初めて、文楽を訪れた大正の末年であった様に思う。丈も、其頃は、京都に文楽座の出張所があり、時々文楽の中堅連が行って人形入りの興行をして居たので、丈は其方へも大分屡々出勤して居た様である。京都の文楽座が瓦解してからは、御霊文楽座に入り、栄三丈の門下となり月々出勤して居たのであるが、栄三師との間も、たしか預りの関係であったと云う事である。其後、生来の天分と熱心と、加うるに、よき師匠の薫陶を以て、腕も目覚しき上達を遂げ、追々とよい役も遣う様になったのであるが、たま〱、近来の名匠と謳われた名人吉田玉造の急逝、続いて、荒事の巨匠吉田文三、彦六座時代からの古老吉田駒十郎の四世辰五郎等の死去に遭い、一度に名人巨匠を奪われた文楽座の人形界も、爾来は、栄三丈を以て人形紋下とし従来主に女形や、ぼけを遣って居た栄三丈はそうもして居られず、主役を殆んど引受ける様になった。従って後進の道も開け、扇太郎丈も、ます〱よい役が付く、腕は昇る一方、⊥殊に弁天座仮宅興行の末頃から、抜群の上達をなして来た様に思うのである而してその芸風たるや、栄三師の夫を受け継ぎ、堅実にして気品高く、前受等のいまわしい事は絶対になかった。栄三に文五郎、扇太郎に紋十郎と云った様に、⊥近来は紋十郎と競争の様な形になって居たが、紋十郎は文五郎の薫陶を得て、技巧の点は勝るとも、恐しく前受のひどい芸で、これ見よがしの遣い方で、観衆をやんやと言わせるのであるが、人形の腹と云う点に到っては、丈の足許へも遠く及ばなかったと思う、此点は流石に、栄三師の流れを汲んで居た様に思うのである。だから俗人気の点に於て、文五郎と栄三の如く丈も一般には余り認められなかったのは誠に気の毒であった。

一例として「太十」の初菊で、丈のそれと、紋十郎のそれとを比較しても、よく解ると思う。初菊と云えば、丈の得意中の得意とする役であって、最近は度々勤めて居た様であるが、忘れられないのは、三年程前の春、四ツ橋文楽座に於て「太十」を古靱太夫が語りやはり丈が初菊を勤めだ時であった。あんな面白い初菊を見た事がなかった。その面白さと云うたら実に涙のこぼれる程であった。初菊の初々しさ、そして一ぱいの情熱を全段に込めて、しかも初菊の格で。兎に角、私の見た初菊の中では、芝居も入れて、此時程面白いのはなかったと思って居る。又丈生涯中の傑作の一つであったであろう。一体初菊の山はやはり枕の「夫の討死」以下のクドキであろうが、大抵は十次郎を見送ってしまうと、息を抜いてしまって居る。しかし此時の初菊は決してそうでなかった。十次郎が出てからも少しも隙がなかった。だから後段で一層面白くなったのである、此間も新宿の青年歌舞伎で「太十」が出、鶴之助が初菊を演って居たが、相当の苦心と技巧は認めるが情熱がなく、やはり「行方知れず――」から後段が丸潰れであった。此時も私は客席で、独り扇太郎の初菊を思い浮べて居た。初菊の外に此種の役で、丈の得意なものは「菅原」三段目の八重であった。其他「野崎」のお染や、お光「揚屋」のおのぶ「帯屋」のお半等もよかった事を覚えて居る。それに丈はこんな娘役が上手であった許りでなく、その芸の範囲が極めて広大であった事、是亦、文楽座中の異彩であった。即ち、二枚目のぼけ所も出来れば、三枚目にも堪能、老女形も遣えれば婆も行けるのであった。二枚目所でよかったのは「十種香」の勝頼「革足袋」の久松「吉田屋」の伊左衛門「堀川」の伝兵衛等であった。又三枚目で面白かったのは、去夏、当地明治座で遣った「朝顔笑薬」の萩野祐仙であった。アンナにチャリ振って居て、夫でアノ品のよさには、全く頭を下げた事を覚えて居る。

其外「忠臣蔵」の伴内「菅原」の希世等も頭に残って居る。老女形もよいのがあった。こんなによい腕の持主であったのに、そして近き将来には、押しも押されもせぬ栄三師の後継者となる人であったのだ。私は丈の舞台を見るにつけ、何時もその時を期待しない時はなかった。どんなに待焦れて居た事か、早く、政岡が遣える様になればよいのに！　早く、菅相丞が見度い、良弁はどんなであろう！　重の井を見度い、板額は、重兵衛は、尾上は、おそのは、定高は、等々、但し立役は丈の畠違いであった様に思われる。それが遂に実現を見ずして終ったとは、失望の極みである。恐らくこんなに思って居る人は決して私一人ではなかろうと思う。ほんとうに操の芸術に理解ある方々は、必ず斯くあった事であろうと思う。それにしても、今度の丈の長逝は、独り文楽座の損失に止らず、我国芸界の大損失と云わねばならない。惜しい人を死なしてしまった。もういくら云っても追付かぬ。最後に故人の瞑福を祈り乍ら筆を置く事とする。

（昭和十一、二、九）

［備考］　58・6吉田栄之助が突然死亡し…昭和一一年一月一六日歿（『義太夫年表　大正篇』）
58・7溢れる師弟愛の美談…前号にも別記事が掲載されている。（『浄瑠璃時報』第一五二号　昭和一一年二月一日）
58・11吉田扇太郎丈の訃報…昭和一一年二月四日歿（『義太夫年表　大正篇』）

2

幕内秘録(三)

昭和十一年八月三日起稿　『観照』第二十三号　昭和二十四年八月三十日発行

◇

此書ははしがきにある如く、幕内の秘話を石割松太郎先生が筆録されたものであるが、何時の程にか中止され、其後昭和十一年六月廿九日先生死去遺物分けの際、小生貰い受け通読するに中々面白く、今後種々劇界に関係せんとする小生、先生の志を継ぎ、此筆を続けんと思い立、此書の題名にふさわしき話聞き次第書き止める也。

昭和十一年八月三日

東京緑ケ丘ニテ　鴻池幸武

高麗蔵と芦燕

幸四郎の長男、市川高麗蔵、昭和十年秋、東京神田開花楼坂本猿冠者娘、坂本孝子娶りし所、此高麗蔵、変態性欲者にて花嫁に疵をつけて嬉んで居た。即サヂスト也。所へ、仁左衛門（十二世）長男片岡芦燕かねがね女性的男にて、遂にマゾホスとして高麗蔵の相手となる。双方常に生疵が絶えぬと云わる。高麗蔵妻、夫と芦燕との関係を知り実家へ逃げ帰る。未だ処女也との噂。（昭和十一年三月）

幸四郎、仁左衛門、親同士困り果て、二人を引き放さんとすれども叶わず（仝右三月）。高麗蔵は勘当され松竹を退き東宝へ入れば、相次いで芦燕東宝に入る（仝右四月）。幸、仁打揃って大谷社長の所へあやまりに行ったとの事。此話は松竹の遠藤為春氏より石割松太郎先生が聞かれしを更に小生の耳に入りし咄。（十一年八月）

団六と白井松次郎

昭和十年秋より大阪知名の士の脱税事件に引かゝり、松竹社長白井松次郎入獄す。仝暮、文楽座三味線竹沢団六、白井社長の許へさし入れをし、お目玉を喰って帰ったとの事。之は鶴沢重造の咄。（十一年八月）

三世歌右衛門木像をめぐりて白井、大谷

昭和十一年十一月東都歌舞伎座の顔見世は三世歌右衛門壱百年忌追善（梅玉は天保九年の歿にて実は九十九年也）池上本門寺に建碑記念興行と定る。梅玉は化政期の大阪の代表的名優にして、鴻池もその贔負の一人とか（何代め当主かは不明）で小生も色々展覧会の品物等に尽力したし、その中、梅玉の木像が大阪△国寺にあり。それの出品を食満南北氏と誰かゞ長三郎へ依頼に行った処、断わったとか。それで小生片山に色色梅玉の演劇的位置を講じし処、その旨大谷に伝へ、大谷下阪して白井へ咄しすると、白井は承知なるもおせん（鴈の未亡人）が不承知とか、その間小生京家より交渉させしに長三郎承知し、おせんは全く知らぬ事とか。即大谷、白井のカラクリなり。⊥しかし木像は高島屋扱にて仝店の展覧会にのみ出品、

歌舞伎座では木像なし。京家出品の梅玉の軸、中央に飾る。歌右衛門高島屋へ見に来たとき、之は四代め也と申したとか。（昭和十一年十一月）

六代目菊五と鴈治郎

六代目が下阪して鴈と顔合せしたとき（寺小屋、山科）六代目の宿、京家へ朝鴈が訪ねると、六代目寝床の中で知り乍ら女中に断らし、鴈、伴も連れず、すご〳〵と帰る。京家おかみ鴈を気の毒がったと、後刻六代目新町の神山方を訪ねし由。つまり、表面にて六代目は鴈を女中に追返したと言う処を見せる為、鴈は京家のおかみに「あんたの家やさかい恥をかゝずに済んだ」と言ったとか。

羽左と京の舞妓いちもゝと春枝

昭和十二年の京の顔見世に出勤の羽左、土地のいちもゝと言う美人芸妓と出来かけし処、春になって彼女が踊を習いに吾妻春枝宅に滞在する内、羽左一夜泊りに来て関係をつけた由。春枝曰「三千世界にこんな親孝行した人はない」と。羽左「お前には頭が上らん」と。市もゝは望月太左衛門の女也。（終）

［備考］　この原稿が没後掲載された経緯については、第一部注（5）・（14）を参照のこと。

63・13△国寺→常国寺（船本茂兵衛「鴈治郎と常国寺」『上方』七四号）
63・15京家　64・5京家おかみ…おしかさんは、雀右衛門の没後、良人の家号である「京屋」（編著者注「京家」とも表記）を看板にして、土佐堀で旅館を始めまして（北條秀司編『富崎春昇自伝』演劇出版社）
なお、「京家旅館」おかみは中島しか（中村雀右衛門未亡人、中村章景母）。
64・4寺小屋、山科…昭和八年六月一日～二五日　大阪歌舞伎座／（昼の部）菅原伝授手習鑑　芹生の里寺子屋の場／舎人松王丸　菊五郎／武部源蔵　鴈治郎／（夜の部）碁盤太平記　山科閑居の場／大石内蔵助　鴈治郎／下男岡平　菊五郎（『近代歌舞伎年表　大阪篇』第八巻）
64・9昭和十二年の京の顔見世…昭和一二年一二月一日～一八日　南座（『近代歌舞伎年表　京都篇』第一〇巻）

3

豊沢団平の操史の存在意義

『上方』第九十八号　昭和十四年二月一日発行

浄瑠璃の研究が、文学的のみでなく、実際の舞台に則したものでなければいけないという事を提唱されたのは、亡師石割松太郎先生が最初であったかと思う。そして、亡師は、それを完成されずして他界された。又、そのメソドロジーをも、僅か早稲田の教壇で二三度講ぜられたゞけで、公表はされて居ないと思う。私はそのメソドロジーを母校の教壇で聴講したのであるが、それは、浄瑠璃が舞台芸術である真価──黄金律である形式──曲風を根幹として、近世の操の実際を討究し、それより類推に依って、往古の操の有様を識る、と言う方法であった。が、今申す如く、亡師は、そのメソッドロジーの出発点の一歩前で黄泉の客となられたから、論のみ残り、具体案は、永久の宿題とされた訳である。ところで、後に残った私が推察するに、近世人形浄瑠璃の実際の討究、という事に就き、近世とは明治時代であって、その具体案の中、最も重要なブロックは、豊沢団平の研究であると思うのである。豊沢団平を識る事に拠って、近世から近古迄遡る事が出来ると思う。勿論、豊沢団平の研究は、一朝一夕にして完了しない、その完結迄には、案外な手数と時間を要するかも知らぬが、浄瑠璃研究の方法として、最も正確なものである、と私は信じる。で今日は、私が、豊沢団平に就いて、研究される可き種々の網目に多少の逸話や挿話を混えて、少し書く事とする。

茲でいう豊沢団平とは、いう迄もなく、二代目の豊沢団平で、通称清水町、名人団平とも、大団平とも称せられた、あの有名な「壺坂」の作曲者の団平である。彼は、文政十一年の生れ、天保十年に、ドブツの広助と呼ばれた三代目豊沢広助へ入門、初名を力松と称し、同十三年豊沢丑之助と改名、弘化元年再改名して、二代目あたらしや豊沢広助の幼名豊沢団平の二代目を相続、明治三十一年四月一日、稲荷座にて、大隅太夫の「志渡寺」を弾きつゝ、脳溢血にて歿した、時に七十二歳という。斯道の神と崇ばれた彼の生涯こそ、浄瑠璃の改竄と工夫とが総てゞ、従って、数知れぬ逸話は枚挙に遑がないが、その一つ一つが、深浅の別あるとして委く彼の浄瑠璃に対する真意の程が伺われる。しかし、我々は、その伝うる逸話の面白さのみに酔わず、彼が、一生を屠して浄瑠璃の改竄と工夫に志した原因と動機とも研究しなければならないと思う。

勿論、彼は、幼にした斯芸に抽出る天分と、意気に燃えて居たに違いないが、その熱意に油を注ぎかけ、その完成の曙光へ導いた事は、彼が、三代目竹本長門太夫の相三味線を勤める様になった事であろうと思う。三代目長門太夫は、通称河堀口、中興の祖と言われた近古の名人である。貞享の昔に、元祖義太夫が、義太夫節を語り出して以来百余年、満天下に流行する中、稍もすれば枝葉に流れ勝ちの斯芸の曲風を引締め、修大成した最後の太夫で、明治以降の浄瑠璃の曲風は、殆んどこの長門の流れを汲まぬものはないといってよいと思う。明治初期に於いて、かの美声と、どちらかと言えば、語るより唄う傾向の芸風を以って一世を風靡した摂津大掾も、芝居で語る浄瑠璃は営利業の関係上、前人気を狙ったりしたものゝ、彼が旦那衆に稽古をするに際しては、本当の長門の浄瑠璃の息込を、特別に調査して迄も教授したという事である。その長門の相三味線を、団平が勤めた最初は、安政元年八月、天満天神社内の芝居で、「忠臣蔵」の立った時、竹本長尾太夫（前記長門太夫の門弟）役の『六ツ目』と、三代目鶴沢清七が病気休場の代役として、長門太夫役場の『九ツ目』を弾いた時で、時に団平二十七歳の壮若さであった。それから、清七は再び出勤したもの丶、二年目の安政三年に清七は故人となり、団平は二十九歳にて正式に櫓下の長門の相三味線となり、爾来長門太夫が歿する元治元年迄九年間、彼の相三味線を勤めたのである。この間の団平の舞台の有様を伝える逸話は極めて少く、団平研究の上に、多大の不便を感ずるのであるが、察する所、必ずや太夫の長門の息組に追立られた修業の修羅場があったろうと思われるのである。

こんな話が伝わって居る。年代は確然としないが、長門太夫が「近江源氏」の八ツ目『盛綱陣屋』を勤めた時に、盛綱の物語を、「トンジャン」と、三味線に締めさせて、グット息を詰めて、暫くして、「母は手を打ち」と語った時は、相三味線の団平は勿論、聴衆も、楽屋も同時に吃驚したという事であるが、従って、団平は毎日盛綱の物語が、真底まで母の腹に徹する様に、「トンジャン」と締めねば長門太夫に睨まれるので、毎日苦労し抜いて、若かりし頃の団平、遂に心臓を痛めたとの事がある。これは、ほんの一挿話に過ぎないが、この腹構え、息組の長門を九年間勤め了せたればこそ、後世の団平が出来上ったというもので、団平に取っては、この九年間こそ、最も意義深い将来の準備時代であったのである。

次に団平は、豊竹湊太夫を弾く事になった。この湊太夫に就いては、伝える所が極めて僅少で、よくわからないのであるが、なんでも大きい浄瑠璃で、「沓掛村」等よかったと、春太夫も団平も言って居たとの事がある。湊太夫を、その退座する明治四年迄弾き、次は五代目竹本春太夫で、この春太夫が、昔の大まかな浄瑠璃の最後の人といってよく、明治十年に彼が歿した後の斯界は、上手は数々居たものゝ、浄瑠璃の規模の点から言って、明かに一線を画する事が出来ると思う。従って、取り残された団平は、これからが、彼の多年の懸案であった浄瑠璃の曲風の修大成と、作曲と、それを、彼が有望視する太夫に抜ける程仕込んで舞台に懸けさす大事業に取掛ったのであるが、彼は先ず、東京の竹本綾瀬太夫（初代）を弾いて、之に取掛らんとしたと伝わって居るが、春太夫が、死の床で団平に、弟子の越路太夫（後の摂津大掾）と弾いてくれ、と遺言した事によって、団平は、越路を弾く事になり、その第一回は、明治十年九月、松島文楽座で、「競伊勢物語」の『春日村』であったと思う。当時越路は人気の出花、豊麗無比の美声であったから、団平は、その持前の美声を土台に、鍛錬を重ねた、浄瑠璃に於ける理想的の美声にせんと志したのであるが、⊥彼の浄瑠璃の方向や、周囲の事情がそれを許さなかった。遂に、両人は、明治十七年六月、「奥州安達ヶ原」の『謙杖館』を最後として、その九月から、団平は、新興のいなり彦六座へ走った。そして、彦六座では、初代の豊竹柳適太夫等も弾いたが、自分の弾く太夫は、組太夫と定めて居たらしい、がこれも、組太夫が賭博好きであるのを嫌って居た所へ、春子太夫が懇望して来たので、三代目の大隅と名前替えをさせて、明治十七年十一月、彦六座で「国姓爺合戦」の『獅子ヶ城』の時からその相三味線となった。大隅は、越路の浄瑠璃とは正反対の、悪声の上に難声であったが、必死的な修業の外には何もなかった人であったから、それが団平の意気と相俟って、あの非天分を以って、明治時代に於いて、大椽と並び称せられる程の二代表者の一人となった訳である。しかしその大隅の浄瑠璃も、団平が理想として居た浄瑠璃を基とすれば果して完璧なものであったか、如何かは判らないと思うが、団平が長門に仕込まれた浄瑠璃の意気の形式だけは、確かに大隅によって伝えられたと思われる。そして、現在文楽座の床に、この浄瑠璃の正しき形式を強いて求むれば、先ず古靱太夫の語る浄瑠璃かと思う。それは、大隅が、団平に死別してから直後の彼の相三味線が、三世鶴沢叶の後の三世清六で、何しろ、あの傲慢な大隅が、身も魂もすっかり団平の三味線に預けてしまって語って居た後であるから、若手の中で唯一の鋭峰の叶とは言い条、流石に冒頭から段切迄大隅に追われ詰めであったとの事である。それを亦よく辛抱して十年間もその相三味線を勤めたればこそ、後のあの偉大な清六が出来上った訳で、清六は、その意味をそのまゝ古靱に伝って、今日の古靱を作った人であるから、団平と古靱との間に大隅、清六と二人の仲人が入って居るが、現在の古靱の浄瑠璃に聴く、息と間には、確かに団平の持って居たそれの俤があるに違いないと思って居る。この外、三味線の方では、直接の門人ではないが、鶴沢道八の弾く三味線等は、団平の芸を類推するに最もよき資料であると思う。

そして一方、彼が多くの新作曲の中、最も畢生の妙譜を施した「壷阪」、次いでは「伊勢音頭」の『油屋』等の彼の作曲意図を研究せねばならぬ、この二段の曲風が完全に解れば、団平が試みた所謂浄瑠璃の曲風の修大成の意味と実際は、案外容易に類推出来るのではないかと思う。

もっと、面白く、組織立てゝ、団平の存在意義を書く積りであったが、考えて居る事が余りにも多過ぎて、私のペンにそれを整理するだけの力がないから、甚だ取止めのないものになってしまったが、最後に、これだけははっきりと言って置く。豊沢団平を識らずして、人形浄瑠璃史は絶対に判らない、と、世人多く近世の人形浄瑠璃史が一段落を告げたのは、この間の越路太夫（三代目）が歿した時、或いは、少し遡って、摂津大掾が歿した時を以ってして居るが、私は、明治三十一年四月一日の夜、稲荷座で団平が大隅の「志渡寺」を弾き乍ら、後紙一枚と言う所で、バッタリ撥を落して、そのまゝ不帰の客となった時を以って、我が人形浄瑠璃史上に、太い一線を画し度いと。

［備考］　挿図解説（横書き）

1　団平自筆の稿本「壺坂」沢市三味線の手

2　明治九年座摩社内興行の糸アヤツリに出勤せる竹本春子太夫は先代大隅で糸の豊沢九市は後に三代目団平となった。大隅と団平代々は関係が深い

なお、「団平自筆の稿本「壺坂」沢市三味線の手」は、石割松太郎『人形芝居雑話』（春陽堂版　昭和五年一〇月）一九〇頁の写真と同一である。

69・9明治十七年六月、「奥州安達ヶ原」の『謙杖館』を最後として↓明治十七年六月は「本朝廿四孝」『謙信館』、最後は同年七月「桂川連理柵」『帯屋』（団平途中休場）。（『義太夫年表　明治篇』）

4

初春の文楽座

『演芸画報』第三十三年第二号　昭和十四年二月一日発行

文楽座《ぶんらくざ》初春興行《はつはるこうぎよう》の芸評《げいひよう》をする前《まえ》に、狂言《きようげん》の立《た》て方《かた》と、役割《やくわり》に就《つ》いて一言《ごん》いいたい事《こと》がある。まず、番付《ばんづけ》に目《め》を通《とお》すと、前狂言《まえきようげん》が「仮名手本忠臣蔵《かなてほんちゆうしんぐら》」の「道行《みちゆき》」と『山科閑居《やましなかんきよ》』で「道行《みちゆき》」のシンと、『山科《やましな》』の前半《ぜんはん》とが、駒《こま》と錣《しころ》の一日替《にちかわ》り、次《つぎ》が津《つ》の『日向島《ひゆうがしま》』と、前者《ぜんしや》は浄瑠璃《じようるり》の最高峰《さいこうほう》、後者《こうしや》は斯芸《しげい》の奥許《おくゆる》し物《もの》で、二つ大物《おおもの》が続《つゞ》いて、これだけで聴客《きやく》のお腹《なか》は相当《そうとう》ふくれる。そして次《つぎ》に、景事《けいごと》の大物《おおもの》の「勧進帳《かんじんちよう》」があって、弁慶《べんけい》と富樫《とがし》が、相生《あいおい》と織《おり》の一日替《にちかわ》り、その後《あと》が、一寸《ちよつと》気分《きぶん》は転換《てんかん》するが、初春狂言《はつはるきようげん》には凡《およ》そふさわしからぬ「柳《やなぎ》」で、古靫《こうつぼ》の役場《やくば》、そして、切《きり》に又景事《またけいごと》で、おまけに引抜《ひきぬ》き迄《まで》付《つ》いて居《い》る。

こう眺《なが》めて見《み》ると、この狂言《きようげん》の立《た》て方《かた》、役割《やくわり》の拵《こしら》える態度《たいど》に、凡《およ》そ芸術的良心《げいじゆつてきりようしん》の皆無《かいむ》さが伺《うかゞ》われる。種々《しゆ〳〵》の関係《かんけい》で、通《とお》し狂言《きようげん》に付物《つきもの》という、人形浄瑠璃本来《にんぎようじようるりほんらい》の立《た》て方《かた》が出来《でき》ず、「みどり」許《ばか》りで興行《こうぎよう》をして居《い》るのは致《いた》し方《かた》ないとしても、もっと浄瑠璃《じようるり》の芸術的真価《げいじゆつてきしんか》に対《たい》する考《かんが》えに真剣《しんけん》さが欲《ほ》しい。今度《こんど》の狂言《きようげん》で、第《だい》一目障《めざわ》り耳障《みゝざわ》りなのは、景事《けいごと》の多過《おおす》ぎる事《こと》である。「忠臣蔵《ちゆうしんぐら》」の『道行《みちゆき》』共《とも》で四つという盛沢山振《もりだくさんぶ》りで、その原因《げんいん》に就《つ》いては、判《わか》り切《き》って居《い》る事《こと》で、文楽座《ぶんらくざ》の楽屋内《がくやない》の大革新《だいかくしん》を決行《けつこう》しない限《かぎ》り、この矛盾《むじゆん》を払《はら》い除《のぞ》く事《こと》が出来《でき》ないから、茲《こゝ》ではくど〱いわないが、今度《こんど》などは、その為《ため》の弊害《へいがい》が夥《おびたゞ》し過《す》ぎる。まず、みっちりとほんとうの浄瑠璃《じようるり》が二段《だん》しか聴《き》けない（『九段目《だんめ》』は、あんな役割《やくわり》だから、義理《ぎり》でもほんとうの浄瑠璃《じようるり》の中《なか》へは入《い》れられない）。『日向島《ひゆうがしま》』には、絶対必要《ぜつたいひつよう》といってよい位《くらい》の、あの面白《おもしろ》い立端場《たてはば》の『花菱屋《はなびしや》』が出《で》ない、又《また》、塩梅《あんばい》この上《うえ》ないつき出しのような『雪転《ゆきころが》し』がなく、最初《さいしょ》は出《で》て居《い》たらしい「柳《やなぎ》」の端場《はば》も止《と》めになった。初春《はつはる》の景事《けいごと》は、「勧進帳《かんじんちょう》」一つで耳《みゝ》も目《め》も十二分《ぶん》である。

次《つぎ》に、近頃《ちかごろ》の文楽《ぶんらく》で注目《ちゅうもく》すべき事《こと》は、一日交替《にちこうたい》という役割《やくわり》が濫用《らんよう》され過《す》ぎて居《い》る事《こと》である。今度《こんど》は呂太《ろた》夫《ゆう》が上京《じょうきょう》し、伊達《だて》が病後《びょうご》で軽《かる》い役《やく》に廻《まわ》って居《い》るから、何時《いつ》もよりは少《すく》いが、抑々《そも〱》この役割《やくわり》の目的《もくてき》は、各自《かくじ》の競争心《きょうそうしん》を誘起《ゆうき》して、芸《げい》の向上《こうじょう》を計《はか》るという結構《けっこう》なる案《あん》と察《さっ》せられる。しかし、それを実行《じっこう》した度毎《たびごと》の実際《じっさい》の結果《けっか》に於《お》いて、必《かなら》ず目的《もくてき》が達成《たっせい》されて居《い》るかどうかを、文楽《ぶんらく》の奥役《おくやく》は、もっともっとよく耳《みゝ》をそば立《だ》てゝ研究《けんきゅう》する必要《ひつよう》があると思《おも》う。若手《わかて》は兎《と》も角《かく》（これにも大分《だいぶ》いい分《ぶん》あれど）、駒《こま》、錣輩《しころはい》の一日替《にちかわ》りは大《おお》いに考《かんが》えものである。何《なに》も土佐《とさ》が引退《いんたい》したからといって、慌《あわ》てゝ一日交替《にちこうたい》のみを以《も》って、二人《ふたり》を勉強《べんきょう》させなく共《とも》、もっと外《ほか》によい方法《ほうほう》がありそうなもの、そして、それは十年前《ねんまえ》に当然行《とうぜんおこな》われる可《べ》き事《こと》であったのに。

成程《なるほど》、二人《ふたり》の浄瑠璃《じょうるり》の方向《ほうこう》は稍《やゝ》似《に》て居《い》る、が浄瑠璃《じょうるり》の質《しつ》に於《お》ては、全《まった》く異《ことな》った両人《りょうにん》を一日交替《にちこうたい》にして、しかも浄瑠璃《じょうるり》の最高峰《さいこうほう》である『九段目《だんめ》』を、折角情《せっかくじょう》の乗切《のりき》った一番《ばん》かんじんの所《ところ》でぶっ切《き》らせ、聴客《きやく》の気《き》がぬけて居《い》る所《ところ》へ、後半《こうはん》は浄瑠璃《じょうるり》が大《おお》きくなるので、顔《かお》も頃合《ころあい》の大音《だいおん》の大隅《おおすみ》がぬうーと出《で》て、「加古川本《かこがわほん》蔵《ぞう》の首《くび》――」と、語《かた》り出《だ》すのである。こんな間《ま》に合《あわ》せな事《こと》をして、いゝ浄瑠璃《じょうるり》が出来《でき》る訳《わけ》がないじゃないか。それに、近頃《ちかごろ》、丸《まる》で浄瑠璃《じょうるり》のダレ切《き》った大隅《おおすみ》の『九段目《だんめ》』は、聴《き》くに耐《た》えないものがある、音遣《おんづか》いが目茶々《めちゃ〱》で、足取《あしどり》がすっかり乱《みだ》れて居《い》て、その上《うえ》、これを引締《ひきしめ》る可《べ》き役目《やくめ》の広助《ひろすけ》の絃《いと》が、『間《ま》』が崩《くず》れて、手《て》がもつれてどうにもならない。春早々《はるそう〱》こんなのは真平々《まっぴら〱》であるが、いったい、文楽《ぶんらく》の奥役《おくやく》は、『九段目《だんめ》』というものを、真面目《まじめ》に考《かんが》えた事《こと》があるのか、断然疑《だんぜんうたが》う。但《たゞ》し、これとは別《べつ》に、私《わたし》の聴《き》いた日《ひ》の前半《ぜんはん》は駒太《こまだ》夫《ゆう》で、この人《ひと》の力量《りきりょう》の全部《ぜんぶ》を発揮《はっき》した。この人《ひと》としての完成《かんせい》された確《たし》かな『九段目《だんめ》』と聴《き》いたが、唯《たゞ》一段《だん》の眼目《がんもく》である「鳥類《ちょういる》でさえ」は、駒独特《こまどくとく》のこの上《うえ》ない美《うつく》しい裏声《うらごえ》で聴《き》かせたので、耳障《みゝざわ》りはよかったが、楽過《らくす》ぎて情《じょう》は至《いた》らなかった。絃《いと》の清二郎《せいじろう》は、よく弾《ひ》いたが、小浪《こなみ》のクドキや、尺《しゃく》八の音《ね》は、まだ若《わか》い。人形《にんぎょう》では、文五郎《ぶんろう》の戸無瀬《となせ》と紋十郎《もんろう》の小浪《こなみ》が、近来長《きんらいなが》い持役《もちやく》で、倶《とも》に立派《りっぱ》な出来栄《できば》え、殊《こと》に、前者《ぜんしゃ》は大《おお》きさ、後者《こうしゃ》は初々《うい〳〵》しさを推賞《すいしょう》する。玉蔵《たまぞう》の本蔵《ほんぞう》は、演《す》る事《こと》は確実《たしか》だが、貫目《かんめ》が遣《つか》えない。そして、栄三《えいざ》の由良之助《ゆらのすけ》が出《で》ると一層《そう》その感《かん》が深《ふか》い。

次《つぎ》は、紋下津太夫《もんしたつだゆう》の『日向島《ひゆうがじま》』で、近年一寸珍《きんねんちょつとめず》らしい演《だ》し物《もの》である。元々《もと〳〵》、津太夫《つだゆう》は、『日向島《ひゆうがじま》』を得《とく》意《い》の語《かた》り物《もの》の一として居《い》るとの事《こと》で、今回《こんかい》は五度目《たびめ》の上演《じょうえん》かと思《おも》う。そして、私《わたし》の聴《き》くのは四度目《たびめ》であるが、じっと聴《き》いて居《い》ると、どうしても津太夫《つだゆう》の口《くち》にないものらしく思《おも》うのである。それに、噂《うわさ》に聞《き》けば、『日向島《ひゆうがじま》』は、明治初期《めいじしょき》では、初代柳適太夫《しょだいりゅうてきだゆう》が滅法《めっぽう》よく、声柄《こえがら》からいうと、下《くだ》って谷太夫《たにたゆう》の染太夫《そめたゆう》、更《さら》に近世《きんせい》では三世越路太夫《せこしじだゆう》がよかったとの事《こと》で、さすれば、一二三の声《こえ》の整《とゝの》った純時代語《じゅんじだいかた》りの名手《めいしゅ》の口《くち》にするもので、津太夫《つだゆう》は、さびた二の声《こえ》の人《ひと》で、一と三の音《おん》を運《はこ》ぶのに難儀《なんぎ》な質《たち》で、加《くわ》うるに、どちらかといえば、真世話畑《ませわばたけ》の人故《ひとゆえ》、彼《かれ》に天性《てんせい》の器用《きよう》さがあるか、又《また》は死物狂《しにものくる》いの修行《しゅぎょう》がない限《かぎ》り、この段《だん》での成功《せいこう》は甚《はなは》だ覚束《おぼつか》ないと思《おも》う。まず、冒頭《まくら》の「松門《しょうもん》」の謡曲《ようきょく》に品《ひん》と貫目《かんめ》を欠《か》き、「春《はる》や昔《むかし》の春《はる》ならん」の一節《せつ》がシットリと落着《おちつ》かない。それから、「備《そな》ふる膳《ぜん》かとばかりにて――」迄《まで》の景清《かげきよ》の独舞台《ひとりぶたい》の間《あいだ》の「息《いき》」と「間《ま》」の一杯《ぱい》さが、津太夫天来持合《つだゆうてんらいもちあ》わせた一杯《ぱい》さだけであるから、聴客《きやく》の胸《むね》に迫《せま》る情《じょう》が甚《はなは》だ稀薄《きはく》である。同時《どうじ》に、綱造《つなぞう》の絃《いと》も、こんな物《もの》を弾《ひ》くと、ほんとうの意味《いみ》の強腕《きょうわん》でない事《こと》が判《わか》る。糸滝《いとたき》と佐治太夫《さじだゆう》の出《で》になってからは、「音《おん》」と「間《ま》」に無理《むり》があるので、夫々《それ〴〵》の人形《にんぎょう》の位取《くらいどり》が鮮《あざや》かでなくなった。人形《にんぎょう》では、栄三《えいざ》の景清《かげきよ》が、太《た》夫《ゆう》三味線《しやみせん》人形《にんぎよう》を全部《ぜんぶ》引《ひっ》くるめて、これが第《だい》一等《とう》の出来《でき》、否《いな》、一月《がつ》の芸界《げいかい》に於《お》いて、少《すくな》く共《とも》私《わたし》の眼《め》に触《ふ》れたものゝ中《うち》では、東都《とうと》歌舞伎座《かぶきざ》の菊五郎《きくろう》の「娘道成寺《むすめどうじようじ》」と肩《かた》を並《なら》ぶる至宝的技芸《しほうてきぎげい》を見《み》せた。最初《さいしよ》の独舞台《ひとりぶたい》の間《あいだ》の腹力《ふくりよく》の強《つよ》さは床《ゆか》の浄瑠璃《じやうるり》を圧《あつ》し、二日目《かめ》から、従来《じゆうらい》は手紙《てがみ》を聴《き》く間《あいだ》に肩《かた》を脱《ぬ》いで居《い》たのを、その間《あいだ》の腹《はら》がぬけるという解釈《かいしやく》の下《もと》に、「引《ひ》けば引《ひ》かるる悪心《あくしん》を」で脱《ぬ》ぐ事《こと》に改《あらた》めたのも、絶讃《ぜつさん》に価《あたい》する。それから、「指《ゆび》で眥《まぶた》を引張《ひつぱ》っても」と、「一目《め》にらんでくれたいと――」の二箇所《かしよ》では、芸術《げいじゆつ》の至上境《しじようきよう》に到達《とうたつ》した。唯《たゞ》、一箇所《かしよ》、これは栄三《えいざ》の芸《げい》そのものではないが、「かしましゝ〳〵」で、庵《いおり》の中《なか》の景清《かげきよ》を綟越《もじこ》しに映《うつ》すのは、この場《ば》の景清《かげきよ》には禁《きん》ず可《べ》き感《かん》じを受《う》ける。それと庵《いおり》の道具《どうぐ》とを、次回上演《じかいじようえん》の際《さい》に研究《けんきゆう》改良《かいりよう》して欲《ほ》しい。紋十郎《もんろう》の糸滝《いとたき》は、総体《そうたい》に成功《せいこう》して居《い》るが、「甲斐《かい》も渚《なぎさ》の小夜千鳥《さよちどり》」の辺《へん》、もっとウレイが利《き》くともっとよくなる。政亀《まさかめ》の佐治太夫《さじたゆう》は、弁天座《べんてんざ》時代《じだい》からの持役《もちやく》と思《おも》うが、「子《こ》は親《おや》に迷《まよ》ふたな」辺《へん》とてもよく遣《つか》ったが、「去冬婚礼《きよとうこんれい》さらりと相《あい》すみ」位《くらい》で、一寸腹《ちよつとはら》を割《わ》って欲《ほ》しかった。

次《つぎ》の「勧進帳《かんじんちよう》」では、やはり道《どう》八の至芸《しげい》と、その面白《おもしろ》さ一杯《ぱい》の「間《ま》」に踊《おど》る栄三《えいざ》の弁慶《べんけい》が、何《なに》よりの御馳走《ごちそう》なのであるが、私《わたし》の聴《き》いた日《ひ》の太夫《たゆう》は、弁慶《べんけい》が相生《あいおい》、富樫《とがし》が織《おり》で、これまでは夢《ゆめ》にも弁慶等語《べんけいなどかた》れなかった相生《あいおい》が無難《ぶなん》に勤《つと》め終《おわ》せた事《こと》は、やはり道《どう》八の許《もと》で烈《はげ》しい稽古《けいこ》をした賜物《たまもの》と、つく〴〵感《かん》じた。織太《おりた》夫《ゆう》の富樫《とがし》は、凛《りん》たる所《ところ》を狙《ねら》っての力演《りきえん》であるが、富樫《とがし》のある衣裳《いしよう》から来《く》る優雅《ゆうが》さが出《で》なかった。しかし、「夫《それ》にて心中《しんちゆう》の　疑《うたがい》　晴申《はれもうし》たり」の一語《ご》は実《じつ》によく語《かた》った。これは、私《わたし》がこれまで耳《みゝ》にした中《うち》で、歌舞伎《かぶき》も入《い》れて、今度《こんど》の織太夫《おりたゆう》のが一番《ばん》であった。それから、太夫《たゆう》も三味線《しやみせん》も、浄瑠璃《じようるり》を語《かた》り、三味線《しやみせん》を弾《ひ》いて芸《げい》をしたというのは、相生《あいおい》と織《おり》、道《どう》八と二枚目《まいめ》の団《だん》六だけで、太夫《たゆう》では源《げん》以下《いか》、三味線《しやみせん》では喜代之助《きよのすけ》以下《いか》、不熱心《ふねつしん》さ加減《かげん》、拙《まず》さ加減《かげん》は、言語《げんご》に絶《ぜつ》するものがあった。もっとよく注意《ちゆうい》すべきである。人形《にんぎよう》では、紋十《もん》郎《ろう》の義経《よしつね》が、四つ橋《はし》の二の替《かわ》りの初役以来《しょやくいらい》、動《うご》かぬ持役《もちやく》であり乍《なが》ら、初役《しょやく》の時《とき》に比《ひ》して何等《なんら》の進歩《しんぽ》も見《み》えないのは、どうした事《こと》か。仕草《しぐさ》は兎《と》も角《かく》、もう紋《もん》十郎輩《ろうはい》の名手《めいしゅ》ともなれば、「品《ひん》」が遣《つか》えてもよさそうなもの、この九郎判官《ろうほうがん》、居《い》るのか居《い》ないのか皆目《かいもく》わからぬ。

それから、序《ついで》に書《か》いて置《お》くが、私《わたし》が八日《か》に所用《しょよう》あって文楽《ぶんらく》へ行《ゆ》き、「勧進帳《かんじんちょう》」の一幕《まく》を見《み》た時《とき》、栄三《えいざ》の弁慶《べんけい》の左《ひだり》を遣《つか》って居《い》た玉市《たまいち》が欠勤《けっきん》して、足《あし》の栄《えい》三郎《ろう》が之《これ》に代《かわ》り、足《あし》は玉男《たまお》という若徒《わかと》が遣《つか》って居《い》た計《はか》らずも代役《だいやく》の舞台《ぶたい》であった。玉男《たまお》は、元来玉次《がんらいたまじ》郎《ろう》の門下《もんか》であるが、玉次《たまじ》郎《ろう》が病身《びょうしん》の為大役《ためたいやく》を遣《つか》わない上《うえ》に、栄三《えいざ》の門下《もんか》が出征《しゅっせい》や病歿《びょうぼつ》で払底《ふってい》を来《きた》して居《い》る為《ため》に、近頃《ちかごろ》、栄三《えいざ》の足《あし》をずっと遣《つか》って居《お》り、景清《かげきよ》の足《あし》もこの人《ひと》であるが、流石《さすが》に大物《おおもの》の急《きゅう》の代役《だいやく》では、元気《げんき》な若人《わこうど》「延年《えんねん》の舞《まい》」等足拍子《などあしびょうし》が完全《かんぜん》に踏《ふ》めない位《くらい》の惨状《さんじょう》を呈《てい》して居《い》た。しかし、茲《こゝ》で玉男《たまお》の未熟《みじゅく》さは咎《とが》めない。唯《たゞ》、如何《いか》に斯芸《しげい》が困難《こんなん》であるか（殊《こと》に景事《けいごと》の足《あし》）を、まざ〳〵と見《み》せつけられたのを、一般《ぱん》に紹介《しょうかい》して置《お》く。

その次《つぎ》は、古靫《こうつぼ》の「柳《やなぎ》」であるが、初春早早《はるそうそう》「妖怪物《ようかいもの》」は閉口《へいこう》である。が、浄瑠璃《じょうるり》の出来栄《できばえ》からいうとこれが一番《ばん》で、それは、この一段《だん》の構想《こうそう》と、曲風《きょくふう》に対《たい》する、古靫《こうつぼ》の解釈《かいしゃく》と研鑽《けんさん》の方法《ほうほう》が正《たゞ》しいのに起因《きいん》する。一例《れい》をいえば、葛《くず》の葉《は》とお柳《りゅう》の区別《くべつ》——同《おな》じ愛別離苦《あいべつりく》の情《じょう》を脚色《きやくしょく》し乍《なが》らも前者《ぜんしゃ》は動物《どうぶつ》、後者《こうしゃ》は植物《しょくぶつ》に取材《しゅざい》したその作意《さくい》を、完全《かんぜん》に芸《げい》に表《あら》わして居《い》た。そして、「一人《ひとり》のわかを残《のこ》し置《お》き」で、その情《じょう》が極《きょく》に達《たっ》し、そこから「谺《こだま》はこゝに玉《たま》きはる」迄《まで》の浄瑠璃《じょうるり》の完備《かんび》して居《い》る事《こと》を推賞《すいしょう》する。文《ぶん》五郎《ろう》のお柳《りゅう》は、最初《さいしょ》の出《で》にこの人《ひと》の老練《ろうれん》さが見《み》られ、玉幸《たまこう》の和田《わだ》四郎《ろう》は、この人《ひと》、人形《にんぎょう》の遣《つか》い方《かた》をまだ知《し》らないらしい。清《せい》六当分休演《とうぶんきゅうえん》とかで、古靫《こうつぼ》の相三味線《あいしゃみせん》になった重造《じゅうぞう》は、堅《かた》くなり過《す》ぎた為《ため》か、余裕《よゆう》のない事夥《ことおびたゞ》しく、従《したが》って、「ウチ」の撥《ばち》など小《ちい》さく且面白《かつおもしろ》くない。追々《おい〳〵》の勉強《べんきょう》を切望《せつぼう》する。切《きり》の景事《けいごと》は割愛《かつあい》。

5

花見月の文楽

『演芸画報』第三十三年第五号　昭和十四年五月一日発行

先月下旬《せんげつげじゅん》の十日《か》間《かん》を東京明治座《とうきょうめいじざ》に開演《かいえん》して大当《おおあた》りを取《と》り、意気揚々《いきよう〳〵》（?）と帰阪《きはん》し、休《やす》む間《ま》もなく二日《か》に花見月《はなみづき》の初日《しょにち》を四ツ橋《ばし》の本城《ほんじょう》に開《あ》けた文楽《ぶんらく》を四日《か》に見物《けんぶつ》。狂言《きょうげん》は五本立《ほんだて》で、幕開《まくあき》に「四季寿《しきのことぶき》」がある。床《ゆか》は文字太夫《もじだゆう》がシンで和泉太夫《いずみだゆう》が二枚目《まいめ》に以下《いか》四人《にん》、立三味線《たてじゃみせん》が吉左《きちさ》て、ツレが四挺《ちょう》であるが、この「四季寿《しきのことぶき》」に就《つ》いて、私《わたし》の腑《ふ》に落《お》ちぬ事《こと》が二《ふた》つある。その一《ひと》つは、何《なん》の為《ため》（何《なに》を目標《もくひょう》）に今頃《いまごろ》（四月《がつ》）「四季寿《しきのことぶき》」をこの顔触《かおぶ》れで上場《じょうじょう》したかという事《こと》、もう一《ひと》つは、今度上演《こんどじょうえん》されて居《い》る何処《どこ》がいったい「四季寿《しきのことぶき》」になって居《い》るのか、という事《こと》である。即《すなわ》ち、「四季寿《しきのことぶき》」であるから、四季《き》共通《きょうつう》の出《だ》し物《もの》といえばいえるかも知《し》れないが、冒頭《はじめ》の文句《もんく》の「まづ初春《はつはる》のあしたには――」や、その曲風《きょくふう》からみて、なんとしても正月《しょうがつ》の出《だ》し物《もの》、さもなくばせい〴〵柿葺落《こけらおと》し位《くらい》の時《とき》に、中狂言《なかきょうげん》として、太夫《たゆう》も三味線《しゃみせん》も人形《にんぎょう》も、それ〴〵景事《けいごと》の力量《りきりょう》が相当《そうとう》ある人々《ひと〴〵》によって上演《じょうえん》される可《べ》きものである。それを、文字太夫《もじだゆう》和泉太夫《いずみだゆう》輩《はい》のあの浮《うか》ばぬ語《かた》り口《くち》の人《ひと》に語《かた》らせて、三味線《しゃみせん》は、景事《けいごと》の「間《ま》」も「足取《あしどり》」も無茶苦茶《むちゃくちゃ》に、唯《たゞ》ジャガジャガと騒音《そうおん》を立《た》てゝ居《い》るから、人形《にんぎょう》もそれに連《つ》れて何《なん》の意味《いみ》もなく跳《は》ね廻《まわ》って居《い》る。そして、この一段《だん》の聴《き》きどころである『関寺小町《せきでらこまち》』の「老《おい》の姿《すがた》のア、恥《はずか》しや――」以下《いか》の文字太夫《もじだゆう》の拙《まず》さは堪《たま》らない。それでは、なぜ、このようなひどい「四季寿《しきのことぶき》」が、国粋芸術《こくすいげいじゅつ》の殿堂《でんどう》とか何《なに》かいわれて居《い》る処《ところ》で上演《じょうえん》されるのかという理由《りゆう》は、演奏者《えんそうしゃ》の人《ひと》々《〴〵》に取《と》っては甚《はなは》だお気《き》の毒《どく》で、且失礼《かつしつれい》ないい分《ぶん》かは知《し》らぬが、文楽座《ぶんらくざ》の為《ため》、人形浄瑠璃《にんぎょうじょうるり》の為《ため》、敢《あえ》て愚察《ぐさつ》を公言《こうげん》すれば、今度《こんど》の狂言《きようげん》の役割《やくわり》を見渡《みわた》せば判《わか》る如《ごと》く、実力《じつりよく》のある太夫《たゆう》や、売物《うりもの》になる太夫《たゆう》の役場《やくば》を定《さだ》めて、後《あと》に残《のこ》ったのが顔許《かおばか》り古《ふる》くて修行《しゆぎよう》も何《なに》もない芸《げい》の持主《もちぬし》で、それ等《ら》に対《たい》して、文楽座《ぶんらくざ》当局《とうきよく》が断乎《だんこ》たる処分《しよぶん》を得《え》しない上《うえ》に、興行時間《こうぎようじかん》の制限等《せいげんなど》という問題《もんだい》が絡《から》んで、さま〴〵な矛盾《むじゆん》が起《おこ》り、その結果《けつか》の一が今度《こんど》の「四季寿《しきのことぶき》」の舞台《ぶたい》の実際《じつさい》になって現《あらわ》れて来《き》たのである。即《すなわ》ち、今《いま》の文楽《ぶんらく》の幕内《まくうち》の矛盾《むじゆん》の幾《いく》百万倍《まんばい》もの大《おお》きい矛盾《むじゆん》――松屋《まつや》清《せい》七や三世《せ》野沢吉兵衛《のざわきちべえ》の畢生《ひつせい》の妙譜《みようふ》を冒涜《ぼうどく》するという斯界《しかい》のゆゝしき大問題《だいもんだい》が起《おこ》って来《き》たのである。勉強《べんきよう》をしない芸人《げいにん》も勿論悪《もちろんわる》いが、そんな残飯太夫共《ざんばんだゆうども》にこんなものを語《かた》らす者《もの》にも罪《つみ》がある。どうしてもこういう役《やく》を割《わ》らねばならぬならば、常磐津丸《ときわづまる》ごかしの「万歳《まんざい》」でもやらして置《お》く方《ほう》がまだ罪《つみ》が軽《かる》い。

次《つぎ》は二《ふた》つ切《ぎ》れの「紙治《かみじ》」の『炬燵《こたつ》』で、相生太夫《あいおいだゆう》と呂太夫《ろだゆう》が前後《ぜんご》一日替《にちがわ》りという纏《まとま》りの付《つ》かぬ舞台《ぶたい》、前半《ぜんぱん》の太夫《たゆう》が「二股竹永《ふたまたたけなが》き別《わか》れと出《いで》て行《ゆ》く」まで語《かた》り、東京《とうきよう》の歌舞伎座《かぶきざ》でチョボの米太夫《よねだゆう》と鏡太夫《かゞみだゆう》が交代《こうたい》するかの如《ごと》く、後半《こうはん》の太夫《たゆう》が出《で》て「しほれ〳〵し――」と語《かた》り出《だ》すのであるが、これで見物《けんぶつ》の情《じよう》が抜《ぬ》けず、栄三《えいざ》の治兵衛《じへえ》があたりまえに遣《つか》えたら奇蹟《きせき》というものである。近頃《ちかごろ》の文楽《ぶんらく》は何《なん》とかして舞台《ぶたい》に穴《あな》をあける方法《ほうほう》をしきって研究《けんきゆう》して居《い》るらしい。私《わたし》の聴《き》いた日《ひ》は前半《ぜんはん》が呂太夫《ろだゆう》と寛治郎《かんじろう》で、思《おも》い切《き》っての不出来《ふでき》。アノ足取《あしどり》と詞捌《ことばさば》きは何事《なにごと》かといいたい。が尤《もつと》も考《かんが》えて見《み》ると、呂太夫《ろだゆう》は、この正月来《しようがつらい》ずっと猿之助《えんのすけ》の歌舞伎《かぶき》の舞台《ぶたい》で、「三番《ば》叟《そう》」や「千本《せんぼん》の道行《みちゆき》」を勤《つと》めて居《い》て、やっと四月《がつ》になって今《こ》年《とし》初《はじ》めての文楽座出場《ぶんらくざしゆつじよう》である。四ヶ月間《げつかん》「節事《ふしごと》」許《ばか》りを唄《うた》い続《つゞ》けて、その直後《ちよくご》にこんな真世話仕立《まぜわしだて》のものが役付《やくづけ》したのだから、勿論平常《もちろんふだん》の稽古不足《けいこふそく》の罪《つみ》は免《まぬが》れないが、無理《むり》な点《てん》もある。奥《おく》は相生《あいおい》に道《どう》八で、道《どう》八の紘《いと》の技巧《ぎこう》が聴《き》きものである。殊《こと》に段切《だんぎれ》の「止《とゞ》めの刀《かたな》――」から後《あと》のこの段《だん》の構想《こうそう》と腹《はら》を、二本《ほん》の手《て》で遺憾《いかん》なく表現《ひようげん》した点《てん》を絶讃《ぜつさん》したい。

が、相生太夫《あいおいだゆう》はまだまだである。唯《たゞ》道《どう》八に引摺《ひきず》られて居《い》るというだけで、殊《こと》に道《どう》八に離《はな》れた先月《せんげつ》一ヶ月《げつ》の浄瑠璃《じょうるり》等《など》根本的《こんぽんてき》に崩《くず》れて居《い》た処《ところ》を見《み》ると、道《どう》八から稽古《けいこ》される事《こと》をまだ本当《ほんとう》に獲得《かくとく》し得《え》ないらしい。折角《せっかく》自《みずか》ら望《のぞ》んで道《どう》八に弾《ひ》いて貰《もら》ったという事《こと》であるから、もっと〱魂《たましい》を入《い》れて修行《しゅぎょう》して欲《ほ》しい。人形《にんぎょう》では、栄三《えいざ》の治兵衛《じへえ》と文五郎《ぶんろう》のおさんは、何時《いつ》も乍《なが》らの双璧《そうへき》、紋《もん》十郎《ろう》の小春《こはる》は終《おわ》りになるに連《つ》れてよく、玉蔵《たまぞう》の五左衛門《ざえもん》は、箪笥《たんす》の引出《ひきだ》しを抜《ぬ》いてしまうのは聊《いさゝ》か乱暴《らんぼう》で、その他《た》今一息《いまひといき》、紋司《もんじ》の三五郎《ろう》がその人《ひと》を考《かんが》えずに遣《や》って居《い》る。

その次《つぎ》は、「妹脊山《いもせやま》」の三段目《だんめ》で、珍《めず》らしく『花渡《はなわた》し』が出《で》て居《い》て、いろ〱な点《てん》からいってよい事《こと》である。又《また》、それを語《かた》る大隅《おおすみ》も、端場《はば》であり、口《くち》に合《あ》った物故近頃《ものゆえちかごろ》の普通《ふつう》の出来《でき》。手摺《てすり》では栄三《えいざ》文《ぶん》五郎《ろう》の大判事《だいはんじ》と定高《さだか》が双方大立派《そうほうだいりっぱ》であるが、門造《もんぞう》の入鹿《いるか》に品《ひん》と威権《いげん》がないのが疵《きず》である。それから、この段《だん》の文《ぶん》章《しょう》の中《なか》に、「まつこの通《とお》りと欄《おばしま》に――」と、「広庭《ひろにわ》へ引出《ひきだ》させ欄《おばしま》より――」と、欄《おばしま》という文句《もんく》が二箇所《かしょ》あるに拘《かゝわ》らず、道具《どうぐ》に欄《おばしま》が付《つ》いていないのは、通《とお》し狂言《きょうげん》で上演《じょうえん》する場合《ばあい》、『玉殿《ぎょくでん》』の欄干《らんかん》と重《かさ》なるというので、この場《ば》は欄干《らんかん》を付《つ》けないのが仕来《しきた》りだとの事《こと》であるが、『玉殿《ぎょくでん》』が出《で》ない今度《こんど》等《など》は、やはり文章通《ぶんしょうどお》り欄干《らんかん》を付《つ》けた方《ほう》がよいと思《おも》う。切《きり》の『吉野川《よしのがわ》』は、大判事《だいはんじ》が津太夫《つだゆう》、久我之助《こがのすけ》が織太夫《おりだゆう》、定高《さだか》が古靭太夫《こうつぼだゆう》、雛鳥《ひなどり》が伊達太夫《だてだゆう》という豪華版《ごうかはん》で、この中《うち》で一番光《ばんひか》って居《い》るのが古靭《こうつぼ》の定高《さだか》で、その原因《げんいん》は音遣《おんづか》いの本格的《ほんかくてき》な事《こと》に依《よ》る、この点嘗《てんかつ》ての土佐太夫《とさだゆう》の定高《さだか》より遥《はるか》によい。津太夫《つだゆう》の大判事《だいはんじ》は永年《ながねん》の役《やく》であるが、今度《こんど》は老境《うきょう》の為《ため》か総《すべ》て生彩《せいさい》を欠《か》いて居《い》る。まず、語《かた》り出《だ》す「花《はな》は歩《あゆ》めど――」が弱々《よわ〱》しくて且非本格的《かつひほんかくてき》である。「この国境《こくきょう》は生死《せいし》の境《さかい》」の音《おん》に力《ちから》が乏《とぼ》しく、「ハア死《し》なしたり」の息《いき》が悪《わる》い等等《とうとう》、織太夫《おりだゆう》の久我之助《こがのすけ》は堅実《けんじつ》に語《かた》って居《い》るが、熨斗目《のしめ》の着付《きつけ》の前髪《まえがみ》という風格《ふうかく》が語《かた》れない。伊達太夫《だてだゆう》の雛鳥《ひなどり》は全然役負《ぜんぜんやくま》けしている。それにしても、この人自《ひとみずか》らの美声《びせい》を誇《ほこ》らずもっともっと本格的《ほんかくてき》な浄瑠璃《じょうるり》に心掛《こゝろが》けねば前途《ぜんと》は危《あやう》い。人形《にんぎょう》では栄三《えいざ》の大判事《だいはんじ》が秀逸《しゅういつ》、文《ぶん》五郎《ろう》の定高《さだか》もよいが戸無瀬《となせ》程《ほど》ではなく、又《また》、場所《ばしょ》が狭《せま》いので遣《つか》いにくそうであった。紋《もん》十郎《ろう》の雛鳥《ひなどり》は普通《ふつう》、玉幸《たまこう》の久我之助《こがのすけ》は唯人形《たゞにんぎょう》を持《も》ったというだけ、味《あじ》もしゃくりもない。

次《つぎ》は、駒《こま》と錣《しころ》との一日替《にちがわ》りの『美濃屋《みのや》』と『酒屋《さかや》』、私《わたし》の行《い》った日《ひ》は、錣《しころ》が『美濃屋《みのや》』、文楽《ぶんらく》ではじめて見《み》るものであるが、人形《にんぎょう》の舞台《ぶたい》に懸《か》けて大《たい》した物《もの》ではない。素浄瑠璃《すじょうるり》で聴《き》く方《ほう》がまだ面白《おもしろ》い。『酒屋《さかや》』は駒太夫《こまだゆう》で、細《こま》かくいえば難《なん》はあるが、土佐太夫《とさだゆう》後《ご》の『酒屋《さかや》』はこの人《ひと》が一番《ばん》であるらしい。

切《きり》の「三人座頭《にんざとう》」は、源太夫《げんだゆう》に仙糸《せんし》がシンであるが、これは、栄三《えいざ》文《ぶん》五郎《ろう》玉次郎《たまじろう》と三巨頭《きょとう》が揃《そろ》った手摺《てすり》が何《なに》よりの見《み》ものであった。

6

五月の木挽町　付・浄瑠璃の「風」に就いて

『劇評』第四劇評集　昭和十四年七月五日発行

五月の東都歌舞伎座は、元祖中村歌右衛門百五十年忌追善興行とある。ほんとうに百五十年忌になるのかと、調べて見ると、元祖歌右衛門の歿したのが寛政三年であるから、今年は百四十八年忌になり、まんざら出鱈目でもないようであるが、要は、中村家一門で開場する予定であった興行が、様々の都合で大一座となったので、久々の歌右衛門出演に際して何か名目をと探したら、元祖の百五十年忌に近いものがあったから、その法会を営み、追善興行をする事になったと聞いている。

その歌右衛門は、一番目に「桐一葉」の淀君一役で出ている。初日に一番後で立見した時は殆んど台詞が聴えなかったが、十八日目には回復していた。がもう余程無理だと思った。あの健康のハンディキャップをつけても、昨年東劇で演った「牧の方」に止をさす。そこで、「桐一葉」では、羽左衛門の長門守が独り活躍していて、『黒書院』の長台詞や、『長良堤』の美しさはこの人の独壇場である。この人亡き後にこの役をこの半分だけでも出来る人があるかなきか極めて疑しいと思う。幸四郎の且元は、先年当座で演った時よりもゆとりが出来て秀れた出来であったが『片桐邸』が出ないので物足らぬ感がある。友右衛門の伊豆守も同断。

第二は吉右の「大蔵卿」で、総体的にいうとこれが今度の五つの狂言の中で一番引締ったよい舞台である。『曲舞』と『奥殿』の二場で、吉右の長成は後者の方が優れている。そして、相役の梅玉の常盤が上段の物語の「間」が堪らなくよく、吉右の長成も物語が、常盤のそれとの位取が面白い。総て嫌味のある当込みを全廃して、品を保ち、憂を利かせてシッカリ運んで行った事が成功の原因である。菊五郎の鬼次郎は後に自分の「吃又」に吉右が早打で御馳走に出た返礼の役らしいが、「檜垣のない鬼次郎によく出ている」といいたい。またそれ丈けに熱の入れ方も薄く、日によって舞台が違うらしい。時蔵のお京も同じく『檜垣』がないので損をしている。吉之丞長年の役の勘解由は、「死んでも褒美の金が欲しい」のセリフを悪落ちさせまいとしているらしいが、やはり悪落ちが来ている。

第三は「花彩三幅姿」という名題で『藤娘』、『草摺引』、『鞘当』と所作事が三つ並んでいるが三つ連続は少しうんざりする。そしてまた左程優秀なものもない。『藤娘』は先年六代目が当座でやったものと大差なく、『草摺引』では、幸四郎の朝日奈が元気は元気だが流石に寄る年波、終りの方は大分疲労が見え、三津五郎の五郎は、型は美しいが気力に乏しい。最後の『鞘当』は菊吉の顔合せで、こんな形式美のみの大古典劇に必要な馬鹿げたような大きさが、この両優に乏しく、そこへ行くと、梅玉の留女は、菊吉よりも役者に一階時代がついている丈け、吉原の仲居にはなり切れなくとも、大きさ、美しさの点で、これが第一等となる。

次は、当興行の人気を独占している待望の菊五郎の「吃又」で、三代目の歌右衛門の当り芸であるので、当興行の狂言としてもこれが一番意義深く、且つ芝居上手な菊が、今度この難役を初演する事等々、興味深い点が多い。が、一般の興味の的となっている事は、菊の持前の凝り性が、この役にどう表れるかという事であろう。そこで、実際舞台を見ると、成程、様々工夫を凝らした跡は見える。先ず道具――画絹巻や紙やその他いろ〳〵ごた〳〵と必要以上に置いたり、使いもせぬ行灯迄出ている。手水鉢の画――裃を着ていない、そしてその手水鉢が滅法小さい。将監や修理の衣裳等、従来のとは趣を異にして居り、吃のテクニック等であるが、要するに彼が凝ったのは、「吃の又平」を凝ったので、近松作の院本劇「傾城反魂香」を凝ったという形跡は皆目窺われないのである。「傾城反魂香」の義太夫節の「風」を目標として研鑽しなかったのが、菊がこの院本劇に成功しなかった原因であろう。まず最初の出などそれで、又平らしくは見えるが、この劇としての運びがついていない。万事その調子であるから、若しこの劇を近代劇の形式に書き変えて上演するならば、見違える程の面白いものになったろうと、思われる節々がある。唯よかったのは、台頭の舞から幕切れへかけてゞ、流石に踊の名手だけあって、おどけ過ぎず、芸に品位の備わっていたのは奥床しい感じであった。梅玉のおとくは長年手掛けた役だけあり、正に非の打ち所のない出来で、手水鉢の画を見て驚き乍ら又平の方へ躄り寄る所の表情、体のこなし方は、正に錦絵その儘の美しさであった。評者は、最近実際の舞台でこれ程錦絵のような美しさを見た事はなかったのである。友右衛門の将監は、威厳が皆無で、役の性根が表れていないのが何よりの欠点で、その上衣裳や鬘の好みも悪く、一寸見た所九太夫というような品物で、近来の不出来。多賀之丞の奥方も倶にお話にならぬ。男女蔵の修理も、衣裳が熨斗目でなく、総て色気がない。吉右衛門の早打は普通の出来であるが少し気力に乏しい。

大切は、珍らしい「女戻駕」で花々しく打出。

浄瑠璃の「風」に就いて

六代目の「吃又」の評の中で、義太夫節の「風」という事に一寸触れた。すると、その「風」に就いて何か書けとの御注文が来た。元より浄瑠璃を稽古したのでもないから、その「風」というものに自らぶつかった事がない。それで、浄瑠璃の「風」を論じようというのだから少し無鉄砲かも知れぬが、御注文に対して尻込みするのも残念であるから、常々思っている事だけ書く事とする。

浄瑠璃の「風」とは何か、解り易くいえば、浄瑠璃の音曲的骨髄である。従って芸術的価値その物となる。換言すれば浄瑠璃の黄金律——生命線といえる。一つの外題を書卸した名人の太夫・三味線の芸妙を目標として、之を再演再々演する亦名人の太夫・三味線の崇高なる伝統の力によって産出されたものを「風」と称する。故に、その外題の動かす可からざる芸の本体であるから、苟くも之を上演するに当っては、何としてもその本体である「風」に触れて行かないと、芸術的に徹底しない許りか、総て無意味な事となって来るのである。仮りに、この「風」を捨てたとすれば、どんな事になるかというと、後に残ったものは、枝葉に属するよたんぼのみである。例を採れば、一寸許り声の綺麗な口先の器用な者の天下で、出鱈目な「節」をくる〳〵と廻すのが一番よいという事になって来る。

そこで、浄瑠璃の「風」を大別すると、「西風」「東風」の二がある。前者は竹本座の元祖初代竹本義太夫乃至初代竹本政太夫の語り出した「風」、後者は豊竹座の元祖初代豊竹若太夫の語り出した「風」で、後世両座の芸人が混淆して後も両風は儼存されて居り、更に之に基づいて各個人の「風」が生れた。例えば、大和風、筑前風、綱太夫風、染太夫風、麓太夫風等がそれである。

それで、「吃又」即ち「名筆傾城鑑」の「風」はというと、この外題は宝暦二年三月、竹本座で二代目竹本政太夫が大西藤蔵の糸で語ったもので、「河内地」・「大和地」等の「風」にからんで、斯芸中の難物といわれている。先以って「真西風」のもので、殊に「大和地」の語れぬ太夫は、絶対成功しないとの事である。つまり、「地色」を特に注意せねばならぬものであると思う。明治時代では、先代大隅太夫と故組太夫の二人が「吃又」の名人といわれて居り、二人とも清水町団平の直伝であると聞いている。従って面白い事には、明治時代に於ては、「吃又」の浄瑠璃が殆んど彦六座許りに出て居る事で、文楽座の方では僅かに先々代呂太夫位が一回語ったのみである。彦六座は右の二人は勿論度々出して居るが、堀江の弥太夫も稲荷座で語って居る。弥太夫のは吃の技巧の点では優秀なものであったらしいが、浄瑠璃の「風」という点では大分崩れていたと推定される。嘗て道頓堀で鴈次郎と故仁左衛門が「又平」を競演した時は、両者弥太夫に吃のコツを教わりに行ったと聞いているが、其後鴈次郎は大隅太夫にも教ったという事である。

然らば、「吃又」の「風」を歌舞伎の演技に如何表すかという問題だが、最も優れた俳優が「吃又」の浄瑠璃を徹底して研究し、それに則った演技を見せてくれるのを待つのみである。嘗て、吉右衛門が「沼津」の平作を演った時、故石割松太郎氏が、「技巧は相当認めるが『沼津』の『風』が皆目解っていない」との意味の批評をして居られた。「沼津」の「風」とは、申す迄もなく前半の咲太夫風と後半の染太夫風の事で、チャリ語りの名人咲太夫の語った「間」と「足取」の捌き方に対して奥の人情を切実にしっとりとたゝみ込んで行く運びとの分け目が、平作を演る吉右衛門の態度に現れていないという意味と察せられる。今度の「吃又」も、当代切って達者な菊五郎が「吃又」の浄瑠璃の風に則った演技をしなかったのは芸界の為残念な事である。

［備考］　81・1五月の木挽町…鴻池幸武氏から木挽町の批評と、特に浄瑠璃の「風」についての御研究をお願いして寄せて

頂いた。氏は文楽研究の若き一権威で、現在早稲田演劇博物館勤務、「吉田栄三自伝」の好著がある。（武智鉄二「後記」『第四劇評集』）

85・2文楽座の方では僅かに先々代呂太夫位が一回語ったのみ→明治期の御霊文楽座で呂太夫（初代）が語ったのは三回、他に文字太夫（六代）と津太夫（三代）が各一回（『義太夫年表　明治篇』）

85・8嘗て、吉右衛門が「沼津」の平作を演った時、故石割松太郎氏が、「技巧は相当認めるが『沼津』の『風』が皆目解っていない」との意味の批評をして居られた…六月（昭和八年）の明治座の吉右衛門の初役という「沼津」の平作を見て御覧うじろ。なっちゃいない。初役だというから割引もしてみよう。稽古だと思ってみようが、案外技巧は勉強している。テクニックに対する努力は認めるが、「沼津」という曲風が全く忘れている。――「風」とは平作の性格というのじゃないですよ。「沼津」ということの段が持つ一段の「風」が吉右衛門には、全く解ってはいないようだ。（石割松太郎「勾欄雑話」『近世演劇雑考』）

7
四ツ橋と南座の文楽

『劇評』第五劇評集　昭和十四年八月五日発行

四ツ橋

納涼若手人形浄瑠璃と銘打った文楽座の七月興行を十日（二日目）に見物、第二の「陣屋」から聴く。前半の和泉太夫は、昨年秋同じ物を東京で聴いたが、実にひどかった。今度はその時よりは少しましだが、「音遣い」が出来ていない。「音遣い」の下手な「陣屋」（殊に前半）など閉口する。後半は文字太夫、大汗かいてわめくのが関の山、中で面白かったのは、熊谷のお念仏が、先頃この人に役付した「弥次北」の狸坊主のお念仏そのまゝであった事、三伏の苦熱を忘れさそうというお笑草かも知れぬが少しひどい。次は大隅の「引窓」、詞は大体よいが、地合が本格的でない。それに紘の広助が「引窓」の弾き方を知らぬらしい。

人形では栄三永年の持役であった与兵衛が初めて玉蔵へ行ったが、皆目遣えていない。これを見て痛感した事は、我々が常々頭から湯気を立てゝ人形浄瑠璃の保存を叫んでいるが、若し将来こんなもの許り残るとしたら保存しない方がましである、という事であった。玉幸の長五郎も同じ、政亀の母は不十分、小兵吉のお早だけがいゝ、女房振りであった。それから、これは別の事乍ら、今月の床本入番付の「引窓」の条を見ると、（床本）引窓の段（切）とあって、次に「出で入るや月弓の——」と八ツ目の「端場」（今度は出ていない）から掲っているが、之は誤で、ほんとうの（切）は、十七頁三段目七行目の「人の出世は時知れず——」からである。だから、「出で入る月弓の」の条は「中」とすべき所で、「しほれ行く」で行を改め、「切」と置き「人の出世」を書き出すのが正しい。この床本入番付は、よく後世への資料にと保存している人が多いようであるから、こんな出鱈目は困る。文楽座当局の今後の注意を促す。その次に今度のきゝ物、駒の「橋本」がある。どこか健康を害しているとかで、期待は外れた。総体に生彩がない。よい方からいうと、お照と与五郎の詞がよい。三人爺は、唯口先の技巧で語り分けたというだけで、人格が徹底的に語り分けられていない。再演を待って聴き直したい。人形は別にいう事もないが、文之助の与五郎が一際目立って悪い。第四は呂太夫の「恋十」があったが都合で聴けず、大切に「釣女」とある。これには大分いいたい事がある。

まず、番付にも「釣女」とあり、床に並んでいる太夫や三味線も「釣女」を語り、且弾いているらしい面持だが、嘘仰言い、こんな「釣女」がどこにある。道八は断じてこんな「釣女」を作曲しなかった筈である。いったい何国製の「釣女」なのか、それとも国策に従いオールスフの「釣女」なのか、人を馬鹿にするも程がある。私の聴いた日は友衛門が立三味線、以下六挺の三味線が、「私は道八師にお稽古して貰わずともこんなにお上手に『釣女』が弾けます」という音をたてゝいる。総じて近頃文楽の若手連中（殊に三味線弾）は、道八等の新作曲に対して、「あれは現存の道八が長唄や常盤津から取った新作曲で浅薄なものである」という意味の事を言い且思っているらしい。夫が言語道断の極である。義太夫節を滅亡さす本体である。「私達はそんな事を口にした事は勿論、思った事もありません」とはいわさない。ちゃんと舞台に現れている。アノザマは何だ。仮りに道八の作曲か、往昔の名人の作曲よりも浅薄な物であるにもせよ、それをとやこう批評する資格のある者は、芸人では、少くとも道八より優れた三味線弾で、道八の作曲を弾殺し、之に改良作曲を施し得る丈の腕の持主に限る。一撥として疎な事も弾けぬ虫ケラ共の口にす可き事ではない。こういわれるのが口惜しければ、なぜ道八の所へ行って稽古をして貰わぬ。そも浄瑠璃の曲節というものはそう無尽蔵にあるものではない。その限られた曲節の弾き方――撥遣いと、それを連鎖する「足取」、「間」の配列によって曲が千変万化するのである。それが作曲の真髄で、この「釣女」も道八が常盤津の真似事をしたといわれているのは誤解で、本行の狂言の「間」と「足取」を本として之を義太夫化したもので、義太夫節の本来性上、或る意味に於いて常盤津より徹底した運びがついている。そこがこの曲の値打で、道八の苦心であり、同時に栄三の太郎冠者を十分に活躍さす原動力である。だから、それを上演するに当っては、その作曲の意図を作曲者について研究せねば意味がない。それもこの作曲者がもうこの世に居ないのなら兎も角、ちゃんと健在でいる。それをしない。馬鹿も此処まで来ると大したものだ。番付に「乍憚口上」とあって曰く、「此度は更に一座若手新進連中の熱烈なる研究心に御同情を賜り夏季特別興行と仕り云々」と、いったい何が熱烈なのか、御注文通り心から同情致します。てめえたちにじゃねぇ。作曲者の道八丈と太郎冠者の栄三丈とに。

炎暑の最中に少しごて〳〵いい過ぎた感がある。が、もう一語いいたい事がある。それはこの「釣女」を聴いて痛感した、現在上演されているものゝ真実さ加減である。作曲者が現存しているものでさえこの通り似ても似つかぬ雪と墨である。まして、何百年以前のものに於てをやである。文楽座の芸人全部が不勉強とはいわないが、懸命に修業して本格的なものを演ってくれる人は、まず全体の二割位かと思う。これが斯芸愛好者の心痛の種である。

南座

毎年夏に南座へ文楽が懸る。そして、この二三年続いて見物している。文楽見物の外に目的があるので、即わち南座の屋上から夕闇迫る京洛の景色を涼みながら眺める事、もう一つは「ちもと」の「鱧御飯」を喰べる事、この二三年の私の年中行事の一つとなっている。それに不思議に印象的な出来事がある。昨年の夏は道八の「伊勢音頭」が出て、この人の死後決して筋の正しい「十人斬」は聴けまいと思い、今は出征している故雀右衛門の遺児中村章景を引張って行き、大満悦で引揚げた事がある。その前年には、やはり初日に行き、吉田栄三の楽屋を訪れようとエレベーターに乗ると「吉田光之助君応召明日出発」の掲示が出て居てハッとした事が今尚新らたな記憶である。

所で、今年も初日に行ってみると、計らずもまた大事件が起っていた。古靱太夫と栄三の休演である。そして、これは前からわかっていたが道八も休んだ。これで三親玉が休んだ事になる。東京の歌舞伎座でいえば、羽左と菊と幸が同時に休んだ形である。いったい何しに京都三界迄出て来たのかという事になる。之が本興行なら丸札請求物である。

そこで批評は主としてこの三人の休演を中心に書くこと丶する。

古靱の休演は印象的に非常に大きい。が、第一回は「堀川」で織太夫無難に片付ける。絃は久々の清六、何時聴いても感じのい丶三味線である。織太夫の「堀川」は、昨年夏当座で本役で語っていたが、その時は所々欠点があったので注意をした所、その秋に東京の明治座で語った時は団六の絃と倶に驚く程よく訂正をして語っていて大満足をした事があった。今度の「堀川」はその時とは別な意味で未完全なものである。第二回は「新口村」これは掛合に捌いた。最悪の捌き方である。二人一緒に語るところなど聴いちゃ居られない。第三回の「良弁杉」も同じである。殊に渚の方の音遣いになると古靭が堪らなく慕わしい。

次に栄三の休演、これは見物は勿論であるが座方がうんと困ったらしい。先ず第一回では、この人の休みの為に天地開闢以来最悪の「道明寺」が現出した。代役は玉市との事であったが之は遣えぬのも無理はないが、舞台全体のしめくゝりが付いていない。「宿祢太郎罷り出て」で出る可き太郎が「百日千夜」辺で飛んで出て間違ったと気付いてモゾ〳〵していた等馬鹿を尽している。それから座方はこの場を黒衣にした。その善悪は別として、黒衣の「道明寺」は近世にない例であろう。そしてその原因が座頭の休演にある点、操史上特筆す可き事象と思う。第二回では栄三専売の重兵衛がある。そして第三回は良弁僧正、前者は定法で玉市が代り、後者は玉蔵が本役で取った。その批評は別として、私ならば今度の栄三の右三役を全部紋十郎に代らせたい。何といっても将来人形の代表は紋十郎に落ちて来る。その紋十郎が現在のような役より遣えないでは困る。将来の人形界の為、紋十郎の腕がハッキリとテスト出来る絶好のチャンスであったのに、惜しい事であった。今は品物にならないでもその意味で辛抱出来たのに。尚玉蔵の良弁、こんな物を持つとこの人の遣い方の欠点が明瞭にわかる。人形の全半身が前かゞみになって性根が崩れ、動きになるきっかけが荒っぽくて品が落ちる。

道八の休演は前から発表されていた事故影響は小さい。が私が期待していた「桜の宮」の三味線が聴けなかったのが返えす〳〵も心残りである。個人としては相生太夫への影響が甚大でその役場が語れていないのでなく、浄瑠璃そのものが既に語れていない。

以上の外では、織太夫団六の「綿繰馬」が抜群の出来であった。古靭の代役をして調子を壊していたのはハンディキャップを付けよう。兎に角二人共よく研究していた。将来専売物になるであろう。この外織太夫の語り物の中では「杖折檻」が印象に残った。その意味は、この場の作が優秀なと今更痛感した事と、織太夫が案外優秀でなかった事とである。総て人物がハッキリ出ない。覚寿も普通以下であり、兵衛なんか全然語れていなかった。

また景事物に就いて文句をいうが、第二回に出た「三人座頭」、この床が実にひどい。近頃の文楽では、殊に景事物の質が著しく下落した。その原因は座方が三味線の撰択をしない事にある。弾けても弾けなくてもそんな事お構いなしで、唯人数を並べる。そして並んだ奴等が怠け者の標木で、舞台へ出てもなんでも一生懸命に勤めて認めて貰おうという欲心のない者許りで、殊に不届千万な現象は、我々素人でもわかる程の大間違をした時にニヤ〳〵と笑う事である。不愉快の極致である。

［備考］　87・1四ッ橋と南座の文楽…鴻池幸武氏の文楽の批評は、氏の本領を発揮したもの。「若し将来こんなもの許り残るとしたら、保存しない方がましである」とは文楽を愛するものの悲痛な叫びであろう。当事者はよく三省して貰い度い。（武智鉄二「跋」『第五劇評集』）

8

古靱の「寺子屋」

『劇評』第六劇評集　昭和十四年九月五日発行

表題に示す古靱の「寺子屋」とは、去る（昭和十四年）五月、大阪四ツ橋文楽座で古靱太夫が語った「寺子屋」の事である。この稿は、当時某演芸雑誌に掲載される筈であったが、ごてごて書いている中に締切が来て了って、そのまゝになっていたものである。「寺子屋」に関しては本誌の主宰者武智さんが周到なるその解釈と芸評とを本誌に掲せて居られたから、今更我々共がごた〳〵と論ずるのは全く蛇足を加える事になるのであるが、私は「寺子屋」そのものを論ずるというより、古靱がたま〳〵完全無欠な義太夫節を聴かせてくれた、その時の外題が「寺子屋」であった、つまり、衰微荒廃の道を辿りつゝある斯界の有様の中に、俄然古靱によって出現した本格的な義太夫節の語り方を、その時の外題の「寺子屋」に例を採って説明し、人形浄瑠璃界の為に末永く記録を残そうというのがこの稿を武智さんに押売した私の真意である。それも当時この「寺子屋」がその真価通り買われていたのなら、何も今時分私がごた〳〵と書く必要はないのだが、第一に御本家の文楽座当局が全く空耳であるらしかった。またいつもの「寺子屋」か位にしか思っていないらしい。文楽の奥役の耳はいったいどっち向いて付いているのであろうか。それによく我々が文楽の保存の事を論ずると、当事者は二口目には「文楽は今松竹という営利会社に属しているから云々」という。その営利の立派な材料が目の前にぶら下っているのを御存じない。之を称して阿呆という。そんなものを相手にして一生懸命凝って語っているのだから、気の毒千万なのは古靱であり、憂う可きは斯界の前途である。文楽座の人々はアノ「寺子屋」をなんと聴いたのであろう。事実、私も聴くまでは、またいつもの「寺子屋」か位に思っていたが、「機嫌まぎらす折からに」を聴いて、「これは容易ならんものが現れたな」と、居直って一段聴き終り、まず直感した事は、まだ義太夫節は亡びないなあ、有難い事だ、という事であった。そして、これによって衰微した斯界を建て直せるとさえ思った。丁度、その前月歌舞伎座で菊吉の「寺子屋」を見たが、とても比べものにならぬ、と思っていたら、高安吸江先生から「今度の古靱の寺子屋は近来の傑作、菊吉など足許へも及びません」とのお便りを頂いたので、私の耳が誤っていなかったと確信を得た。それ程の結構な品物が夜店のステッキと均一に取扱われているのだから皆目お話にならぬ文楽座の内部である。仮に私ならば、まずどんな犠牲を払ってゞもこの「寺子屋」を全国中継放送してもらう。義太夫節未だ亡びず。その標本は即わち之也。と。

いやに賞めそやすなあ、と読者は思われるかも知れぬが、贔屓目のない所、事実今度の「寺子屋」は近来の傑作で、大掾や法善寺《つだゆう》や越路時代のは知らないが、それ以後の、また古靱自身の「寺子屋」としても今度が一番優れていたように思った。それは、この段の「節」は勿論、特に今度は「詞」の拵えを従来のと根本的に考え直し、その腹構えの据った上で、「息」と「間」と「足取」にこの人の全力を注いで語ったというのがその成功の原因であると思う。で、後々の参考にもならばやと、筆者が微力の耳で聴いたその主なる箇所を書いてみようと思う。

△「機嫌紛らす折からに」で一寸間《ま》を置いて「立帰る」はしめて強く出る。

△「常にかはりて」から憂かゝって、「イーロ」で一寸間《ま》を置き、「アオーザメ」と大事に語る事。

△「世話甲斐もなき」は息を語る事。

△「いつにない顔色も」は女房の不審の思持を十分語る事、「モいつにない」という心持でその「モ」を表へ出さず、腹でいう事。

△「お師匠様」に頑是なき子供の言い廻しをつける事。

△「きつと見るより——」以下の斷道に於いて喧しい四段目の「スエテ」節は以前より完全であるが、重造の絃は、「トン、トン」と一の絃が一撥完全に弾けなかった。

△「ハテ扨そなたはハ、、、、ママ（二つ）よい子じやな」と笑いを入れて語ったのは古靭としては今度が初めてゞあった。

△「夫に向ひ」は女房が膝を改めて尋ねる心持を語る事。

△「気遣ひなきかして」の息を十分に。

△「請合ふた、サア心は」で源蔵の決心を語る事。

△「今暫くがダーイジの場所」と十分に。

△「今にも小太郎が母」は一寸怖《おじ》けて。

△「さし当つたは、このナンーギイヤその事は」とカブセて語る事。

△「事によつたら、母諸共」は十分憂《うれい》で。

△「夫も目をすり」の「オットモ」の音をしっかり語る事。

△「ヤーレ、お待ちな、サレーシバーラク」とこの段の主人公の出場であるという貫目をつけて語る事。

△「外に菅秀才」の「外に」の意味を大事に語る事。

△「かねて覚悟も今サーア、ーラーニ、ヤ、ムウネ、ヤ、ト、ド、ロ、カ、ス」と源蔵夫婦の胸中が聴

衆に十分徹底するよう、満身の力を以って語る事。これが出来ている人はめったにない。

△「ちっとも臆せず」は貫目をつけて語る事。

△「生顔と死顔は相好が変るなハ、、どと」間《ま》を置いて「身代りのにせ首」と、その無《む》の間《ま》にこの段の仕組の骨子を語る事。これが名人清水町団平の根本の教訓である「浄るりは語らずに語れ、三味線は弾かずに弾け」という事柄の実際であると思って聴いていた。

△「紛れもなき菅秀才の首」無《む》の間《ま》を語って「追付見せう」も前と同様である。

△「ヤア合点のいかぬ」は低い調子で疑いの心持を語る事。

△「机の数が一脚多い」は一寸ひそみ声で語る事。

△「お机文庫と、チ、、ン」とアシライ風に弾かせ「生地を隠したヌリヅクエ」と詰めて語ったのは今度が聴きはじめであった。

△「奥にはバツタリ」は従来の写実的でなく扇子を入れて説明的に語る事。

△「けしとむ内」で息をグッと詰めていて、トンジャンと締めたと同時に開く事。

△「是非に及ばず菅秀才の御首」の次にまた無《む》の間《ま》を語る事。そして、以前の「菅秀才の首」よりもせっぱ詰った息で。

△「何のこれしき」は低い調子で力を入れて語る事。

△「性根所か」の次の笑いは省く事。

△「まがひなし」は皆に向っていい、「相違なし」は小太郎の首である事相違なしと自分で頷く事。

△「といふに、びつくり」は十分大きく。

△「玄蕃は館へ」は高く、一寸間《ま》を置いて「松王は」は十分ヘタッテ、「駕に、ツ、ン、ユーラアーレーテ」と運ぶのであるか、この処重造の絃一寸撥数が多かったと思う。

△「五色の息を一時にホーツと」を大事に語る事。

△「悦べ女房」は大きく。

△「但し首が、マ黄金仏」と従来は語っていたが、今度は「マ」を抜いていた。

△「涙がこぼれる」で女の情を十分語る事。

△「イヤ奥に子供と」の次に無《む》の間《ま》を語る事。

△「ずっと通るを後より」以下の地合をアノ早間で源蔵と千代とを完全に語り分け出来ているのは、現在では古靱だけである。即ち、「只一討と切つくる」は源蔵、「女もしれものひっぱづし、逃げても」は千代、「逃がさぬ源蔵が刄するどに切つくるを」は源蔵、「我子の文庫ではつしとうけ止め（一般のはこの一くさりのみ千代の地合で語るだけで、後は皆誤魔化しになっている）、コーレ待つた待たんせコリヤどうじやと刎る刄も」は千代、「用捨なく又切付くる」は源蔵、の如く地合の語り分けをハッキリさす事。

△「お役に立て下さツたか――マアダカ」と語る事。

△「この経帷子」は千代が経帷子を手にして歎く様子を音に語り表す事。

△「女房悦べ」は憂《うれい》で、一寸間《ま》を置いて「倅はお役に」、再び間《ま》を置き、「たつたーぞー」と詞尻を泣く事。

△「御不審は尤」の「尤」を大きく語り、こゝで初めて白湯を飲む事。

△「菅相丞様へ敵対」は「相丞様へ——」。
△「此身の因果」を十分憂《うれい》で語る事。
△「爰ぞ御恩の」を大事に語る事。
△「女房千代と」は千代の方を見て且指さす振を音に語り表す事（素浄瑠璃でゞもその振が見ゆるように）。
△「かゝる悔しさ」を大事に。
△「道までいんで見たれ共な」の「な」を語らぬ事。
△「内で存分」の「分に」力を入れて話り、「ほへたでないか」をしっかり語る事。
△「御夫婦の手前もある」の次に「待合せ」がある。それは、千代が松王と源蔵との間《あいだ》に座して泣いているのを、松王が座を下れ（上手の方へ）というのを、千代が泣いてイヤ〳〵する、と松王が扇子で叱る、千代が後へ手を突いて一寸体を崩し、上手へ行き、文五郎の千代が「ヤ、トントントン」と極ると、「ア、イヤ何源蔵殿」となるのであるが、これは他人の家へ来て夫婦諍いをしているようでおかしいというので、この前に古靭が語った時（年月は今一寸記憶していないが）は栄三や文五郎と相談してこの「待合せ」を廃めていたが、今度は又復活させていた。
△「にっこりと笑ふて」は十分に。
△「アノ笑ひましたか」は語らず、「ハヽヽヽ」と泣笑いをカブセ、一寸間《ま》を置くその間《あいだ》に、栄三の松王が扇を開いて源蔵の方に顔をかくし、上手の方に向き直ると、「アハヽヽ」の泣笑いを続け、だん〳〵早間になって、一旦切れると、松王が扇子をからりと落し、間《ま》を置いてしゃくり上げて「ア

ハ、、――」と大きく笑い、尻は全く泣き入る事。この条、古靭と栄三との息がよく合い絶妙。
△「野辺の送り、イトーナマン」と大事に語る事。
まだこの外にも注目すべき所は沢山あると思うが、今度はこれ位に書き止める。また誰方かが之に書き足されて完全な記録が出来上る事を望む。斯界の為に。そして、この熱演永久に古靭の浄瑠璃にあれかしと切望してやまない。之亦我義太夫界の為に。

［備考］　93・1古靭の「寺子屋」…鴻池幸武氏からは古靭太夫の寺子屋に関する詳細な批評を頂きました。氏は私の批評に蛇足を加えるものと謙遜して居られますが、私の出鱈目な批評とは、同一視すべくもないことは、一読明瞭でありましょう。故石割松太郎の情熱を継承して、氏の文楽魂も熾烈なものがあります。（武智鉄二「跋」『第六劇評集』）

9

四ツ橋文楽座豊竹古靫太夫の寺子屋＊

『浄瑠璃雑誌』第三百八十二号　昭和十四年九月三〇日発行

（8　古靫の「寺子屋」『劇評』／7　四ツ橋と南座の文楽『劇評』の順で再録）

文字の異同　㊎ごた〳〵→ごたごた　㊎ルビ・傍点・傍線あり→削除（96・9ヌリヅクエ→ヌリヅクエ　以外）

93・3表題に示す古靫の「寺子屋」とは、去る（昭和十四年）→これは昭和十四年

93・3文楽座で→文楽座に於て　3古靫太夫→古靫大夫　3「寺子屋」→菅原伝授手習鑑四段目

93・4演芸→演劇　4ごてごて→ごてごてと　5了って→了ったので

93・5本誌の主宰者武智さんが周到なるその解釈と芸評とを本誌に掲せて居られた→
　既に厳密周到なる解釈と劇評とが屡載されてある　7たま〳〵→たまたま

93・7義太夫節→義太夫　8道→途　10この稿を武智さんに押売した→削除

93・11それも当時→元来　11時分→頃　16可き→べき　94・8てゞも→てでも

94・9放送→放送を　9即わち→即ち　17かゝって→かかって　95・7初めてゞ→初めてで

95・9気遣ひなきかし→気遣ひナ聞かし　13カブセ→カブせ　96・1以って→こめて

96・3にせ→贋　4浄るり→浄瑠璃　6追付→追付け　97・1玄蕃→玄番

97・2あるか→あるが　2撥数→撥　5今度→今更　8出来ている→出来る　10のは→は　14ツ→つ

97・16憂→憂い　17御不審は尤→御不審尤　98・2憂→憂い　3事。→事。「爰ぞ御恩報ずる時」が本文。

98・7な。」の「な」↓「ナ」の「ナ」　8話り↓語り　8で↓では　99・5之亦↓これ亦／
87・3四ツ橋↓陣屋、引窓、橋本、釣女等々　4浄瑞璃↓浄瑠璃　8ひどい↓ひど過ぎた
87・10い。↓い。あれでよいのか。　11では↓は　12事↓こと　14これは↓これはの
88・2入る↓入るや　2月弓の」の条↓月弓の」条　3床本入↓床本　11仰言↓仰有　14いる↓いた
88・15新作曲で↓新曲で　18現れ↓現われ　18曲か↓曲が　89・4瑠瑠↓璃瑠　10いる↓ある
89・10大し↓太し　16似つか↓似か　17修業↓修行　90・3即わち↓即ち　11出て来↓出　16した↓して
90・16東京の↓東京　16絃↓紘　91・13持つと↓持つ　15ていた↓たいた　92・2檻↓鑑　3事とで↓事で

記号の異同
94・13「息」と「間」↓息と間　95・1ない」↓ない「　97・14カ」↓カ　98・5に）↓に」
／87・6屋」（↓屋」　88・14『釣女』↓「釣女」　89・5「釣女」↓（釣女

句点削除
93・16う。↓う、読点追加　94・1ある。↓　96・1事。↓　14息で。↓　97・6事。↓
98・8事。↓　／　87・6いない。↓

読点削除
93・4稿は、↓　94・2が、↓　4丁度、↓　8ならば、↓　95・5トン、↓
95・18ヤ、ムウネ↓　96・12いて、↓　97・9源蔵、↓　10源蔵、↓　12千代、↓
98・13ので、↓　／　87・9窓」、↓　13である、↓　14それから、↓　15見ると、↓
89・15した、↓した。句点追加　90・16所、↓　91・7として、↓

読点追加
93・3↓語った、　6↓のは、　94・3↓まず、　5↓菊吉の、　98・12↓ようで、　／
91・4↓あったが、

10

文字太夫君へ

『浄瑠璃雑誌』第三百八十三号　昭和十四年十月三十日発行

武智さんの劇評という冊子へ私が書いた文楽の批評が浄瑠璃雑誌に転載されて広く文楽の人に読まれ、私の書いた悪口（？）に対して大分いろ〳〵抗議があるようです。その私の批評は、今年の七月興行の評で、文字大夫君の「陣屋」の後半を、「大汗かいてわめしく――」とか「熊谷の称名が狸坊主のお念仏そのまゝ――」とか書いたのに対して、文字大夫君が「一度お目にかかり度い」と云っていると聞いたのは十月十四日頃で、その後同月十九日に、文楽の栄三丈の楽屋に文字大夫君と会じ、その時は一言二言の挨拶だけで、浄瑠璃雑誌の問題には深くは触れなかったから、文字大夫君が私に向っていいたかった事も聴かず、「いずれその中」という事で別れたから、私としては、「その中」の機を待っている形式になっているのです。しかし、私も今東京と大阪との間を屡々往復している体で、いずれその中というような曖昧な時期を徒らに待つ事も出来ず、質問のない先に返事をするなど、へんな形式だが、この問題に関して私の思っている事を一通り書いて置きます。というのは、文字大夫君が、私に会って言いたい事というのは、私には大体想像がついているからです。

おもうに文字大夫君のいい分としては、「自分は拙いが、アノ〝陣屋〟は、師匠越路大夫に教わり、且師匠が語る時、白湯を汲んで毎日聴かせてもらった〝陣屋〟だから、そうボロクソにいわれると、師匠へ対して申訳がない、師匠の〝陣屋〟の値打に影響する、」というのでしょう。その意味は道理至極、私はよくわかっています。がそうすると、この間君が語った〝陣屋〟の芸と、「師匠から授った云々」の言葉とが一致しなければなりません。というから、私は君が師匠から〝陣屋〟を教わらなかった。というのではありません。それは何様越路大夫の高弟であったのですから、定めてお稽古はしてもらったでしょう。また師匠が語る時、毎日白湯を汲んでいたことでしょう。しかし、文字大夫君、君に限らず、どんなえらい大夫でも、どんなあかん大夫でも、師匠から一段の浄瑠璃を教わり、それを師匠に及第させてもらう迄には、必ず次の段階を経なければならない、と私は思うのです。その段階を経る時間の速い遅いは、その大夫の天分の優劣にあるのですが、そして、その段階というのは第一に、師匠のその浄瑠璃に関する教訓の意味を理解するだけの頭脳の明晰であること。第二に、その教訓をすっかり憶え込んでしまうだけの記憶力を持っていること。第三に、いよ〳〵実演に及んで師匠の真似が出来るだけの器用さのあること。それだけでは師匠のロボットに過ぎないからまだ駄目です、それを自分の芸に仕立ることが第四、これを行うには工夫と反覆修錬を要するのです。こゝで初めて及第ということになるのです。

　そこで、文字大夫君も、定めし右の段階を経て、師匠に「陣屋」を及第させてもらったことゝ思うのですが、そのお免状を貰ったのは少くとも十数年、乃至二十数年以前の事です。サア私の問題にしたい所はこれから先きですよ。

　十数年以前に師匠から許された「陣屋」（に限らないが、以下準之）が、今日そのまゝの形で残るとは限らないのです。君が師匠から授った「陣屋」というものは、我と第三者にいわせると一面非常に尊いものであり、一面非常に尊くないものです。それを尊くしようと、せまいと、それは君の心掛一つにあるのです。そして、前者の場合「陣屋」がそのまゝの形で、否あるいはそれ以上のものとなって残り、後者の場合、そのまゝの形で残らないのです。そこで文字大夫君よ、君は芸というものがどんな性質を持っているか御存じですか、芸程足の早いもの――腐りやすいものはないのですよ。君が師匠から陣屋を頂いた時、仮りに、「俺はもう「陣屋」は師匠からもろてしもたさかい、これでもうえゝのや」と、慢心したとします。すると、その折角頂いた「陣屋」は、その瞬間から超スピードで腐り始めるのですよ。」そこで、一日も防腐剤を注ぐことを忘れてはならないのです。そして、勿論これと反対の現象を示さすことも出来ることは申すまでもないのです。つまり、師匠から頂くのは、或る不思議な性質を持った土地だと思えばよいのです。そして、その土地の手入れ次第で、黄金の実のなる木も生やす事が出来るが、またウジ虫の発生地にもなるのです。

大分ごて〳〵書きましたが、私はこんな事を土台として、毎月の文楽を聴いているのです。そこで結論ですが、文字大夫がほんとうに「陣屋」を師匠から授って以来、これに防腐剤を注ぐことを忘れていなかって、私のいった事に対して抗議があるのなら、何時でもその抗議を拝聴しましょう。そして大いに闘論しましょう。その結果、私が負るかも知れません。その時にはいつでもアノ「陣屋」の悪口をお取消致します。しかし、そうでなかったら、この問題に関しては、私はもうこれで御免蒙ります。「自分のいいたい事だけ勝手に喋舌って、それで御免蒙るやなんて、卑怯な奴だ」といわれても構いません。もう真平御免々々。

が、最後にもう一言いいたい事があります。それは、文字大夫君、この間の「陣屋」のことは、もう済んだことですから、今更ごて〳〵問題にしても致し方ないじゃありませんか。そんな事を苦にする間があれば、竹本文字大夫という名跡を考えたらどうです。御霊の晩年に「夕顔棚」を語って、「七代目云々」

と披露をされた、その先行七人にはどんな御方々が居られたかということを。まず、先代は申すに及ばぬ君が師匠、その前は五代目の豊竹岡大夫になった人で、大名人ではなかったらしいが、番付で見ると堂々たる役を語って居られます。その前が物体なくも五代目竹本春大夫の前名、その前がその春大夫の師匠の三代目竹本氏大夫の前名ですよ。段々と恐ろしくなりますからもうこの辺で止めましょう。

［備考］　104・18竹本文字大夫という名跡を考えたらどうです…「鴻池幸武宛て豊竹古靱太夫書簡二十三通」（注（8）参照）昭和十四年四月七日付けに、「扨御申付に相成ました文字／太夫之代々あらかたわ／こんな事になって御座いまし／て本人も七代目でやって／おり升るが」とあり、この後に「文字太夫歴代」として初代から七代までが列記されている。

11

文楽座十月興行合評記

『浄瑠璃雑誌』第三百八十三号　昭和十四年十月三十日発行

太宰施門　鴻池幸武　武智鉄二　森下辰之助

今回は本誌同人中頭書の四君に合評を乞う事としました。則ち巻頭宣言の如く直筆忌憚なき批評を思い切って掲載致しました。尚お今後も益々敢行する覚悟でムいます。御愛読を願います。

（十月十四日吾笑）

森　芸評に先立て一言意見を述べます、私は文楽座が夜店のステッキ式に七通りまで断片的に狂言を並べたのが第一賛成出来ません。こんな事をやるよりも例えば太功記なれば本能寺、妙心寺、高松城、尼ヶ崎と云うように、連続して別に世話のものを一狂言、道行とか景事ものを一狂言と云う工合にやって欲しい、或は伊賀越なれば政右衛門邸、大広間、沼津、新関、岡崎と云う様に或程度まで通し狂言の筋や変化を知らしめる事が義大夫の通と不通の両方面ともに面白くないでしょうか、勿論興行者としては幾分の危険性はあるでしょう、然し永い間赤字つゞきの文楽が今年正月以来好転して居る場合ですから多少の危険を冒しても此種の興行法を敢行して欲しいものです、私は充分社会の歓迎を受ける事だと思うのです。

武　同感です、殊に今度の狂言の並べ方は浄瑠璃通には不向です、梅由、大文字屋、堀川と真世話を三つも連ねた処などは実に無考えだと思います。

■五条橋の段　掛合

鴻　三番叟以外に五条橋の如き景事ものを一番ちょっ鼻に出す真意がわかりません。

太　これは畢竟此の頃の劇のやり方を其のまゝ以て来たのでしょう、此の場合は次にどっさりしたものがあれば辛抱が出来るのですが、梅由のようなものでは全くなって居ませんネ……。

武　「スワ曲者よ物見せん」がテツの為め目に物見せるの意でなく、物見するの意になってしまいました、私は前後二回聞きましたが二回共間違うて聞えました、それに両床とも合うて居ないなどは全く支離滅裂と云う訳です。玉幸の人形は文句より一歩先きに動く例えば「さす股さすまゝに」で薙刀を戴き「賜りたる大薙刀」でする事がなくなり「真中取って」のしぐさをやるが如きは全くわるい癖です。

鴻　玉幸は一体人形の遣い方を知らぬのじゃないのでしょうか。

武　文字大夫の浄瑠璃は感心出来なかったですよ。

太　文字大夫文字を知らずと云う処でしょう。

武　三味線も別に取立て、批評するに及ばぬ頭に残らぬ程度とでも云うのでしょう。

■聚楽町の段

豊竹駒大夫　鶴沢清二郎

太　浄瑠璃の批評をする前に是非一言云いたい事は此浄瑠璃が聞けば聞く程その作のつたない事です、此拙作も華美な語り口の大夫により演ぜられた場合は其内容のぼろが見えない事もあるが、駒大夫の如き官能的でないムードを現わすに長じた語り口では内容の欠陥が露出され過ぎて気の毒の様に思います。

鴻　狂言の立て方で何だか帰りたくなりました。

武　私は長吉の年に疑問が起りました、分別くさい文句の例えば「但しは何ぞ苦になるか」と云う様な処では三十近い人に聞え又最初の「おまへはいこうやせが来た」と云う様な処では十二三の子供その儘に聞えました、小梅の詞にも異論があります「其金が小判で七十両、テモマア沢山有るのう」を余りに嬉しそうに語り、自分の身に関係のある「何とも思はぬ身代に半時でもなつて見たい」が只文句のうわつらにのみ捉われてよそ事の様に語ったのは大夫に小梅の心理状態がわかって居ないと思います。

太　全く同感です、作の拙ない上に小梅なる物の性根が皆目わからなかった。

武　「コレ〳〵由兵衛殿、アレ聞いてか」より「盗んで来た」のあたり由兵衛を怨んで怒って居る様に聞えたのは「世界の因果が固まりて夫婦となり兄弟とも生れて来たかと身をもだえ泣きくどく」と云う運命的な女性を表現するには充分でなかったと思います。

鴻　三味線は相当に弾けて居った様に思います。

武　「金の才覚がてらには」のあたりの三味線は仲々よく弾けて居ました。

人形では小兵吉の評判がよい様に聞きましたが私は決して褒める程の価値はないと思います、其訳は只じっとして動かぬのがよいのではないのです、一例を挙ぐれば、後段の「堀川」に於ける栄三の伝兵衛が婆のくどきから猿まわしの間じっと座って居るけれど其精神は絶えず動いて居る、これでなくちゃ褒められない、小兵吉のは全く動かぬ木偶其まゝであった、政亀の由兵衛に到っては「梅やしぶ茜、金の才覚がてらには日暮れて道も急がしく」の帰って来た時の派手なトン〳〵の足拍子など深い金の心配の気味が出て居ない、そう云えばこれは人形の昔からの型だと云うだろうが悪るい所は改めて欲しいと思います。

鴻　政亀の由兵衛は其けじめ〳〵が使えて居なかった様です。

■恩讐の彼方に

竹本織大夫　竹本相生大夫　竹沢団六　其外掛合

太　義大夫物は強い感情表現の部分に中心を置く可き物と思います、此作は其部分が極めて簡略で筋の運びと説明が主になって居て心理表現がない、外形的な方向に丈け全体にのび拡がって居て背景舞台装置の変化の興味が過度である、結局題材が充分義大夫的のものでないと思います。」

武　それに文章が当代の悪文ですね、例えば「はやりにはやりし実之助、おろしかねたる一刀を」とはどう云う意味に解釈していゝかわかりません。

森　私はようこんな不細工な文章を織太夫があれまでに語ったものだと先ずそれを感心しました。

武　「アレハ瀬鳴りの音」。「岩石も一重となつたか」という処まで掘つゞけていながら、ごて〳〵ほかの事や述懐などをやる、おまけに「不思議な穴があき申したぞ、ム、不思議ぢや、風が通ふわ、何風が通ふとは」などゝ妙な事に許り感心して一向急いで掘りおおせようとしないこそ不思議である、こんな拙作は今回丈けとし二度と上演すべきものではありませんと思います。

一同　同感々々

武　次に作曲に就いては……

鴻　先つ義大夫節には聞えますか織大夫団六の作曲の目標がわかりません、結局此青の洞門の段を一幕物の様に取扱うて節付した点に失敗の根本がある、新たに作る場合景事以外に一幕物に独立するものはない、そこで目標が見失われたのでしょう、さすればこれをどうしたらよいかと云うと脚色上場するとせぬは別として、通し狂言中の一段と見て作曲すること、私の意見としては此場は四段目についた立端場位に仕立てたら今少し救われたかと思います、何によらず今後の新作は景事以外は格式の目標をつけてかゝらんと意味がないと思います、畢竟作曲目標がなく格式がきまって居ないから節付を凝れば凝る程それが無意味になりて来たのです。

武　イヤ私も同感です、例えば栄三の了海が非常に大時代な動きを見せているがそれが少しも滑稽でなく此節付から云うと不思議でない、要するに織大夫が自分の趣味に溺れ過ぎたのだと思います、たった原稿紙に六枚程のものに四十分もかゝっては困る。

森　然し洞門の穴があいて喜ぶところは演技として織大夫は相当努力して居るし、その心情もよく現わし得て居りました。

鴻　「多くの人の命の為」の次の合の手などは穴の掘進む擬音であって、穴を掘る肝心の二人の腹が作曲や演奏に出て居ません、義大夫三絃は擬音ではないでしょう。

■大文字屋の段

竹本津大夫　鶴沢友次郎

食事が遅くなりましたので大隅大夫広助の大文字屋の中を聞き漏したのは誠に残念でした。（一同）

太　これは文学上余りよい作とは思われません、先代仁左衛門のよい助右衛門を見て居ますのでこれでは一向こたえませんでした、一体に津大夫の詞は朗読的で情味がなかったと思います。

鴻　全く同感です、一体に津大夫は浄瑠璃を語って居ると云うより本を読んで居ると云うが至当でしょう、従って真世話浄瑠璃の真味が更らに出て居ません「栄三出かした」の詞など全く端場を知らぬ語り口です、お松の「わたしや何もかも合点して居るさかい一つも悲しい事はないナ、ない〳〵」の詞のまずさお話になりません。

武　実際文句の解釈と表現の仕方がまずい「おりや諦めて涙も出ぬが」或は「ア、もう此間は涙にほっとあき果てた」の如き文句の文字にべたつきで、ほんとに涙も出ぬ平気な語り方をやり感情の表現が出来て居ませんでした、尚これで人形がなかったら栄三郎などは全く年配もわかりません。

森　年がわからん丈けではありません、誰れが云うて居るのやらもわからない、殊に伝九郎と権八の区別などはテンデわかりませんでした。新たに帰った友次郎の三味線に就ての考えはどうです。

武　友次郎の三味線は従来感心した事がありません、それは間の正しさはあるけれど三味線なるものが、只大夫の浄瑠璃を語りやすく弾くと云う事丈ではなくて、より以上本質的なものがなくてはならない結局友次郎にはパストがないと云えると思います。

人形では文五郎のお松が助右衛門より揚巻の年期証文を受取る処「書いて来た去り状と渡せば手に取り泣き入る嫁」で自ら舞台の中央へ進み出で手を出して受取る所作などは既に年期証文を受取る腹で、去り状を渡される気持ちになって居ないと思います。

太　これは人形として重大過失で、どんなに巧みに動かしても精神的に其感情を正確に表わして居なければ意味をなさない、これは免職ものですね。

鴻　それに此段の眼目たる「四百四病の病より……」のお松の腹がぬけて居った、私が二度目に見た日（十九日）には文五郎がこの性根場で袂から手拭を出して汗を拭いて居ました。

其他の人形では論ずる程のものもありませんでした。

■おしゅん　伝兵衛　四条河原の段　竹本錣大夫　鶴沢寛治郎

武　錣大夫の河原の段は取立て、批評する程でもないが「その茶入を官左衛門がたつた今、打砕いて仕舞ひ居つたわい」の伝兵衛の真剣の詞を「それならばよろしう御座ります」と久八が笑うて答えたなどは久八の心持ちと立場とがわかって居ない語り口であった。

鴻　私のこれまで見た河原で、ほんとの久八は大夫にも人形にも、聞いた事も見た事もありません。

■猿まわしの段　豊竹古靱大夫　鶴沢清六

武　枕から鳥辺山のくだり、婆と子供の語りわけなどことさららしくなく非常によかったと思います「又明日」の語り工合、大夫は娘で語って居ましたが、津大夫は婆の詞で語って居った様に記憶して居りますが、理窟や文章から云うと婆の詞か色の方がよいと思います。

森　是れは中々六つかしい問題ですな……

鴻　語る色どりから云うと娘の方がはんなりします。

武　然し私は浄瑠璃は何処までも理窟に合わぬ語り様はいけないと思います。

鴻　理窟は御尤もですがこれを婆の色で語ると盲婆の足取りで運ぶ必要があります。斯う云う処に遅い婆の足取りのあると云う事は耳ざわりの点から果してどうでしょうか。」

太　此文章で見ると婆でやるべきであろうと思いますが、芸術としての要求も大に考えなければならないですな。」

鴻　「膳もそこにしておいた」はいかにも親味の情が現れて実に申分のない出来でありました、「イヤノ与次郎」のイヤノが少々改まりすぎて聞えた、先代大隅のレコードを基本として二度共気にかけて聞いて居ましたが二度共其感じがありました。

武　鴻池さんは大隅のレコードから「イヤノ与次郎」以下の婆の詞を常に繰返して居る老の愚痴と思うて居られる様ですが、私は是れは婆が今日改まって云うた詞だと思います、それはあとの与次郎の嘘が余りにもあわてゝヘマを次から次へと云うて居るのを見ても証拠立てられると思います、成程人形は栄三が使うた時も玉蔵も共に鴻池さんの意見通りに使うて居りますが

鴻　理窟としては武智さんの説に賛成しますが此「イヤノ……」は先代の大隅の薄ぎたないのにくらべて古靱のは余りに品がよすぎるのでこう云う事に聞えたものでしょう。」

武　重ねて一言述べます、古靱が「雪かア、、花か」とのアを引いて語るのは婆が今日改めて云うた語に、与次郎が急場の嘘をついて居るのを現わして居ると思います、お俊の「アイ此状にとつくりと御合点の行く様に」がやさしく母に云う心持ちで語るのはいかにも優れた表現でした。

鴻　「此世を仮まくら」のジャンの三味線は鮮かすぎて及ばぬ形でしたネ「ヱ、気づかひな」の婆の詞は情を現わし得てよろしかった

武　前後しますが「つきつけられて目にたまる」で切って「涙をはらひ」をつめて語るので、涙がじいとわいて来る実感がよく出て居ました、外の人が語ると既に溜まって居る涙を払う様にしか聞えません。

鴻　「あすは浮名の草双紙」を抜いたのは大賛成です、其意味はアノ文句があすこにある事をこちらが

知って居て其上で抜いて聞かせてくれたのが非常に面白かった、そこでアノ文句を入れた人もえらいし、それを抜いた古靱も非常によい気付だと思います。

武　「あすは浮名」は此場合に婆がいう文句の節にならず遊びになって居る、従って従来は「おしゅん伝兵衛と」まで遊びになっていた、之を正しく還元した古靱の業績は偉大であり、これでこそ堀川の婆の真面目が発揮せられるのです、段切の「やっす」が拙ずかったと思います。

鴻　賛成々々又大隅が出ますが、こゝも古靱は是非大隅を学んで欲しい。

文五郎のお俊はせめて「言葉も此世でき、おさめ」まで家の中に居るべきです。

森　お俊が伝兵衛より先きにとっと、出てしもうなどは文五郎老の無理解な常習的欠点ですな。

武　文五郎の無理解に引替えて、栄三の伝兵衛はよろしかった、例えば「さはる相図の咳ばらひ」で戸をたゝいてすぐに後ろ横幕の所まで引下って居る……若し家の中からお俊以外のもの（与次郎や役人）が出た場合には直ぐ遁げようの腹の表現であると感心さ、しめられた、こゝらはまた文五郎と反対に栄三の常習的注意深い所であると思います、家の中へ引こまれた時大概誰れが使うても従来ふるえて居るのに引替えボンヤリ立て居るなども正しい解釈です前述の如く婆のくどき以後は絶妙でした。

二十四孝と妹背山道行とは余りに長文になるので省略する事としました。

（合評　完）

［備考］　109・2竹沢団六　其外掛合…筆頭は鶴沢道八（『義太夫年表　昭和篇』第二巻）、休演か。

12

文楽座霜月興行合評記

『浄瑠璃雑誌』第三百八十四号　昭和十四年十一月三十日発行

鴻池幸武　武智鉄二　森下辰之助　樋口吾笑

前月の合評記で或芸人さんの曰く自分等はア丶酷評されては死刑を受けたも同様です。此上は雑誌社で養うて貰うつもりだとか、中には裁判沙汰にするかも知れぬとか抱腹絶倒なたわ言を云う実に情けない人があると聞きました。冗談でしょう、如何に人形浄瑠璃が衰えて居ると云え、ソンナ卑屈千万な人物は有りませんよ、若万一そんな人があるとすれば以ての外です。そりゃコンナに人のたりない時節でも、地下鉄の通路や難波高島屋の地下室には深夜ゴロ〳〵寝そべって居るルンペンが十人近くも居ります。こんな人は働かないで世をすねて居る人間の屑です。芸術家が自分の天職に一生懸命の努力を払わないで、又間違うた考を持って居るのを矯正的に批評されたからと云うて、裁判だの、養うて貰うなど丶云うのは実に間違いも〳〵大間違いですよ。こんな事を云う手間で、奮励一番、真の芸術家になって貰いたい、批評者を見返えして貰いたいと同人一同熱望に堪えません。

吾等同人はこんな不貞腐れや威喝位にビク付ものではありません。芸術批評に感情や利害が伴うてはなりません、これを排除し虚心坦懐一層忌憚ない芸評をする決心たる事を重て告白するものです。

（十月二十二日同人誌）

森　いつもながら合評に先立ち一言述べます。本誌前月号で、例えば伊賀越なら政右衛門邸、大広間、沼津、新関、岡崎と云う工合に或程度迄通して貰いたいと希望しましたが、文楽座が十一月狂言に此の伊賀越を通してやったのは偶然とは云え喜ばしい現象です。

●政右衛門邸蝶花形　竹本源大夫　野沢吉弥

武　武助の詞が若党に聞えなくて、腹のない郎党の詞のようでした、一体此人の発声が上滑り調子で、いつもかげ腹でも切って居るようで底力がありません、全く腹力の足らぬ為でしょうなア。「あた憎らしい蝶花形」で文五郎のお谷が蝶花形の紙を投げつけなかったのは大出来で有りました。」

森　此段では別に批評する程の事はなかった様です。切の饅頭娘に移りましょう。

●同切饅頭娘　豊竹駒大夫　鶴沢清二郎

森　「心がけあるさむらひは地を這ふ虫も気を赦さぬ唐木政右衛門……」の枕は軽るい様で、やかましい饅頭娘の枕とはどうも受取れませせなんだ。

武　全く此一文は政右衛門の格式を示して居るのです。彼の忠九の「人の心の奥深き」と同様の価値で、伊賀越を通じてのやかましいものと聞いて居ます。モット大切に重味を以て語って欲しいと思います。

樋　大夫に対し其の語り物を選ぶべき必要が爰に起る訳ですナア。

森　文楽座を通じて此処の枕の立派に語りこなせる人は誰れでしょうか、私は古靱大夫、若手なら織大夫だろうと思いますネ。

鴻　頗る同感です、私が仕打なら、駒大夫に沼津、古靭に此所、勉強の為め織大夫に岡崎をやらしますがネ。

武　そんなら紋下には何処をやらします。

鴻　大広間を一人で語らします、ほんとは大広間が五つ目の切場ですから紋下の語り場として恥かしからぬ場所です。閑話休題、此の枕の軽いと云う批評は頗る同感です。

武　今一つ此段で大に論じたいのは政右衛門の詞で、侍の世話で語るべき処が真世話になって居るのが気になってなりません。例えば「知行取りにもあき果てた」、「われ等モウ酔ひました」の如きが其一例です。

鴻　真世話に聞える様に語るのは畢竟、後半段の政右衛門とのけじめをハッキリさす為めかも知れませんが、肝心の「承知致して罷り在る」のハリマが語れて居ませんから、前半段の政右衛門が零になった訳です。

武　此処のハリマが完全に語れたら侍の世話が必然出て来るのですよ。

森　一体に政右衛門が泣きたがるのがよくありませんネ。」此一段中政右衛門の泣く処は「鬼を欺く政右衛門、わっと泣いたる真実に」のわっとの一箇所だけです「義理といふ色」。「真平御免下されヱ……」。「ハア御親切忝し」。「腹なされねやなりますまい」。「御ひゐき下され」の随所で憂いや泣きおちをやったのは駒大夫に似合わぬ考え違いだと思います。

樋　それは大夫の腹が薄いから腹で泣く事が出来ぬのでつい声に現わす事になるのでしょうと私は大夫に同情します。」

森　如何にも尤です、樋口サンの所謂外題を選めと云う処へ帰着するのですなア。

鴻　「高の知れたる林左衛門、ぶつて〳〵打すえる」と語りましたのは丸本の「サア知れてある林左衛門が手の内、ぶつて打ふせる」は単に打すえる丈けの方が結構だと思います、そうでないと政右衛門の品位に影響します。

武　サアこゝらの「打て〳〵打すえる」が既に世話染みて居る所なのでしょう、要するに栄三の政右衛門その儘に語って欲しいと思います。

鴻　相手は盲人です、気の毒ながらなんぼ気張っても人形は見えません。

樋　斯る問題の起るのも結局は駒大夫に不適当な語りものと云うに帰する訳ですな。

鴻　「用意あれ政右衛門」以下段切の足取りが三味線諸共まくれ気味でした、序ながらお後の出のところが弾けて居ません、即ち三味線の朱を弾いて居る丈けで、気の変りが弾けて居ませんでした、三年前に此人のこゝを聞いたときも弾けて居ませんでしたが、三年後の今日を楽しんで聞きましたが矢張り駄目でした、(此の度で三回文楽へ行きましたが……)。

武　それは此の三味線弾の不勉強さが現れて居る処です。」若手として尤も天分に富んで居る清二郎にしてはと惜しまれてなりません。

鴻　最後に人形に就て一言申し添えたいのはお谷がお後を見て笑うなどはお谷の腹も、政右衛門の腹も知らぬ所為だと思います。

武　お説頗る同感です、こゝはお後を見て寧ろ不思議そうにふるまわねばならぬ所だと思います。

●大広間の段

大内記　竹本大隅大夫　政右衛門　竹本文字大太
林左衛門　豊竹和泉大夫　五右衛門　竹本長尾大夫
三味線　豊沢広助

森　「朝日かゞやく大広間、大内記殿上段の」で大広間以下調子が外れて居ました、扨こう並んだ所では文字大夫が一番力があったようでした。

武　私は和泉大夫の林左衛門が此中では一番ましだったと思います。

森　「桜田林左衛門、唐木政右衛門、両人共これに参れ」は何だか気がぬけて居ました、又伝授になりて「オウ承知」「ウム尤も」の大内記の息が現れて居ません。

樋　私は此中で大内記が一番悪かった様に思います、それは簡単な所さえ調子が外れます、此人の芸に非常な疵を負わせています。

武　一体大隅大夫の発声は屢々高低が強弱に置き換えられているからこう云う説が出るのですネ。

森　私は此人が静大夫時代から馴染です、今から十五六年前にはこうも外れなかったのです、どうかアノ立派な声のまゝ、調子を外さずに語れるように工夫の出来ないものかと考えて居ます、つまり外れる所は高い調子に限らず力の這入る所で外れ、軽い所では外れない、そこで自分でも此の事が幾らか解って居るのか、この大内記も力を入れないように語って居るのではないかと思うのです。

鴻　この大夫に限らず、私は大夫は耳がよくなければ大成せないという事は不動的の格言といえると信じます。

森　そうでしょう、私の知人の声楽家が文楽へ来て、大隅を聞いての話に「大隅と云う人は立派な体格とバスのよい声を持ちながらテナーやアルトになると調子が外れますネ、惜しいものですネ、屹度耳に故障があるのでしょうよ」と云うて居ました。

樋　全く声曲家の耳は咽より大事ですネ、晩年の大椽があれ丈の名人であり乍ら耳が遠くなりましてからは時々調子を外して居たのを憶えて居ます。

鴻　大内記は人形もよくありませんでした、玉蔵の一番悪い癖、人形の上半身が前屈みになって性根が崩れるのが槍を持った下手向の型のときに一番よくわかります。

森　武道の上から片足前へ折曲げてふん張ることは第一義で、此前屈みの為めにそれがなって居ません、人形遣いの少い折柄立者がこれでは困りますネ、是非改善して欲しいものです。

武　然し試合のときに立合を見ず、政右衛門の方をジッと見つめて、政右衛門の技倆に深き注意を払うて居る処などは大内記の正しい腹の現れと云えましょう、此の心掛けを全般に及ぼして欲しいものです。

樋　三味線はどうでしょう。

武　三味線は問題にする事がないから次の沼津に移りましょう。

●沼津の段

切　竹本津大夫　三味線　鶴沢友次郎

武　折紙付の沼津ですウンと忌憚なき批評をしましょう。

樋　沼津では大分云いたい事があります。まず「東路に」の産字イは、俗に五十三次を語るものとやら聞いて居ますが、左様な事は長すぎると思います。私は両紋下の名誉にかけて改善を熱望します。

森　鎌倉から沼津までですか、それにしても大変ですネ。」

樋　何とか当世向きに面白い節付があると思います、紋下の権威で改良して欲しいものですなア。

鴻　賛成です。結局産み字が少なくても、東海道の気分が出ればよいのでしょう、そうすると幕明きの箱根八里の馬子唄などはやらなくともよい事になります。

森　忌憚なくやれとの事ですから紋下と雖も遠慮しません、「稲むらのかげに巣を張りまちかける」のまちかけるがテツ「浮世わたり」に気の変りがありません。

鴻　「ならひ」の音遣いが出来て居ないから自然「浮世」の変りが出来ないのでしょう。

森　「元来し道へ引かへす」は「心安兵衛一散に」だからモッとすら〳〵とやって欲しい。又「いなむらかげより」のかげよりがテツ。

鴻　紋下ともあろうものが、そう沢山テツがあっては困りますね。

樋　鉄飢饉の折柄、テツは重宝ではありませんか、大阪では八ケ間敷いわれますが……。

森　洒落はヨシましょう。芸術では許しません。遠慮せずにテツを出しましょう「けさから一文も」のいちもんがテツ「親仁がちそう」のおやじがテツ「此薬は大切ないもの」のたいせつないがテツ「守袋」がテツ「話の合紋」のあいもんがテツ「最早夜明けに」「夜明け迄は」のよあけは何れもテツ「常々持ちし」のもちしがテツ。

鴻　そう鉄が出ては処置に困ります。モウ其位にして置いて下さい。

森　テツはまだありますが、そんなら止めまして、元へかえって「サそんなら吉原まで何ぼぢや」の重兵衛の詞から「えい程に下さりませ」の平作の詞まで、べた〳〵と重苦しくて聞づらい、モッとさらッとやって欲しいと思います。

武　「チヱー忝い〳〵」は真実味がなくて口先き丈の御上手のようで、平作の性格に反して居ります。

森　「サアお出でなされませ」か少しも変って居ません。

鴻　前月も申した通り、結局本を読んで居る丈けと云う訳です。

武　「イヱ勿体ない〳〵、ア、気の毒な足元」がずっと平作の詞に聞えました、あれでは平作が道がはかどらぬので気の毒がったと聞えます「合点の行かぬ足取り、お気づかひなされますな」も同様でした。

森　「これは結構なお薬でござります、痛みはとんと直りました」を「痛みは、オ、とんと……」と「オ」を入れたのはわかりません「これは結構な……」が無意味になりました、此「オ」は蛇足です。

武　こゝで「オ」と云うた為めに「オ」の処で痛みがなおった事がわかった事になります、すると始めの結構な「お薬」ではまだなおって居るのに気もつかず、只お上手に云うた事になり、平作なるもの、性格に反します。

樋　事の序に一言申します「向ふの立場に鰌の名物が御座ります」を「うまい鰌の名物」と語りましたが「うまい」と無理にすゝめる必要はありません。これはお追従ですが、気の毒がって機嫌どりの追従口で云うた事を知らずに、只のお追従を云う所だと考えたからでしょう。

森　要するに小揚の平作と重兵衛の取り合いの詞はねばねばする上に並んで居ます。決して感心した小揚とは云えません。

鴻　つまりこれは津大夫自製の小揚なのです、私が考えますのに、此間は云わばこしらえのない所ですが、その無い拵えを拵えねばなりません。

武　すると無い拵えがあるのですね。

鴻　そうです、その無い拵えを拵える目標は書卸しの咲大夫風がなくてはなりません。その目標が無いから津大夫の素地だけの小揚になったのです。それは芸とは言えないのです。では咲大夫風とはどんなものかと云うと、筆や文句では思う様に言えませんが、詞変りと足取りの捌き方が巧妙自在を極めたものと聞いて居ますが、津大夫のはそうでなかった、即ち咲大夫風になって居ないと思うのです。

武　巧妙自在と云うのは情景とか、人物の動きとかゞ出て居なければならぬのですね。

鴻　そうです。

森　最近では駒大夫が放送した小揚が咲大夫風でよかったようです「貧乏は苦にもせず、それは〳〵孝行にしてくれます」を憂いで語ったのは感心しません。こゝは憂いより寧ろ淋しい中に一種の満足感を語る方が、聞くものをして却てホロリとさせる事になります「イヤナニおよね」が一寸も変りません「虱より外あなたの身につくものはないわい」はよかった、「それ聞いてとんと思ひきりました」の思い切りましたを憂いで語ったのは考え違いです「なま中親子と」を「アなまなか」と語りましたが、此アの感嘆詞は全く無意味です。

樋　「これ姉御……」以下の入れ言はモ少しサラ〳〵とやって欲しい、少々長く感じました。

森　私は法善寺の津大夫の此入れ言の処では何回聞いても泣かされましたが、今此入れ言を聞くとそれ程悪いとは思いません、只「ワハ……」の笑いがよくなかった、此の笑い方ならやらん方がよいと思いました。

鴻　そうですネ、アノ笑いようなら何の為めに笑うたのやらわかりませんでした。

森　「子故に迷ふ三悪道」は五六年以前に本誌で大分問題になったように記憶して居りますが、こゝはどうしてもサンマクドウと発音すべきです、イヤ絶対にサンナクでは間違いです。それは法善寺の津大夫もサンナクと云いました、大隅も、越路も、大掾もそう云いました、然しこれは間違いです、サン、とあるかちアをナと発音するのは素より正当ですけれども、三悪道とは仏語です、地獄、餓鬼、畜生、の三道を仏語で三悪道、即ちサンマク道と云うのです、アクは呉音でマクと発音するのです。南無阿弥陀仏をナムアヤダブツと云うては通じません、弥は呉音でミです、此道理同様です、私は大掾や法善寺や先代大隅の時代が今日でありましたら此三名人にでも説明して改めて貰います。こんな明白な間違いを師匠や先覚者が云うたから、自分も云うのだと云うのなら、それは頑愚と云わねばなりません。名人と雖も発音学者ではない、過って改むるに憚る勿れです。個人を離れ道のために忠告するのです。

鴻、武、樋　正当な理窟です大賛成です、本誌同人一同から紋下に今後は改めて貰いたいと希望します。

森　序に私に今少ししゃべらして戴きましょう、「おりや此方の手にかゝつて」以下の手負の詞は出来て居ました。殊に「忝い〳〵」より「此親仁一人それで成仏まますわいの」の所は此一段中一番よかったと思います。然し「早く苦痛を止めて下され」を実に弱々ひく語りましたがこれは弱々しい中に苦悶の情がなくては叶いません。平作の臨終の念仏は我意を得た念仏でした。私は津大夫の「沼津」なるものを総評して、小揚が一番わるく、次に内の場が凡作、最後の千本松は佳作と云い得るものと信じます。

武　森下サンの御説が中々長う御座いましたので大夫の方は之れで打切りまして、三味線人形は如何です。

鴻　三味線は友次郎に対して何だか気の毒に思いましたのは千本松が期待に外れた。小揚から、平作内、千本松原へと次第につんで来なければならない約束のものが、却て段々にゆるんで来て居る様に思いました。殊に「親子一世の」所などはだれ気味のまくれ気味でした。

武　人形が出使いでしたが、どう御考えです。

鴻　あれはいけません。

森　段切の所は浄瑠璃で泣かされたのか、人形で泣かされたのか、兎に角見て居る内に思わず涙がこぼれました。

武　見て居る内にネ……、アノ栄三の重兵衛が平作をだきしめる所は正にたまりませんでした、門造の平作は小揚で上半身計りふら〳〵して、足はしっかりして居るなどは大に改善せねばなりません。

鴻　文五郎老人は相変らずサボリましたね。

●新関の段

竹本綴大夫　竹本織大夫　竹本南部大夫
三味線　鶴沢寛治郎　竹沢団六　鶴沢叶　外

森　綴大夫の助平は適り役でした、斯うした役には一種の天分があるとでも云うのでしょうか。真によかった。

武　私は此助平は初めからくずれて居たと思います。型から這入って崩れてくれねばならぬと思います。

鴻　私も同感です。寛治郎の三味線には少々文句があります。「さらば一見ヱヘン仕らうか」からの三味線など錣大夫の浄瑠璃と同じ様に崩れて居ました。此前の時の新左衛門の三味線はくずれる浄瑠璃を引しめて居った事を記憶して居ます。爰に三味線の力の相違があるのでうと思います。」尚引ぬきの心が弾けて居ません。それは所々ばら〳〵になったり、二枚目の団六が思わず（?）掛声をして居った（最終の二十二日）のでもわかります。

武　これは批評以外の事ですが、「杵と臼とはめうとで御座る」の処で、三味線が非常によくひけて居ったので、思わず見ると寛治郎でなくて団六でした、アハ……。人形では紋十郎のお袖が使えて居ませんでした。例えば「よりそへば」や「しめかはす」の処など志津馬の隣りに並んで居ると云う丈けで何の情味もない、いつも動きすぎる人が此肝心の処で余りにすげない有様などは一寸了解出来ませんでした。

鴻　文五郎の団子売の女房が引込みに倒れたりするのは場当りが過ぎたと思います。

●岡崎の段　　中　豊竹伊勢大夫　三味線　豊沢仙糸

鴻　浄瑠璃は兎に角として簾内でアンナよい音色の三味線を聞いたのは初めてです、名玉が包みを通して光りを放ったと云う形ですなア。

●同　　次　豊竹呂大夫　三味線　豊沢新左衛門

武　呂太夫は近頃語尾のブル〳〵が尠くなった様に思いますがどうです。

森　イヤそうも云えませんん相当ブル〳〵が鼻の詰まって居る様に聞える音色と共に耳にさわりました。

鴻　今月は三味線の新左衛門は元気でした相かわらずよい音色が出て居ました。

武　「いかにもム、ヤこれは〳〵」の仕ぐさをするなどは幸兵衛を知らぬものと云わねばなりません。こゝは是位にして切に移りましょう。

ムと幸兵衛が考えて居る処で、玉蔵の幸兵衛がひざを打って「ヤこれは〳〵」の仕ぐさをするなどは幸兵衛を知らぬものと云わねばなりません。

●同

切　豊竹古靱大夫　三味線　鶴沢清六

鴻　今度の岡崎は面白い面白くないは別として、是れならば実に立派な岡崎になって居ます。まず枕の「既に其夜も」と云い切って息をつめて「しん〳〵」、まで云うて音遣いがあって、「と」を語り、又息をつめてジャンと同時に遠山を「トウヤマ」とはっきり語るなどは全く感服しました。

森　決して悪くはありません。私は又越路大夫が此遠山を「トーヤアマー」と大きくぼうと語ったのを記憶して居ます、こゝらは彦六風と文楽風との違いじゃないかと思います。私は此遠山をなぜこう云う工合にぼうとやるのかと聞きましたが、これで遠山と云う感じを現わして居るのだと云う事でした、それから「早九つのかね――」即ち鐘の意を現わして「てより」と掛文句に語ったのを覚えて居ます。古靱の「早九つの、かねてより」と単純に掛文句として語るのも決して悪くはありません。こゝらか浄瑠璃の面白い処でしょう昔の名人は決して一つの型丈け知って居ると限りません。同じものでも三通り位いは知って居ったように木谷の弥大夫などは云うて居ました事を親しく聞きました、古靱の語った風も亦大隅が語ったものと計りは云えません、」其以前からこう云う風もあったのでしょう、又越路の風でも越路の創造とは限らない。モッと前からあったのでしょう、サアそう云う六つかしい故実になると吾々青書生（斯道の）には不可解と云う訳ですな…。

鴻　それから政右衛門の出の浄瑠璃の足取りと人形の足取りが気持よく一致して居ました。

武　文句立まわりの処で、一箇所も栄三がツケを入れさせなかったのは、雪の中の立まわりだと云う様な屁理窟からではなくて、政右衛門対捕手の位の相違が考慮されて居る行き方で、それが同時に古靱の浄瑠璃のねらい処と一致して居る訳だと思います。それに引かえ幸兵衛の人形が、「数多の捕手が見へがくれ」のあたりで納戸へ出て来て、戸口迄何しにか出て来るなどは人間離れの所為です、「理不尽に縄かゝるべき覚へはない」あたりから出て来るのでなくてはならないと思います。少し常識的に考えてもわかる筈ですね……。

鴻　「某を関所を破りし浪人とは」の次に無の間があって「ヤモ身に取って覚へぬ難題」は本格的な語り口で申分ありません「身に、覚へないにもせよ」の切り方も正しいと思いました「にがい挨拶」の語り口と「気のつく捕手」との対照は無類でした。「影見送て」の音づかい「政右衛門」の云い方「暫時ながら」より「然らば御免」までの音遣いと足取りは絶妙でした、私はこゝを聞いて古浄瑠璃の風とはこんなものかと感じました、そしてこゝの栄三の政右衛門がまた実にイヤ全く絶品でした。

武　私も爰の栄三にはスッカリ感心しました「詞にぜひなく政右衛門」の間、じっと横目をひいて居るのは政右衛門になりきらぬと出来ぬ芸だと思います。序に前後しますが「サ云ふこなたは何人」を小音で、不思議そうに尋ねる所など古靱ならでは語れぬなアと感心しました。

森　同感です。実によく行届いて居ました「イヤサコリヤ」のコリヤをゆったり気味に語ったのは綾としては悪くはありませんが、理窟からは感心出来ません、こゝは「何人」と尋ねた語を押えて捕手の小頭をごまかすべく「イヤサ、コリヤ」と打消したのですから、やり憎くてもかぶせねばならぬ所だと思います。

武　鴻池サンのお褒めになった「影見送りて政右衛門」の影見送りを重々しく語ったのは曲の上からは大変面白いですが、政右衛門として捕手風情の立去るあとを見送るにしてはちと仰々すぎて、肝心の幸兵衛に対する心構えがおるすになって居た様に思います、「それにつけても訝かしきは」のそれにからいぶかし気に語った処はいつもながら用意周到な語り口でした、気のない大夫なら「それにつけても」を平気に語って「いぶかしきは」で訝かし気に語る所だなアと、今更ながら古靭の行届いて居るのには感心せざるを得ませんでした。

鴻　「ツキヌ師弟の」をつめて語ったのは正しいことゝ思います。

武　「是れはハ、、、、」は実に立派でした。

鴻　「かき立て〳〵打ながめ」で幸兵衛が眼鏡をかけましたが、アノめがねは近眼鏡ですか又老眼鏡ですか人の顔を見るのにめがねをわざ〳〵かけるなどは寧ろ滑稽ですナア。」

森　切子灯籠で斎藤太郎左衛門が子供をさがすのにめがねをかけますね、アリャ近眼鏡と云えましょう、幸兵衛のかけるめがねは矢張り人形の場当りでしょう。実際浄瑠璃は我意を得たる語り口で鴻池サン武智サンの御説の通り、一々褒める所許りですから私は成るべく穴さがしをやって居るのです「シテ只今の住所はいづこ」は大夫に似合わぬ変化に乏しい語り口でした。

武　「余儀なき頼みに」と「政右衛門」との間に無の間があった、これは素浄瑠璃としてよく考えて見ると政右衛門が種々の事情を綜合した上での決心を現わした間であります。」また栄三の政右衛門の人形が「政右衛門には及ばぬ」から此間までじっと横目を引いて居ったのも政右衛門の腹を心得た使い方でした。

鴻　これでこそ大夫であり人形遣いだと云えるのでしょう。」

武　「ハア今に御上根な事」以下「服部か国分か」のあたりが侍世話の模範的なものです、前の饅頭娘の政右衛門の侍世話になって居なかったのと対照すれば其の良否がよくわかります「わっと泣く、子をすかす手も冷へこほる、雪のふとんに添乳の枕」の情景を「いんの子〱〱」で具体的に人物の中に結晶させた所などは斯道の極致でしょう。

鴻　「森の中へいて寝やしやれ」は無心の婆の情がよく出て居ました。それがこしらえのないこしらえが出来て居るのです。

武　内の無心の婆と有心の政右衛門、外の有心で無心のお谷、此取合わせの情趣が即ち岡崎なるもの、情趣と云うものです、清六の糸車の三味線は単なる擬音でなくて曲になって居ます。アノ無心の糸車は無心の婆さんが凍えた手でまわして居る糸車でそれは結局岡崎の情趣に通じる三味線でした。

鴻　今度の清六の三味線は近来の傑作で先ず無意味な撥は一つもありませんでした、実に感心しました。

武　殊に前半の一撥々々はあだやおろかに弾いて居ませんでした。

鴻　「浪の上」の次の二度目のチチンシャンのチチンから古靭の浄瑠璃に泣きのこしらえがありましたが、斯うなくては叶わぬ処です、「今夜のくらさ」は舞台一ぱいにくらさを現出した程無類の出来でした「雪にうるほす気付の一滴」の一てきはテツでした。「ムハ、、、、」のムが政右衛門の涙が色でした、爰に少々不審があります、別に執筆する事と致しましょう。

森「シタリ黒星、其通り」は幸兵衛其まゝの現出、然かも大きいものでした。

鴻お袖の一風変った人格があっさりした浄瑠璃の中によく出て居ました。

樋岡崎の批評はとても長くなりましたが、別に太宰博士の批評がありますから此位で止めておきましょう。

●白石噺新吉原の段　宮城野　竹本伊達大夫　お信　竹本南部大夫
宗六　竹本織大夫　外　三味線　鶴沢友衛門

武伊達の宮城野は田舎訛り丸出しと云う新解釈でした。」

鴻紋十郎の宮城野は「歌舞の菩薩の色ぞろひ」の文句と節とがわかって居ませんでしたネ

森南部のおのぶは矢張り聞けました「オヽ姉さアでござるかいの」などは慥かによろしかった。

樋織太夫の宗六は滅法よろしい、この宗六が出てからは気の毒ながら宮城野は素よりおのぶまでも一寸飛んだ形でした。

森そうです宗六は立派なものでした。

●新曲紅葉狩　維茂　竹本相生大夫　鬼女　竹本文大夫　外
三味線　鶴沢重造　外

鴻まず驚いた事は此曲に足取りのなかった事です。「錦いろどる」の処でツレ弾きの使い方が悪いと思います。琴を出した事は無意味です。それは義大夫節で琴がはいる所は必らず其の間は琴の間が総ての支配をせなければならないのに、そうなって居ませんでした。

武　維茂が只の公卿で武将になって居ません、其上山神の作曲が注進になって居ったのが感心できません、人形で見ると維茂が鬼女に喰い殺されて居った形でした。山神の人形は問題になりません。

森　山神が「かきけす如く失せ給ふ」で団子屋の女房同様足をあげてエッサッサと走って這入るのは何と云う型です、⊥これなら「吹く凩と諸共にヱッサッサ〳〵とかけり行く」と改作すべきでしょう、但し山神の人形にはこう云う型があるのですか。

鴻　三味線の手からして全く三枚目の注進其まゝですから人形として止むを得ぬ次第なり……でしょうアハ……。

武　鬼女の毛ぶり、然かも石橋の獅子の精その儘、是れがほんとの大車輪、見物は手を拍って喜んで居ます。

樋　こんなのは左様に六つかしく云わないで、見物を喜ばしたらよいのでしょう。

森　これがホンニもうかふる（もうかる）と云う訳ですな、⊥兎に角若い人達は成否を恐れず屡々新曲に乗出すべきだ。

（完）

13
富小路喜八郎の歿年に就いて

『浄瑠璃雑誌』第三百八十四号　昭和十四年十一月三十日発行

野沢勝平氏が苦心の編纂にかゝる「野沢の面影」では、野沢喜八郎の初代から四代までの歿年月日が悉く不明ということになっている。ところが、数年以前私がとある古本商より購入した本の中に「女鉢の木」という一冊の段本がある。「女鉢の木」とはいうまでもなく、「北条時頼記」の五段目で謡曲の翻案、その書卸しは、享保十一年四月八日初日、豊竹座の上場で、豊竹上野少掾（後の越前少掾、豊竹元祖なり）に、三味線が同座の立三味線竹沢藤四郎出演のところ、病気休演とあって、代役脇三味線二代目野沢喜八郎、人形藤井小三郎などの出遣いで大当りであったと伝わっている。私の求めた「女鉢の木」の本は、この喜八郎の一周忌法要の配り物で、「女鉢の木」本文には問題はないが、その序に左の如くある。

先師喜八今とし一めくりの忌にあたりけるか誰かれの高弟大かたに先たちて今は名たゝる門人もすくなくなりもて行けれは我未熟をわすれおこかましくも追福のいとなみをなしてん事をおもひおこしぬ。さはわつかに残ける門葉あるはしたしかりし人々をかたらひかゝる法莚をひらき侍りぬもとよりわさ拙けれは何くれ手向になしてん事も侍らす爰に師世に在す時かの鉢の木てふ一曲今ひとたび調べ残したきよしを願ひ申されし事まゝ侍りけれはや、其詞にもとつきよしその曲はさまれせめて文章のみなりとも手向侍らはとからやうのとじものとなして霊前にさゝけかつ知れる人々におくりていさゝかの作善のは

しとなす事しかり
丙子神無月　　　　　　　　　　　　　　　　　　　　野沢吉五郎

辞　世

凩やけうより清き空の声　　亡師　野　沢　喜　八

追　福

まぼろしに在師の影や冬の月　　野　沢　喜　七
水草も泪も氷る此夜かな　　野　沢　金　造
塚の草（虫喰欠字）枯て一めくり　　野　沢　庄左衛門
つく〳〵とありし夜恋し霜の声　　野　沢　庄　七

亡師が一周忌の法莚をもうけて

冬枯やされぱかひなき手向草　　野　沢　吉五郎

この中で注目すべきは、冒頭の「先師喜八今とし一めぐりの忌にあたり」と、終りの「丙子神無月」との二箇所で、二代目野沢喜八郎を中心にして考えた丙子歳は、宝暦六年で、その前後の丙子は六十一年の隔りがあるから問題ではない。すると、宝暦六年に一周忌を営んだのであるから、喜八郎は宝暦五年十月に歿したと断定してい丶ことになるのであるが、そう簡単には片付かない、即ち、二代目喜八郎は、明和二年まで出勤していて、同年四月には竹本大和掾と丶もに日光参詣の途上江戸土佐椽座で、お好みにより興行して居り、現今ではこれが両人の最終の舞台になっているのである。

こゝで一寸二代目喜八郎の経歴を調べて見ると「浄瑠璃大系図」には、

西京富之小路　　盲人也享保年中より大阪に仮住居致して東の座の脇三弦を勤め元文三年竹沢藤四郎退座後の立三味線となつて出勤致す寛保二年壬寅三月四日より百合稚高麗軍記切に宮島八景けい事喜八郎天晴妙手を顕す其後延享二年乙丑十一月三日より北条時頼記三度目此時豊竹越前少掾一世一代鉢之木の段相勤る此場を弾也夫より寛延二年鶴沢友次郎故人となられ同三年庚午七月十六日より西の座にて国性爺合戦四度目此時より出勤致して九仙山の段勤る夫より続て出勤致し宝暦二年十一月十六日より伊達錦五十四郡是を勤退座致す其後引込居られし跡不詳追て聞調て出す

とある。又、「野沢の面影」には

享保ノ頃京都富小路ニ住ム名高キ一法師アリ、此人中途ヨリ眼開キ法師仲間ニ在ルヲ得ズ（法師検校ハ盲目者ニ限ル掟ナリキ）其頃流行ノ義太夫節ヲ以テ名ヲ成サント間ノ町野沢喜八郎門人トナル（始ノ名不詳）修行ノ後（享保八九年頃ナラム）大阪道頓堀豊竹座へ出勤師ノ名跡ヲ譲受ケ野沢喜八郎ト名乗ル（大夫竹本上野少掾、立三絃竹沢藤四郎時代ナル）此人元来法師ナレバ道行景事等ノ作曲ノ妙ヲ得幾多ノ妙手ヲ創作セル中ニモ享保十一年四月八日豊竹座上場ノ北条時頼記、女鉢木ノ段等ハ有名ニテ当時其評判市中ニ鳴響キシトゾ、尚一ツノ功績ハ延享元年九月十日柿本紀僧正旭車豊竹座上場ノ時ヨリ番付面ニ始メテ三絃連名ヲ載セシムル等野沢家ニテハ元祖ニモマシテ尊ムベキ人ナリ、門下ニ初代野沢万五郎（後ニ富沢藤四郎ト改姓）初代野沢文五郎、初代野沢庄次郎喜吉ヨリ初代吉五郎改メ三代野沢喜八郎、二代吉五郎改メ初代野沢吉兵衛等達人続出ス外ニ野沢庄五郎、万助、清五郎、彦七、金五郎、清七、新

蔵以下数多有レドモ省略ス
付記　石碑ハ初代野沢喜八郎（間ノ町）ノ直ク左方ニ並ベリ正面ハ釈喜常トアリ、右方ハ横ニ文化十三
年子仲参建之トアリ左方横ニ野沢喜八郎トアリ尚此仏石ノ下ニ台石ノ如キ仏石ヲ積重ネ正面右ヨリ三代
目綾小路野沢喜八郎、其次ニ四代目橋下野沢喜八郎トアリ、尚余白有リテ次々ニ刻ミ込ムベク用意セリ
　左横ニ安政三年辰春再建発起人古前林氏、遠藤春、三代目鶴沢伝吉、二代目野沢喜鳳トアリ、但シ逝
去ノ年月行年等初代ヨリ四代マデ遺憾ナガラ不明ナリ

左ニ芝居出勤ノ明カナルヲ略記ス
享保十一年四月八日道頓堀豊竹座、大夫豊竹上野少椽立三絃沢四郎（脇野沢喜八郎）北条時頼記女鉢ノ
木ノ段シテ上野少椽ワキ和泉大夫三絃喜八郎（藤四郎病気出勤ナシ）
　同十二年二月十五日同座、清和源氏十五段五段目山伏摂待シテ上野少椽ワキ和泉大夫ツレ品大夫三絃
喜八郎
　（中略、引続出勤）
　寛延元年七月十五日同座、東鑑御狩巻（喜八郎此興行ニテ退座帰郷ス）
　寛延三年七月十六日竹本座、国性爺合戦九仙山ノ段シテ竹本大隅椽ワキ竹本千賀大夫三絃野沢喜八郎
相勤ム
　宝暦元年二月一日竹本座、恋女房染分手綱重の井子別段大隅椽三絃喜八郎勤ム
（中略、引続出勤）

同二年十一月十六日同座、伊達錦五十四郡一ノ奥千賀大夫三ノ奥大和椽、四ノ奥大和椽、陸奥大夫、千賀大夫カケ合以上三場相勤ム是ニテ喜八郎退座ス

同七年二月一日竹本座、姫小松子日遊二ノ奥四ノ奥二場大和椽喜八郎相勤ム是ニテ大和椽ト共ニ再退座帰京ス

同十一年正月廿日竹本座、安倍晴明倭言葉、此時再度入座ス役場不詳ナレド大和椽役場ヲ弾キシナラム

同十一年五月十五日同座、由良湊千軒長者大和椽役場ヲ弾ク

（中略、引続出勤）

同十三年八月三日同座、前、諸葛孔明鼎軍談（三段目迄）後、御前懸浄瑠璃相撲此時大和椽一世一代也三絃喜八郎相勤ム是ニテ両人倶ニ引退ス喜八郎モ一世一代ト思ハル

明和二年四月、大和椽喜八郎同道ニテ日光参詣ノ途江戸滞在ノ折柄土佐椽座ノ懇望ニヨリ出演、清和源氏十五段山伏摂待ノ段、軍法富士見西行香炉ノ段、平仮名盛衰記無間鐘ノ段等相勤ム両人共是レ最終ノ舞台ナリ、以上四十余年間ノ花々敷舞台生活ニテ目出度キ極ミナリ。

とある。この両文献の相異点は、前者は宝暦二年十一月退座以後経献不詳とし、後者は同年同月一度退座して同七年二月再出座となっている点で、私の問題にする「女鉢の木」の本から推定した喜八郎の歿年（宝暦五年）は丁度この真中にあたるから、此処に何等かの事故があればあるものと想像は出来るのである。勿論、この間に五年間の一時的退座がある事は、総ての点で可能性のあることであるが、今一つ注目すべき事実は、「野沢の面影」の彼の経歴中の付記の条にある如く、富小路喜八郎の石碑側面の年号、文化十

三年子仲参建之、の文字と、安政三年辰春再建、の文字で、文化十三年という年は、「女鉢の木」の本の出来た宝暦六丙子の次の丙子歳に当るのであり、安政三年は宝暦六年から百年目、即ち富小路喜八郎の百一回忌が行われる可き年である。尤も文化十三年と宝暦六年との丙子関係は偶然としても、安政三年は何か訳がありそうに思われる。富小路喜八郎のほんとうの百回忌は安政二年であるが、野沢家の誰かの年回とを合同して（綾小路が橋下の何年忌を一緒にして）安政三年に建碑したものかと想像をたくましゅう出来るのである。

　そこで、仮りに富小路喜八郎の歿年を宝暦五年とすると一番に矛盾して来ることは、綾小路（三代目）喜八郎の襲名年月である。「野沢の面影」には明和五年となって居り、この根拠は、明和五年九月の京都亀谷の芝居の番付のみらしいが、別に吉五郎改め喜八郎の肩書もないらしく、宝暦七年に既に次の喜八郎が出来ていなければ年数が合わなくなり、明和二年四月の江戸土佐少掾座の大和椽のお名残り芝居の時の三味線も、三代目喜八郎となって来るのである。要は、綾小路喜八郎の経歴が今少し詳しく調べ得ればよいのである。それに吉五郎の名跡も、「浄瑠璃大系図」にはその初代が後の初代吉兵衛で、二代目が後の綾小路喜八郎となってなって居り、「野沢の面影」と反対になっている。そして、この「女鉢の木」の本も私は嘗て勝平氏に見せた時、氏は之によって「野沢の面影」の一部を訂正したようなことを口にして居られたが、私も詳しく聴く機会もなくそのまゝになっているから、丁度今度私が本誌で喜八郎問題を蒸せ返したのを機に、勝平氏は之に対する御高説を発表されたいと、斯界の為めに切望するのである。

　そして、此稿の結論としては、私は、「野沢の面影」の富小路喜八郎宝暦七年以後出勤説を全然否定はしないが、その説に対して、富小路喜八郎の歿年に関し、宝暦五年説という一説を樹立したいというのである。

それから、これは富小路には関係のない事乍ら、いつも不思議に思っている事であるから序に疑問して置くが、それは、五代喜八郎（五代鶴沢友治郎）の最初の師匠が三代目喜八郎ということである。これは、年数から繰って行って相当無理な事で、私は四代喜八郎の誤りでないかと思うのである。以前に何かで四代喜八郎の門弟とあるのを見たような気もするのであるが、之も、考証家の古靱大夫氏や勝平氏の御高説を発表して頂き度いと思っている。

［備考］「浄瑠璃大系図」（『増補浄瑠璃大系図』音曲叢書版）との異同（本文↓「浄瑠璃大系図」）

135・3西京富之小路　盲人也享保
↓西京富之小路住人盲人也野沢家濫觴之事実は奥え出せば中略す享保

135・3大阪↓大坂　4退座後の↓退座の後　5鉢之木↓鉢の木　6友次郎故人↓友次郎事故人

「野沢の面影」（加藤善一『野沢の面影』）との異同（本文↓「野沢の面影」）

㈠大夫↓太夫

135・11トナル↓トナリ　13上野少掾↓上野少椽

135・13時代ナル↓時代ナリ　14創作セル↓創作セリ　15響キシトゾ、↓読点削除

135・17↓初代野沢庄次郎、読点追加　136・2直ク左↓直グ左　2トアリ、↓読点削除　2右方ハ↓右方

136・4綾小路野沢喜八郎、↓読点削除　4トアリ、↓読点削除　4↓用意セリ、読点追加　5古前林↓古門前林

136・6四代マデ↓四代迄　6不明ナリ↓不明ナリ識者ノ御教示ヲ希フ　8享保↓一字下げ享保

136・8三絃沢四郎↓三絃竹沢藤四郎　9病気↓病気ニテ　10同座、↓読点削除空白　13寛延元年↓同年

136・13帰郷ス↓帰京ス　14国性爺↓国姓爺　16大隅椽↓大隅橡　137・1同二年↓一字下げ同二年

137・3相勤ム是ニテ↓相勤ム　是ニテ　5倭言葉、↓読点削除空白　7五月十五日↓五月十六日

137・7同座、↓読点削除　9（三段目↓（二段目　9一世一代也↓一世一代ナリ

137・10引退ス↓引退ス因ニ　11四月、↓読点削除空白　11参詣ノ途↓参詣ノ途上　11出演、↓読点削除空白

137・13舞台ナリ、↓読点削除

133・4数年以前私がとある古本商より購入した本の中に「女鉢の木」という一冊の段本がある…北条時頼記の／鉢の木の追善本を／お求めに相成ました由／夫れは玉樹からと違い／まするか（「鴻池幸武宛て豊竹古靱太夫書簡二十三通」（注（8）参照）昭和十年十一月二日付け）。

なお、同書簡には、『しのぶ俤』『野沢の面影』『野沢のながれ』を「御申付に寄りまして／手元に／御ざりました物を／一二冊／御送り／いたします」とある。また、同年同月七日付け書簡には、「二世喜八郎及三二／名跡の事」と貼り紙があり、古靱が詳細に述べている。

138・18富小路喜八郎の歿年に関し、宝暦五年説という一説を樹立したい…二代目喜八郎を宝暦五年没とすれば、説明のつかない事例が多すぎる。（倉田喜弘「浄瑠璃史上の野沢喜八郎」『文学』五二巻一号）

なお、同論考は「そこ（引用注…鴻池幸武「富小路喜八郎の歿年に就いて」）に述べられた説が石割、祐田両氏を説得したのであろう。」と述べているが、鴻池がこの説を発表する三年以前に、石割（松太郎）は鬼籍に入っている。石割の説は稀覯と思われる『女鉢の木』を典拠としているから、『女鉢の木』を所持していた鴻池からの情報による可能性が高い。

14

十二月興行役割の不満

『浄瑠璃雑誌』第三百八十四号　昭和十四年十一月三十日発行

十二月の四ツ橋の若手興行の人形割に大不満があります。⊥即ち、栄三文五郎をこき使っていることです。奥役の新玉・林の両君は、今の斯界に於ける栄三と文五郎の地位、大切さを御存じないのですか。いったい両君は文楽の奥役になられてから、何年、否何ケ月なるのですか。そして、栄三文五郎の年齢を御存じないのですか。又、栄三の師直や伊左衛門や由良之助、文五郎の戸無瀬等を御覧になったことがあるのですか。どんなお目々で御覧になったのでしょうか。また例の悪口が始まったと仰言るかも知れませんが、斯道のため文楽の為めです。致し方ありますん。今日は断然栄三文五郎両人の保護者になって、喧嘩をしましょう。さあ用意して下さい。新玉・林両君！

まず、栄三の師直から片付けましょう。栄三の師直は昭和十二年六月東京明治座の時が初役で全く素晴らしい師直でした。が、その時の床は古靱大夫でこれ又天下無類の「殿中」でした。この時の一般評を私は知りませんが、兎に角よかったのでしょう。さあそうすると栄三の年齢も、師直の人形の種類も重量もお構いねえだ。になって、大夫が誰であろうが興行が本格であろうが何でもかでも師直と栄三とを結びつけようとする。そこで考えて見ると、要は奥役連に古靱の「殿中」と栄三の師直の何処が、なぜ、どうよいかという事がおわかりになっていらっしゃらない所へ落ちて来るのです。だから、結果として、この寒空の折柄、殊に神経痛持の六十八のお爺さんに、大紋の大粒の舅の大人形以下二役持たせて踊らすという。

医学的見地からすると、無茶苦茶をするという事になって来るのです。

次に由良之助、九段目だけの由良之助になぜ何時でも栄三を引張り出さねばならないのでしょうか。アノ品位と貫目そっくりそのまゝ真似は出来ぬにしても、どん〳〵若手にやらせたらどうです。何時迄も栄三はん〳〵では困るじゃありませんか。

次に伊左衛門、これがまた両君にわかっていないらしいのです。人形は軽いでしょうが、あれは先代紋十郎から喧しくいわれて教わった栄三苦心の代物で、アノ極り〳〵の型の美しさを、ほたえず整えるのは、現在の栄三と雖も決して楽な事ではないと思うのです。その上床が一日替りで、毎日々々息と間が変るのですから、少しは栄三の身にもなってあげて頂戴よ。

次に文五郎の戸無瀬を行きましょう。役の解釈の正否は別として、この人のこの種の老け女形ものとしては、その大きさからいって推賞すべきものなのです。従って自然舞台もえらいに違いないと思うのです。それが両君にわかっていないのでしょう。今一役のお園は文五郎お得意の役だからよろしいが、若手興行の戸無瀬は紋十郎へ持って行く可きものと思います。老け女形がまだ遣えていない紋十郎へのよい勉強になって一石二鳥だと思うのです。

そうすると、十二月の栄三と文五郎の役をいったいどうすればよいのかということになって来ますが、私なれば、栄三は「九段目」の本蔵、文五郎はお園と夫々一役でよいと思うのです。すると、師直はどうなる、玉蔵でもいゝじゃないですか、また門造でもいゝし、去年通りに新鋭の玉幸でもよいでしょう。由良之助にしても同じで、玉蔵へ持って行けばよいのです。伊左衛門は玉幸でもよいし、また思い切って先代との因縁で紋十郎に遣わすのも一興です。その場合夕霧は光之助を抜擢すればよいのです。文五郎の戸無瀬は紋十郎へ持って行き、小浪は栄三郎でも紋司でもよいと思うのです。

　そう簡単に行かない。人形は三人で動かすので、各々左や足は誰でもという訳には行かない。頭数はあっても玉次郎や玉七のように舞台へ出られない人がある。文作は出征中です。そんな事をすると今度の狂言が潰れる。との反駁の声が出るかも知れません。それならそれで、人形の頭数の少いものに狂言を搗替えをすればよいじゃありませんか。」それ位の犠牲は、今の栄三と文五郎との大切さから鑑みて当然払ってもいゝと断言します。

「そんな無茶いうたら――」、「それはよく解って居ますそやけど――」とはいわせません。無条件でいけません。今後絶対慎んで頂きたいのです。奥役の奥の字の意味を御存じですか。「またえぐい口をきく」と仰言るか知りませんが、私の筆より極月しかも若手興行に六十八と七十一のお爺さんをこき使う方が余程えぐいと思うのですが。

（十一・二四）

15

人形浄瑠璃に就いて

『紀元二千六百年』二巻十三号　昭和十四年十二月十一日発行

こゝでいう人形浄瑠璃《にんぎょうじょうるり》とは、浄瑠璃《じょうるり》は義太夫節《ぎだゆうぶし》、人形《にんぎょう》は必《かなら》ず王朝時代《おうちょうじだい》の夷曻《いよ》系統《けいとう》をひいた手遣《てづか》いの人形《にんぎょう》を土台《どだい》とした三人遣《にんづか》いの人形《にんぎょう》で、その目標《もくひょう》が芸能《げいのう》の修練琢磨《しゅれんたくま》にあるものに限《かぎ》ります。即《すなわ》ち、現在《げんざい》では唯《たゞ》一つ、大阪《おおさか》の文楽座《ぶんらくざ》に残《のこ》ったそれを指《さ》していうのです。

むろん、この外《ほか》に人形浄瑠璃《にんぎょうじょうるり》と称《しょう》する演技《えんぎ》は沢山《たくさん》あります。淡路《あわじ》に、阿波《あわ》に、佐渡《さど》に、それからこの頃《ごろ》よく東都《とうと》の百貨《か》店《てん》の演芸場《えんげいじょう》へ出《で》たりする八王子《おうじ》の車人形《くるまにんぎょう》等々《とう〳〵》、がそれです。が、これ等《ら》は前《まえ》に私《わたし》の述《の》べた条件《じょうけん》に外《はず》れています。つまり、芸能《げいのう》の修練琢磨《しゅれんたくま》を目標《もくひょう》としていない、いずれも一地方《ちほう》の民族芸《みんぞくげい》にとゞまるのです。この内文楽座《うちぶんらくざ》の人形浄瑠璃《にんぎょうじょうるり》と一番関係《ばんかんけい》の深《ふか》いのは、淡路《あわじ》の人形浄瑠璃《にんぎょうじょうるり》で、今の文楽《ぶんらく》の人形浄瑠璃《にんぎょうじょうるり》は、淡路《あわじ》のそれから出《で》たのだという説《せつ》を唱《とな》える人《ひと》もあります。が、私《わたし》は断《だん》じてそうでないといい切《き》ります。尤《もっと》も、他《た》の地方《ちほう》の人形浄瑠璃《にんぎょうじょうるり》と比《くら》べて、淡路《あわじ》のそれは文楽《ぶんらく》の人形浄瑠璃《にんぎょうじょうるり》との関係《かんけい》が深《ふか》いのは認《みと》めます。また、現《げん》に今《いま》の文楽座《ぶんらくざ》の元《もと》の座《ざ》主植村氏《しゅうえむらし》の主人文楽軒《しゅじんぶんらくけん》の初代《しょだい》は淡路《あわじ》の人《ひと》で、寛政年中《かんせいねんちゅう》に上阪《じょうはん》して興行《こうぎょう》をしはじめたのですから、その意味《いみ》なら淡路《あわじ》が源《みなもと》だといえるのですが、それは興行主《こうぎょうしゅ》の出所《でどころ》で、芸《げい》の系統《けいとう》ではないのです。私《わたし》は、淡路《あわじ》の人形浄瑠璃《にんぎょうじょうるり》の歴史《れきし》は知《し》りませんから、大《おお》きな事《こと》はいえないが、初代《しょだい》の竹本義太夫《たけもとぎだゆう》が、当流浄瑠璃《とうりゅうじょうるり》とて義太夫節《ぎだゆうぶし》なる浄瑠璃《じょうるり》を語《かた》り初《はじ》めた前《まえ》に、既《すで》に淡路《あわじ》に義太夫節《ぎだゆうぶし》があったとは想像《そうぞう》されません。また、初代義太夫《しょだいぎだゆう》が義太夫節《ぎだゆうぶし》を語《かた》り初《はじ》めて後《のち》どの位《くらい》の月日《つきひ》の後《のち》これが淡路《あわじ》へ伝《つた》わったかも知《し》りませんが、たとい何時伝《いつつた》わったとしても、本格的《ほんかくてき》な義太夫節《ぎだゆうぶし》がそのまゝの形式《けいしき》で淡路《あわじ》に存続《そんぞく》される訳《わけ》がありません。まして、これが大阪《おおさか》に於《お》けるが如《ごと》く芸能的《げいのうてき》に発達《はったつ》することは断《だん》じてないのであります。また私《わたし》は、淡路《あわじ》の浄瑠璃《じょうるり》を一度《ど》も聴《き》いた事《こと》はありませんが、色々《いろ〱》の咄《はなし》や以前《いぜん》聴《き》いたことのある他《た》の地方《ちほう》の浄瑠璃《じょうるり》から類推《るいすい》し、一つは今述《いまの》べた理論《りろん》からして、淡路《あわじ》の浄瑠璃《じょうるり》は、厳格《げんかく》な意味《いみ》で義太夫節《ぎだゆうぶし》ではない、と私《わたし》はいいたいのです。

くどいようですが、繰《く》り返《かえ》して私論《しろん》を述《の》べますと、我邦《わがくに》に於《お》いて芸術的《げいじゅつてき》に価値《かち》のある、従《したが》って保存《ほぞん》すべき、且保存《かつほぞん》の可能《かのう》な人形浄瑠璃《にんぎょうじょうるり》は、現在《げんざい》の大阪文楽座《おおさかぶんらくざ》の人形浄瑠璃《にんぎょうじょうるり》の系統《けいとう》たる可《べ》きもののみであるということです。民族芸《みんぞくげい》を研究《けんきゅう》の対象《たいしょう》とし、人形芝居《にんぎょうしばい》の原始型《げんしけい》を調査《ちょうさ》される方《かた》は別《べつ》として、本格的《ほんかくてき》な人形浄瑠璃《にんぎょうじょうるり》の研究保存《けんきゅうほぞん》を志《こゝろざ》される方《かた》は、文楽系統《ぶんらくけいとう》の人形浄瑠璃《にんぎょうじょうるり》の研究保存《けんきゅうほぞん》のみが必要《ひつよう》にして且充分《かつじゅうぶん》なことと私《わたし》は断言《だんげん》します。

○

以上《いじょう》でだいたい本格的《ほんかくてき》な人形浄瑠璃《にんぎょうじょうるり》の素性《すじょう》を明《あき》らかにした積《つも》りで、これからは文楽系統《ぶんらくけいとう》の人形浄瑠璃《にんぎょうじょうるり》の内容《ないよう》を述《の》べようと思《おも》います。

が、まず人形浄瑠璃《にんぎょうじょうるり》という語《ご》がいつの時代《じだい》から称《とな》えられて来《き》たかということであるが、古来《こらい》は、操芝居《あやつりしばい》、操浄瑠璃《あやつりじょうるり》で、人形浄瑠璃《にんぎょうじょうるり》というようになったのはさして古《ふる》くないらしい。文献的《ぶんけんてき》な証拠《しょうこ》としては大《たい》したものはないが、まず明治《めいじ》五年《ねん》一月《がつ》、即《すなわ》ち、従来大阪《じゅうらいおおさか》の難波《なにわ》神社《じんじゃ》、通称博労町稲荷《つうしょうばくろうちょういなり》といわれている神社《じんじゃ》の境内《けいだい》にあったのが、松島千代崎橋《まつしまちよざきばし》に移転《いてん》した時《とき》からと断言《だんげん》していゝでしょう。

いったい明治《めいじ》五年《ねん》という年《とし》は、いろ〱な意味《いみ》で、旧物《きゅうぶつ》を破壊《はかい》し、新《あら》たな事《こと》が初《はじ》めて行《おこな》われた年《とし》であります。で大阪府《おおさかふ》では市内《しない》の遊廓《ゆうかく》を移転《いてん》の目的《もくてき》で、現在《げんざい》の松島遊廓《まつしまゆうかく》を指定《してい》して、その土地《とち》の繁栄《はんえい》を計《はか》るためにその外廓《がいかく》に芝居《しばい》、操《あやつり》の移転《いてん》を慫慂《しょうよう》したのです。この新築《しんちく》の柿葺落《こけらおと》し興行《こうぎょう》が明治《めいじ》五年《ねん》一月《がつ》で、この時《とき》に「文楽座《ぶんらくざ》」と名乗《なの》ったのです。それまでは文楽軒《ぶんらくけん》の芝居《しばい》といっていたのです。そして、その文楽座《ぶんらくざ》の表看板《おもてかんばん》――櫓下看板《やぐらしたかんばん》に「官許人形浄瑠璃《かんきよにんぎようじようるり》」と書《か》かれたのです。同時《どうじ》に、番付《ばんづけ》の右上《みぎうえ》、紋《もん》の上《うえ》にも人形《にんぎよう》浄瑠璃《じようるり》と大《おお》きく書《か》かれ、それはこの時《とき》に始《はじま》って数年間続《すうねんかんつゞ》いています。ところで、人形浄瑠璃《にんぎようじようるり》という語《ご》を、誰《たれ》が創造《そうぞう》したか、また、これだけの事実《じじつ》で明治《めいじ》五年《ねん》一月《がつ》から出来《でき》たと断言《だんげん》するには証拠《しようこ》として聊《いさゝ》か不充分《ふじゆうぶん》ですが、この柿葺落《こけらおと》し興行《こうぎよう》の時《とき》に紋下《もんした》（一座《さ》の総帥《そうすい》、芸《げい》の代表者《だいひようしや》）になった五代目《だいめ》竹本春太夫《たけもとはるだゆう》、この人《ひと》は近古《きんこ》の名人《めいじん》で、後《のち》に有名《ゆうめい》な竹本摂津大掾《たけもとせつつだいじよう》の師匠《ししよう》ですが、この春太夫《はるだゆう》が、

「人形浄るり《にんぎようじよう》」などゝ、「浄るり《じよう》」の上《うえ》に「人形《にんぎよう》」をおく事《こと》はどうもいかん。まこと「人形《にんぎよう》」のためやったら、「浄るり人形入《じようにんぎよういれ》」といえ、浄《じよう》るりの上《うえ》へ「人形《にんぎよう》」をおく事《こと》は間違《まちが》っている。

と、憤慨《ふんがい》した話《はなし》が伝《つた》わっています。これは、浄瑠璃《じようるり》の上《うえ》に一語《ご》が冠《かぶ》されると、その浄瑠璃《じようるり》の種類《しゆるい》を現《あらわ》すことになっているのが例《れい》で、即《すな》わち、「文弥浄るり《もんやじよう》」とか「古浄るり《こじよう》」とか「当流浄るり《とうりゆうじよう》」とかの類《るい》で、「人形浄るり《にんぎようじよう》」とは「素浄るり《すじよう》」に対《たい》しての語《ご》になるのですが、人形《にんぎよう》と上《うえ》へ冠《かぶ》されると、人形《にんぎよう》が本体《ほんたい》になる、そうなると床《ゆか》の太夫《たゆう》は歌舞伎《かぶき》のチョボ同然《どうぜん》と見《み》なければならぬようになって来《く》るのです。そこの意味《いみ》に春太夫《だゆう》の不服《ふふく》があったのでしょうが、それはとも角《かく》、「人形浄るり《にんぎようじよう》」という語《ご》が古来《こらい》からの語《ご》なれば、何《なに》もこの時改《ときあらた》めて春太夫《はるだゆう》が憤慨《ふんがい》する訳《わけ》はないと思《おも》うのです。殊《こと》に伝統《でんとう》を重《おも》んじる斯界《しかい》ですから、そこで、恐《おそ》らく、この年《とし》に「人形浄瑠璃《にんぎようじようるり》」という語《ご》が出来《でき》たものと断定《だんてい》していゝと思《おも》うのです。

○

さて人形浄瑠璃《にんぎょうじょうるり》は、申《もう》す迄《まで》もなく、太夫《たゆう》、三味線《みせん》、人形《にんぎょう》の三要素《ようそ》から成立《せいりつ》していて、太夫《たゆう》は、初代竹本《しょだいたけもと》義太夫《ぎだゆう》を、三味線《みせん》は初代竹沢権右衛門《しょだいたけざわごんえもん》を、人形《にんぎょう》は初代吉田文三郎《しょだいよしだぶんろう》を夫々元祖《それぞれがんそ》として居《お》り、之《これ》が提携《ていけい》したのは、貞享元年二月《じょうきょうがんねんがつ》、竹本座《たけもとざ》の旗揚《はたあ》げの時《とき》です。この中《うち》、人形《にんぎょう》は吉田文三郎《よしだぶんろう》の時代《じだい》に、殆《ほと》んど彼独《かれひと》りが人形《にんぎょう》の構造《こうぞう》を完成《かんせい》し、且芸《かつげい》の基礎《きそ》を固《かた》めたのですが、太夫《たゆう》は、初代竹本義太夫《しょだいたけもとぎだゆう》の門下《もんか》に、初代豊竹若太夫《しょだいとよたけわかだゆう》（後《のち》に豊竹越前少掾《とよたけえちぜんしょうじょう》）が一派《ぱ》を立《た》て、師匠《ししょう》の曲風《きょくふう》に対《たい》して豊竹風《とよたけふう》を樹立《じゅりつ》しました。そして、また義太夫《ぎだゆう》の末弟《ばってい》に初代竹本政太夫《しょだいたけもとまさだゆう》が立《たっ》て、師匠初代義太夫《ししょうしょだいぎだゆう》の曲風《きょくふう》を伝承《でんしょう》し、之《これ》に豊竹風《とよたけふう》を加味《かみ》して、竹本風《たけもとふう》を固定《こてい》しました。豊竹風《とよたけふう》を世《よ》に東風《とうふう》、竹本風《たけもとふう》を西風《せいふう》と称《とな》え、之《これ》で義太夫節《ぎだゆうぶし》の基礎《きそ》が固《かた》められたのです。そして、それ以来《いらい》、あらゆる義太夫節《ぎだゆうぶし》の曲風《きょくふう》はこの両曲風《りょうきょくふう》によって支配《しはい》せられているのです。勿論《もちろん》、前記《ぜんき》の三人《にん》の太《た》夫《ゆう》の後《のち》に、名人《めいじん》は多数輩出《たすうはいしゅつ》し、夫々自己《それぞれじこ》の語《かた》り口《ぐち》を後世《こうせい》に伝《つた》えましたが、それ等《ら》は皆《みな》この両曲風《りょうきょくふう》を基準《きじゅん》としているのであります。次《つぎ》に三味線《みせん》ですが、三業《きょう》の内《うち》、この三味線《みせん》の研究《けんきゅう》が一番軽視《ばんけいし》されています。三味線《みせん》が人形浄瑠璃《にんぎょうじょうるり》の一要素《ようそ》としての役割《やくわり》は案外重大《あんがいじゅうだい》であると私《わたし》は思《おも》います。元祖《がんそ》の竹沢権右衛門《たけざわごんえもん》の時代《じだい》から今《いま》のような三味線《みせん》であったとは、勿論想像《もちろんそうぞう》されません。確実《かくじつ》な典拠《てんきょ》はありませんが　番付面《ばんづけめん》の三味線弾《みせんひき》の待遇《たいぐう》などから見《み》て、現今《げんこん》の浪花節《なにわぶし》の三味線《みせん》と迄《まで》は下《さが》らないにしても、まずあれに毛《け》の生《は》えたようなものかと想像《そうぞう》されるのです。権右衛門《ごんえもん》の次《つぎ》に出《で》た三味線弾《みせんひき》を、鶴沢友治郎《つるざわともじろう》（初代《しょだい》）といいました。この友治郎《ともじろう》という名跡《めいせき》は、この時以来鶴沢家《ときいらいつるざわけ》の元祖名《がんそめい》になっていて、現在文楽座《げんざいぶんらくざ》にもその六代目《だいめ》を継承《けいしょう》している人《ひと》がいます。この初代《しょだい》の友治郎《ともじろう》の時代《じだい》は、元祖権右衛門《がんそごんえもん》の時代《じだい》とそう大差《たいさ》はありませんから、三味線《みせん》も大《たい》した相違《そうい》はないと思《おも》います。が、二代目《だいめ》の友治郎《ともじろう》、初《はじ》め初代鶴沢文蔵《しょだいつるざわぶんぞう》といい、通称《つうしょう》を児島屋《こじまや》といった人《ひと》は、舞台生活《ぶたいせいかつ》も随分久《ずいぶんひさ》しかったのですが、この人《ひと》は有名《ゆうめい》な「妹脊山婦女庭訓《いもせやまおんなていきん》」の作曲者《さくきょくしゃ》として知《し》られています。

そしてあの「妹脊山《いもせやま》」の三味線《みせん》の譜《ふ》を聴《き》くと、この時代《じだい》の三味線《みせん》は、総《すべ》ての点《てん》でもう相当《そうとう》の発達《はったつ》をしていたものと思《おも》われるのです。「妹脊山《いもせやま》」の出来《でき》たのが明和《めいわ》八年《ねん》です。そして次《つぎ》の即《すなわ》ち三代目《だいめ》の友治郎《ともじろう》即《すなわ》ち文《ぶん》化期《かき》の人《ひと》ですが、これが傑物《けつぶつ》だったのです。病身《びょうしん》であったと伝《つた》えられていますが、現在総《げんざいすべ》ての三味線弾《みせんひき》が頼《たよ》りにしている三味線《みせん》の朱章《しゅしょう》は、この人《ひと》の発明《はつめい》にかゝるのです。私《わたし》は、三味線《みせん》の芸《げい》の基礎《きそ》を固《かた》めたのは、実《じつ》にこの三代目友治郎《だいめともじろう》だと断言《だんげん》します。そして、更《さら》に之《これ》を完璧《かんぺき》なものにし、集大成《しゅうたいせい》せんとし、それを完成《かんせい》はしなかったが、明治期《めいじき》の二代目豊沢団平《だいめとよざわだんぺい》が彼《かれ》に次《つ》ぐ絃界《げんかい》の傑物《けつぶつ》です。だから、この二人《り》を研究《けんきゅう》せずして、義太夫節《ぎだゆうぶし》の三味線《みせん》を論《ろん》ずべからず、といいたいのです。幸《さいわ》いにして、二代目豊沢団平《だいめとよざわだんぺい》は明治《めいじ》三十年《ねん》まで生存《せいぞん》して居《お》り、直接彼《ちょくせつかれ》の教訓《きょうくん》を受《う》けた人《ひと》が現存《げんぞん》していますから、まずこの団平《だんぺい》の研究《けんきゅう》に取《と》り掛《か》らねばならぬと思うのです。

○

これでまず、極《きわ》めて不完全《ふかんぜん》ですが、人形浄瑠璃《にんぎょうじょうるり》の芸《げい》の土台《どだい》を述《の》べた積《つも》りですが、全《まった》く、この人形浄瑠璃《にんぎょうじょうるり》の芸《げい》は、動《うご》かすべからざる基礎《きそ》が二百年来固定《ねんらいこてい》しているのです。つまり、生命線《せいめいせん》があるのです。そして、その生命線《せいめいせん》が時世《じせい》に伴《ともな》い、輩出《はいしゅつ》した名人《めいじん》によって、益々《ますます》完璧《かんぺき》に、複雑《ふくざつ》に、躍動発展《やくどうはってん》して来《き》たのです。そこで、現在《げんざい》の文楽座《ぶんらくざ》の演技《えんぎ》はどうか、ということになるのですが、実《じつ》にお恥《はずか》しい有様《ありさま》なのです。が、まだ老練者《ろうれんしゃ》の数名《すうめい》は確《たし》かな芸《げい》を聴《き》かせ、且見《かつみ》せてくれていますが、これ等《ら》の歿後《ぼつご》はもういけません。一昨年《さくねん》の秋《あき》から、昨年《さくねん》の春《はる》まで、文楽座《ぶんらくざ》がニュース劇場《げきじょう》となっていた事《こと》をどうとか世間《せけん》では評《ひょう》していますが、それは時《とき》の社会情勢《しゃかいじょうせい》に応《おう》じてする興行主《こうぎょうしゅ》の営利策《えいりさく》ですから、直接芸《ちょくせつげい》に関係《かんけい》はない、何《なに》も文楽座《ぶんらくざ》にてゞなければほんとうのものが上演出来《じょうえんでき》ぬという訳《わけ》はないのです。ですから、こんな事《こと》は、人形浄瑠璃《にんぎょうじょうるり》が滅《ほろ》びる滅《ほろ》びないには直接関係《ちょくせつかんけい》ないのですが、要《よう》は、芸人《げいにん》の修業《しゅぎょう》が問題《もんだい》です。人形浄瑠璃《にんぎょうじょうるり》を生《い》かすも殺《ころ》すも、当事者《とうじしゃ》の修《しゅ》業《ぎょう》一つです。従《したが》って我々《われ〳〵》斯芸《しげい》の愛好者《あいこうしゃ》は、当事者《とうじしゃ》が本格的《ほんかくてき》な芸《げい》を目標《もくひょう》に精進《しょうじん》する場合《ばあい》、何処《どこ》までも之《これ》を後援庇護《こうえんひご》すべきで、然《しか》らざる場合《ばあい》は、断乎《だんこ》として之《これ》を叩《たた》き壊《こわ》す可《べ》きであります。が、最後《さいご》に、僅《わず》か生残《いきのこ》った数名《すうめい》の老練家《ろうれんか》の演技《えんぎ》を、トーキーに録《ろく》して置《お》く事《こと》、これだけは、人形浄瑠璃保存案《にんぎょうじょうるりほぞんあん》の急務《きゅうむ》である事《こと》を強調《きょうちょう》します。

［備考］　146・14〜147・17の記述…石割松太郎「勾欄雑考」『近世演劇雑考』一八八〜一九〇頁の記述とまったくといってよいほど同じである。

150・3僅か生残った数名の老練家の演技を、トーキーに録して置く事…せめてもまだ本格的な浄るり、人形の存する今の内に、出来るだけ早く、出来るだけ多くの舞台をトーキーにとって、博物館的の保存を計画すべし。
（石割松太郎「人形浄瑠璃論」『劇談抄』）

○昭和一五年

16

中村章景の思い出

『劇評』第十劇評集　昭和十五年一月三十日発行

章景の戦死

芸に関する事は別として、中村章景は私が最も懇意にして居た俳優であった。その章景の事をいうに、もう「故」とか、「であった」とか過去に呼ばなければならぬのに淋しい哀愁を覚える。と同時に、護国の英霊と化した彼に敬称をつけないのは如何かと思うが、私は何としても章景と呼び捨てたい。銃後の民として、満身の哀悼と敬意と感謝とをもって迎えなければならぬ遺骨の凱旋に臨んでも、それに向って私はやはり「オ、章景、よう帰って来たなあ」と呼びかけたい気持である。

私と章景との交際はほんの数年前からである。そして、彼との逢瀬も、今から考えて見ると、別懇な間柄の割合に回数も時間も案外少い。それは主として彼が六代目の許に修業していた忙しさの為である。夏休みの間など彼も大阪に帰り、私も滞阪しているから数日続けて行動をともにする機会がありそうでありながら、彼が巡業に出たり、私が旅行したりして、二日以上会い続けた事はほんの数える程しかない。それでもまた何時かゆっくり会える時が来るだろう、章景は必ず私の所へ帰ってくると信じていたから、その逢瀬の少さを別に物足りなくも、不満をも感じていなかった。だから彼の入営後もそれに対して著しい淋しさを感じなかった。それは、彼の従来の生活に引きかえて、急角度の転換が私には何となく不自然に思われ、従って軍隊生活に入ったのではなく、長い巡業にでも出掛けたような気持であった。そして、戦死に到ってはいろ〳〵な意味からいって、何としても真実として信ぜられない。何時か必ず章景は眼前に現れるように思えて仕方がない。がその現れる章景の容姿は、従来私が知っている修業時代の章景の容姿ではないような気がする。もっと存在の大きな章景となって幻の如く現れるような気がする。すると、やはり既に私は心の中の何処かで章景の死を認めているのではなかろうか。

嘗て私がある人の葬式の世話をした時、その人の親友からの弔電に、「ユメノヨウデ　ナミダ　モデ　マセン」というのがあった。これが丁度私の今の心持である。

修業時代の章景

東京で修業時代の章景は、彼が一生の中一番苦しい時代であったと思う。兎に角大阪にいた頃は、父雀右衛門の歿後も、やはり「京家のぼん」であった。そして舞台で父と共に活躍した諸優もいたし、また京家譜代の弟子や床山や狂言方や男衆もいた。が上京に際してはそれらを悉くふり放ち、自ら辛苦に堪えんと、また其処に大器万成の源があらんかと思い、奮然独りで上京して来たのである。が、そうして入った六代目一座は、章景を迎える座として最適でなかったように思う。それのみか、今から考えると東都劇団で修業しようとしたのが必ずしも章景の進む可き最良の道でなかったように私は考える。六代目一座へ入ってからは、踊の稽古こそ激しかったらしいが、それも次第に等閑になったらしく、その上環境が、章景が将来進む可き舞台姿に伴うべき環境とはふさわしからぬものであったらしい。上京後「京家のぼん」と呼ぶ人は仁左衛門（現）一人あるのみと聞いていた。それも悪くはないが、たしか故彦三郎であったと聞いているが、章景に「ウーさん」とかいう無礼千万な綽名をつけて一座の者は彼を称呼していた。その外いろ〳〵な事を私は聞及んでいるが、こゝに書くことは差控える。兎に角、苦しいこと、無念なことが相当あったらしく、晩年の舞台姿にはのんびりした所が皆無であった。この間も、京家旅館でアルバムの中に、上京以前ののんびりとした、上方好みの舞台姿を見た時、私は歎息して「やっぱり東京へ行かなんだらよかったなあ」と独言をいった。

章景の役

そんな訳であったから、在京中役らし役を殆んど取っていない。その中で、思い出の大役且章景生涯中の大役が二つある。それが二つとも他人の代役であるが、一つは「鏡獅子」の胡蝶で、菊之助が稽古から休んで章景の本役になったもので、時恰も「団菊祭」とて大いに花を咲かせた。今一つは、一昨十三年の正月、若手歌舞伎で家橘休演のため「すしや」のお里を四五日代役で勤めた。その二つであった。このお里の代役には私も多少引掛りがある。それは、丁度その前年の暮に一日章景が帰阪したことがあって、すぐその日の夜行で上京をするとき、「お正月は『すしや』やろ、あんたに役はあらへんけど、どうせ皆ろくなことはやっとらへんやろさかい、これでも持って行て聞いとき」と、古靭太夫吹込の「すしや」のレコードを持たせて立たせた。そして章景は、初日来何げなく毎日そのレコードをかけて聴いていたそうである。すると十日目位から家橘が病気で倒れて、その代役が羽左衛門の名指しで章景に廻って来た。その時の彼の気持はどんなであったゞろう。役は立女形の役で、しかも亡父の当り役、毎日のレコードで台詞は改めて憶える必要がない。いい廻しは呑み込んでいる。その上都合のよい事には、文楽の道八が猿之助の「千本桜道行」の三味線を弾くため暮から滞在していた。常々から我子の如く可愛がられていたから早速に馳付けていろ〳〵と教わり、翌日の代役の初日に見物に来て貰い、その夜は注意を受けに再び道八を訪ねたが、その時道八の旅宿築地の有明館から大阪の私の家まで長距離電話をかけて来た。「今お師匠はんに叱られてまんねん」と嬉しそうな章景の声と、「思うたよりはようやっとました」と、これも嬉しそうな道八師の声は今だに耳底に残っている。このお里を私は見ていない。大阪に用事があって上京が一寸遅れたのでその間に家橘が出て来たのであるが、一般に好評であったと聞いている。六代目は弥助を迎える所を賞めたということであるが、後で章景に尋ねて見たら、「あこは古靭さんのレコードに『もしや何処ぞへ寄ってかと、気が廻った案じた』で『アーンジタ』と語ってはるのを聴いて、『ハ、ン、此処やな』と思うて真似しましてん。」といっていた。

章景の趣味

役者の趣味には夫々面白いものがある。章景は煙草も酒も飲まぬ。彼の趣味は汽車であった。これは可成有名な事らしかったが、子供の時から汽車が好きであったとの事で、高価な汽車の玩具を買って貰って座敷一杯に拡げて遊んでいたそうである。それが長ずるに及んで本物になったらしく、章景の汽車の知識というものは相当なものであった。かくいう私もその方面に関心を持たないものでもないから、汽車の知識は大分章景から貰ったものがある。何しろ東京なれば鍛冶橋へ操車の有様をわざ〳〵見に行く。大阪なれば大阪駅のホームに何時間でも立って通過する汽車を調べてはノートしていた。だから、何か事故でもあったら朝の五時でも六時でも飛んで行く。いつかも特急の富士に事故があって展望車が破損した時大騒ぎをして富士の通過時刻に駅へ行って列車を見て「今日富士には燕の展望車が連絡してありました」と私の処へ電話かけて来たことがあった。そんな訳で出征後も私は手紙の中に必ず汽車の事を書いて送った。去年の秋に、近々ダイヤの大改正があるから時間表が出たら直ぐ送りますと前触れして、十一月十五日に改正の時間表が出ると真先に戦地へ送ったが、戦死が十二月の廿二日であるから、果して手に入ったかどうか、たとえ手に届いたにしてもゆっくり楽しんで見る時間はなかったろうと想っている。

章景と女

章景には好きな女の人がなかったということになっている。私はそれを事実として肯定するが、感じとしては物足りなく今でも思っている。否、まだそれを心の中の何処かで疑っているようにも我乍ら思う。だが、章景は異性に対して弱虫であった事は事実である。数年前の夏、神戸の松竹劇場へ一緒に行った時、神戸駅から散歩がてらぶら〳〵歩いたが、近道をしようとした為、ふと福原の遊廓へ迷い込んでしまった。

そして一筋通らなければ出られぬようになったので、思い切って通ると、両側からは声をかけられる、章景も私も夢中に歩いたが、殊に章景の顔色が変っていたのを今でも憶えている。そして、松竹劇場へ着いた時、『こんなん叶わん」といいながら手拭で身体中の汗を拭いていた姿は目の先にちらつくようである。また章景を好きな人はあったとの事であるが、章景の方は何時も逃げ腰であったそうである。出征の直前に暇を貰って帰宅した時であったと思う、章景の母堂の依頼で、ほんとうに好きな人がないのかどうかを私が問うた時、「その方面は一向不調法でんのでおまへんねん」と頭を下げていた。今でも私はこの返事を非常に物足りなく、且残念に思っている。それは章景のようなあんな可愛らしい人の恋愛を知りたかったのである――他人の劣情を知りたがるというような通俗的な気持でなく、そこにはきっと私達のお手本とすべき純情さが存在していたことであろうと思って。

［備考］　155・1子供の時から汽車が好きであった…趣味は鉄道に関する事柄なら何でもです。（中略）之を始めた年ですが、七ツの時、父から機関車の玩具を貰ったので、それから病みつきになったわけです。（中村章景「機関車と私」『演芸画報』第三一年第一号）

156・4出征…同君の入営は昭和十四年一月十日で（「中支〇〇の中村章景」同第三三年第八号）

なお、同項には以下の記述がある。「大阪土佐堀舟町で、京家旅館を守る一人の母を劬わるために激務の中から絶えず手紙を寄越すという親孝行者で、最近母堂に来た手紙には、蛍が沢山飛んでいる、内地なれば名所になる。之を一目、あなたに見せたいと書いてあり、仲良しの鴻池幸武氏には常に母の事を頼むという文句が長々と強調してあるそうです。」

17

文楽座初春興行印象

『劇評』第十劇評集　昭和十五年一月三十日発行

文楽座の初春興行は、開幕の「娘道成寺」以下七本立のにぎ〳〵しい、否かしましいお膳立である。「娘道成寺」は源太夫以下の掛合、失礼な話だが拝聴せぬ先からツマラヌと定めてかゝって、いつも第二の「一の谷」の『宝引』から聴く。三回聴きに行った内、二回が相生太夫、一日替りの片棒の呂太夫は、一回それも奥半分より聴かなかった。十数年以前に今の織太夫がつばめ時代弁天座か何処かで語ったと記憶しているがそれ以来珍らしい演し物である。聴いて見ると五行には丸本より大分入れことがあるが、まず以って本格的な「チャリ場」として修業せねばならぬものと思う。それが相生・呂の両人に出来て居らぬ。それは語る者が既にふざけてかゝっている。従って藤の方にもチャリの百姓が乗り移ったようになっている。段切の庄屋が見世物式のホタエになっている。つまり、この場の登場人物の人格の相違が語り口の色どりになって、それが纏ってチャリ場になるという根本の約束が判って居らぬのである。即ち、藤の方はほんとうに美しいウレイでなければならぬ「――福原の館にて母様――」など最も注意すべき所で、此段中ほんとうの浄瑠璃の情を語る唯一の箇所である。此処がほんとうに語れると後の百姓との配合が自然ハッキリして来て、両方共映えるのである。要するに藤の方が語れていないのが失敗の一原因であると思うが、又、この場の藤の方が今に語れないということは当事者に取っては相当重大な事と思う。

百姓はワザを別に修業せねばならぬ。その上村の大衆であるという一寸他に類例のない情景を出さねばならぬ。忠太運平は端敵式のチャリで、百姓と亦違った味でなくてはならぬ。庄屋がこれ亦、うんと真面目でなければ情趣が壊れる。「われは幸ひ」以下の音遣も相生太夫の語って居たようなものでは全然ないと思う。結局、相生・呂両太夫は落第であった。現在なれば、駒太夫に此段を語らせたら一番無難かと思う。絃は新左衛門で、期待していたが大して弾く所もなかった。しかし、冒頭一枚や、藤の方の地合など流石に美しい極みであった。

床が廻るとすぐ「陣屋」で、『熊谷桜』は大隅に広助、音楽的にいって近来の大無茶苦茶である。天性の美音家新左衛門が出た引続きのせいか、まず絃の広助が「テン」と弾出したその音が非常に悪くきこえ、耳を楽しませに行って居る我々聴客は堪らぬ。それに大隅の調子外れは例の事ながら、最近特にひどいように思う。今度は外しも外したり、なんと二十数箇所。一寸参考に左記して見ると、冒頭の「行空も」の「ウソラ」、「さえん」の「サ、ン」、「平家は」の「ハ」、⊥「花の盛りを」の「リヲ」、「熊谷が陣所」の「ジンショ」、「要害」の「ガ」、「花盛り」全部、「夫かあらぬか」の「ソレ」、「熊谷桜」全部、「いふぞかし」の「ゾカシ」、「一つ所」の「ドコロ」、⊥「はる〴〵」の「ウバル」、「旅姿」の「ガタ」、「陣屋をめがけ」の「メガケ」、「嬉し涙」の「ウレシナミ」（此処絃の広助も譜が外れて居た——二日）、「憂難儀」の「ナン」、「かこち賜へば」の「タマエバ」、「今来て今の」の「イマキテ」、「所用有て推参」の「ショヨウアッテ」、「程も」の「ホド」、「入来る」の「キタル」、「座に付けば」の「ツケバ」、「鼻付くれば」の「レ」、「科もなき」の「トガモ」、「おどしかけても」の「カケテ」、「此通りでございまする」の「ゴザイマスル」、「取締めなき」の「メナキ」、それに「石屋の親仁」の「石屋」に節がある筈であるのに詞風に聴えていた等々将に世界新記録、近頃不都合千万な一段であった。それから、「――懐胎で出やつた……息災で育つてゐるかと」の「ト」と、「――地に鼻付くれば平次景高」の「バ」が聴えない。これを三世津太夫風という。

三段目切は古靭太夫に清六、外題からいっても、出来栄からいってもこれが初春の聴き物であるが、古靭太夫が風邪とかで声を痛めて居り、五日目位から休場し、十三、四日頃から出て半分語っていたが、三、四日してまた〳〵休場したとの事であった。従って全段通しては完成しなかったが、前半即ち「軍次は居らぬか」までと「十六年も一昔」とは立派に完成したといえよう。初日などに聴いて居ても、この段は前半が困難で、後半は普通の義太夫節となり、唯体力の問題であるなあと思った。それから数日後本誌の武智さんに御意見を伺うと、弥陀六の情熱が語れなければいかぬ、というて居られた。つまり、弥陀六の大主観で場内の空気が動揺して、その情が聴客に徹底することである。考えて見るとそれが語れなければ確かに「陣屋」の後半の骨子が失わるのである。がそれが出来た太夫を私はまだ知らない。今度の古靭太夫もその点は未完成であったが、その原因が今度の古靭の風邪にあるのか、古靭の天性の体力にあるのか、古靭の現下の芸力にあるのか、古靭の芸の傾向にあるのか直ちに推恻を下す事は出来ない。が、また考えて見るに、前半の熊谷を今度の古靭なみに――すなわち作者深意に潜む熊谷の多情多涙の人格を写真的にでなく、膨脹的な古典芸の筆法に依って表現し得たのは、或は古靭が最初ではなかろうかと思われるのである。先行の名人摂津大掾や大隅太夫や三世越路太夫等はその点嘗って会心の域に到達しなかったと故杉山其日庵氏はその著書に云って居られる。その代り古靭のそれよりも、もっと大まかで、従って弥陀六などはもっと面白く聴かれたのではなかったかと想像出来るのである。そこで、之を小生が結論すれば、前半の熊谷の人格が語れ、後半の弥陀六の情熱の描出が完全に出来た太夫は、五世春太夫輩の太夫で打止めの実状になっているのではなかろうかと思うのである。こう考えると、五世春太夫以来完全な古浄瑠璃の風が舞台に実現されなくなったとか、彼の名人団平が「ほんとうの義太夫節は春さんで打止めや」といったとか、また春太夫の死後浄瑠璃が変って来たとかいう斯道のいい伝えが信じられるような気がするのである。と同時に五世春太夫の浄瑠璃史上の位置と、古浄瑠璃の風というもの丶意味がうすぼんやりと解るように気がして来るのである。

閑話休題、今の古靱の「陣屋」で感じた点を左に例記すると、

△「日も早西に傾ぶきしに」で「モ」がハナシタ音で、それから澱んで「ハーヤ」となり、「西に傾ぶきしに」は足を運ぶこと。

△「チン、夫の帰りの」で一寸「間」を置きその「間」に一息あって、「オソ――オサヨト」と相模がほんとうに遅いなあと思って待っている情合を語ること。こ丶は現在では古靱太夫が最も優れている。

△「熊谷次郎直実」は「直実」あたりから憂を持っていうこと。

△「討って無情を悟りしか」は、「サトリシーイッ」と語って一杯の「間」を置いて、強く締めて「カ」を語るのと栄三熊谷が横幕から出て最初に極るのと同時である。

△「物の哀れを今ぞしる」は、「今」という字を大切に、「シーイッ、ツン、ル、トン」、で息をぐっと詰めていて、ツントンで開き、「思ひは――」と出ること。

総て「息」と「間」が一ぱいでなければいかぬ。これを浄瑠璃の「まくら」といい、困難という。

△「尻目にかけ」は低く鋭く。

△「相模に顔を見合して」の「見合して」の音遣いを注意すること。

△「不興の体に」といって息で変って「相模はもぢ〳〵」と出ること。
△「存じながら」の音遣を注意。総て冒頭よりハリキリハルギンの音を漂わす事。
△「若し討死したら」の次に「無の間」を語ること。
△「健気な」は低く憂がゝって語ること。
△「手傷少々」の息が舞台の栄三の人形の息と一致していたこと。
総体古靱の息と栄三の息とは何につけても常によく一致しているが、今度の熊谷でも「無情を悟りしか」を始めとして、両入の息が間一髪を入れぬ箇所が沢山ある。
△「末代まで」で一寸「間」を置いて、「家の誉れ」は大きく、しかし憂を持って語ること。
△「若し急所なら」の次に大切な拵えの「無の間」を語り、その時丁度栄三の熊谷が相模をチラと見る振りと一致して、一寸変って大きく、「カナシーイッ」(「間」を置いて大きく)、カ」と出ると、相模が「イ、エ」と詞で強くかぶせ「何のいな——」は節に逃げること。
△「無官の太夫敦盛の首」の次にまた「無の間」を語ること。これ等の「間」は、嘗つて「寺子屋」の時、「菅秀才の首」の次に「無の間」を語ったそれと全く同じ意味である。
△「あなたは藤のお局様と」までサラ〳〵と語り、清六が「エッ、テ、ン」打つのが変りになって、「聞いて」より大きく、「御対面」は一杯の「大間」で、まくれぬように大時代の情景のクライマックスに到達さすこと。
△この「御対面」一杯で栄三の熊谷が下手で上手向きに平伏して、正面向きに直った時「コリヤ熊谷軍の習ひとはいひながら年はも行かぬ——」になるが、この時、栄三の熊谷が居住いを整える為息が抜

けていたが、これは平常の栄三に似合わぬ落度である。この藤の方の詞は「首討ったな」まで是非息をつめて遣っていて欲しい。

△「敦盛はさて置き」は軽く押え、「ダアレ、カレ――」と語り、「なからうか」を大事に語ること。

△「戦場の儀は是非なし」は熊谷の腹をすっかり割っていうこと。

△「下さるべし」を鄭寧にいうこと。

△「敦盛卿を、討ったる、」総て息で変り、再三息で変って「次第」は普通にいうこと。

△物語の前半は総て大きくシッカリと畳み込んで行くこと、「ハテ健気なる――」や「打招けば」や「むんづと組む」等を特に大きく。

△「鉄漿黒々」との辺から音遣いになって、「其歎きは如何許り」を大事に、この時、栄三の熊谷が再び相模をチラと見る。

△「早首取れよ」は全く腹で泣いて、一寸「間」を措いて「クマーガエ」はウレイで詞尻を泣くこと。この処古靭栄三両人絶妙。

△「ハ、是非もなき、次第、かな、」とウレイで切ること。

△「定めなき世の中を」と「如何過ぎゆき賜ふらん」の二句のウレイを栄三の熊谷はハッキリと遣い分けしていたが、この演技の出来る者は、歌舞伎俳優にはなく、人形遣いでも勿論栄三のみであると思う。

△「未来の迷ひ」辺から腹に十分ウレイを持って、「是非に及ばず」、「間」を置いて、「オン――、クビヲ」は、古靭も栄三も必死の力で語り且遣うこと。これで終りである。この息を合わさん為に、前から幾

多の拵え、仕込みがあるのである。これが出来れば、後は惰力で行く筈である。

△「咄す中」をシッカリ語ること。

△「御未練な」を面白く。

△「軍次は居らぬか」以下は栄三の人形と共に一杯の足取で「一間へ」までを運ぶこと。

これから奥は普通の義太夫節になるから大していう事もない。まだ古靱が全段語っていた頃に、「義経欣然と実験まし〳〵、ツン」の清六の息が少し外れていたのが耳障りであった。

△「一念弥陀仏――」以下は全く腹で語ること、声も音も何も要らぬ、聴客に聴えないかとか、聴かそうとか考えると壊れてしまう。唯腹一つである。古靱栄三両人はそれが完全に出来ていて素晴らしかった。そして、「チン、ヒーイラギニ――」から音遣いになるが、清六の絃もよかった。

その後大隅が後半を代役していた時、「ア、」で息を語り、「ユメであつたな」というていたが、これは前から伝わっている一つの型かと思うが、これでは「初雪の日影にとける」風情にならない。尚、大隅の代役は徹頭徹尾調子外れ、まず床へ登って一分間程して「こんぱく此世に」から外れ出して、それから無茶苦茶になる。終いには清六の絃と、どっちが外れているのか判らなくなる。実に困りものである。

第三は「三人片輪」で、相生・呂以下の掛合に病後の道八久し振りの出勤であるが、音色や撥捌きに衰えを見せなかったのは頼もしく思った。が、二枚目の重造以下の四挺のツレ弾が品物になって居らん。その根本原因は情熱が皆無である事にある。従って息遣いというものがまた皆無になって来る。だから足取が夢みたいなもので意味がない。唯撥先と指先がピコ〳〵と動いてそれによって音がしているだけである。総じて旋律というものは息と間が根底になっているので、その誘因は情熱である。その源泉が欠けているから曲として成立する道理がない。たま〳〵ジャンジャンと揃って音がするのが不思議な現象である。義太夫節のツレ弾きというものは、シンを弾く者の息遣いに伴わせて行くのがツレ弾きである。ところが、ツレ弾きとはいいながら五人なら五人とも皆夫々別個の人間である以上、息が乱れることは間々あることである、が、それは一向差支えないことで、その場合はシンの者の責任で、一階繰り上げるか下げるかして合わせるのである。そこで曲が活きて来るのである。今度の「三人片輪」の床などでも見ていると、道八一人がいきり立って、後は皆ノー〳〵である。これでは合わせたくも合わせようがない。「みすぼらしげなる」の前の「チン」等その最もよい例である。尤も道八は元来情熱の人で、演奏に際してもその表面化が大袈裟である。それをとやこういう者もあると聞くが、熱なし演奏よりも遥かによく、且本格的であることは根本原則である。こうなって来ると、二枚目の三味線として仙糸という人の価値が解って来るのである。嘗って道八がシンで仙糸が二枚目に座り、「勧進帳」や「三番叟」を弾いた時の、シンの息とツレの息の絡みの塩梅のよさは今猶耳底に残っている。又、以前、新左衛門がシンで道八が二枚弾いた「千本桜道行」や、友治郎がシンを弾き、珍しく新左衛門の二枚目に廻った「四季寿」の時も、それ〴〵二枚目の格を面白くツレていたのを記憶している。それが今の若手連に判って居らぬのである。

次は「鎌腹」で、端場は錣太夫に寛治郎、弥作はいやな臭味があったが、和助がよく語れていた。切の津太夫はいつもの通り、いったい足取と息とのみから義太夫節として存在しているこの段を、特に足取と息の悪い津太夫が長年これを得意としているのが不自然である。その矛盾が清二郎の絃の何処かに現れているように思う。一寸意味深長で面白い所である。人形では栄三の弥作が圧巻。殊に「欲に目もくら紛れ早足出してかけり行く」で七太夫が出て行った後枝折戸に手をかけて下手をきっと見込んだその人形の頭に殺気が這入っていたのは素敵であったが、七太夫に発した鉄砲が命中したかせぬかを認めないのは惜しい欠点であった。鉄砲を発してから、そのまゝ倒れて、起上って枝折戸の扉を閉めて「もう叶はぬ〳〵」になるまでに一寸七太夫に命中したかどうかを見込む間はあると思う。

その次は「由良湊」の『山』で、南部・伊達の一日替りであるが、こんな場をポツンと一つだけ真中に挟んで出す真意がわからぬ。「三荘太夫住家」でもあってこの場があれば、また聴きようも見ようもあろうが、これだけでは姉弟のムニャ〳〵だけで意味なく済んでしまう。それに、私の聴いた日は伊達太夫に友衛門、美声が御自慢かは知らぬが、「三荘太夫が胴欲心」などアレで義太夫節になっていると思っているからイヤになる。また、「手足がこゞえてたまるまい」の拙さ、「山彦の音はこだまか」の二人の「間」の悪さ、お話にならぬ。

まだその後に「千両幟」の掛合がある。あんまり一品料理許り多いため舌が麻痺してしまって味も何も判らない。唯清次郎の絃が腹の床からマクリ立てた「間」であったのに何か不満を感じた。

［備考］

157・1文楽座初春興行印象…此の集は鴻池幸武奮闘号です――と氏が言って来られた。文楽評、芝居評等全四篇。私が少し身体が悪かったので、私としては助かった感じである。氏の文楽評と私の組討評とを読み比べると、私の勉強の足りなさがよく分る。少し恥しいが、仕方がない。（武智鉄二「身辺雑記」『第十劇評集』）

157・6十数年以前に…昭和四年五月一日弁天座　三味線は野沢勝市（『義太夫年表　昭和篇』第一巻）

160・18「見合して」の音遣いを注意すること　161・2「存じながら」の音遣を注意。総て冒頭よりハリキリハルギンの音を漂わす事…陣家の事はハリキリハルキン／の音に気をつける事と杉山先生の／／本に出ておりますおかきに成ますなれば／顔を見合せてとか存じながらの所とおかきに／ならずにまくらの文章の間に其音／づかいがたゞよっていると申事が一ばんよい／かと存じます（「鴻池幸武宛て豊竹古靱太夫書簡二十三通」（注（8）参照）昭和十五年二月二日付け）

165・1清二郎の絃…鶴沢友次郎（『義太夫年表　昭和篇』第二巻）、休演か。

なお、以下の記述がある。「去年の十一月卅日に、京都の別宅で急に発作が起って昏倒した。（中略）病気は軽い方で、約半年の治療で九分通り全快して、四月末漸く大阪の家へ帰って来たのであった。／併し、東京にいる私は、この友次郎が脳溢血で倒れたと聞いて茫然となった。」（三宅周太郎「鶴沢友次郎巡礼――続文楽物語（その一）」『改造』昭和一五年七月）

18

東都初春芝居の感想

『劇評』第十劇評集　昭和十五年一月三十日発行

歌舞伎座と東劇とを初春芝居の景気を見にぶらりと出掛け、ぼうと見て帰って来た後へ、武智さんから「風邪で東京へ芝居へ見に行けないから何か書け」との御依頼を受けたが、一生懸命眼を据えて見てもとても武智さんの様な批評は出来ないのに、まして、たゞ「とうない綺麗やなあ」と思って見て居たゞけであるから、批評の批の字も出来ない。だが感じた事なら多少ないでもないから、と感想という程度のものを聊か書かして頂くことにした。

「先代萩」（歌舞伎座）

歌舞伎座の第一は「先代萩」で、「飯焚き」なしの「御殿」と、「床下」「対決」「刃傷」まで、総じて「御殿」が一番馬鹿々々しい。あれでは「御殿」の筋目も何もない。「伽羅先代萩」の『政岡忠義』の段はあんなジャラ〳〵したものではない。まず「栄御前様の御入り」で、仁左の政岡が鈴をならして腰元を呼び、八汐などに通知させ、中腰から「コレ千松云々」をムニャ〳〵という、それが大間違いの親玉であると思う。この「御殿」中で一番大事なセリフがわけのわからぬ内にすんでしまった事になる。こんな事を演っているから歌舞伎が面白くないの、馬鹿馬鹿しいのと云われるのである。と一概に仁左衛門許りを責め立てるのもどうかと思う。このセリフを芸として見物にその腹を徹底さすにはやはり「飯焚き」を演らぬと政岡の腹拵えに仕込みが付かぬ。そこで「飯焚き」をカットした方にも責任はある。いったいこの「先代の御殿」などは、御家騒動物中の一場面として、よく纏った総ての構想も日本演劇として立派なものである。従ってその演り方如何で現代の見物にもうんと面白く見せ得る品物である。それをやらねば歌舞伎は亡びるのである。政岡のクドキになってからも全然無意味なツケが入ったりなどして随分馬鹿げた演技がある。即わち、「待ったとて」や「いぢらしや」などでチョチョンと来る。殊に「いぢらしや」では仁左の政岡が袖で口を覆う科で当込んでいるが、意味のない丸で田舎芸である。それに、栄御前を見送った後、奥口窺い窺って、「我子の死骸見るよりも」とチョボに語らせ、その間立身の半身で裲襠を肩から辷らせて、千松の死骸の側に座り、抱いてやろうともしないで、一寸うろたえた振りの後、胸から懐紙を出して顔にあて、泣落ちる。そしてクドキがすんで男之助のセリ上りに邪魔なので死骸を二重へ運ぶ為にだけしか、我子の死体を抱いてやらぬ。手順の為かは知らぬが政岡になっていない。それから、多賀之丞の栄御前が芸者芝居の栄御前のようである。乃至は何処かの待合の女将位が裲襠を借りて出て来たようで「夫の権威に栄御前」も、「皆心は同腹中」も何も丸潰れである。要するにこの「御殿」は仁左衛門の政岡の悪演技と多賀之丞の栄御前とで葬られてしまったと思う。後の役には別にいう程の事はない。が一つ菓子折を腰元が真直ぐ八汐の前に持って行くのは訳がわからぬ。

「高綱隠家」（歌舞伎座）

二三年以前の夏であったかに之が出る噂があったのがのび〳〵になっていたもので、めったに出ないものだけに、初春劇壇の興味の中心である。が見物してみると大したものではない。吉右衛門がこの「近九」の何処か興味を感じて上演したかゞ解せぬ。たゞ珍らしいという点だけか、または幕切の大道具から引続いて幕外で引抜きになって大砲を片手に六法で入るという点にか、それならば別に「近九」を掘り出して来なくてもよさそうに思う。それにこの「高綱隠家」は「近江源氏」九つ目の中である。即わち全然の五段目の中であるから元々劇としての見応えのするものに作られていない。これが竹豊界にて持囃されるのは、その書卸しに彼の名人初代綱太夫が之を語って「シイ〳〵」の息で当ったとか、又その道で最も至難とされてある綱太夫風を以って之を初演して今にその曲風が伝っている為であり、それ以外には何もないのである。唯前の「四斗兵衛内」や「盛綱陣家」のドッサの後に、高綱の知謀を台に一寸した技巧を弄したゞけの事である。従って、幕切の屋台崩しや、六法は本行にはなく、淋しさのあまり歌舞伎で追加したものと思われる。だから、古典復興の積りで（その積りか否かは知らぬが、仮りにそうだとして）出した吉右衛門の心意気がこの「近九」の舞台に出ていない――否出ない。結局演し物が悪かったのである。五段目の物を選んだ所にその原因がある。今後若し吉右衛門が古典を復活する時、三段目や四段目以外ならば二段目の物から優れたものを選ばんことを希望する。

そこで、吉右衛門の高綱以下各役に就いては別に大していう程の事もないが、時蔵の篝火が「手に入る敵をやみ〳〵と」以下の詞の足取が遅く、総体およつと篝火のカワリが面白くない。それから染五郎の盆太の演り方が、この場の作図に符合していない。

「江戸の夢」（歌舞伎座）

この作は昨年の秋であったか、友右衛門等が放送したことがあると思うが、作者の宇野氏のは之を大劇場上演用として書かれたのではないとかいう事を何処かで聞いたように思う。兎に角、二番目物としてあっさりし過ぎて居る。その筋は芝居というより小咄程度である。この物語の展開が劇的中心に届いたと同時に幕で、総て問題の中心を遠くから眺めて直接それに触れないといった様な手法であるが、筋の運び方は別にさら〳〵としているのでもなく、結局作全体がよくいえば洒脱、悪くいえばスカみたいなものである。そこで題も「江戸の夢」となっているのかと思う。兎に角嫌味はないから、「まあお帰りがけで熱いお茶でも一つ召上っては」といった感じのものである。吉右衛門の武兵衛は脇役で、好々爺で感激性があって何処となくおど〳〵している点がこの人の芸の個性に通ずる所があって面白い、といおうか、或は吉右衛門が演ったからそんな性格の武兵衛が出来上ったので、若し他の人が演ったらまた異った性格の武兵衛が出来上るというような本来の作ではなかろうか。菊五郎の二役はやはり主手役であろう。前の藤七はこれまで菊五郎が演った役にもこんな風なのはよくあったと思うが、一役の宗味は風格を見せる役で、菊五郎の出来も悪くはないが、菊五郎から宗味が生れていて、宗味から菊五郎が生れていない。先代仁左衛門が演ればきっと面白いものを見せると思う。その他では多賀之丞の武兵衛の女房が初めの中はよいが進むにつれてがさ〳〵した嫌味が目立つ。故紅若ならば当に適役であろう。それから菊之助の娘は何時も同じような役で無難、福助の宗味の娘がこんな芝居に向かない人であるという事が一寸見たゞけでもわかり、殊に幕切に菊五郎への絡み方がそうである。

「安達の三段目」（東劇）

東劇の昼の部は、第一が永田衡吉作の「武鑑」、第二が「三段目」、第三が「五人の斥候兵」、第四が「河内山」と並んでいるが、俳優のよしあしは別として、四つを通して見た後の感じはその作の結構さからいって、断然「安達の三段目」が群を抜いている。それに今度は袖萩の出からとはいえ、それから奥は一時間廿分位かけて叮嚀にやっているから兎に角見ごたえがある。結局昼の部はこれ一つで、後は大風に灰を撒いたようにスッ飛んでしまった。そして不思議というのは如何かと思うが、袖萩の唄で近頃一寸珍らしい位満場袖を絞らせている。といって総ての人が貞任や謙杖との関係を知って見ているのではないと思われるから、やはり浣本作者の不朽の神通力が何処かに、漂っているものと思われる。

仁左衛門の袖萩は、祭文の唄を去勢的な声を出して唄うのがこの古典劇の味いを傷つけ、その上「知らぬ祖父様祖母様」をお君に唄わせるが、それが調子外れで如何にも右や左の旦那様の実演をしているようで嫌な感じである。こんなのを所謂クソ写実というのだろう。がそんな事よりも根本的な腹構えをもっとしっかり締括った上でこの「三段目」に臨んで欲しい。莚女の浜夕この人として普通、左升の謙杖は柄は貧弱だが演る事は本格的である。幸四郎の貞任は大立派、猿之助の宗任は左升の出来と反対現象である。

この後に「五人の斥候兵」があるがスカみたいな芝居である。「河内山」は左団次休演で訥子が代役、松莚の浪路の出がこれ迄沢山見た浪路の出の内一番劣っていた事が印象に残った。

「綾の鼓」（東劇）

私はまだ本行の綾の鼓を見ていないからえらそうな事はいえないが、猿之助の能取物は「小鍛冶」や「黒塚」を見ているからその筆法はだいたいわかっている。が今度の「綾の鼓」は舞踊劇と冠されているだけあって、前の二者とは少々その趣を異にしている。それによってこの前の「黒塚」より救われて居る所もあるが、またそれによって為体の知れぬものになっている所もある。即わち、前者の例は第二段と称する「月下の鼓」の条で、こゝは全く所作事であるから、能取物などいう厳し境界に捕らわれなく猿之助も佐吉も演っているから、見物も楽な気で見て居られる。その代りその条の猿之助の藤内のテクニックが狐忠信のようになっている。あれで、手の指先を曲げればすっかり忠信である。そして幕切の池へ沈む所は宝塚の少女歌劇で小夜福子が演って、満場の乙女が拍子を送るといったような図である。第三段は執念場であるから、何としても何処かに本行の容彩を出さねばならぬ為、且、舞踊化の方法が誤っている為、いろ〳〵な点から見て訳の判らぬ形式のものが出来上っている。それに、一番不思議なのは、猿之助と仁左衛門か掛合で、佐吉の三味線で謡曲とも長唄ともつかぬものを歌う。つまりこの前の「黒塚」のとき佐吉が謡曲の譜を三味線で弾いてそれに合わして勝五郎が唄ったものを、今度は演技をする俳優に唄わせたので、そこに本行の容彩を漂わせたものか、または新しく舞踊化されたという新しくの意味があるのかも知れないが、少くとも現在の歌舞伎役者が、歌舞伎の一分野としての舞踊劇（その積りかどうかは知らぬが、私はそれとして見る）を演ずる場合、殊に第二段の如き全く歌舞伎的な一シーンがその中に存在するもの、場合、劇中芸以外にこういう演出が許されるかどうか、私は疑う。少くとも結果からいって今度の綾の鼓の場合は失敗している。若し今後こういうことを演るとすれば、それは今後の歌舞伎俳優の演る演劇の一要素として慎重に上演されなければならぬと思う。

19

源大夫の『弁慶上使』

『浄瑠璃雑誌』第三百八十六号　昭和十五年二月二十五日発行

一月十一日夜九時から放送の源大夫の「弁慶上使」を聴くともなく、ふとラジオの前に居を構えたが、最初のオクリの吉弥の絃の音色のよさ、撥の面白さ、久々に本当の吉弥らしい吉弥の絃に遂心ひかされ耳を傾ける。

まず、源大夫は兎も角、当夜の吉弥の絃は、ほんとうに久し振りに、彼の本領を発揮した如く、現今文楽座中第二位の天性の美音に、運びの面白さ、全般的に「弁慶上使」の最上のものとはいえないだろうが、吉弥としては纏りのついて会心的な力演であったと、面白く聴いていたのである。そして、源大夫をリードして行く。

そのリードされる源大夫が、かなり稽古もしてもらったらしく、文楽座の本役の「道成寺」のシテの如く調子外れは少なかったが、また相当引締ってはいたが、あんな事でせい一っぱいらしい。それは、源大夫の語るものが本格的な義大夫節でないという事である。その原因は源大夫の発声法が根本的に間違っているのである。つまり源大夫の声が、常にデボチンの辺りから出ているから根本的に義大夫節にならないのである。

聴いていると数多ある欠点の大部分が、源大夫の発声の誤っている点に起因しているように思う、腹から出た声でないから声量はあっても、音の強弱表裏高低が整わない。常にヨタ〳〵と何れかへ流れている。そこで最も直接に影響して来るのは、産字がハッキリといえないことである。
△「昔ゆかしくしのばしく」で、「シイのばしく」と「イ」の産字が産めない。
△「チイカアラ」も同じ事である。
その他気の付いた点をいうと、
△「御機嫌ようままします か」の「まし」がテツ。
△「さらばこの間に一寸か、さん」で、「さらば「といえない。「さあば」と聞える。
△花の井の詞「さればいの、今日武蔵殿——」以下の詞の足取が全然なっていない。つまり、源大夫の足取では考え〳〵いう足取で、これは間違っている。「年の頃みめかたち」のあたり特にいけない。
△「夫も座したる」以下の侍従太郎の詞は当夜中第一の出来であったが、惜しいかな、「惜しまぬ命——」は不十分であった。
△「お役に立ぬは右の訳」の次に吉弥が「ウーム」と掛声をして「間」を拵らえ「卑怯未練——」と出たが、この「間」は全然無意味であると思う。
△「書写山の鬼若丸だ」辺りから調子が失せてしまったから手負の音遣いが出来なくなっていた。
△「いふて返らぬ事ながら、せたけ延びるに——」の「間」悪さが甚しかった。
△「国々を、廻り〳〵て」も同断
△「この思ひは、マあるまいもの」の「息」が出来ていなかった。
△「死出の山」を「シデ——」というのは聞苦しい。
△等々

この外にもよい所、悪い所がまだ沢山あることゝ思うが、ふと聴いた愚感のみで、従って細かしい所は聴き誤りはあるかも知れないが、源太夫の浄瑠璃は、根本的に建直す必要ある事は間違いないと思う。いくら吉弥にうまく弾いて貰っていても、またくら稽古の度を重ねても、その甲斐がないと思う。今度の「弁慶上使」がその最もよい例である。「程もあらせず」の源大夫の音と吉弥の撥を聴けば何よりもよく判るのである。この源大夫を指導するに、吉弥も彼の誤った発声法の事をよく承知していることゝ思うが、今少し本格的なものに近付かねばお咄にならない。

20

文楽座初春興行印象＊

『浄瑠璃雑誌』第三百八十六号　昭和十五年二月二十五日発行

（17　文楽座初春興行印象『劇評』の再録）

文字の異同　㈮無情→無常　㈮嘗って→嘗て　㈮賜→給　㈮太夫→大夫（除く159・18出来た太夫　164・17津太夫）

157・3にぎ〳〵しい→にぎにぎしい　4以下の→以外の　4話→咄

157・9かゝって→かかって　15今に→削除　158・11ぞかし→そかし

159・5即ち→即わち　7本誌→同人　8弥陀六の情熱が→陀弥六の情熱が　11もその点→削除

159・12推惻→推測　13すなわち→即わち　15大掾→大椽　160・1実状→実況　6例記→列記—

160・9オソーー→オソー　11こと。→事　13栄三→栄三の　161・2音遣→音遣い

161・2注意→注意する事　4がゝって→がかって　5少々」→少々　」　7両入→両人

161・9相模→相撲　10相模→相撲　13を語った→と語った、　13それと→それも

161・14テゝン」打つ→テゝン」と打つ　17対面」→対面」で

162・3なからうか→がなろうか　8組む→組み　9黒々」との→黒々と」の

163・5大して→太して　9ニーー→ニー　10「ユメで→「ユメて

163・12「こんぱく→「こんばく　16頼もしく→楽もしく　16の重造→削除　17足取→足取り

164・3ジャンジャン→ジャンジャンジャラ　5ツレ弾きとは→ツレ弾きと　10且→且つ

164・11こうなって↓からなって　13二枚↓二枚を　14珍しく↓珍しくも
164・17いつもの通り↓何時もの通り　165・1清二郎↓清次郎　2目↓眼　3早足↓逸足
165・4這入って↓遣えて　13しまって↓削除　14何か不満を↓何か大変不満を

記号の異同　(全)『』↓「」　158・2幸ひ↓幸ひ——　13居た——↓居た＝　161・10　）、カ」↓）「カ」
161・13「無の間」↓無の間　14「エッ↓エッ　162・6変って↓変って…　163・10一字下げその後↓その後

句読点の異同　163・6まし〳〵、↓まし〳〵。　17ある。↓ある、　164・6である、が、↓である。が

句点削除　157・13である。↓　159・5あった。↓　161・1こと。↓　12こと。↓　162・13こと。↓
163・5ない。↓　165・11になる。↓　15感じた。↓

句点追加　157・12↓ならぬ。　158・7↓弾出した。　165・4↓あった。

読点削除　157・10つまり、↓　158・1亦、↓　3なれば、↓　4で、↓　11「ガ」、↓　11桜」全部、↓
158・15「レ」、↓　159・4十三、四日↓　4三、四日↓　11風邪にあるのか、↓
159・12が、また↓　160・3たとか、↓　6すると、↓　14トン」、↓　161・7として、↓
161・10一致して、↓　14なって、↓　15大きく、↓　162・6討つたる、↓　163・5頃に、↓
163・10時、↓　164・11来ると、↓

読点追加　157・7↓いるが、　158・10↓「ハ」、　12↓「ドコロ」、　17↓等々、　160・9↓置き、
161・2↓ハリキリ、　13↓語った、　162・13↓ハ、、　164・2↓ものは、　12↓シンで、
165・3↓後、

21

中村章景の思い出*

『寒雀』五代目中村芝雀追憶集　昭和十五年三月十五日発行
（16　中村章景の思い出『劇評』の再録）

異同なし
（書式――段組、字数行数、活字、開始位置など――が完全に一致する。また、前後に存在する他者の文章も同様であり、再録元「中村章景追悼の頁」の版をそのまま使用したと判断される。）

［備考］　178・2『寒雀』…高安吸江による追悼句「笹折れて雀帰らぬ雪の朝」（高安吸江「章景を歎く」『第十劇評集』）
なお、中村章景追悼の頁について、「章景君が戦死したに就いて、偉い役者の追悼号や年譜は他所でもこしらえるからと考えたので、章景追悼の頁を作ろうと計画したところ、高安先生、鴻池、大谷両氏等から御賛成を頂き、山岸荷葉氏からも特に御寄稿があって、立派なものが出来た。深く謝意を表する。」（武智鉄二「身辺雑記」『第十劇評集』）との記述がある。

22

鴻池幸武・武智鉄二対談　二月の文楽座批評
――盛綱陣屋・天網島などをめぐって――

『劇評』第十二劇評集　昭和十五年三月三十日発行

豆まき

竹本伊達太夫其他

武智　さあ、それではぼつ〳〵お話に取りかゝりますかな。鴻池さん最初は矢張り『豆まき』から話に移りましょうか。
鴻池　そうですね、そういうことにいたしますか。
武智　『豆まき』はどうでしょう。（笑）
鴻池　どう言ったらいゝんですかね。
武智　当り前ですなあ。
鴻池　当り前と仰言ると……
武智　つまり平凡なと言う意味です。
鴻池　平凡なというよりもっとはっきり言えば面白くないと言い切ることも出来ますね。
武智　正直に言えばつまりそれになりますね。（笑）それに播路太夫が歌舞伎のツラネ見たいなことを言いますが、あれではどうも浄瑠璃にはなりませんから。
鴻池　どうもあれでは浄瑠璃はもとより歌舞伎のつらねにもなりませんよ。大体播路太夫に歌舞伎のつら

ねが出来るわけはありません。何れにしても面白くない、ということでこれはお終いですかな。（笑）
武智　それでは三味線はどうでした。
鴻池　乞食節ですね、（笑）あれではそうより印象が残りません。何んだか頭にぴんと来ません。あまり芸術的価値から言っても問題にする程のものではありませんが、武智さんどうお思いですか。
武智　同感というところですね、だが重造以下の三味線は揃って居ったことは揃って居りましたね。
鴻池　オールスフだからでしょう。つまり純綿が混っていないからよく揃っているのです（笑）
武智　辛辣ですね、スフとは。
鴻池　つまり今頃文楽で若い者同士でやると却ってよく揃うといっていますが、それがスフの芸同士だからです。例えば今度この顔触には仙糸位な所が出るともう揃わなくなるでしょう。それは当り前で仙糸一人が純綿で後がスフですから揃う訳がありません。（笑）その意味です。
武智　つまりどんなに弾いても揃うんですね。
鴻池　とんとお説の通り。
武智　批評の限りでないと言うことになりはしませんかね。
鴻池　それにどうも伊達太夫の義太夫が義太夫になっていなかった。それより光之助の年男で何か感じられたことはありませんか。
武智　そう仰言れば何んだか、棒を飲んだようで……
鴻池　矢張り播路太夫のやっているつらねと同じようなものですね。
武智　そうしますと播路太夫は人形が語れていると言うことになりますね。（笑）

鴻池　そうなりますね。（大笑）
武智　厄鬼が狂言の人形でしょう。それにしてはあまり福女が写実的ですね。おまけに年男が歌舞伎風で何んだかおかしなものですね。
鴻池　それが今度のテスリがものになって居らぬ原因ではないでしょうか。
武智　それは確かにそうです。
鴻池　何はともあれこれだけ独立させるというのは具合が悪くはありませんか。高々引抜ですね。それもうんと悪い引抜きですなあ、或いはオイダシ、それもうんと粗末なオイダシ、こんなものを最初にやられると初めから帰りたくなりますね。

盛綱首実検

前　竹本大隅太夫　豊沢広助　後　豊竹駒太夫　鶴沢清二郎

武智　そうですね、そんな気持にもなります、本当につまらないというより外に言葉がありませんから、もうこれはこの位のところで中止して次の盛綱に移ったらどうです。私の行った日には駒太夫が丁度休んで居りましてね、その代役に織太夫がやったんですが、まあ代役は別としまして、前半の大隅太夫についてーつ批評はどうです。
鴻池　つまり先月の『熊谷楼』よりは多少義太夫節になって居りますね、あの息《イキ》から言いまして。
武智　しかし足取りの悪い浄瑠璃ですな。
鴻池　それが大隅太夫の実力というところですかなあ、あの力量でイキが本格的に近寄って来たら足取りが語れなくなるのは当然でしょう。要するに非常に面白くないというよりほかありません。

武智　そう面白くないという原因は何処に在るのですかね。

鴻池　それは大体枕が語れないのと違いますかね。殊にこの段の枕というものは何んと言いますか、背景の文句というものが殆んどないでしょう。

武智　なる程、そうですね。

鴻池　そして大体端場がある場合は切の太夫が後ろに控えて居りますが、端場の終りの頃になりますと必ず息を詰めていなければなりません。この息を詰めないと品物になりません。こゝの『軍慮を帷幕の打傾き』これでこの段の品位というものが決ります、この段の品位又は貫目というものが決定付けられます。

武智　それは更に細々したところを拾って行ったらその次の『仔細は知らねど心得ました』この仔細は知らねどがちゃんと仔細を知っている語り方をして居りましたね。

鴻池　そうなりますと微妙というもの、人格が語られていないということになりますが。

武智　そうなんです、それに『これぞ兄弟弓矢の情』と憂いで語るものではない、そこを憂いで語って居ります。

鴻池　それはそうですね、こゝは矢張り憂いで語るべきところではありませんからね。

武智　それから『御苦労ながら母人密かに小四郎に腹切らせて下されかし』この腹切らさせて下されかしから憂いになったんでは、それではいけないんでもっと前から憂いの肚をもっていないと具合が悪いと思うのですが、それから篝火も……。

鴻池　この篝火もどうも変な拵えがあってね。

武智　それに微妙が何しろ具合が悪いんで、『同じ佐々木の血筋《ちすじ》でも扨も果報の拙い子や』というのが悪態になる、ざまみろというそれでいゝ気持ちだという語り方になる、それにやはり『ヤレ孫よ爰へおじや』という事が朗読になってしまっている、あれではね。

鴻池　どうも微妙の人格というものが全然語られていない。

武智　可哀想なところになって逆に悲しくなかったり、そういう例は他にも沢山あります。

鴻池　早瀬はどう思いますかね。

武智　早瀬は格別何も印象に残らないというのが本当じゃないですか。

鴻池　一体この陣屋における早瀬の格合というものはどういうのが本当なんでしょうか。

武智　早瀬がそういう意味からいって一番むつかしいですね。

鴻池　早瀬というものは小四郎が生捕られた、それに対して一体どう思っているのでしょうか。

武智　小三郎が手柄をしたという事だけが嬉しいんじゃないでしょうか。

鴻池　つまりこの八ツ目の筋に関して、他の登場人物は皆拵えがありますが、早瀬だけはとりたてた拵えがなく、そのない拵えがなければならぬのではないでしょうか。

武智　私が考えますのにこの後の方で『心散乱もへ立つ篝火、夫の首は渡さじと行をやらじととゞむる早瀬』というところですが、この『行くをやらじととゞむる早瀬』というのはどういう意味とお考えになりますかね。

鴻池　あゝこれは問題ですな。

武智　これが早瀬を語り生かすか、生かさないかの中心となるところではないでしょうか。

鴻池　その通り。この夫というのは高綱ですからね。

武智　篝火の夫ですからなあ。それを何んだか早瀬が盛綱の首を守るために篝火を生捕りにしてしまうような具合に考えてはいけないんですが、そう思って止めているような気がして……。

鴻池　そういうような気持がしますね。

武智　ところが本当はこれは篝火をやっても犬死をさすだけだからなだめよう、止めようと思って止める、そこに初めて早瀬の性格が出て来るんですね。

鴻池　左様々々。

武智　そうしますと……。

鴻池　つまり、此段では皆神経を尖らせているが早瀬が一番興奮していない、そこで、早瀬以外の人物の興奮程度が完全に語れたら自然早瀬のこの段における格というものが生れて来はしないでしょうか。

武智　つまり冷淡でなくして冷静な早瀬ということになるでしょう。

鴻池　そうなんです。

武智　常識的な人間という意味で……。

鴻池　それが他の人物、所謂肚が語られぬ程、従って早瀬が影の薄いものになりはしないかということに……。

武智　早瀬というのは一番常識的な意味で封建的な女ですなあ。

鴻池　それはそうなんです、この作曲から言っても早瀬のところに一番常間が多いんですね。

武智　成程ね。

鴻池　どうです大い分面白味を増して話に実が入り出しましたが、おそらく早瀬を常間で語らぬところということになると、『行くをやらじ』というところだけでい丶んじゃないんですか。
武智　そうですなあ。どの太夫もその肚になって居りませんからね。
鴻池　どうも肚の語れたのを聴いたことがありませんね。
武智　兎に角段切れまで早瀬は何も知りませんね。
鴻池　そうしますとこ丶で盛綱の妻というだけのために出て来たんでしょうか。
武智　それはそうとあとの大隅のことはどうなんですかね。篝火という役には肚がいると思いますが。
鴻池　あれは大分肚があります。
武智　これは矢張り小四郎や盛綱一家の様子を見に入って来たんでしょうね。
鴻池　そうですね、そうして初めのうちに悲しんだりしているうちでも何か一つの目標があってやって居らなければならないのです。
武智　それをどう表現するかということは難かしいでしょう。あの篝火が嫂の返事の歌を読んで『逢阪の関とは時節を待つとのことか』というところでそれからいろんな事情を判断するというところが現われなければならぬのでしょうが。
鴻池　そうです仰言の通り。
武智　その肝腎なこしらえの間が大隅に出来て居らなかった筈ですが。
鴻池　兎に角今度大隅太夫が語った浄瑠璃に対して大隅太夫自身に何か自分の批評がなければいけません。

武智　講釈が……。

鴻池　悪い浄瑠璃を語ったという自己批評が、それがなければ大隅は駄目でしょう。そう思いませんか。

武智　そうなんです。大隅も自己批評は持っているでしょう、自分はあれで決していゝと思っては居らんでしょうが、それより僕は大隅に盛綱の講釈が出来ぬのじゃないかと思っているんです。

鴻池　それは御尤もです。

武智　つまり役を知らずに語っているようなところがあります。例えば「修羅の巻」なんかでも……。矢張り詳しいところは話だけでは出来難いんですなあ、まあそこらは近々に書く「盛綱論」に譲りましょう。

鴻池　それでは広助はどうですか。

武智　僕はこの一段は要するに人形の栄三の盛綱を見るチョボというつもりで見て居ったから、どうもあらたまった批評が出来ませんよ。

鴻池　私はそういう近八をきいたわけじゃありませんが、批評が第一纒りません。

武智　そうですね。結局拵えが皆目なって居ないからですねえ。

鴻池　『帷幕のうちかたむき』が例のスエテ節ですなあ、その太夫の音遣なり、三味線のテントンが余程大事だと思うのです、それが床へ出て直ぐですからね、無茶苦茶に拵えがあっても聴けませんし、すっぱりしてもいけないし、たゞの枕になってもいけないし、自然にそなわらねばならないゝ、つまり栄三が遣っている、人形が語られ且つ弾けたらいゝのですが。

武智　栄三があの『帷幕』のところでコシャコシャと扇子の位置を変える、あれは何んでしょう。二日ともやっていましたが。

鴻池　あれは意味がないんじゃないですか。

武智　形を整えるだけなんですか。

鴻池　そうだと思いますね、からりと落さなければならないからですね。

武智　そうですかね、私は又あれに何か意味があるんだと思いましてね。(笑) それでは大隅はこれ位にしまして駒太夫に移りましょうか。鴻池さん一つ口火を付けてくれませんか。

鴻池　兎に角やったということは偉いですね。(笑) 且つ大隅太夫により纏っているということがね。

武智　駒太夫は人物の性格を語ろうとしているようなところが見えますが、それだけでも確かに偉いですなあ。意図だけは十分買ってもい丶と思いますね。

鴻池　今度駒太夫の陣立物というのを初めて聴いたのですが、武智さんの仰言る性格を語ろうとしていることは『折柄さつと山風』のこのさっとの語り方表現の意図だけは大いに買うべしと思います。それに駒太夫に芸力が伴うかどうかは別としまして。

武智　芸力という意味では無理ですね。陣立物としての本道は駒太夫には無理です。例えば『それを未来の引導に』とか篝火の音遣いというようなところはうまいのですが、要するに体力の問題で、盛綱や時政になりますと、どうにもならないところがあります。

鴻池　併し時政の引込みの笑いなんか、一寸面白いですよ、ツン〳〵となったところ……。

武智　『悦喜の粧ひ傍らを払ひ』の次の『本陣』で笑って『さして』になる所ですね。

鴻池　この笑いは駒太夫が完璧というわけではありませんが、少なくとも駒太夫程出来る人はないと思います。

武智　それはどういう意味なんですか。

鴻池　理窟なく大まかなという点で、つまり太夫ならば駒太夫、人形なれば玉次郎ですなあ。

武智　私はこの笑いというものは駒太夫が自分の非力であることを知って、その上での非常な工夫から生れたんじゃないかと思えますが。

鴻池　普通笑いはあそこには無いのですよ。そういう工夫があそこの笑いとなって来ているので、私はあの笑いは面白いと思って聴きました。笑いを聴いた時、曽って椎の木の権太の引込みのところのようなところがありました。あれと同じような笑いが。

武智　他の人が普通笑わぬところでは、矢張り和田兵衛の『見よや盛綱』の前のところが普通にはない笑いですね。それが矢張りこの陣立物というものに対する非力を知っている、それに何とかして近かづけて行こうという工夫がそこに潜んでいるのじゃないかと、私はそう感じました。例えば『忠も立ち義も全し』のところもです。忠をうんと小さくやって、義を大きく聞かせる。そういうところが、そういうための工夫じゃないかと思うんですが、どうでしょう。

鴻池　あの笑いで時政の人格を相当はっきりさして居たんじゃないかと思うのですが。

武智　併し言葉が出鱈目で下手なところは相変らずですね。それから『小四郎孫やい』のところで、篝火を『コレ、コレナウ小四郎、小四郎ナウ』と駒太夫は泣いて語って、間を置いて『孫やい』というところから改めてお婆さんになります。織太夫ならそこを『小四郎孫やい』と語って而も立派に語り分けている、そこらが矢張り芸力の違いがあるように思いましたね。だが『一陽の春を待つダイラ』と駒太夫が語って居ったが、この点はどうも織太夫が『マツ、タイラ』と語っているのと較べると……。

鴻池　その点は私も駒太夫の方が余程津太夫より勉強家であって偉いと思いました。

武智　結局、この人の盛綱が気を入れているにも拘らず感銘を与えるところが少ないというのは、この人の体力が不足しているということ、それからお気の毒に盲人であるということが原因ではないかと思うのですが。

鴻池　それは私も同感でありまして結局『時代』を見ていないというところに欠陥があるのでしょうね。

武智　その通りです。この人には『時代』というもの、概念がない。自分が生活している範囲内の日常茶飯事、即ち『世話』は判って居りますが、時代というもの、人形を見てそれを自分の一つの体験として頭に置いて、それを頭の中で拵え上げるということが出来ない。そう言う欠陥がそういうところに現われて来るのでしょう。

鴻池　実際そういう点ははっきり判りますね、つまりこの前語った饅頭娘の政右衛門も、それから盛綱もやりぶりは同じことになっています、ところが政右衛門は文七なんで盛綱は検非違使《けんびし》なんです、その違いが語られていません。

武智　なる程。

鴻池　つまり駒太夫の語り分けられているのは男女の問題でありまして、その他の役や腹は別として、人間が語り分けされているのは年齢だけです。だから政右衛門も盛綱も年齢に大差ないからそれで一寸や、こしくなるのです。これが又時政と饅頭娘の五右衛門なんかとほど、程度が違って来ると又区別が付く。大体そういうことになって居りはしませんかね。

武智　駒太夫はこれ位のところで止めまして清二郎の方に移りましょうか。鴻池さん清二郎について一つ。

鴻池　さあ。まあ武智さんから始めて下さい。

武智　その前に人形ですが、栄三で一番感じたのは首実検のところがよかったですが、これはまあ当り前というところですか、幕切れの和田兵衛に対する態度が非常に正しい解釈になっていて、つまり『表は京方鎌倉方』という意味を本当に理解して遣って居ました。その点は非常に感心しているので、歌舞伎の方は皆どうも間違って居るようで、和田兵衛に盛綱が降参しているようになって居ます。それから文五郎で一番感心したところは『そなたは京方へ味方する心底か』そこで腕を組んで盛綱の方に詰め寄るというのが、それは若し盛綱が敵方へ味方をするということになりますと、それは『苗字を穢す』ことになる。それでは高綱は苗字を穢さずに済んでも、盛綱が穢したことになり、それでは微妙として、最初小四郎という可愛いゝ孫を殺してまで苗字を護ろうとするようなお婆さんになりません。そういう風な真意を理解して遣っていた。そうして盛綱がやはり『いつかな心は変』じないと言う、これが二股武士でないと云う証拠で、その点が又前に言った通り、栄三に出来ている。今の歌舞伎の役者がしているのは全部二股武士で、この二股武士であるということは盛綱の性格や時代から考えて絶対にあり得ない。そういう絶対にあり得ないことを歌舞伎の方ではやっている。従来歌舞伎の神様と言われた団十郎のような人までが盛綱は二股であるからいやだというてあまり演じなかったということは、如何に歌舞伎役者が盛綱を知らないかということを一般的に証明して居ります。彼等がよくやる首実検でも、偽首を見てそれで喜んでニヤッと嬉しそうな顔をする。そういうことは絶対にあり得ないことで、栄三はそれを『かほど思ひ込んだ小四郎に犬死』させたくない、『小四郎があんまり神妙健気さに』ほだされて、封建道徳の垣を人間的な気持から乗越え、そのために大将を欺くと云うだけの肚を、首実検の所でつかう。それが、歌舞伎の役者にはまるで出来て居らない。

鴻池　団十郎より栄三の方が偉いと云うことになるんですね。

武智　少くとも盛綱に関する限りは、そう云っても過言ではなかろうと思います。

鴻池　そうですなあ。文五郎の微妙もよいですな。

武智　そうです、それは先程も云ったが、その他に『三悪道』ね、あそこがよかったですね。『三悪道』の所の情があんなに遣えて居るのは歌舞伎役者にはありませんね。篝火は人形も役者も余りいゝのがありませんね。これは一つは太夫に篝火が語れていない罪もあるんでしょうが。

鴻池　大体篝火と云うものを政亀風の芸風の人に遣わせる昔からの習慣があります。そして政亀とか、小兵吉と云う芸風の人は、一座には昔から必ず二三人居ったものらしいのです。

武智　あの辺がまず普通だったんでしょう。

鴻池　いや、普通とちがいます。栄三のようなのも居ったんですよ。

武智　いや、普通と云うのは、やっと一人前の人形遣いの標準に達したと云う位の意味なんです。

鴻池　要するにその辺の人形遣に篝火を持って行くから、役に腕が伴わないということになるのです。

武智　太夫も篝火と云うようなものには、苦労しても、儲からぬし、難しいばかりと云うので、いゝ加減にしているようにも思うが、大体がそれとも篝火との性格がわかって居らぬのじゃないかとも思えます。

鴻池　そうですな。

武智　要するに、具合が悪いですなあ。（笑）それでは、この位にして、次に移りましょう。

河庄

中　竹本文字太夫　豊沢新左衛門　切　竹本津太夫　鶴沢清二郎

鴻池　そろ〳〵本格的になって来ましたね。
武智　一体文字太夫の口三味線のところはどうですか。
鴻池　文字太夫の平常の浄瑠璃というものが、善六の語っているものと同じじゃないですか。（笑）
武智　そうですね。
鴻池　従って河庄の端場全部が善六が語っているような芸になる。（笑）流石の新左衛門も文字太夫にか丶ったら、どう言ったらい丶か、とに角気の毒なものでですね。
武智　つまり文字太夫には太兵衛の口三味線位いの三味線で結構なんですね。
鴻池　その通り。（笑）
武智　それから紀国屋の仲居がありますね、すぎというのが、あれが丸で語れていないですね。すぎよりは文字太夫が悧巧だから、文字太夫程度に悧巧なすぎになっています。
鴻池　善六、太兵衛の浄瑠璃ですが、この劇中芸という感じが少しもしませんね、武智さんどう感じます。
武智　そうですね。
鴻池　それが平常文字太夫の語っている浄瑠璃が善六太夫の浄瑠璃と同じだという事の言い得る一番のよい証拠だと思います。
武智　御尤で、あそこは大体一つもおかしくないですなあ、聞いていて。
鴻池　少しもおかしいという感じは与えません。

武智　それは前後がおかしいからそれであそこが少しもおかしくないという風に聞えるんじゃないですか。（笑）

鴻池　そうです。それでは切の津太夫は如何です。

武智　津太夫の河庄は、私は小春の言葉に『口と心は裏表』これが出来ていない、河庄という一段は口と心は裏表を語る一段です。小春も、孫右衛門も裏表を語る、その中で治兵衛が本当の情を語りましょう、そういう構成、それが総て津太夫には判っていないですね。

鴻池　それから孫右衛門の時代と世話とのカワリが樋口とかそういうものと同じのようになっているようですが。

武智　つまり孫右衛門というものは時代世話ですなあ、それがこの人には世話時代になって居ります、始めの『のう小春殿今宵からの』からの言葉が全部侍ばかりで裏表がない、それからお金のことをいう時に急に世話になる、私ならお金の事をいうときには自分で注意して侍らしく言い、外のところは侍らしいことを言うのだから、かえって安心して町人が出ると思う。

鴻池　これもとんと仰の通り。

武智　その次の小春のクドキが又裏表がないですね。

鴻池　それから孫右衛門がおさんの手紙を見て後『最前は侍冥利』を侍詞で『今は粉屋の孫右衛門』というのを世話でいうていましたが、これは愚の骨頂ですなあ。

武智　愚の骨頂を通り越しているでしょう。それにあの孫右衛門は泣き過ぎます。『泣顔隠す渋面に』が『泣顔隠す』になって居りません。

鴻池　一体孫右衛門は事を治めに来たのが、あんなに興奮してしまっては。

武智　泣いたり怒ったりするが、事を治めに来たのか、まぜ返しに来たのか少しも判りません。例えば『人をたらすは遊女の習ひ』という所を小さい秘そめた声で、誰かに聞えたら困るというような感じが言いますが、それでは意見が治兵衛に一つも利きません。『病になるほど心を苦しめ』なども小さい声で言うが、これは伯母の心労を言うのだから、うんと応えるように言わねばなりません。あれではまるで孫右衛門が心を苦しめているようです。なっていない。

鴻池　従って津太夫の孫右衛門の表現の上に一貫した人格というものがない。

武智　そうですなあ。

鴻池　一番よく人格の現われなければならぬ人形なんでしょうが。

武智　そうですとも。

鴻池　それからこれはどうです狸をタノキというのは。

武智　これは大阪で言うかも知れませんが、変ですね。それから小春のくどきが駄目ですね、全然出来ていないじゃありませんか。

鴻池　こゝの小春は大体本心をいっていない所ですからね。それに善六太兵衛の条は前後とはっきりと区別して語らねばならぬ所で『河庄』全体の色取の上で相当重要なものですが、それが出来ていない。その原因は詞捌きが悪いのにあると思うのです。その上に善六太兵衛の語り分けさえ出来ていません。これでは一段の格式が生れる訳がありません。

武智　成程御説の通りです。『コリヤ頬かぶり取れ〳〵、エ、ほ、かぶり取れやい、ヤア治兵衛か』のところでも『取れやい』と『ヤア治兵衛か』との間に治兵衛の顔を見る間が語られていない。間もカワリも出来ない人ですね。小春のクドキ『エ、辱けない、有難い』のところが、こゝは裏表を語らなければならぬ一番大切なところですが、それが語られて居りません。小春の本心というものは、『紙治さんとは死ぬる約束』というところにあらわれねばなりません。それも出来ていないし、それで『逢瀬もたへ』というところが、本当に逢瀬がたえて悲しいというところだから本当に悲しまなければならぬ、ところが情のない汚い音で語っています。それから『エ、死にませう』というのが本心で、『引に引かれぬ義理詰め』というのは表向きだけの筈ですのに、そこが少しもカワリが語れて居りません。『抜けて出ようく』はこゝの間に三味線の掛声があるのですが、それでころっと変らなければ駄目なんで、思わず『抜けて出よう』と本心を語って、カワって人前の『抜けて出よう』を語らねばなりません。それも駄目。『母さん死んだアトでは袖乞非人の飢死もなされふかと』それを袖乞非人を憂いで語るが、これは憂いで語るべきものではないので炬燵のところに『親にも代へぬ恋なれど』という言葉がありますが、親が非人になろうが、どうしようが、この恋には代えられぬという恋なんですから、お母さんが非人になったら困るというように憂いで語るべきものでないと思います。

鴻池　それに違いありません。

武智　『恥を捨ても死ともないが』というのをすらくと語っている。これは表向きに孫右衛門に聞かすので、紙治には心にもないことを言うのだから、いゝ難くそうな拵えがそこに現われなければならぬと思うのです。それを如何にも死にともなさそうな語り方でやりますから耐りません。津太夫のように裏も表も嘘も真も無茶苦茶に語るんでは小春の心理描写というものは出て来ません。

鴻池　河庄では「カワリ」ということが一番大切で、この書下しは中太夫の「四季がわり」と謳われた、前名中太夫の三代目政太夫というカワリの名人で、情が春夏秋冬のうつりかわりのようにかわって語られなければならぬものと聞いています。だからあのように語っているところを聞くと結局河庄を知らないのでしょう。

武智　今私が一寸言ったことは素人でも気の付くような大事な変るところで、それをあの調子で言ってはゼロですね。結局津太夫は河庄の風を知らないと言えますね。

鴻池　それどころか義太夫節を知らない事になります。

武智　それでは清二郎に話を向けましょうか。鴻池さん清二郎について一つ………。

鴻池　私はこの三味線もどうもいかぬと思いますね。冒頭の三味線をあんなに腹からノッて弾いては河庄にはなりませんからね、スネて弾かなければならぬところを皆ノッて居ります、つまり河庄に限らず、拵えたバチはノラなければ弾けない清二郎の欠点が今度河庄によってはっきり証明されたと思うのです。

武智　津太夫の浄瑠璃だけの三味線ですね。

鴻池　結局河庄としての修業が出来ていないと言うわけです。

武智　小春のサワリのところで三味線の同じようなことを繰返すところがウントウネッタ味がなければ。

鴻池　嘗て新左衛門の河庄をきゝましたが、あのノリの強い人ですが迚もよかったですね。一寸口で言われませんがやっぱりスネた撥遣いでした。

武智　結局新左衛門という人は非常によいお師匠さんがあってその人の薫陶を受けて居りますから、見たところは清二郎と一脈相通ずる点がある、それが修業のよさと、悪さの違いによってそういう風に違って来るのですね。

鴻池　御尤もで……。

武智　清二郎という人は天分だけで弾いているのですね。

鴻池　武智さん、結論としては、清二郎には義太夫節の三味線の中で非常に重要な揆遣いの一つというものが全然出来ていないということが出来ると思いますが、それが又特に河庄に必要なんです。

武智　しかしそれを清二郎に教えてやる人というのか……清二郎が習う人がないのが、これが清二郎の悲劇ですね。

鴻池　私は誰かうまい人に河庄を弾いて貰ってそれを自分が悟らなければならぬのじゃないか、その熱心さと云いますか真摯な態度が必要なのではないかと思いますが。

武智　正にその通りです。しかし最近河庄の三味線はあまりよいのがありませんからね。清六や友次郎も具合がわるいし。

鴻池　大体義太夫節の修業の本筋として、そういうことは自分で悟らなければならぬところです。この点は清二郎のために敢て苦言を呈したいところですね。

武智　努力と言いますか、勉強心が足らぬというところですなあ。天分がある人だけに一層惜い気がします。もっと努力あって然るべきだと思います。次は人形に移りたいと思いますが、栄三はどうです。

鴻池　そうですなあ。欠点というところがないと言いたいのですが。

武智　欠点がないというよりもいゝところが多過ぎると言いたいですね、あらゆる治兵衛を通じて栄三が一番ですね。

鴻池　鴈治郎の治兵衛よりまだ栄三の方が上ですね。

武智　問題ではありませんね、あの人はしかも後半分が崩れて来ますが栄三にはそんなことがありません。どの点も完全な芸術品です。例えば小春を足を揚て蹴るところとか、肩ですねて出てゆくところなんか……。

鴻池　それは人形において従来伝わる治兵衛の型というものが歌舞伎より優れて居るということからです。栄三の知っている治兵衛では二代目玉助のを大体その通り遣っていると思うのですが、それを踏襲してゆく芸力が栄三に伴っているのです。

武智　紋十郎の小春はどうも遊女になっていないと思います、大体火箸を突きさして手をついたり、頭を下げたりして居ったんでは遊女にならない、遊女のもって居るウンネリした色気が一つもない。

鴻池　そこへ行くと文五郎の小春は……。

武智　あれは絶品ですね、初めの口説の時に火箸をもっとちょっと身体をくねらして火鉢の灰をいじって居るところや、人形のカシラの切り方の上手なせいか、人形に表情が出ていて、何か涙が頬を流れて居る様に見えるぐらい情がある、一つの人形でいろ〳〵に表情を変える事はむずかしい事ですが、同じ遣っても栄三の例えば治兵衛が非常にいゝ、というのは、何もせずにうつむいていて、一つの何んとも云えぬ顔に表情が出て来る、それは面の切り方と同じ事で、並々ならぬ修業がないと出来ない事でしょう。

鴻池　そうですね、それはそれとして玉蔵の孫右衛門はどうでしょう。

武智　それは津太夫の孫右衛門と同じ事でしょう、それからこの頃紋十郎で変なところは動くべきところで動かないで、動かないところで動く。小春という様な役はその動きの中に陰影を出さなければならないのが、それが初めから、新劇風に動かないで、人形としての浄瑠璃にピッタリしたしぐさをしないようしないのかも知れないが……。

鴻池　その点文五郎は小春では完璧ですね。

武智　つまり、栄三、文五郎、玉次郎のこのコンビというものはまず正に天下の三絶ですな。

ちょんがれ

竹本綴太夫　鶴沢実治郎

武智　「ちょんがれ」はどうです。

鴻池　我々聴客として一番大事な感じは軽妙ということですが、それが少しもない綴には殊にそれが欠けている様ですね。

武智　崩れない浄瑠璃を語る修業がいりますね。

紙屋内の段

豊竹古靭太夫　鶴沢清六

鴻池　この辺でどうです紙屋の内の段に移りましょう。でまず武智さん一つ話しの端緒をつくってくれませんか。

武智　さあそれでは一般論というところから一つ話しを進める事に致しましょう。

鴻池　兎に角情が非常によく語れて居ますね、そこに古靭太夫の狙いどころがあるんでしょう。

武智　そうなんです。情を語らなければ「炬燵」にならない。たゞどういう情を語るかという点からいったら、非常に成功しているところもあるし又何か物足らぬところもある、印象的な批評をすると、そう言えます。

鴻池　前半ではおさんがシテになっていますが、そのシテのおさんの真情を語るために従来の「炬燵」に必ず付随していたあるものが欠けていました。

武智　鴻池さんちょっと難かしくなりましたな、それを具体的にいえばどうなるんですかなー……。

鴻池　そのあるものというのは、従来誰の「炬燵」にもあった幾分い、意味のヨタンボ乃至ヨタンボ的な雰囲気というものが今度の古靫の炬燵に欠けていたように思うのですが。

武智　分りました。そう仰言るのは炬燵というもの、作が矛盾を一つもって居る、その矛盾を蔽い隠すものとして、ヨタンボが必要なんで、それが欠けているのですね。

鴻池　とんと仰せの通り。

武智　二人で批評するとよい考えて出ますね。（笑）そこで、この作の欠点というものは、この作によっておさんの情というものを理窟どおりに語ろうとしたらどうしてもそこに矛盾が出て来る。それは当然で、炬燵というものは近松の原作に半二が筆を入れたものと大体考えてよいと思いますが、そうしますと天下一貞女なおさんさんを語って、それで見物を泣かさなければならぬものなんですが、ところが天下一貞女なおさんさんというのは近松のおさんで半二のおさんとは違う。天下一貞女なおさんさんでないところの半二のおさんというもので見物に涙を流させなければならぬといいところにヨタンボ的雰囲気が要る所以があると思うのですがどうでしょうか。

鴻池　そうですな、仰せの通り。

武智　簡単に言ってですな、少くとも『イエイヱ憎いさうな憎いそうな憎ましやんすが嘘かいなア』これは門左衛門の原作にはありません。即ち門左衛門の原作というものは『余りじやぞへ治兵衛殿、夫程名残が惜なら誓紙書ぬがよいわいな』から『おと、しの十月』までとびます。「なぜにお前は其様に私が憎ふござんすえ」という言葉ですね、これは原作にない言葉なのですが、これは嫉妬心から出た言葉なんです。それでは『足かけ三年が其間露程りん気せぬそなたに』というこれも改作の入れ事ですが、この性格とまるで矛盾するものがこゝに現われて居る。作自体がすでに矛盾している上にこの『憎いさうな』の情を語れば語る程、おさんの嫉妬というものが表に出て、可哀想なという気持から遠くなる。原作では夫にあきれてしまって、失望して『余りぢやぞへ治兵衛殿』とこれ程尽しておるのにと、失望の淵へ投げ込まれて『女房の懐には鬼が住むか蛇が住むか』といって自分の運命的な不幸を歎きますが、改作はそういうおさんではなくしてヤキモチヤキのおさんになっている、だからあの文章をその通りに語ったらどうしても嫉妬になる。古靭太夫は嘘の語れない人だから、『蜆川へ流れたら小春が汲で呑みやらふぞ』を顎を使って語る。『心残りなら泣しやんせ泣しやんせ』そこも顎を使い、如何にも憎そうな表現で本当の嫉妬の表現に足をつっ込んで来て居る。それをヨタンボ的な太夫はその上をもう一つヨタンボの雰囲気で蔽い隠す。それが古靭の場合は正直に炬燵の作だけのおさんになる、それが観客におさんを同情させぬ様にする原因となる。結局結論をいえば古靭の合理的な語り口が作の悪さを暴露しているのだが、それがもっと品物の悪い炬燵たけの成功を収め得なかった原因で、結局原作を語るべき人だと言えます。

鴻池　『憎いそうな憎いそうな憎ましやんすか』というところで大低泣きがありますが、古靭はそこを泣かなかったですね。
武智　二度目の『憎いそうな』が少し憂いになるのです。
鴻池　『三年が其間露ほどもりん気せぬ』など大変い、と思うが。（こんなこと言いましたか――鴻池）
武智　この辺になると感情が昂ぶって非常に宜敷しいね、問題は初めのおさんのさわりのところだが、そのおさんのさわりというもので天下一貞女のおさんさんを描き出して泣かさなければ炬燵が物にならないのじゃないですか。どうもこの初め十分間だけが具合が悪いんじゃないかと思いますが。
鴻池　それから『そんならアノぶ心中と見せたのはそなたの頼みか、アイナア』というのが非常に大事で、古靭もよい出来でした。それとこの『アイナア』が普通だったらその後に説明がついている場合が多いのです。つまり例をとっていいますと帯屋のおきぬで、『私も女子の端ぢやもの……』というような口説きの説明がついて居る、それを『アイナア』一言に入れて語らなければならないのです。古靭はそれが出来て居りました。
武智　それに又『ぶ心中と見せたのはそなたの頼みか』これが又非常によく出来て居る、『ぶ心中と見せたのは』というのがそうであったかという小春に対する気持ちを語って、又気を変えて『そなたの頼みか』というところが、
鴻池　それがあればこそ『アイナア』が上手に出来たのです。
武智　即ちこれが『アイナア』の仕込みになって居る訳ですね。
鴻池　同時にこの一くさりが小春治兵衛の戯曲の悲劇的な結末の発端でしょう。
武智　炬燵の悲劇の初まりでしょう。

鴻池　これが非常に私はいゝと思いますがね。

武智　古靱がヨタンボが語れないというのは初めのさわりのところでも言葉尻が全部低いところに落ちる、あんなところに原因があるんじゃないかしら。

鴻池　多少原因があるでしょう。

武智　それはどういう原因でしょう。

鴻池　それは又難かしいですな。

武智　反省的に響くのかな。

鴻池　それから此辺はどうですか『何のいなア〳〵必ず案じて下さんすな』この『何のいな』を初めいった時は『子供の乳母か飯焚か』などの小春を家へ入れてからの所置を考えていません。

武智　二度目のは『何のい』と『なア』とのあいだに間を置いて処置を考え、そうして悲しくなって『なア』で泣き落す行き方です。

鴻池　それがとても優れていました。

武智　非常にすぐれた心理描写ですな。

鴻池　こういうところは津太夫とえらい違いですよ。

武智　そして古靱のかわりのうまさというものがその次のおさんの言葉に出て居ると思います、泣き落しておいて『必ず案じて下さんすな』を普通に言って居る、そうして『ハテモ』といって『子供の乳母か』を少し憂いで言って、『飯焚か』を大きな憂いで刻んで言い、それから『面倒ながら』を普通で、二度目の『面倒ながら真実の』がうんと憂いで、涙のこしらえで、その次の『妹』が一寸憂いで二度目の『妹』

がそれをもう一層感情をこめて言い、『持ったと』以下、そこでぐっと変って、感情を押えて地合に溶け入る訳ですが、こんな封建制度下の女性であるおさんの細い心理描写というものを誰れも他に出来る人が現在ではありませんね。

鴻池　それから五左衛門とおさんとの息がよかったですね。

武智　あそこは絶品です。こゝのおさんは『なだめつ叱りつゝ、両方へ我身一つのせつなきつらさ』を完全に語って居ます。例えば『舅殿に取れました』とキッパを廻していってそこで『ハア』と息をぬいて、お父さんにこんなきつい事をいってはいかぬと『と鼻毛らしう言はれもせずと……』をいって『拝んでばっかり』で非常に二重の意味で感情の昂ぶりを示し、こんなに拝んで居たのに遂に自分が見棄てられたという気持と、父親に対して夫の恩を主張するのと、この二つの気持ちを一ぺんに言う、そうしてそこでコロッと変って『いたわいな』を押えて語ります。

鴻池　そこらは何んとも言えませんな。

武智　『と、さん逝んで』を感情を籠めて語る、そうして『下しやんせ』を父親に対する尊敬と情愛で語ります。これはこの人でなければ語れないところです。

鴻池　又この人は常に出来て居るところです。

武智　併し仲々そこいらの太夫には出来ませんよ。

鴻池　『思ひも寄らぬ今此仕儀』以下治兵衛の言葉の盛方は絶品だと思いますが、よく心理描写も出来たものだと思います。

武智　そうですね『舅殿も娘の事』で舅に聞かす様に、然もおさんに心配しないようにと言いきかすように、語って居る。それから五左衛門のいゝ所は『何んにも言ふ事聞く事ないわいゝ』を低く語る点で、これは後の尼になる事件を語る。『いよ〳〵娘は連れていぬ』という所で『娘は』の次に大切な間を語って『連れていぬ』は気を変えてつめて言い、而もちょっとつまった声で連れて帰り兼ねる気持を語って居ます。

鴻池　『か、様、か、さんのふを聞捨に後に見捨る』のこの「後」の音遣いが大変い、様に思いました。これは後髪を引かれる表現であって、これと同じ音遣いがこの前の伊賀越八ツ目を語った時には政右衛門が捕手を見送るときにありましたが……。

武智　その時は捕手を見送るにしては重すぎる音遣いであると私は思ったんですが……。

鴻池　それが今度はそのまゝこゝへ持って来てもよい、そういう音遣いでいゝんじゃないですか。この『後に』というところが何んとも言えぬよいところでした。

武智　この『聞捨に』から『籔に夫婦』までを一句一句かわるところがよかったですね。

鴻池　随分いゝところばかりで……此処はどうです『此言訳にはそなたもおれも』がそなたを普通でおれを憂いで語って居るがこれは少し反対になった方がいゝんじゃないかと思いますが武智さんどうです。

武智　『おれも』を非常に低い、聞えぬ様な声で語っていますね。

鴻池　そなたもという語に治兵衛の小春に対する愛情が出なければいかぬと思うのです、つまり此処で二人が一緒に死のうとするのは天国に結ぶ恋を目ざしてよりも、おさんに対する言訳にそなたもおれと死ぬという事になっていると思うのです。そこで、治兵衛がいう『そなたも』の詞に小春に対する気の毒さが現われなければいかぬと思うのです。

武智　そうですね。此処では大体治兵衛は死ぬ気です。それでは舅の本心がわかって手紙の間、あそこではー体どういう気持ちになって居るのでしょうか。前の場合は女房も居らず、金もなし、死ぬより外道はない。後の方は女房は尼になった。結局百五十両の金があるから小春の身受けが出来る、それでもやはり死ぬ気かどうか……。

鴻池　その時はちょっと考えますね。

武智　若し善六、太兵衛が死なゝかったら治兵衛は小春と結婚していたでしょうか、それともやっぱし死の道を選ぶでしょうか。

鴻池　又難かしい問題が出ましたね。

武智　結局作の無理が又尻尾をあらわしたのじゃないですかね。

鴻池　さあ。

武智　この『おれも』は私は自分の罪の呵責に駈られて非常に内省的な気持ちを語って居る、自分の罪を悟って悪かったという気持ちを語って居ると思いました。

鴻池　内省的な言訳の為に小春も一緒に連れて死のうとする。

武智　そうですな。

鴻池　どうしても、もう少し『そなた』が何か物足らぬ。

武智　一つはこの『おれも』がその次の『スリヤこな様も覚悟極て』と語るその変り目を引き立てるために、前に岡崎の時の捕手を見送る時の仰山な音遣いと同じ様な技巧的な意味で、特に『おれも』を低めて言ったのかも知れませんよ。そういう風に考えられます。つまり浄瑠璃という物のはこびといいますか音曲的な要求からね……。

鴻池　要するに、私としては物足りませんでした。『さらばお酌を申さふかい』の『かい』と三味線のジャンとが同時であったが、これは離した方がいゝと思います、こうするとこの文章から言うと『涙ながら』のキッカケ――三味線でいうと説教ですね、その説教のカゝリを三五郎がこしらえる事になる、これは古靱太夫の語る浄瑠璃でないと思いますね。曽ってこれを離してやったのは、道八がやったものより外に聞き憶えがありませんが……。

武智　つまり『涙』が一杯の涙にならなければならぬところを古靱が初め語り始めた時に一杯の涙という事がすぐに判らず、聞いて居るうちに『イ、イーーイ、イ、、、ダア、、ア、、、アーーア』と語って居るので、成程涙だなあとわかるけれども、それが次第に出て来る涙でそれではこの涙が死んでしまいますね。これは大切な涙ですからね。

鴻池　こゝは是非離さなければならぬと思いますね。つまり『あほう』という事は悲劇的なものを強めるために反対のもって来たその効果がジャンによって弾きるか、きらぬかで強くなったり、逆効果の方に引きずられたりするのです。

武智　なる程。

鴻池　それから次の書置ですが……。

武智　私が一番古靱太夫の心理描写に感心したのはこの書置の中で、その中の大切な所でありますが、『お末諸共今日尼に致し』というところ、そこで『尼に致し、アマ、アマ〳〵』と口の中でぼやく様にいって、それからちょっと間を置いて『オ、』とびっくりします。その『アマ、アマ〳〵』と口の中で繰り返していうのはあんまり思いがけない事が起って、自分が何を読んだのやら、尼というのは一体どういう事やらが突嗟の場合にわからない、その心理描写です。こういう心理描写というものは古くさい頭の人では出来っこない、私がいつも、古靭太夫をヒュマニスとい丶ますが、その完全なヒュマニストたる所以がうかゞわれるわけです。此処の小春と治兵衛の泣き落しはよろしいですね。まさに完璧です。

鴻池　最後に善六、太兵衛を斬った後の治兵衛の息が以前の時よりよく出来て居ったが、清六の三味線がそれに伴うて居らぬ。此処でもう一つ清六がうまく弾いてくれたら近来の「炬燵」の段切りとなって居ったと思います。

武智　あそこの三味線は特に大切ですからね。

鴻池　「止めの刀」でテ丶丶丶丶と弾く、そのテ丶丶丶丶はよかったのですが……。

武智　そうすると鴻池さん、小春と治兵衛の動きがあの三味線に出て居らぬという訳ですか。

鴻池　治兵衛の息というものがなく、普通の伴奏風になっていました。それは『手を取急ぐで』普通の三味線になおる可きで、それが初めのテ丶丶丶丶の次からすぐなおりかけていましたがどうも具合が悪いと思います。此処は三味線弾の意気ごみからいって所謂太夫の女房、或は伴奏より以上のものになってい丶ところです、少くとも太夫と同等の位まで行ってい丶と思います。

武智　大体此処は古靭が並々ならぬ浄瑠璃を語って居る。此処の三味線のあの間は今迄の浄瑠璃の概念から少しも出ていないのに、そのあいだ古靭太夫の語っている浄瑠璃というものは浄瑠璃というもの丶常識的な概念の限界から逸脱して居る。こんな浄瑠璃は古今にあまり類のなかった浄瑠璃だろうと思います。だからいくら三味線が古靭太夫と同等以上に弾いてもそれでも太夫から上に越すという事はない。

だから清六はいくら弾いても、決して弾きすぎるとの非難を受けない筈です。

鴻池　此処の清六の三味線が古靱の語って居る浄瑠璃に対して冷淡です。もっと情熱がなければいけません。

武智　つまり女房役というところまで行って居らない。許婚というところでしょう。（笑）古靱は『小春、小春此処へおぢや〱なんにもこはい事はない〱こはい事はないわいの』までの心理描写と行動の描写というものが単なるお約束で語って居るのではありません。更に『斯成上は是非に及バーン、最後はアーアミ島の大長寺』その間《ま》の伸び縮みと一種異様な抑揚が非常に難かしいものに語られて居る。これは例えば菊五郎の暗闇の丑松で人を殺して引込む　あの足どりに相当する言葉ですね。こんな間は今の浄瑠璃で聞いた事がない。

鴻池　其処で菊五郎のあの引込には伴奏がありませんね。あれは他流の三味線にあの息と足取が弾けない、又弾かなくともいゝところでしょうが、義太夫節の三味線はどうしても弾かなければならないのです。

武智　全く仰言る通りです。

鴻池　弾けても弾けなくとも弾かなくてはならぬ所です。少くとも弾こうとしなければいけません。私のこれまで聴いた中では道八が完全に弾いていました。その外では土佐太夫で吉兵衛のを度々聴いていますが、吉兵衛は弾けていませんでした。少く共弾こうとしていなかった様です。その外のは憶えませんが、清六は全然弾こうとしていないではないが、こゝらをもっと勉強して欲しいと思います。

武智　吉兵衛は悪かったですね。要するにこの一段はどうでしょう。

鴻池　古靱は炬燵の骨子を完全に語っているという事は出来ますね。その骨子に副うべき何物かゞ物足らぬという事になりはしませんか。

武智　欠けておるというのはこの作に欠けて居るので、古靭は骨子は完全に語って居ます。所謂主知主義的に語って居るのですが、主知的に語った時に作の悪いところが表に現われるという事は当然で、これが古靭太夫の浄瑠璃の特色であると、自分はこういう風に考えて居るんですが……それから人形では文五郎のおさんが吸付け煙草をしたり、懐《フトコ》ろ手したりして遊女に見える。これは小春からの返事にサービスの方法を教えて来たという新解釈なのかも知れませんがね。(笑)

鴻池　そんなあほうな事もないでしょう。

伏見里

竹本伊達太夫　鶴沢友衛門

武智　次、伏見里は伊達太夫がカがハに聞こえ、スがシに聞える、『助けしとて』が『助ケストテ』とか『影隠さんと』が『禿隠さんと』になるとかいうところがあります、『若者』が『馬鹿者』に聞こえたりするのはひどい。全然発声法がなって居らぬというところに特に気が付きました。それに宗清が雪降りで風邪をひいていたようで。

大楠公・三勇士

竹本織太夫其他

鴻池　大楠公と三勇士は如何です。

武智　大楠公の友次郎作曲というものは台詞とチョボとで出来て居る、それから三勇士では松島太夫が一番いゝと思いました。(笑)

鴻池　どうしてですか。
武智　というのは他の太夫は全部浄瑠璃を語って居るが松島太夫は素でいって居る。だから非常に新劇的なところがあってよろしい。この友次郎の作曲も浄瑠璃ではなく、新劇とチョボとの混合したものであるからこの作の風は松島太夫が一番よいことになるのですが。（笑）
鴻池　書下しの時は忠臣蔵と三勇士で、古今の名作である忠臣蔵より新作の三勇士の方で客が来た。その三勇士が数年後の今日脚光を浴びたのですが、聞くところによるとこの興行の二日目かに文楽開場以来の不入りであったという事ですが、当事者はこの辺をよく考える可きと思います。
武智　三勇士を今日観た感じでは非常に感銘が薄い。それはきわものというもの、本質をよく現わして居る。その意味で興味が深かったです。浄瑠璃はやっぱりきわものでは駄目だという事を如実に物語って居るものでしょう。
鴻池　今頃三勇士を見ても浄瑠璃として観客に同情の念が起りませんね。やはり作が悪いのでしょう。

（おわり）

［備考］179・1二月の文楽座批評…鴻池氏と文楽の合評をしました。一つの試みですが、成功不成功は大方の御批判に俟ちたいと思います。唯二人の批評の仕方の差異が、更に高い批評に結合していはしないかと考えるのですが。
（武智鉄二「あとがき」『第十二劇評集』）

192・1鶴沢清二郎…鶴沢友次郎（『義太夫年表　昭和篇』第二巻）、休演か。

なお、当興行「河庄」について以下の記述がある。「相三味線に不幸続きの津太夫氏は折角友次郎氏の復活に安堵したのもつかの間、友次郎氏の脳溢血に亦もや代役を求めねばならなくなった。」（小泉蛙鳴「不幸な津太夫さん」『太棹』一一二号）

199・6鶴沢実治郎↓鶴沢寛治郎（『義太夫年表　昭和篇』第二巻）

200・6従来誰の「炬燵」にもあった幾分いゝ意味のヨタンボ乃至ヨタンボ的な雰囲気というものが今度の古靭の炬燵に欠けていたように思うのですが…「鴻池幸武宛て豊竹古靭太夫書簡二十三通」（注（8）参照）昭和十五年一月二十八日付けに、「昨日から二月の紙屋の治兵衛さんを／稽古にかゝりましたどうも此浄瑠璃わ／おしゃべりをして見ましても私しの語れる／義太夫と違うように思い升どうしても／語れません十八日間の興行中せめて／一日でもよい少し自分の思うて居るように／やって見たいと思いますが此段は古靭／にわ語れぬ一段と見えます」とある。

23

文楽座三月の合評記

『浄瑠璃雑誌』第三百八十八号　昭和十五年四月三十日発行

太宰施門　鴻池幸武　武智鉄二　森下辰之助　樋口吾笑

森　伊賀越以来合評記が御無沙汰と云う訳でしたから今度は合評にお願い致します。

樋　最初の「鷺娘」は妙な物ですが御聞きの御方に御批評を願いましょう。

⊙鷺娘の掛合

武　「鷺娘」の口上に「皆様の御所望により特に此段を御覧に入れる」とありますが、一体皆様とはどんな方々でしょう、「四季の寿」から此一節を抜いてやっても義大夫の景事物として成立しない。」そんな物をお客から所望する筈がありません、恐らく此の皆様は大夫や三味線弾きの皆様の事だと思います。

鴻　一体「四季の寿」の内で此「鷺娘」のくだりは一番わるいものです、それを又よりに選って切放して出すなどは理解に苦しむ。私の聞いた日は伊達大夫がシンでしたが「口説の種」の処などは義大夫節とは受取り難い。そして又三味線はばら〱で「袂かざしてしほらしや」の次の合の手や「氷を見ながらも」や「袖をかざして立よれば」などでは二枚目以下がシンに皆目合そうとして居ない。されば新左衛門のシンの足取りに無理があるのかと云えばそうでなく、二枚目以下が自分勝手の足取りで弾いて居る。

武　云わば八十五パーセントのスフ混織と云う訳ですな。

太　「袂かざして」とあってすぐあとに「袖をかざして」と重なるなど無類の悪文です、だから自然合の手も乱れたと云う訳でしょう。

⊙日吉丸三段目

毎日替り　豊竹呂大夫　豊沢新左衛門
竹本南部大夫　鶴沢重造
竹本伊達大夫　鶴沢友衛門

武　私は呂と伊達を聞きましたが、南部は聞きませなんだ。

鴻　私は南部を聞いて居ります。

武　呂大夫は大夫サンらしい語り口で格別云う事はありません、新左衛門の三味線の「喜ぶ手負、虎之助はにこ〳〵顔」で一々の人形、例えば「喜ぶ手負」で手負の三味線「虎之助は」で小供の三味線が、乗りの強い例の調子の間に完全に弾きわけられて居ったのには実に感心しました。講釈の名人で実際には何も表現出来ない大夫や三味線弾きの充満して居る今日、こんな芸が聞けるなどは実に嬉しいと思いました。

太　これでこそ一人前の三味線と云えるのでしょう。譬えば床屋の職人が小供の頭も刈れ、芸者のえり足も削れ、紳士の鬚に巧くはさみも入れられてこそ一人前と云えると同様でしょう。

鴻　私は南部の日に聞きましたが、これは南部丈けではないと思いますが、「ちる花のわかれを」以下の腹構えが出来て居なく総て「ちる花の」が唄のかゝりの様になって居ます。

武　伊達の場合もそうであったが、わかれとか名残りとか云うのが事件の発展を暗示して居るし、お政の腹拵えになって居るに拘らず何一の拵えもなく「程とや」あたりでよい声や咽を聞かす事にのみ専念して居ります。

鴻　従って「慰さむる」で息がぬけて居ます。

武　それ故に「知らぬお政が千鳥足」の変りが出来ないのです。

太　恰も一盃機嫌で都々逸か鼻唄でも唄うて花見に行こうと云うお政が出来るのです。

樋　今のひと達の多くがそんな腹構えの必要を知らぬから此の機会に於てウンと教えて戴きたいと思います。

武　其通りです、大体義大夫節の一番大切な事は大夫にあっては変りと云う事になります。

鴻　三味線にあっては姿を弾く事です。」

森　この大夫の変りや三味線の姿を弾くにはそこに有ゆる心がけや修行が必要になるのです。

武　伊達にあってはお政の酔うて居る間の町人と侍の女房の変りすら出来て居ない、それに「武家の三ツ指手はもぢ〳〵」の地合の変りも出来て居ない、」其上テツ沢山の上に発音不明瞭……結論は申しませんが奮励を望んでやまぬ。」

鴻　私の聞いた南部大夫で「おゝ暑つやのホ、、、」のお政の笑の腹がわかって居ない、それはその前に拵えがないからです、次に「とは云ひ乍ら情けない」のくどきがべた〳〵して居りました、もっと東風なるものゝ研究が必要であろうと思います。それに五郎助の詞の語り方は本文に五音外れしと云う表現上の指定がありますが、此表現の出来て居る五郎助の詞は耳の経験の浅い私には未だ聞いて居ないのです、日吉丸三段目では色取りの上から特に大事だと思います。

武　「それ斎藤竜興が立籠ったる――」で玉幸の堀尾が懐紙をかまえて一々に書取るが、あれでは五郎助が予め「唯今から説明いたしますから、皆さんノートの用意を願います」と言いそうで滑稽でした。紋司の虎之助は言語道断で「聞くも涙の」の辺りはチャリでつかっていました。紋十郎のお政も大夫と同じ程度の表現に過ぎません。

森　あの人形は皆いけませんなア、人形復活を待望せる折柄特に努力を……

忠臣講釈七ツ目

中　豊竹和泉大夫　三味線　鶴沢叶

樋　和泉君から「貴誌は多年愛読して居るに私の芸評を書いて貰うた事がない、善悪共しっかり遣って下さい」と斯界に珍しくも健気な注文です、皆様其のお積りで願います。

森　二度行き二度共聞き得なんだから批評は出来ません。

武　私は三度行き三度共一生懸命に聞いたからやりましょう。この大夫は一応の修行は出来て居るから今日かけ出しの大夫の如き誤魔化しはない。併しそれ以上の修行の足らない事が窺えます。」それに本読みも足りません。「がせいな嫁御が」はおりえが総嫁に出て居る事　近所の蔭口にかゝって云わねばならない所で、前の「橋の上」に対して「橋の下」が出て来た所です、おむつの廓言葉が出て来る所も出来て居ない「おう笑止」とか「せいもん」などはそれです「成程〳〵そなたの勤めていやる屋敷は」という婆々の言葉は、おむつの口をすべらしたのを言いくるめる位のあわてた言葉で語らねばならぬのに、憂いで語って居るのは研究不足だ「毎晩〳〵よう日参」や「サア赤いはよいが」の変りが出来て居ない、此の様な点をウンと研究せぬと真の義大夫節にならぬ。

鴻　「そこはぬかることぢやない」を「ぬからぬ」と云い。また「あによめ」があいよめに聞えた。

森　それはアノ人の文句に明瞭をかく所がよくありますが舌の加減でしょう。

樋　現在の所謂若手大夫では将来あると思うからウンと鍛錬を望む。

忠臣講釈七ツ目　切　豊竹古靱大夫　三味線　鶴沢清六

太　これは私の一番嫌いな曲の一つである事と、遅くれて行って冒頭を聴き落した事などで感興が高まるという程度まで行きませんでした。強いて云えば、初めの喜内の詞が実にシッカリして居た様に思います。中間は殆んど無感興のまゝで進み、段切近くに於て栄三の人形が実に美しく目に残って居ますが、それ以外に何も残て居ません。

森　私も喜内がシッカリし過ぎて居てどうも老衰の喜内とは受取れませんでした、尤も「ヤイ重太郎」以下で重太郎を叱る処などの手強さは其処に武骨一遍の老侍と受取れたがそれ以外の処に老衰の弱さがもっと出るべきであろうと思います。

武　武骨一遍という事と老衰という二つの問題が出ましたが喜内の武骨一遍は正に封建イデオロギーそのものゝ具体化されたもので昔から喜内を中心に語る事になっているが、それでは特に現代人らしい語り口の古靱大夫にはふさわしくない、その意味で今回の「講七」は不成功であったといえると思います。次に老衰の弱さという点に関連して大体上の一段の構成を見ますに失業老武士の詫住居で娘が遊女で嫁が惣嫁で、疱瘡子があり、時代浄瑠璃的な展開が殆んどない。その点から見て非常に特異なもので、一種の世俗劇である。だからあの様に浄瑠璃らしく語らずに写実劇的な所が要ります。それが即ち鐘大夫風に合致して来る所以で、写実の間を語り、しかも鐘大夫は大音無双であったと伝えられていますが、そういう条件の上でどんなに語っても浄瑠璃に聴ゆるような修行や天分が要るものです。その点に古靱大夫の不成功の第二の原因があった様に思います。

森　私はこの「講七」がそれ程不成功とは思いません、昨秋の「伊賀八」の様に終始頭の下る程感心が出来なかったという位です。要するに私は二度聴いて二度共泣かされなかった。この浄瑠璃を聴いて泣けないという事は其処に欠陥がなくてはならないと思います、その上に「古靱の文楽座に於いての初演」とある点に興味と期待が余りに大きかったのでその反動ではありますまいか。

鴻　私は今皆さんのいわれた不成功（私は不成功と評する程悪くはなかったと思っています）の原因が清六の三味線にも大分あると思います。つまり今の武智さんのいわれた情景は三味線弾きに大いに其心構えがなければなりませぬ。大団平が此段をひくにわざ〱三味線のさわりを止めて弾いたと云う事が伝わって居る位です、それは三味線の音を悪くする為でなくて喜内の家庭のすがたを弾くためであったのです。

武　「おりゑ誰やら見へたぞや」の母親の詞で「おりゑ」と呼びかけて次にモ一度「おりゑ」と稍かすめて語りました、それは文五郎の人形が納戸へ這入ったのを呼出すおりえになって居る、所がおりえは実はすぐ傍に座って居る事に本文でなって居るのだからあれではいけない、其日庵の遺著に盲人住大夫が見物をワッと云わす間を語ったのがいかぬと書いて居ます、私は住大夫がワッと云わす間を語ったからいけないので、こゝは婆が誰れか知らぬと思うて右へ振かえり見た処が見えないので次に左へ振りかえるとおりえが目につくのでそこでおりえと云う迄の写実の動きの間を語るべきであると思うのです（これは前に述べた私の本読みと合致する所以です）こんな間を到る処で語るのが講七の風で、然かもそれで音曲としても完成せなければいけぬと思います。更に「何やかや話すこと、アノ坊ンが疱瘡しての」の処で「話すこと、オ、アノ坊ンが」とオの字が這入って居るのは賛成出来ません、アレハ云う事が一度に胸に支えて居る、何やかやの内から坊の事を云うのだからオは不要で、其間は鐘大夫風の大きな間を然かも浄瑠璃の足取りのくるわぬ様に語らねばならぬと思います。

鴻　要するに講七の構成に二つの大なる要素があります、其の一は義士の誠忠、一は喜内の家庭で、前者の表現は古靱のいつもの表現法で成功し得るものですが、後者は古靱のいつもの表現法ではピッタリ来なかった訳と云わねばなりません、然し段切近くになってからは相変らず無類の出来で殊に「アラやさしの我子や、健気やと」のあたりはホロリとさせられました。

武　「女は二人の夫を持たず、侍は二人の主につかゆるを人非人と卑しむ事」の語り口は「女は二人の」以下が強く「侍は二人の主に」以下が弱かったのは反対である、殊に「ヤイ重太郎」を強く云い放った、後に病苦の息からだから寧ろ女は以下を稍々軽く語って侍は二人以下を強める方が自然であると思います。

鴻　「喜内蹙りし膝立直し」は動きが出て居て申分ありませんでした、又次の「知行にありついたとな」も心其まゝの表現、是も申分なしです。

武　全くよかった、それでこそ「ヤイ重太郎」が出られた訳です。「お暇申す」以下の重太郎は小供を殺す処までの腹にわだかまりのある様な陰気な冷淡そうに聞かす詞使いはよかったと思います。要するに婆とおりえ及重太郎は結構でした。

鴻　従来の重太郎の人形「南無三宝おくれしと」あたりで二回下手に引こむで居たのを栄三は「我子のかせに縛られて」で一回丈引込む事に改めたのは非常によかった、栄三丈の芸力があって初めて出来た事だと思う。

森　段切近きあたりの栄三の重太郎は実に無類で、何だか明るい様な気持がしました。

⊙三番叟　（掛合）

鴻　或人から此段は私に聞いてくれるなと云う注文がありましたので私は敬遠しておきます。

武　ジャ私がやりましょう。これは人形浄瑠璃創って以来の無茶苦茶の「三番叟」であれでよいと思っているのはアノ床に出ている連中丈けでしょう。一体大隅大夫が見物席を脇見をしていましたが、あんな事では翁が語れる訳はありません、それに紋十郎、玉幸の人形のホタエた悪さ、紋十郎の足遣いの下手さは邪道の極みでした。たゞ品物にはなっていないが栄三郎の千歳の心掛けが正しいので稍心を強くするに足りました。

樋　最初の鷺娘。今又茲に三番叟何とかならぬものでしょうか。

⊙桂川連理柵　六角堂の段

毎日替り　豊竹駒大夫　三味線　鶴沢清二郎
竹本錣大夫　三味線　鶴沢寛治郎

樋　錣の六角堂は当代一品と聴けます。」

森　全く同感です。

武　人形では玉蔵の長吉がよくなかったと思います。

同帯屋の段

切　竹本津大夫　三味線　鶴沢重造

太　全部傾聴しましたが、別に何の感想もありませんでした。

武　それがもう抑々其世話が語れていない証拠です。

鴻　そうです。全く品物になっていませんね。しかし考えてみると、津大夫の語り物は昨年来、大文字屋、沼津、鎌腹、紙茶、帯屋、来月は古手屋との事ですが、半年程世話物許りが続いていますね。

樋　老境に入ったから楽をしようと思って、世話へ廻ったものでしょう。

武　所が世話物こそ楽に語ってはいけないので、作が大体サラットしているから、うんと突込まぬと情が語れないものなんです、今度の帯屋がサラッとして居てよいという人もありますが、世話物が只だサラッとしておってはお仕舞です。例えば「帯屋」などでもお半は死ぬ気だし、長右衛門も死ぬ事になり、お絹はそれ以上の思いをしているのだから語るものもそれだけの腹構えが要るのです。

森　私は二度聴きましたが最初のは確か九日と思っていますが、其の時は相当聴かれました、役々の語り口も余り耳に立つ悪い処も発見しませんでした」所謂サラ〳〵と無難に語れて居たようです、唯段切の和讃の唱名に長右衛門が移ってウレイになって居た等が寧ろ滑稽でした位のものでしょう。この憂いの唱名は二度とも左様でした。

武　そうなるのは結局本当の修行が出来ていないからで、この人は変りが出来ないのです。それに本読みも足りません。例を挙ぐれば「抽出し明け」と「ヤア五十両の」の間に、ひき出しをのぞく間が語れていません。「内の子飼の、長吉ぢやわいの」の変りもいけません。「相手は、内の子飼の長吉」とかわるべきです、半斎の「女夫乍らそれを楽しみに」で変って冷静に「煩はぬやう」になるのもいけない、あれでは何か云いまぎらすようで、半斎の真情が語れていません。「油はあつても」までツブ読で「家は、暗闇だけが憂なのも情になりません。「親の慈悲心」を慈悲に語り「身にこたへ」を素読に言いますが、あれは長右衛門の身にこたえるのだから「身に」を大切に語るべきです。おきぬは「悋気所か」を大きく、自慢気に語ります。あれではおきぬにならぬ。長右衛門が「さり乍ら百両の金を」という所も自慢して語る、あつかましい夫婦です。「面目ないはお半がこと」も軽く、少しも反省していないようだ。「そんならさうせう」に「蒲団の中より手を合せ」の拵えがなければならぬのに、それが出来ていません。その他いつもの通りの素読大夫調です。

鴻　それに真世話の足取りなどゝいうものが全然語れていません。極めて幼稚な例ですが「油との持合で灯つてある」の詞の足取りも、津大夫の語っている足取で進んで行くと「モチアイ」を語らねばならぬ所ですが、此処丈けはやはりお定りで「モッチャイ」と語っているから全体的に足取が成立する訳がないのです。こんな所は外にも沢山あります。

森　お二人様は非常にこの「帯屋」を物にならぬと云うて居られますが、紋下津大夫の素読調と気分の不変化と研究の不十分とはこの人の持前ですから私は其点では最早何も申しません。何時も同じ事許りをいわねばなりませんから。唯「沼津」や「紙茶」に比べてこの「帯屋」は私の耳には比較的よく聴かれました事を申添えます。

樋　それでは次へ遷りましょう。

⊙摂州合邦ケ辻

毎日替り　竹本相生大夫　三味線　鶴沢道八
竹本織大夫　三味線　竹沢団六

樋　まず織大夫と相生との優劣比較は如何ですか。

鴻　私はもう比べものにならぬ程織大夫の方がよかったと思います。

森　私も同感です。

武　私は相生を聴いていませんけれど織大夫の合邦はあまり感心しませんでした。それは間の位が出来ていないのが第一で、それに後半を語ることを勘定に入れない語り口です。また触りの変りが出来ていません。あれでは玉手の恋が本当の恋になります。

鴻　団六の三絃が娘を家へ入れるところが弾けていなかった。それから道八の三絃がさすがにむずかしい方を弾いていました。

武　最初の「玉手御前」をギンの音にたゞよわせて語るのは「俊徳丸」を語り出すための技工ですが、それに対する注意が織大夫に欠けていました。一般に音づかいが悪いと思います。

同合邦内

切　豊竹駒大夫　三味線　鶴沢清二郎

鴻　後半だけで語り憎くそうでした。情味が出ないのでしょう。どうも以前に一段一人で語ったときの方が余程よかったと思います。

武　大体がこの人には無理なもの丶ようです。

森　私は甚だ相済まぬが二度も文楽へ行って居ながらあまり注意して聞いていません。まとまった批評が出来ず、失礼いたします。

樋　では此の辺で……誠に御苦労様でございました。

［備考］　221・4鶴沢重造…鶴沢友次郎代役鶴沢重造（『義太夫年表　昭和篇』第二巻）

24

四月の文楽浄瑠璃人形芝居合評記

『浄瑠璃雑誌』第三百八十八号　昭和十五年四月三十日発行

評者　鴻池幸民　武智鉄二　森下辰之助　樋口吾笑

⊙妹背山婦女庭訓　井戸替の段

竹本源大夫　三味線　野沢吉弥

武　奥の方は十種香をあてこんだチャリであるが、此人は肝心の十種香の本格的修行が足らないで、それを語り崩して居るから何の興味も感じない、矢張りこんな軽いものでも本当の修行が出来た上のものでなければ聞かれませんね。

樋　全く御説の通りです、例えば織大夫の弥次喜多で忠七のお軽の触りのあて込みが実に面白いですが、これなどは武智サンのお説が裏書されて居る証拠です。実際チャリにはまず本格的の修行が必要です。

鴻　浄瑠璃の本格的修行が出来て居ない内にチャリ場を語ると、チャリの人物と真面目な人物は混合して来ます、一体チャリ場だからと云うてチャリの人間許りではないのです、此井戸替の場でも既に求馬にチャリが乗移って居ました。

武　求馬の外に婆も完全にチャリ婆になって居ましたから婆が「納戸に入れば」で引込んだ後、「打くつろぎ」との間に大きい間を語って居ましたが其間の意味は気づまりになるお婆サンが内へ這入るのを待って居る間で、同時にチャリのかゝりの間であるのに其前の婆の詞がチャリになって居るから全然無意味の間になって仕舞い所謂間抜け浄瑠璃とでもいうべきものでしょう。

鴻　抑もチャリ場と云うものは云い替れば放れ業の浄瑠璃ですから足取りがすっかり呑込めてから語るもので、源大夫の如く足取りをたどりつゝ語るようでは物になりません。一例を申せば冒頭の「文月七日例年の」の足取りなど三味線と全然外れて居ました、つまり此の枕の出方は普通の浄瑠璃と違うべき所が解って居ないからです。

武　家主の「おれまでつりこみ居つたハ、、、、」と「おれを夢中に仕居つたわいハ、、、、」の二箇所の笑いが素読でした。チャリから真面目に移る変り目の笑いであるべきをそれが出来ないで、どちらもずんべらぼうに語る為です、つまり笑いでチャリが真面目に変らなければならぬ、その為には笑いにテレ隠しの意味を含ませなければならぬのに素読になって居たのがいけないのです。

鴻　人形で申したいのは紋司の子太郎は堀川のおつる、日吉丸の虎之助と持って居る人形が違うだけで使いぶりは同じことでした、それから井戸替人足の引込みの「おどる拍子の酔機嫌」で人形使いが酔機嫌で人形は一寸もおどる拍子になって居ないなどは心得て欲しい問題です、今一つこれは吾々の見物した日（五日源大夫後援会総見日）で何かの都合が知りませんが小兵吉の婆の頭が中途で替りましたなどは見苦しい極みでした。

杉酒屋の段

竹本相生大夫　三味線　豊沢新左衛門

森　今日は相生の出番でしたが私にはどうも此人に研究の足らぬ所が多かったと思います。三味線の新左衛門はアノ老錬な撥さばきと冴えた音色丈けが残りました。流石ですナア。

鴻　新左衛門の其面白い足取りを結果から云うて相生が片端からつぶしにかかって居ました、一番悪るかったと思うのは「振の袖の香やごとなき」と「口に云はねどあからむ顔」の腹構えと音づかいが丸切り出来て居ない。

武　「口に云はねどあからむ顔」の口に云わねどもあからむ顔も意味を取り違えて居った。これは、怨を口に云わねど怨む心があからむ顔にあらわれたという意味なのです。大体此の二人は既に関係があるのですから、……互に関係がないのならば恥かしくてそれが顔色にあらわれるということもあるが、⊥傍に気兼ねするものも居ないのに関係のあるお三輪が顔を赤らめるだけと言うようなことはない。それに此の怨みの心を直ぐ口に云わぬ処が、後の疑着の相に通って来るのです。それに対して橘姫は恋故に唯だ忍んで来る丈けです。此の二つの照合いが出来ねばならぬのです。一体に斯う云う本読み不足の影響が全体を支配しています。

森　「おぼこ育ちの娘気に思ひ詰たる一筋を言はうとすれば胸迫り」で嫉妬の観念が現われていなかった。この時のお三輪の気持がまるで判っていない。⊥

武　「おぼこ」という意味が大体分っていないのです。これは世間知らずという意味で処女という意味ではない。従って「隣の鳥帽子とはム、、求馬様のことかいの」で「ム、」で考えて求馬と気がつくと、もう心配してそわ〳〵しなければならぬのに、そのカワリが既に出来ていません。その他すべてお三輪の情が語れていません。

鴻　「必ず変つて下さんすな」の「必ず」に後の疑着の相があらわるべきだけのものがあるべきなのにズ

ル〳〵で語っていました。ところが新左衛門はそこを半間で弾いていました。これなどが前に述べた新左衛門の間や足取を潰している一例であります。

武　橘姫の「コレ申し求馬様アノ女中は」…「そもじなどの用を聞く求馬様ぢやない」の「求馬様」を「求馬サン」と語っていたのは、相生の大夫としての常識をすら疑います。

樋　様は時代、さんは世話と大体区別してもそれに人形の性格を加味して考えぬと大変な非常識に陥る事を覚らねばなりません。

森　「いきせき戻る此の家の母、ヤア求馬殿こな様には用がある………身構へに」は求馬を淡海と知って褒美の金にありつこうとする婆の欲心から出た文章であることが分っていないように思いました。

樋　お三輪も橘姫も求馬も婆々さえも語れていないといわれては困りますね。⊥

森　子太郎だけは語れていました、この人の天賦の才をモット発揮してほしいものです。

武　そうですね、前の井戸替の大夫とちがって子太郎を阿呆に語っていました。一体子太郎はチャリではありませんから。ところが紋司の子太郎の人形はチャリでやっていました。もっと真面目にやって貰わぬと全く困ります。

道行恋の小田巻

豊竹駒大夫　豊竹和泉大夫　豊竹呂大夫　以下
三味線　鶴沢清二郎　以下

樋　私は道行というものは大体声の修行場であり、又自慢場でもあると思います、それに今度の道行の顔触れではそれに適合する程の声の持主が居ませんことを遺憾とします。

鴻　昔は道行大夫というものが居たとの事ですが……。

森　今存命して居る人では角大夫の如きがその一人なんでしょうね。

鴻　そうですね、角大夫は浄瑠璃は兎も角として、声の点からいうと道行に最適者。これが右に出るものなかるべし、全く修行です。

武　今の文楽では先ず伊達大夫をそれに仕立てるのが策の得たものでしょう。

鴻　其処で今度の三味線の清二郎に一言したいのです。大体この人は今の若手の中で一番天分のある人ですが、今度の道行を聴いていると、この人の取っている間は自分が独りで弾くときに取る間で、五挺の連引をリードする間ではなかった。言葉を換えると、自分が独りで弾くときの儘で掛声だけが大きくなっているのです。それに又掛声のかけ処の穴が違っているように思われたが如何です。

森　その結果として押えが利かないで連引と一緒に浮立ってしまう処がありました。

武　あれは皆でお祭のお神輿を担いでいるようなものです。お神輿にも先棒はありますからね。それから背景の事ですが、春日灯籠をベタ一面に出して照明の代りをするのはいけません。あれでは「星の光に顔と顔」になりません。」「御灯の影が松の木の間にちら〳〵と」とあるところから言ってもあれでは困ります。今一つ人形では光之助が三人遣いの人形になって居りません。例えばかつぎが右の方へ八分二分に寄っていた等はその証拠だと思います。

鴻　そうですね。兎に角、此頃この人は大分芸がかち〳〵になっていて、左と足を統御出来なくなったのです。やはり兵隊から帰って日が浅いからでしょう。一日も早く此点改善して欲しいものです。

武　殊にこの人は若手の中で最も有望である人だけに惜しいです。

鑁七上使の段　　口　豊竹富大夫　三味線　鶴沢寛若

樋　私は富大夫はもう少し発音が明瞭なと思って居ましたが、今度は皆目何をいうて居るのかわかりませんでした。⊥従ってあんなわからんものなら時間の経済上止めた方がよいと思います。

森　それはみす内の為でしょう。この人には声の天分乏しく、腹も弱いからみす内であったらそういう事になるのでしょう。しかし奇声を出す大夫等よりは喜怒哀楽が表れるだけでも聴きよいと思います。

同　　奥　竹本大隅大夫　三味線　豊沢広助

樋　冒頭の「花にくらし月に明かし」の文句から一体に不明瞭でした。この人は以前もう少し明確に語れる様に思い将来期待の一人で者したが芸の巧拙は明瞭に聴えて後の事と思います。

武　私は大隅大夫は腹が強い大夫という定評があるが、あれは地声が大きいだけで腹の修行が出来ていない大夫だと思います。従って入鹿の性格と「君」と呼ばれる位とが結合したこの場の入鹿を語るには非力で、正面を切った声が丸で出ていません。入鹿の笑いが泣笑いになっていたのも非力な証拠です。⊥それが鑁七になると此人の地声だけでその大きさが出て居てその限りでは成功していたと思います。弥藤次、玄番に至っては上出来だったと思います。

鴻　頓と仰せの通りです。絃の広助に関しても略同じ意味の事がいえるかと思います。

森　私はこんな場を語らせて置けば大隅も無難と思います。

武　それはこの場に変りというものが殆どないからでしょう。

鴻　憂いもありませんね。

武　だから「家来共さん」の所はよくなかった。

鴻　人形では玉幸の入鹿が特に悪く、下々の下ですね。一体入鹿があんなに胴体を動かしてはいけないと思います。」それに出の足取が春藤玄番所の出方と同じで入鹿などには到底なっていませんでした。その上従来の型とはいい乍ら入鹿が庭から出るのは改めねばなりません。

武　大体大内では渡殿を通い路としたもので、其処ではじめて道楽がやれるので露天だと雨の日など大変な事になりましょう。

鴻　それは「道楽の」の道という字の意味を取り違えてこんな事になって来たのでしょう。

武　だから人形遣いは今まで入鹿の位を取違えていた事になるのです。玉幸が二畳台の上で胴体を動かすのも其の証拠の随一、抑々入鹿の人形は動かないで間の位たけで持たさねばならないものです。その点では此前の時の玉次郎が無類で、その品と間のよさは今に目に残っています。又玉幸の入鹿が雲限の深縁蜀錦の褥の上に高合引を持ち出して腰をかけたのは滑稽でした。

鴻　栄三の鱶七は申分のない出来でした、殊に感心したのはアノ大人形の長袴の足を巧みに遣わせた事で、同時に誰か知りませんでしたが左遣いもよく遣っていたと思います。

奥姫戻りの段　　竹本南部大夫　鶴沢重造

武　まず南部大夫に対して云いたい事は此姫戻りと云う代物に対する本読みが足らぬ事です。元来此の姫戻りなるものは一見頗る無心に見えて又頗る複雑なカラクリがあるものと私は解します。従って平凡な運びの中に底うねりがなければならないのです。

鴻　表面平凡で然かも底うねりのあると云う説には頗る同感です、それが為に姫戻りの段と云うものを爰に独立さした所以であると思います、そうなると此段に於ける大夫と三味線の位どりが非常に六かしい事になります。それに此段の構成から云うと人物や人形の腹変りがそれ〳〵極めて困難な上にそれを連鎖する地合に於て総てたゞよわす音の修行が非常に大事だと思います。」これが曲から云うて武智氏のお説の表面平凡で底にうねりのある表現に適合するのです。そして其表現が徹底せなければなりません「つがひし詞、縁の綱引き」の所など南部大夫は大体は出来て居ますが徹底して居ません、それは本読みが足らぬからでしょう、初めの「されば恋する」の音づかいも徹底して居らなかったのも略同意です。

武　此段の変りと云うものは普通の変りではいけません、橘姫は常に求馬を中心にした変りであらねばなりません」、それは恰度太陽とハレイ彗星との関係に似ていると言えましょう。つまりハレイ彗星は太陽に非常に近づいたり、又太陽から非常に遠ざかったりしますが而も恒に太陽の引力の埒外へ出ることは出来ません。それと同様に橘姫は求馬恋しい一心を中心としてハレイ彗星の軌跡の如き変化を現出せなければいけません、だから「恩にも恋はかへられず、恋にも恩は捨てられぬ」とか「我恋人の為と云ひ第一は君の御為」とか「合点で御座んす、がもし見つけられ殺されたら」とかは単純にキッパリと変った丈けではいけなく、他の事を言う時も求馬の事を言う時も唯軌跡の両極端、即ち遠近の相違があるだけで、常に求馬が傍に居るのを意識して忘れず、それに心をひかれつゝ、変らなければいけませんそこで少しもかわらぬ姫もどりと此微妙な変りのある姫もどりとを区別するものは並々ならぬ修行と大夫三味線の位取りとであります。

金殿の段

切　豊竹古靭大夫　三味線　鶴沢清六

森　此の金殿総じては結構でした、前の講七に比して立派な出来であったと思います。只前段のお三輪に喰たらぬ処がありました「さつきのお清殿とは寺友達」以下「聞けば聞く程涙がこぼれて、あた目出度い事ぢやげな」のあたり「己れヤレ拝んでなりと腹癒よ」も「拝まして貰ふたら、忝う御座ります」など苦心の作品でありながら後段の疑着の物狂わし気を引立てん為か何となく喰たらぬ様に思いました。

武　私はお説の箇所が疑着の下拵えと官女の手前との変りを語ろうとして居る点は受取れましたが、只モウ一息其点に対しての本よみが足らなかったと思います、其例は「たばこのめ」を憂いに語って「あた滅相な」まで響いて来てそれが平凡な詞に聞えた憾みがありました「己れヤレ拝んでなりと」にもそんな感じが欲しかったと思います。⊥然し其外の処は殆ど半句ごとに変化があったのは感心の外ありません「さつきのお清殿」の云い方は文章が読み切れて居ませんでした「千箱の玉」以下は絶品でした。

鴻　私も「千箱の玉」以下は無類と思いますが前半には大分異見があります、⊥それは「道からとんと見失ふた」の次に息の間がほしかった「見やるさきより」などいつもならもっと此大夫独特のよい音づかいがあるべき処ですが…

武　豆腐の御用全部に対して大夫自身がア、てれてしもうてはいけません、冒頭の間までが此の大夫としては不充分な出来であったのは恐らく此の豆腐の御用を語るのがいやだと云う事が累をなしたのでしょう。然し豆腐の御用を語る以上には古靭自身の趣味に反しても豆腐の御用に徹底して貰いたいと思います。

森　武智サンの豆腐の御用の累い説は誠に新発見至極です、冒頭に限定されずに「サアく\〱ひょんな事が出来た、ほんに〱油断も隙も」以下にも古靭として何となく喰いたらぬのが随所に見えたのも同じく豆腐の御用の副作用からでしょう。

鴻　それは同感です「行かんとせしが」以下古靭としては普通すぎる浄瑠璃でした、尚「心も空、登る階が此人としては大に喰足りません。三味線も前半は太した出来とは云えません、殊に「籔うぐひす、トン」此トンは男のトンでした。

森　後半に於ては申分のない出来でした、此の上に注文も希望もありません。⊥

武　要するに此一段は古靭の口にはなくても柄にあると云うべきで、それに今度の金殿ほど四段目らしい格を持った金殿は一度も聞いた事も見た事もありません。人形では栄三の金輪五郎が当代随一で刀を突込む前に二度泣いたり、其あとで憂いの腹を持ってうなだれて居る処などよくもあれ丈周到に使えたものだと頭が下る思いがしました。⊥

⊙鰻谷の段

中　竹本文字大夫　三味線　鶴沢寛治郎

樋　こんな端場は紋下の貫録からつけた蛇足でしょう。時間の経済如何です。

切　竹本津大夫　三味線　鶴沢重造

武　私は所用のためこゝから以下は聞きませんでしたので、皆様よろしくおねがいします。

樋　私はこの時代の町人の仁侠というようなものを語るには津大夫は最も不適当な人だと思います、お妻にしろ八郎兵衛にしろ、どうも作者の企図している気分を表現することが十分でなかったように思います。大体現代に於てこれ位惨酷なものを持出さねばならぬ程語りものに窮しているとは浄瑠璃界の将来が案じられます、文部省から補助金を貰って居る責任者紋下津大夫さん、何の理由を以て何の辞を以て政府に申訳せんとするかを疑います。

鴻　私は批評を書くようになってからは此段を聞くのは今度が始めてです。鰻谷は兼々きゝたいと思っていたものの一つなのですが、それは鰻谷とは、どう云うものであるかということを権威ある大夫の技倆によって知りたかったのです。だから今回の紋下の鰻谷は大変期待していたのですが、きいた後でも結局鰻谷の正体が判らず仕舞でした。従って改めて別な人の鰻谷を早くきゝたいというのが現在の心境です。然し今私が考えている限の鰻谷は、冒頭の「隣座敷に弾出す」の詩的情景が全体の背景となって、その前で事件の惨酷さが美化されて、悪感を覚えないように展開されねばなりません。そのためには大夫と三絃の格合が一種格別なものにならなければなりません。その芸に直面したかったのです。紋下の鰻谷からそれをキャッチしたかったのです。

森　例によって例の如く詞のすべてが素読的で、何の変化もなく、又随所にテツがあり、紋下の浄瑠璃としてはどうしても感心することは出来ない。然るに不思議なるかな女の聴者には手巾を眼にあてて泣いて居ったものが沢山あった。此の情景は高座で語っていた紋下にも認められていたことだろうと思います。或る人曰く「浄瑠璃を語って、聞く者が泣くようになればその浄瑠璃は非常によかったものだ」と。その言から推すと紋下の鰻谷は非常に上手なよい語物と言えましょう。又語っている大夫も大いに我が意を得たりと思うているでしょう。が、そこに私は大いなる意見があります。聴き手が泣いたからというて其の浄瑠璃がよいとは断じられません。節も詞も何もなしに唯文章を素読しても悲しいものでは泣されます。例えば古八とか阿波十とかいうようなものはその類でありましょう。そこで無論これらの浄瑠璃を語って人が泣かぬようでは素読以下です。その点から言って紋下の古八は感心することは出来ません。

武　一般に浄瑠璃は見物が泣く泣かぬよりも、誰でどう泣かすかゞ芸の上の問題なのですが……

鴻　すべてへ凡手は子役に泣声を遣うて泣かせます。大体津大夫には書置をよんでいるときのお半の心持が分っていません。大夫の解釈によれば、お半が書置の意味を覚えて（理解して）いるということになっています。私の解釈ではお半は書置の意味は分らず、唯文章を丸暗記しているだけにどゞまっているのです。そうでなければ「此の身を汚し」というようなことを子供に云える筈がなく「こゝ云ふ時、母様が泣いてであつた」の入れ言の如きも無意味になると思います。

森　「見る目悲しき娘のお半、泣く〳〵膝に両の手を」とあるのを見ても、お半は母親の殺されたのを見るのが悲しくて泣くので、書置の文句に身をつまされて泣くのではありません。私は鴻池さんの解釈が正しいと思います。

武　つまり前月の楽屋で、念仏が泣くのと同じ伝ですね。

森　不思議なるかな、栄三の八郎兵衛が金殿の金輪五郎とは別人の感がした程見劣りがしました。

樋　それは大夫の八郎兵衛の息と人形の息とが合わないからでしょう。

⊙連獅子　掛合

森　これは唯人形を見せるだけのものでしょう。

鴻　それが又栄三だけと来ているのですからね。三絃がまるでバラ〳〵の極みで、しまい頃には三枚目の友衛門が掛声をしていました。

⊙野崎村の段　竹本相生大夫　竹本南部大夫　竹本伊達大夫　豊沢仙糸　其他

森　ひっくるめて仙糸の三絃が飛びはなれて光っていました。浄瑠璃では南部のお染がまず物になっていました。相生の久作は面白くありません。伊達のお光、播路の久松に至っては気の毒乍ら素人浄瑠璃の域を脱していません。」

鴻　「逢ひたかつたと久松に」の「逢ひたかつた」で南部は「逢ひた」が弱く「かつた」の特に「た」が強いのは表現を誤っていると同時に、耳障りでした。「やうやう顔を上げ」の「やうやう」を憂いで語っていましたが……あれは「やう〳〵」という動きを語るべき所なのに、それを取ちがえているのです。「訳はそっちに覚えがあらう」は怨み交りの憂いであるべきなのに、唯平凡に言っていました。「余り逢たさなつかしさ」が不十分で「ことながら」がテツ。「二人一緒に添ふなら」も、もっと色気がなければいけません。「どうもかへられぬ」と「成程思ひきりませう」との間に、嘘を言う無の間の拵えがなくてはいけません。

樋　道具のことですが、「のれん越」とあるのに、のれんがないのはいけないと思います。だからお染とお光がもてぬのである。それからお勝という後家は実にあつかましい女ですね。「哀れを他所に」のところを語った大夫がとんでもない声を張上げたのは甚だ耳障りでした。あれは苟しくも浄瑠璃の大夫の出す声ではありませんナ。

武　では…こんな所で……。

［備考］
232・15第一は君の御為↓第一は天子の為（『床本』昭和一五年四月）
234・16竹本文字大夫…竹本綴太夫（『義太夫年表　昭和篇』第二巻）、休演か。
235・1鶴沢重造…鶴沢友次郎（同）、休演か。

25

院本劇「太功記十冊目」に就き

『創造劇場第1回試演　パンフレット』昭和十五年五月二十七日発行

この度、創造劇場で『絵本太功記』十冊目を院本劇として上演することになりましたにつき一言申述べます。

総て義太夫物は申すまでもなく、その書卸しは人形浄瑠璃芝居に於てゞ、従って芸の基礎はその時に出来上っているのであります。それを義太夫道では『風《フウ》』といって居ります。即ち院本作者が書いたテキストの作意を汲んでこれに作曲を施し、初演した太夫、三味線弾の芸術で、その戯曲の芸術的骨子として今なお厳存して居り、斯道の修業の目標となっているもので、その曲の足取、息などの口伝となっているものであります。つまり、正しい義太夫節はその劇の演出になるのであります。

この度の『太十』は、その運びを出来るだけ正しい義太夫節に則って、ほんとうの義太夫劇の上演を試みる積りであります。

因みに『絵本太功記』は、寛政十一年七月大阪道頓堀若太夫芝居に書卸された浄瑠璃で、作者は近松榊、近松湖水軒、近松千葉軒で、⊥草双紙の『絵本太閤記』に拠ったものと思われます。太功記物の浄瑠璃中最も世に知られたもので、全十三冊の仕組に出来て居り、発端は『安土城』で尾田春永と普天坊の条。一冊目は『二条城中配膳』で、春永が光秀を鉄扇で殴打つる条と。千本通の『光秀館』で光秀が反逆の意を決する条。二冊目は『本能寺』にての春永の酒宴と蘭丸と志のぶの色模様に光秀の焼打で序切になっています。三冊目は『中国陣所』の口で、清水宗治の高松城が久吉の水攻めに苦しむ中、浦辺山三郎と玉露の条。四冊目は仝じく中で『小梅川隆景軍配』の条。五冊目は同切で、『局註進』と『清水宗治切腹』の条で二段目の切場になっています。六冊目は光秀の『妙心寺砦』でいよ〳〵綸旨を拝さんと大内山への出達の条。七冊目は足利慶覚の『杉の森砦』にて鈴木孫市切腹の条で、三段目切場。八冊目は春永の法会。九冊目は『瓜献上』で四方天田島守の最後。十冊目がこの度上演の『尼ヶ崎皐月閑居』で全冊中最も有名で且優れた場であります。初演は初代豊竹麓太夫で、鍋屋宗左工門という素人が初出座の時であります。十一冊目は光秀の臣松田太郎左工門の妻柵が光秀の一子音寿丸を伴って山崎の利休を訪ねる途で、十二冊目は利休の住居。十三日目は小栗栖の光秀の最後で大団円になって居ります。

――絵本大功記尼ヶ崎の場上演に際して――

鴻池幸武　武智鉄二

今回の『尼ヶ崎』には、従来の歌舞伎劇の約束を無視した点がありますが、これは総て演出者の『尼ヶ崎に』対する解釈から出たものです。それらの点に関して今後生ずべき誤解を防止するため、予め、お断り申しておきます。

［備考］　239・12近松榊→近松柳（『浄瑠璃作品要説』第八巻）
240・6初出座の時…初出座は宝暦七年十二月「祇園祭礼信仰記」『信貴城』（『増補浄瑠璃大系図』演芸資料選書版）

26

森下辰之助さんの思い出

『浄瑠璃雑誌』第三百九十二号　昭和十五年八月三十日発行

私がはじめて森下さんにお目にかゝったのは、昨年の十月四ツ橋文楽座で友人武智さんの紹介にてゞありました。偶然お目にかゝったのではなく、浄瑠璃雑誌の内容を改善するに関して御相談に預る為でした。そして、その時が翌月発行される浄瑠璃雑誌上に掲載される第一次文楽合評の材料を聴取すべき観劇会でありました。ですから京都の太宰施門博士や辻部円三郎さんなんかも御同道でした。私も丁度東京から帰阪した日で、その上摂津の水無瀬宮のお茶事と掛持ちで中程から四ツ橋へ馳せ付け、二階の正面桟敷で森下さんと御一緒に聴いたのでした。そして、その数日後、森下さんと武智さんと私が洛北の太宰先生のお宅を訪ねて四人で合評をしました。その合評は勿論本誌に掲載されましたが不及乍ら浄瑠璃批評の最高峯を目指し、且それによって文楽座の人々の芸術的反省を促し、斯芸の向上のみ専一に望みつゝかなり細評しましたので、その内容が辛辣であるとか、後から色々反駁や批評の批評のようなものが現れました。森下さんと私とはそれ以来僅か九ケ月程のお馴染なのです。いったい同じ趣味の者同士は非常に急速度に親しくなるもので、殊に演芸の趣味の場合はその傾向が最も著しいかと思います。森下さんと私もその例に漏れず、僅かの間に大変御懇意に願いました。それもその筈、お目にかゝれば何時でも始めから終りまでお互に飯より好きな浄瑠璃の咄でしたから。しかし、森下さんにそんなに親しくして頂いた事に就いては、私がはじめてお目にかゝった時からでなく、その以前十年程前からその根ざしとでもいいましょうか、因縁のようなものがあったのでした。それは私の亡父も大変義太夫が好きで、文楽へは顔かさずとかいって行きませんでしたが、レコードや何かで盛んに楽んでいました。たま〲森下さんは日東会社の専務で、御自分の趣味から特別に義太夫のレコージングに苦心され、当時義太夫のレコードでは比類なき完全なものが出来ていました。ですからレコードで義太夫を楽しむ父に取って此上ないもので、その上、これも日東レコードで目をつけ初めたものと察せられますが、父が当時故竹本越登大夫丈を贔屓にしていました。そして、森下さんにお願いして、特別に一段吹込をして貰ったのです。最初は「廿四孝」か「中将姫」かどちらかで、次々と凡そ十段余りも出来ました。そのレコードは只今全部私が所持していますが、父と森下さんの共同の形見のようなものです。そして、越登大夫もなくなりましたから、三人の形見でしょう。

こんな訳でしたから、直接お目にかゝらなかったが、森下さんのお名前は父の在世中よりよく存じ上げて居りました。そして、素人義大夫に極めて無関心な私として不思議な事には、森下さんの義大夫をたった一遍聴いた記憶があります。素人義大夫の放送か何かで、語り物は「忠四」だったと思っています。三味線は綱造丈で、とても低い調子だと感じたことを憶えています。当時聴いた素人義大夫、それもほんの二三人位でしょう、その中で後に影も形もなく忘れているのに、森下さんのだけまだ記憶しているのはこれも何かの因縁だったのでしょう。

27

文楽納涼興行評

『浄瑠璃雑誌』第三百九十二号　昭和十五年八月三十日発行

酷暑の折柄、細評は避ける。最初が「夏祭」の六、七冊目。」六冊目の『三婦内』は掛合とある。四ツ橋の文楽座が出来た夏この狂言が出た時からついた悪癖である。三婦は伊勢大夫と長尾大夫の一日替りで、私の聴いた日は長尾大夫、師直が帷子を着て出て来たような語り口である。さりとて師直の程の品位もない。噂によると伊勢大夫の方がよかったとか。お辰は源大夫文大夫の一日替りで源の日であったが、平常さして品のある語り口でもないのに、お辰のいなせな所が語れない。口捌きの悪いのが禍したのかと思う。琴浦も若い越名大夫が語るが「伴ひ出て琴浦が――」以下足取が運べない。越名の未熟も未熟だが、掛合の弊のよい例である。絃は八造でこの人何を弾いても同じ、この役など、もっと〳〵其世話の勉強が必要である。「長町裏」は、団七が相生大夫と織大夫の一日替り、相生の日で義平次は文字大夫、凡そ「間」の悪さに感心する。相生の団七は影が薄く、文字の義平次はもっと形から入らぬと品物にならぬ。たゞこんな程度でよかろう位で「人殺しやい〳〵」というているのなら、何処かの土方を床へ上げた方がました。一体この「夏祭」という外題を今の文楽の大夫は知らぬらしい。「知らぬ」という語が辛辣であるというのなら、「夏祭」を研鑽する目安のつけ所を誤っている。」私の考えでは、この外題では人形の頭に目をつける可きと思う。書卸しが延享二年七月で、所謂名作浄瑠璃の先駆である。」勾欄では文三郎の考案で人形に帷子を着せ、殊に釣舟三婦などという役はこの時新たに「三婦」という頭が創案されたものと思われ、団七は勿論のこと（今栄三はこれを文七で遣っている）義平次の舅もどうやらこの時出来たものと察せられる。人形遣が、殊に斯道全盛期の名人が頭を撰択し、これを創案する、それはテキスに描写された人格と、之を語る大夫の語り口による外何物でもない。

第二は「太功記十日目」の切を二つに切って、前を伊達大夫に友衛門、奥を織大夫に団六が勤めたが、前の伊達は皆目話にならぬ。悪口のいい様ぅすらない。光秀の出から織に替るが、一段（否半段）聴き終ってあまり感服しない。現在の「太十」中、古靭大夫のを最上として、仮りにそれを百点とするならば、織の「太十」は五十点という所、せめて七分は行けぬと、と思うが、又考えて見るとこれが織の過程のようにも思われる。六月の「宿屋」あれなら本格的だ。ほんとうによい。その代り今迄もっと面白かった「太十」が悪い。ここに「宿屋」と「太十」の作の相違が見出される。閑話休題「武智光秀――」の次の団六の「タ、キ」の「間」がマクレていて、撥の緩急が整わない、だから」必定、ツ、ン」とノセた効果が面白くない。「母の皐月が七転八倒」は稍容姿が弾けていたが、「人非人」の次の「チン」は疎か。「悪人とも」の織の表現に異論がある。こゝは皐月の最後の詞の内容を「悪人」に語って欲しい。「たった一言」を唄ったのは不可。そして、「操の鏡――」以下は音遣のみ出来ていて、この舒事の内容が語れていなかった。「勇気の顔色」の次の「チ、ン」が弾けぬ。団六は「ハッ」と掛声をして弾いていたが、こんな所に掛声は要らぬ。掛声をせねばこの変りが出来ぬなどは嘘だ。十次郎の出にも不服がある。織大夫ならば、十次郎は聞及ぶ故大隅大夫の十次郎に目標を置く可きである。よしさなくとも「親人これに」を全部細い裏声で語るのは不賛成、手負というものは健康体であることを勘定に入れて表現して欲しい。「のういたはしや十次郎様」の条は団六に容姿が弾けなかった。「仔細は何と、様子は如何に」も不十分、要は字が語れていない。それから、凡べて十次郎の物語の間の三味線に「ドツボ」が多かった、「せぐり苦しき」も同断。久吉の呼止めは傑作。「詰寄る光秀」の次の「テ、ン」は素読の撥。段切は多大の熱演であったが、団六の絃に底力がないようである。見ていると撥が木の葉の如くペラ〳〵踊っている。つまり撥先に力が入っていないのだろう。いったい、今の若手の三味線弾によいのがいない。現今の斯界の有様からして、団平が生れなければならぬのだが、そんな夢のようなことは措いて、今の調子では、道八、新左衛門、仙糸、清六級が既に出来ない。何時か機を得て三味線弾論をして皆を激励したいと思っている。人形では文五郎の操の外全部水準以下である。

次は駒大夫の「城木屋」で、この芝居でのドッサリであるが、足取りがぬるく、「間」が鮮かに捌けない。そして、変りが不十分であった従ってあまり面白くない一段に終った。人形では栄三の丈八が傑出している外、小兵吉の庄兵衛が割合よく遣えてあった。紋十郎のお駒は悪くはないが、この人近頃何を遣っても殆んど同じである、その同じに落付し処はこのお駒のような役処らしい、即ち袖の扱い方である。栄三郎の才三は、おっとりしたこの人の芸風に将来性が望まれるがその長所が同時に短所で幕切れで丈八とのやりとりが間ぬるい。もっと小手先の利くように勉強して欲しい。

第四は南部の「中将姫」があるが、この人はもっと義大夫節をよく考えて語る可きと思う。殊にこの中将姫などという代物は、故摂津大椽の名品が近世にあった以上、その後の大夫は逆立したってその語り風では品物にならない。そこで役を受取った場合には、独自の決心と工夫を凝らさねばならぬ。それをやったのは三世越路大夫と聞いている。従って、南部にも南部として工夫でこの段を纏めねばならぬ。岩根御前など拵らえた品位で修行し直さねばならぬ。又卑近な例だが、「桐の谷は声をあげ」の所、南部は天性声がとゞかぬ、それを無茶苦茶にきばるから聞苦しい物が出来る。こんな所は、次の桐の谷が声をあげていう詞ノリをその表現で語ればよい。」そして「雲井に近き」で音を遣う、という風に総てよく考えて語る可きである。非力で且難声なこの人の将来は熟慮と工夫の修行とのみによるべきである。

切は呂大夫の吃又で、思い切って悪い。まず冒頭の音遣いと足取が全部品物にならない。近頃この人の浄瑠璃は足取が殆んどない。全部引字のようなもので繋っている。そうかと思うと、「土佐の又平」、「光起と名乗るべし」と切れる。人形では紋十郎のお徳が手も足も出ない。押しも押されもせぬ大花形があのお徳では困る。これを見ると立役を或程度遣わぬと女房役が満足に遣えぬらしい。紋司の修理之助はツメ人形を持って出て来たのかと思った。

28

織大夫・団六の「川連館」その他

『浄瑠璃雑誌』第三百九十三号　昭和十五年九月三十日発行

文楽座若手東上興行中、一番興味深く聴いた織大夫団六の義経千本桜四段目『川連館』について書く。両人の「川連館」は、この興行中両人の出し物の中一番よい出来であったと思う。「朝顔日記」の『浜松』がよかったという一般評であるが、私はこの四段目が最も秀で、いたと思う。それは織大夫に於ては、これを語るに当り、去る五月大阪文楽座にて彼が師古靱大夫がこれを勤めたその語り風を慕い学ぶことにのみ専念したからであった。又、団六に於ても、古靱の時の相三味線で、それがまた彼生涯中の傑作であった清六の三味線を徹頭徹尾追慕して弾いたことに起因している。要するに、この四段目には織大夫団六両人の我流というものが一箇所もなかったからである。つまり、この段の作風が無闇なリアリツティック解剖を許さないのである。古今の大夫の中で最もリアリスティックな芸風の古靱がこの段に成功しているのは、彼のその芸風というものが机上的な解剖から出発しているのでなく、彼が義大夫語りとして、演劇技芸者として最も強味のある天分であるところの人間的直感力にその源があるからである。加うるに古靱には浄瑠璃の風というもの、研鑽が正しく且徹底していて、それの修行が伴っている。これが古靱がこの四段目に成功している原因であり、同時に四段目を演ずるに際して是非共必要な条件である。それはこの段の骨子に三つの大きなブロックがある。一はこの段の文学的意図――被描写体で、単なる親狐子狐の愛情を人間の親子間の愛情に譬えたものでなく、もっと偉大な宇宙間に存在する親子間の愛情を人間よりそれが露骨な畜類――この場合は狐（狐をもって来たのは、種々な演劇的効果上からであろう。）をかりて描写していること。二はこれを義大夫節を以って演奏表現する任務を全うするに当り、書卸しの大夫二世竹本政大夫が、斯道諸風の中、最も荘重とされている「播磨地」を土台として編曲していること。三は狐詞のワザを修行せねばならぬこと。この三つを併合してこの四段目が出来ているのである。だから、前述の古靱の如き芸風の所持者に語られざるべからざる品物である。それを織大夫が学んだのであるが、それが僅かな稽古日数にもかゝわらず明治座の舞台の如き優秀なる成績をあげたのは、彼の平常の勉強と天性の芸力と、それと芸の素直さ――織大夫あたりになると往々にして回復覚束ない悪癖がつくものであるが、他の語り物の場合は時折それがあっても、この段では絶体にそれがなかった――からで、織大夫はやはり非凡な芸人であることが立証される。団六に於ても同じことで、この段を弾いた清六のあの「間」の持ち方、足の運び方、撥遣い、特に指遣いを極めて素直に習得していた。この現象は近頃の団六の舞台では実に珍らしく、且欣快極まる事象で、恰かも数年前彼が北陽演舞場に於いて「重井筒」を弾いた時を想い出さしめた。これを綜合して考えるに兎に角我流は全廃すべきで、有望なるこの二人の若人は優秀なる先輩の芸風を習得することに専念せねばならない。

　さてこの両人の四段目は、引越興行の例として、役を受取ってから極めて短日であったらしく、不徹底な箇所も少々あったが、そんな所や、また非常によいと思った所を、次回この二人がこの段を上場する時聊かの参考にもならんかと、左記しておく。

　初日二日目と二回聴いたが、初日はこれが追出しのため、気せわしそうで、その為落付やぬ所が大分あった。二日目は余程ユッタリと語っていたが、先ず冒頭の「園原や――」の歌など初日は誠にお粗末であった。いったいこの歌は書卸しの際にはなかったが、二度目に何処かで政大夫が「みどり」で之を勤めた時の丸本には既に追加されてある由で、従ってこの歌をやはり政大夫風で語らねばならず、さすれば、斯の道で所謂煮え込むような音を遣って出るべきであろう。その上よく考えてみると、この歌の節付が全曲から独立していない、具体的にいえば、丸本の黒朱によくある「ウタ」としての指定の下に、二上リ、三下リ等の特殊の作曲形態を取っていない。堂々と「ハルブシ」で出ている。それがまた普通の「ハルブシ」の如くなっては、冒頭にこの句を配置した修辞意図を破壊してしまうもので、つまり、曲の上からは独立して居らず、文章の上からは独立している訳で、それを融合するものは「位」である。「日向島」の冒頭の謡曲　松門」も、凡そこれと同じ演奏上の腹構えを要するものと思われる。それが古靱大夫には出来ていた。今だに音遣いの配合が耳底にある。「園原や」の「ソー」と語り出すその音が荘重を極め、清六が「チリヽン」と強く受けて、「ノ」に落すと、それを清六が「ツヽン」と座りよく納める。この「ツヽン」が団六に弾けない。それは左の指遣いに力が不足しているからマクレるのである。それから「はヽきゞならで」は顎音で澱まし、「有とみし」は締め、「人の身の上」はハッて語るという風にちゃんと定っている。織大夫のは一向印象に残らない。唯初日には「ソー」の音が極めて乱雑であったのが、二日目には大分ていねいに遣っていたが、音が冴えなかった。古靱のは自然にギン張っていて艶があったが、織大夫にそれが欠けていたのである。それと、「有とみし」が締らなかったことが耳に残ったのみであった。

△次に「静は君の仰を受け」で団六の絃が変れなかった。

△「しんき深紅をない交の調べ結んで胴にかけ――」の条はその足取りの中に、静が狐忠信を詮議せんとする恐怖心を伴った猟奇心の肚拵えがなければならぬが、こゝは古靱大夫も織大夫も完璧であった。

△「心耳を澄ます」からは次第に品よく、荘重に畳込んで行かねばならぬ条であるが　古靭大夫の場合は天性語り口が上品である為、その方の大した修行は要らず、大概の麗句に対しても余りテレる事がないが、織大夫の場合は、語り口が決して下品という方ではないが、この条位の文章を語るには、自然につく貫目は別として、上品さは修行で拵らえなければならぬ故、古靭の場合より一つ余計な修行をせねばならぬと思う。今度はそれが出来ていなかったという訳ではないが、語り活かしたという程ではなかった。団六の絃も亦同じく、「妙音」、「たぐひなき」等の撥がつまらなかった。従って、「彼の洛陽に——」と譬喩文に入る前の「ツ、ン」が十分に変れなかった。

△「静が前に両手をつき音に聞きとれし」から、「余念の体」までは、大夫は忠信を語り、三味線は静を弾く位取にならねばならぬと考える。こゝで織大夫、団六は、「音に聞きとれし」から、団六の「ハッ」という掛声と共に、両人共急に目立って強くノッて出るが、そうなると、「すはや」から「聞入り聞入る」まで三味線が早間に息を畳み込んで行くその効果が薄弱になって来る。こゝは大夫のノッて出るのに対して普通に弾いて出て、次第々々に息を積んで「聞入る」まで到達さす静が鼓で詮議する肚と容姿を弾かなければ面白くならない。織大夫・団六両人のこの条に対する演奏態度に異議がある。

△「遅かつた忠信殿」の詞の裏面の拵らえが織大夫に出来ていなかった。

△「サア〳〵奥へと」から奥一二枚には実に寸分の隙があってはならぬ所であると思う。文章の内容からいっても、技巧の仕込みからいっても。

△「コハ何となさるゝ」。この詞が織大夫にいえなかった。この詞の風に対する聴客の理想は、表面は次にある「咎めれらて」とあるその咎める詞の鋭さで、その中に何となく弱々しさがあって、忠信の裏

面の実体が表現されなければならぬ。つまり、技巧は鋭く、肚は弱くという風にならねばならぬ。こんな所は古靱大夫は、昔からこれだけいえた人があったろうかと思う程上手い。それは、「コーハ」と語って、次に「無の間」がある。これは織大夫も二日目には語っていたが、よく考えると古靱大夫がこの詞に成功している源はこの無の間だけでなく、既に「コーハ」の前からの仕込から生れていたようである。「余念の体」や「座を立ちおくれ云々」がよく語れていたからで、要するに「音に聞きとれ――」以下を古靱は忠信の容姿と肚に主力を置いて語ったからで、それで「コーハ」の次の無の間が活きて来たのだと思う。と同時に静の詞もハッと変ってその拵らえが出来るのだと思う。

△「打ならす」の次の「ツ、ン」は静の責鼓から忠信が鼓に又も聞入ってとろ〳〵になる容姿に変るカワリの撥が団六に出来なかった。

△「あやまり入ったる忠信に、鼓うちつけ」のカワリ及び「鼓うちつけ」は古靱は勿論、織大夫この一段中の傑作であったと思う。

△「しほ〳〵とみすぼらしげ」の音遣いはよかったが情到らず、今一際容姿が語れず、団六もこ、のアシライの撥一つ〳〵にもっとていねいなウレイを込める可きであった。つまり、「ひれ伏ていたりしが」までがずっと息を積んで語られるから、その「急」なる大きい一節から次の「緩」が生れて始めて「しほ〳〵とみすぼらしげ」で忠信の容姿と肚の表現が徹底するものと思う。

△「申上る、始りは」、この「始りは」は一寸気を変えて出る可きと思うが、織大夫はずっと変らずに語っていた。

△「私めはその鼓の子でござります」を語るに大切なカワリがなかった。

から。

△「語るにぞつと」の「ゾーット」は初日は不十分、二日目は出来ていた。二日目には息で語っていた。

△次の狐の正体を表すまでの息組は聴いていて実に困難であろうと思うが、織大夫はよく語っていた。が、耳に残るのはやはり古靱大夫で、「そなたの親は此鼓」は不審の拵らえ十分にて語り、次にハッと気付く大事の「間」を置いて「鼓の子じや」の次に又一寸間を置き（この「間」は仮定の間で、この切り方の加減が極めて困難と思う）、「といやるからは」は積んだ息で一寸足取を早く、すぐ続けて、しかし正体をつきつめた確信に肚変りしながら「さてはそなたは」をグッと突込み、一寸息を拵らえて、「マ狐じやの」は無暗にネバラず、しっかりとふり切るように語る。

△「ハーイ」の次の合手の中で「チツ、ツン」と弾く、その「ツ、ツン」を団六は鼓の音色を表わす積りか、余音を消していたが、次に「ツーン、ツーン」と鼓の鳴響く譜（テ）があるから、前の「ツ、ツン」はうんとよい譜を押さえて弾くべきと思う。清六がこの「ツ、ツン」で美しい余音を嫋々と響かせていたのが耳に残っている。

△「野良狐と人間では」を織大夫は、「トニーンゲンでは」語っていたが、これは古靱大夫の如くハッキリ切って語らねば、前に述べた人間の親子間の情愛を客観的に見た作意に叶わない。

△「人の情けも」が例の「播磨節」であるが、その節尻（ここの場は「も」の音）が織大夫特有の鼻の裏へ吸い込まれるような悪い音に落ちる。今一つの「播磨節」、「かはらぬ音色と」も同じ。その他どんな外題を語っても必ず一二箇所この不愉快な音があるが、これは是非共矯正せなければいかぬ。事実次の時代の文楽の覇者たること疑なき芸の所持者織大夫の玉に疵である。この際敢て苦言を呈しその矯正

される日を待っている。

△鼓の講釈に少しのダレ気味を見せなかったのは織大夫、団六共に殊勲と思う。

△「大和国」を締めて語って出たが、これはボーと音を遣って出て、次の「源九郎狐」から締めて出た方がよいと思う。

△後はもう普通の義大夫になるから太した事はない。

以上古靫大夫と織大夫との比較批評の如くなってしまったから、織大夫が叶う筈がないが、この四段目はその構想と曲風からいって並々の芸力ではとても一段の語り物として纏められたものと思う。それを織大夫は部分的な欠点こそあれ、あの短日間の稽古で彼の語り物として恥かしからぬ出来栄えを見せた。団六また然り、実に頼母しい極みと思う。

×

次の替りに織大夫が「淡路町」を語ったが、前の四段目より大分落ちる。団六もまた別人の感がある。それはもう初め弾き出した時に前の「狐」のときと違って何やらいやにひねくれた音がしていたが、それは兎も角、第一に足取が非常に悪い。織大夫がこの「淡路町」を非常に早い足取でサッサと運んで語っているが、その善悪は暫らく措いて、それに対して団六の足取が大夫にベタづきである。よく大夫が三味線につきすぎる現象があるが、その反対の現象が起っている。これは団六が将来世話物を弾く上に相当重要な問題であろう。抑も義大夫節の足取というものは、大夫の足取と、三味線の足取とが調和したもので、この二つは各別箇のものとして取出すことが出来る。それが一つの目標とされた作曲意図の下に相互の「間」を縫って進行するもので、それが義大夫節の場合複雑なる劇音楽であるため、極めて表現的な演奏を必要とするから、その進行に緩急をつけねばならぬ。このような性質のものであるから、義大夫節の三味線は浄瑠璃と結合した当初に在っては、語り手の息休めの間のアシライ程度の役目であったと想像される、よく現今の浪花節の三味線がそれに例えられているようだが、それが次第に劇的な拵えを務め、同時に全体的に容姿を弾かねばならぬという重責を課せられるまで発展して来たのである。義大夫の三味線が単なる伴奏楽器と異る所以であることは今更申すに及ばぬが、これが義大夫節の三味線の役目で、この任が果されなければ、芸術的に品物にならぬのは勿論、大夫は生理的にその任を果し得ない。これは三味線側の事で、勿論大夫側にもこれに相当する態度がある可きで、だから斯道に於て「こゝは大夫から拵えるだ」とか「これは三味線の方から拵えるだ」ということが俗にいわれている。そしてこの二つがぴったり一致した場合と逆に全く離れた場合に面白さが最高潮に到達する。織大夫団六のコンビにはこの面白さが欠けている。殊に今度の「淡路町」はこの点が品物になっていない。そこで、「淡路町」の三味線、今一歩前から世話物（真世話）の三味線であるが、時代物に対してサラ〳〵と運ぶということが最も代表的な口伝とされているようであるが、そのサラ〳〵が往々にして誤解され勝ちであろうと思う。即わち、大時代乃至純時代物に於ては、その拵えや変りが或る一定の約束型の上に立脚して構成されているから、総て「常間」が土台となっている。一方世話物は巷間の写実劇であって、町人の動き（心理的な動きも含む）を描写したもので、その動きは封建時代の町人乃至商人の風習として腰の動きの軽薄さを根本とする即ち斯の道でいう技（ワザ）である。技の構成は「常間」では成立しない、真世話物の中に「常間」は沢山あるが、それその運びは当然よい意味に於ける「半間」を以って構成されなければならず、それを技巧的に完遂するにはその「間」と「足取」の捌き方に妙を得ねばならぬ。即わち軽妙たらざるを得なければならぬ。その軽妙たるに必然的に伴う可きものは一定の敏速さである。これが世話物に対して「サラ〳〵と」という形容詞が用いられた所以で、同時にその意味の誤解の源であると思う。尚「常間」の条に於いても必ずその「間」の捌き方に一種の妙諦を得なければならぬように出来ているのは実例に拠れば容易に認め得る。重ねていうが、この「間」と「足取」の捌き方が軽妙たらざるを得ぬために必然的に伴う敏速さ、その敏速さの程度は必要にして且十分なるものに限るそれが、なんでもかんでも早ければよいとまで早計せられるようになって来たので、決してそうではない事は、現に世話物の三味線で屡々優秀なる出来栄を示す新左衛門や仙糸の演技がこれを裏書する。この両人の「足取」は断じて早くない、新左衛門などは寧ろ遅い方で、殊に近年は老齢の為か時折ボト〳〵した足取になるが、今猶世話物弾きの名手とされているのはその「足取」の捌き方に妙諦を得ているからである。仙糸も亦同断。この点、今度の織大夫の「淡路町」の浄瑠璃にも根本的な誤算がある。非常に早く運んでいるが、「間」や「足取」の捌きに関して普通のものと一向変る所がない。団六の絃はこの点批評の埒外にある。

　次に団六の絃にこの一段の持つ極めて面白い「カワリ」が全然弾けていない。それは前に述べたようなことが弾けぬ原因となっていると思われる。まず冒頭の浪速の商家の概念的な描写、妙閑の性格描写（このアシライの「間」まためっぽう面白かる可きだ）、忠兵衛の出と其の気持のうつり変りで現在の忠兵衛の心持と行跡と境遇の表現、八右衛門の人格、飛脚屋の情景、そして段切、総て「足取」のカワリである。要するに団六は「淡路町」に失敗していた。織大夫も前に述べた根本的な失策がある外、段切の「羽織落し」の息がよくない。それで一番悪い事は、「往てのけふか」の前に「エ、」という接頭語をつける。これがいかぬ。それは、その前の「置いてくれうか」の「か」から一寸変って、次に「往てのけうか」は忠兵衛の本能欲が自制心を蹴飛ばした最初の瞬間に出た詞であるから、その表現はこの詞を一杯の息で語ることに若くはないのである。織大夫の場合その息は出来ていても、その息の出たと同時にいう詞は「エ、」になっている。勿論織大夫は「エ、」を「往てのけう」を助長せんが為に付したものであろうが、いったい「エ、」などゝいう接頭語はその内容は極めて曖昧である。「エ、置いてくれうか」といっても何等不自然でない。これは織大夫に似ぬ失敗で、或いは焦慮の結果か、何にせよ相手は「間」の妙を極めた近松の名文である。勿欄では栄三がこの「エ、」の為にトチっていた。聴客は忠兵衛の若さから出て「往てのけう」を聴けず終いであった。その他では「鼻紙びんび」を活かして語っていたのは流石に織大夫。この織大夫と一日替りで相生大夫が「淡路町」を語った、織大夫よりは大分落ちる。ほんの読みつけ程度であたら近松の名文もあれでは台なしであった。それと今一つ注意すべきは、山田甚内の語り口である。橋本次部右衛門が出て来たようだ。これにつけて思うのは、往昔よく人形遣いが床へ向って「違う〳〵この頭やで、ようみいや」と叱咤したという逸話である。勿論私はこのような現場を見たことがないから、この話は往昔の人形遣いの権威と修行の厳しさを物語る半伝説的な逸話と思っていたが、この相生の甚内を聴いて、私はこの話が実話であることに確信を得た。頭に合わぬ浄瑠璃、それは三味線の調子を全部外ずして弾いているようなものだ。

この他では、駒大夫の「封印切」が優秀な出来であった。忠兵衛、八右衛門はどちらかというと普通以下であったが、梅川が無類。この一段の文章が梅川に第一の重点を置いて書かれ、近松特有の文章の「間」を以って梅川が書かれてある以上、梅川に成功したのは即わち「封印切」の八分通を成功したもので、同時に梅川に関する限り、駒大夫は近松の名文を語り活かしたといえる。これは現今の大夫として無上の名誉としてよい。私の経験では、近松の文章が語れたのを聴いたのはこれまで二度しかない。一度は古靭大夫が「川中島」の三段目を語った時、今一度は織大夫（つばめ時代）が「重井筒」の『揚屋』を語った時で、今度の駒大夫で三度目になる。それは梅川の運びがよい。総て肚から出た運びで、だから、「アアわしが大事の守を、内の箪笥に置いて来た」などの唐突な文句も一際映えた。それは最初の「ア、」の肚が梅川になっているからである。この外耳に残っている所は沢山あるが省略する。

それから、これは駒大夫だけに関した事ではないが、夕霧文章の条を梅川に語らすという意見を畏友武智鉄二氏が提出していられる。文章の内容からいうと、そうすると一際舒情的になって面白いと思う。今は全部禿で語っているが、この条は絃から全く離れて語るのが本意であるとの口伝がある、（「浄瑠璃素人講釈」）。すると、仮りに禿の浄瑠璃として、これを絃から離れて語る場合、その表現の目標は、禿の芸の稚拙さに外ならなくなる。が、これを梅川が語るとした場合、絃を離れて語る目標は「昔を今に引かけて」になる。この意味に於ても私は武智氏の卓見に賛成する。

他に沢山外題があったが、別に大していう事もない。

『浪花女』の撮影に立会って

『浄曲新報』第八十七号　昭和十五年十月十五日

私が浄瑠璃史《じょうるりし》の研究《けんきゅう》を始《はじ》めてから、もうかれこれ十年程《ほど》になりますが、どんな人でも歴史《れきし》を繙いた時格《ときかく》別好《べっす》きな人物《ぶつ》が出来るもので、私が浄瑠璃史《じょうるりし》上で一番好《ばんす》きな人物《ぶつ》は二代目《だいめ》豊沢団平《とよさわだんぺい》であります。その訳《わけ》は、といわれると一口では申《もう》されませんが、世間《けん》から団平《だんぺい》は義《ぎ》太夫の神様《さま》との称号《ごう》を贈られ、兎《と》に角《かく》大名人にされ、その立証《りっしょう》の為《ため》として、団平《だんぺい》が三味線《みせん》屋の店先《みせさき》で一撥か二撥弾いたら、たまたま通《とお》りがゝりの検《けん》校が「団平《だんぺい》さん御機嫌《きげん》よろしゅう」と挨拶《あいさつ》をしたとか、また舞台《ぶたい》で団平《だんぺい》が「タ、キ」を弾いた時《とき》、道具《どうぐ》方が何《なに》か道具《どうぐ》が倒《たお》れたのかと心配《はい》して飛《と》んで来た程《ほど》大きな音《おと》であったとか、殆《ほとん》ど半伝説的《はんでんせってき》な逸話《いつわ》が残《のこ》されていますが、私が団平《だんぺい》が好《す》きなのはそんな話《はなし》が伝《つた》わっているためでなく、もっと〱深《ふか》い意味《いみ》で、つまり団平《だんぺい》の芸の目標《もくひょう》の置《お》き方が好《す》きなのです。

義太夫節が表現主義的音楽として世界の楽壇に錚々たる地位を占めているのに関して団平の力に預る処は実に偉大なものだと思います。太夫の語る浄瑠璃はともかく、三味線に於ては殆んど団平一人にしてその表現形式が大成されたものと見て差支ないと思います。言葉を換えれば団平は三味線に於て模倣型演技の大成者であったといえるのです。こんな事を考え出した時、私の団平への憧憬の度合は、遂に「団平を識らずして義太夫節を論ずるなかれ」との自論を持たしめるようになりました。

……◇……

斯《かく》してなお団平《だんぺい》の研究《けんきゅう》を続《つづ》けていました矢先《やさき》、思いがけなくも松竹《しょうちく》の溝《みぞ》口監督《とく》が「団平《だんぺい》の映画《えいが》を作《つく》るから何分《なにぶん》よろしく」といって見《み》えたのは昨年の暮であったと思います。私としては大好《す》きな団平《だんぺい》の映画《えいが》が出来るのですから、よろしくも何《なに》もなく、進《す》んでお間《ま》に合《あ》いますればと、幸《さいわ》い色々《いろ〳〵》調《しら》べたものやその他当時《たとうじ》の風俗《ふうぞく》に関《かん》して参考《さんこう》になる写真等《しゃしんとう》を提供《ていきょう》しました関係《かんけい》上、撮影《さつえい》にも立会《たち》うことになりました。そこで、六月中旬帰阪《じゅんきはん》して十四日が撮影《さつえい》の初《しょ》日でしたが、シーンは「万鳳の家」から始《はじ》まりました。それから二三シーン撮影《さつえい》の後《のち》、同月二十日過《す》ぎの真《ま》夜中、劇《げき》中劇《げき》となる文楽《ぶんらく》のプリレコが、京都《きょうと》南座《ざ》で行《おこな》われました。十時《じ》過《す》ぎから南座《ざ》へ行って、世間《けん》が静《しず》まった一時頃《じころ》から始《はじ》まりましたが、音の上で団平《だんぺい》になる道《どう》八の苦《く》心は流石《さすが》で、先《ま》ず三味《み》線《せん》の拵《こしら》えから団平《だんぺい》がしていた拵らえにして一生懸命《しょうけんめい》に勤《つと》めていましたが、二三の曲《きょく》の中「鰻谷」を先代《せんだい》大隅太夫になる織太夫とで演《えん》じたものが一番《ばん》優れていました。これは出来上ってから、彦《ひこ》六座《ざ》が讃岐《さぬき》へ旅《たび》に行って「酒《さけ》庫」の中で大隅、団平《だんぺい》が演っているシーンに用《もち》いられています。⊥このようなプリレコは三日間《かん》掛って終了《しゅうりょう》しましたが私が「浪《なに》花女」撮影《さつえい》に立会《たち》った中で一番興味《ばんきょうみ》の深《ふか》いものでした。

……◇……

其次《そのつぎ》に思出の深《ふか》いのは劇《げき》中劇《げき》の「千本《ぼん》桜道《みち》行」の撮影《さつえい》で、これは八月の末《すえ》に行《おこな》われましたが、暑いさかりの上エキストラが沢《たく》山入っているのでセットは蒸《む》せ返《かえ》るようでした。その中で栄《えい》三・文《ぶん》五郎《ろう》は顔《かお》にドーランを塗《ぬ》って（このお化《け》粧は団平《だんぺい》に扮する下加茂《かも》の花形阪東好《はなかたはんとうこう》太郎《ろう》にして貰《もら》っていました）長時間《ちょうじかん》に亘《わた》って、南座《ざ》での録音《ろくおん》に合《あ》わせてアップなど何回《なんかい》も懸命《けんめい》に遣《や》っていました。

……◇……

さて出来上ったものを見《み》ると、何様《なにさま》主人公《こう》の団平《だんぺい》という人が本来《ほんらい》芸一方の人で、彼《かれ》の一生《しょう》を大衆《しゅう》映画《えいが》のシナリオに仕組《しく》むにはあまりにも婦《ふ》人関係等《かんけいとう》の面白《おもしろ》い材料《ざいりょう》がなく、同時《じ》に彼《かれ》の一生《しょう》の生命《せいめい》であった芸も、前《まえ》に申《もう》した如《ごと》く、その目標《もくひょう》があまりにも高く、従《したが》って複雑《ふくざつ》を極《きわ》めていますからその面白《おもしろ》さが大衆《しゅう》を目標《もくひょう》とした映画《えいが》のシナリオに描写《びょうしゃ》し尽《つく》せないのは当《とう》然と思います。しかしまた我義《ぎ》太夫界《かい》を題材《だいざい》とした大映画《えいが》が生《うま》れ、その主人公《こう》として団平《だんぺい》が選《えら》ばれ、傍《かたわ》ら文楽《ぶんらく》人形浄瑠璃《ぎょうじょうるり》の舞台《ぶたい》がこの映画《えいが》の幾《いく》つかのシーンを占《し》めて大衆《しゅう》の目《め》や耳《み丶》に紹介《しょうかい》された事は私共《とも》のこの上ない喜《よろこ》びであります。

……◇……

最後《さいご》に映画俳優《えいがはいゆう》の演技《えんぎ》でありますが、これに関《かん》しては私が評《ひょう》及出来る範囲《はんい》のものではありませんが、⊥唯《ただ》一つヒロイン田中絹代《きぬよ》のお千賀《か》に就《つ》いて感《かん》じた事は、初《はじ》めてセットで会った時《とき》など、何《なに》か舞妓さんが出て来たような感《かん》じで、綺《き》麗で弱々しすぎ、実物《じつぶつ》のお千賀《か》乃至《ないし》明治《めいち》初期《しょき》の浄曲界《じょうきょくかい》の名人の妻女《さい》という風格《ふうかく》は勿論《もちろん》、シナリオに描《えが》かれた人格《かく》からも凡《およ》そ縁遠《えんとお》いものゝように感《かん》じましたが、撮影《さつえい》の日を重《かさ》ねるに従《したが》って次第《だい》々にお千賀《か》らしく見《み》え出し、完成近《かんせいちか》き頃《ころ》はすっかり団平《だんぺい》の妻《つま》を髣髴せしめていたのには感心《かん》しました。殊《こと》に旅《たび》から帰《かえ》って自分《じぶん》の持物《もちもの》を売払《うりはら》って旅金《りょきん》を拵《こしら》えた所へ団平《だんぺい》、大隅が帰《かえ》って来た家のシーンや、大詰彦六座《つめひこざ》の「壺坂《さか》」を見物《けんぶつ》しているシーンなどは今に目《め》に残《のこ》っています。

30
新橋演舞場の素浄瑠璃

『浄瑠璃雑誌』第三百九十五号　昭和十五年十一月三十日発行

演舞場の素浄瑠璃は殆んど十年振りとかきく。年一二回の文楽引越興行の合間に素瑠璃の興行は極めて好ましい。左にその興深かりしものについて書く。

「堀川」

古靱の「堀川」は昨年十月大阪文楽座で語った時、本誌の合評会で細評した故、今度は特に感じた点のみについて書く。

まず冒頭の「いなかゞまし」は今度は産字なしで語った。つまり、完全に「田舎がまし」の意味を語ったことになる。以下例の如く丸木通りで、その出来栄えも以前と変らぬ。が特に今度感じたのは、「母は一途に娘の可愛さ」以下の婆の心持の表現の素晴らしさである。それは、「若しもの事があつたら」を心配の拵らえ十分で出て、「跡で母はどうせうぞ」はやるせない気持を語り、次の「袖乞ひ物もらひに歩いてもそりやも一つもいとやせぬけど」を極めてアッサリ、ぽんと投げ捨てるように語り、「そなたの体に凶事でもあつたら」はパッと変って、その凶事に直面した場合の息を語り、「おりやもうすぐに死んでしまふぞや」と結ぶ段取になっていた。かくの如き最も正しい表現法は現在では古靱以外誰も出来ぬものと信ずる。つまり、爰で母は娘の行末心配のあまり、同じ事を二度繰り返えしていっている。その前者の方は抽象的に書かれ、即わち「もしもの事」と事の実体に触れていぬ、だから古靱はこれを唯の心配の拵らえのみに留めた。そしてそれに対する小結論として「、どうせうぞ」と又抽象的に書かれている、だから古靱は唯やるせなき気持の表現に留めた。が後者に到っては婆は堪らなくなり、遂に娘の身の上に明日起る可き事件を指摘して、積極的に書かれている。即わち「凶事でも」（前に婆の詞に「心中やなど」とある故　この凶事は心中をいったものなるを論を俟たぬ）と事の実体に触れている。だから古靱はこれをそれに直面した息で語った。そしてそれに対する大結論として、「もうすぐに死んでしまふぞや」と最後の止めをさしている。だから古靱はこれを全く肚で泣いて消え入る思いを表現した。その上、この二句の中間に挿入されてある、娘の成行の結果として起る婆の境遇の変化の仮定である「袖乞物もらひ――」をぽんと投げるように語ったに到っては古靱の芸力は空恐ろしいようである。普通なれば、「袖乞ひ」と語ってスンと泣き、以下全部ウレイで、「ひとーつも」と突込んで語るが、古靱は流石にこんな悪質的感情輸入型表現法に陥らない。つまり古靱は「一つもいとやせぬ」を語ったのである。偉大なる哉古靱大夫也。

次に、これは以前からの事であるが、かねて一際優れている点で、それは「涙に墨のにじみがちなる　の「じ」の音遣いである。出来る限り平ったい口形を造って歯音がゝった音を遣うから、ほんとうに涙のにじむ実感の表現が全うされるのである。

これと同じ音遣いで「薄き親子のちぎりやと」の「ち」を以前からずっと語って、彼の独壇場を示していたが、今度は何としたのか、これを太い音を遣って出た。これは是非共以前通の音遣いで語ってほしい。「暫し此世をかりぶとん」はカッキリ締めて、「ウス、ウーウキ」と繰り上げ、「親子　は顎で瀫まし、「チーイ・ギーイ、リ、ヤ、ト」を前記の音遣いで叮嚀にネバリ、尻は全く泣いて語る段取でないと、この場合の感傷的なクライマックスが表現しきれない。古靱は従来はこのように語って居り、この一段の古靱の演技の中で私が一番好きな所であったのである。

伝兵衛の出が今度は従来より一階進歩していた。伝兵衛が唯のやつしでなかったのである。

以下は別にいう事もない。

次に清六の三味線は、この「堀川」に限り、度々の役ながら未だ一度も感服した事がない。今度も亦同じ。昨今傑作又傑作の好調を示しているこの人には実に不思議である。私の耳では、「半大夫サワリ」と「猿廻し」が清六の三味線に不満がある。「半大夫サワリ」で、清六の絃は余音が全く死んでいる。譜も今一際感心せぬ。こゝはウンとよい譜を押さえて、音の一つ一つを叮嚀に、荘重に、色気を保ってユッタリと大間に弾き、その「間」にギン掛った余音が漂い、総てが連繋されなければならぬ。それは、この条で大夫は「半大夫サワリ」という特殊な編曲体形の下に、積極的に容姿や肚の表現を禁じられて居り、総て低い音遣いのみになっている。つまり、この条りは大夫の語るだけでは一つの劇音楽としてはおろか、音曲としてさえ成立しない。故に三味線は之を全く逆の肚構えで受けて音曲として成立せしめる任務がある、この目標が清六に付いていないのか嘗て会心の出来に遭遇せぬ。

次に「猿廻し」、これは撥遣いを根本的に改めねばならぬ。あのようにバチ〳〵叩いては猿が踊れぬ。と同時に、この条の三味線は大夫をマクリ立てゝ弾くという口伝だそうだが、それは腕でマクリ立てるのでなく、「間」でマクルのだと思う。」「猿廻し」の絃は、現在では道八のを最上のものとしてよいと思う。道八のは一撥もタヽかぬ。叩いた撥は絶対ない。それで「間」でマクリ立てゝ、面白さが此上ない。謂わば「ワザ」の極を尽している。一にも二にも団平師匠を尊敬し、彼の演技を踏襲せんとしている道八の「猿廻し」は、必ずや団平のそれの撥遣いそのまゝであると信じてよいもの、、傍証を得て、これを立証したく私は兼ねて考えていたが、計らずも故埴畑の団平の「猿廻し」をレコードで聴き、道八の「猿廻し」が大団平のそれをそのまゝ伝承していることに間違いないことに確証を得た。それは、埴畑の団平の「猿廻し」の撥遣いが、道八のそれと一箇所も違っていないのである。よくもこれだけ一致したものと思う位、全等である。埴畑の団平が大団平の最愛の門弟であったことは衆知の事実で、道八亦門外とはいいながら大団平の寵愛浅からぬ人であったことも有名な事柄である。その両人が全等の「猿廻し」を弾いたという事は、大団平の「猿廻し」の型がそれであるに疑いない事を立証するに外ならない。この事象は清六は既知か未知か知らぬが、彼として注目するに値する。幸い道八は健在であるから、清六は此の際「堀川」を道八に学ぶ可き事を切望してやまぬ。

「太十」

古靱の「太十」は以前から完璧なものである。今度も別に取立ていうことがない、が全段を一時間三分に上げたことは一寸驚く。それに、冒頭が以前より一層よく締ってよかった。その他皐月の「それは御苦労さりながら」を丸本通り、「それは御苦労ながら」と語ったがよかった。清六の絃も大していうこともない。

「袖萩祭文」

私はこの段を聴く度毎に（但し現在では古靱大夫の演奏に限る）、何よりも団平の偉大さを感ずる。それは、杉山其日庵氏の著書に依ると、二度目に語った二世竹本政大夫の風が近世から多く行われているのを、団平が書下しの大和掾の風に改章したとの事で、それを大隅大夫が、絃阿弥辺から故清六が承け継ぎ、清六が古靱に伝え、古靱の今語る此段は、団平の改章した方であるとは、権威杉山氏の極めがあるから間違いないとして、それを聴く時、団平が志した古来の風（即わち義大夫節）に対する見解、之を以って当時行われていた乱曲の改鑿の目標、乃至団平の作曲目標等が手に取る如く解るような気がする。此段を大和掾の風に改章したという事に就いて論ずることは、今の私の力では不可能な事であるが、此一段、殊に冒頭から宗任の出の辺りまでを聴くと、明らかに或る一定の目標の下に、整然と改鑿が加えられた跡がわかるのである。まず第一に音遣の目標が固定して居り、「間」の拵らえが指定され、それに依って「足取」と「息」の緩急が自然定まり、極めて表現的な演奏とならざるを得ぬ如く出来上っている。それを古靱は最も正しく踏襲して実演している。左のその主なる所を記すれば、

△冒頭の「オクリ」がすんで、「シャン」と弾き、次に一瞬「息の間」が在って、「タッー」と出る。

△「暮近く」は座りよく納めて、「一間に直す白梅も」まで「常間」で運ぶ。

△「ムジョオオ、イソグ」と一寸走って、「フーユーウノオカゼ」は音を遣い、この音で「冬の風」の無常を表現する。」

△「身にこたゆる」は十分突込み、「血筋の縁」と語ると、清六の三味線が、かぶせて「ツ、トンー──」と合の手を弾くが、これが堪らなくよい。

△「聞くつらさ」を大事に。

△「子は親を」の節尻を詰めて語り終ると、一寸「間」があって、「テン」と清六が強く弾くと、「走らんと」は息で出る。」

△「雪道」は美しく音を遣う。

△「ア、嬉しや」以下の「地色」の「足取」、「ノリ」加減「音遣い」に気を付け、殊に「御難儀」の音の挨拶に注意する。」

△「コシーイ、バア、ガア、キ」と盲目が小柴垣を手探りする有様を表現する。こう語ればこそ、「ウム」の拵らえが十分生れ、「コ、ハ」の「息」も出来るのである。

△「戸をたゝくにもたゝかれず」は、たゝき度い肚を語り「小柴垣」から責め上げた拵らえで、最初のクライマックス「此垣一重が鉄の」に到達せしめること。

△次の「門より」は音を遣って出て、「高う」はうんと大きく太く音を繰り上げるが、これが誠に面白い。

△「外にはそれと」から「先立って」までは「間」をマクッて語り、「おほふ袖、萩」とカケ文句を活かし、「明てびっくり戸をぴっしやり」は強い息で語り、「何の御用」は高い所から出て、ツメ人形を表わし、「チン、浜夕も庭に――」はユッタリ、裲襠の人形の出の足取を語る。この辺りの表現的な演奏形式は流石に団平の改鑿の賜物と思しく、感服する、と同時にそれを一箇所も等閑にせず演じている古靱清六両人も流石である。殊に、「何の御用」の一語が非常に面白く聴える。俗にいう端役を活かせたのであるが、その手法が腰元を活かせたのでなく、端役の「位取」を鮮描したのである。端役を活かす最も正しい手法であると思う。

△「母様かとも得もいはず」から「母は変りしなりを見て

△で、娘と母のカワリが十分でなければならぬ。

△「やっぱり犬で」といって、「息」拵らえると、清六が　チン」と弾く、両人の位取が何ともいえぬ

程よかった。

△それから、「――今思い知りをつたか」から祭文までの音曲的構成が又極めて面白い。「余所にしらす」は音を遣って出て、「テン」と弾くのが「カワリ」になって、「様子しらねば」かゝサラ〳〵と語るのであるが、この腰元が前の如く位取で活かさぬと猛烈に下品なものになってしまう。つまり、腰元の詞は「拵らえ」が無いのであるが、その無の拵らえも、やはり一旦拵らえた所から出発して居らねばならぬ。古靭のを聴いていると、「さつでも慮外」を、「サアッテモ」という気味に語っている。普通のは「サッテモ」である。そして足取は同じである。この辺りが無の拵らえの出発点の違う所である。そして其処から「品」と「位取」が生れる。次の「ヤレ待ってくれ女共」は「色」をシックリ語り、「ヤイ物もらひ」の詞は古靭の独壇場。「袖萩が」の次に清六が荘重な撥で「トン」と「一の絃」を放すが、この辺りから祭文までの清六の絃は天下無類である。「久しぶり」は締めて語り、「母の前」は顎で澱ますが、この配合が何ともいえぬ面白さ。「琴の」は音遣いの挨拶に気をつけて、「ツンツンツン、露命をつなぐ」と出る面白さは堪らぬ。殊に清六のこの辺の「アシライ」で、「左」がよく利き、この場合の情景が遺憾なく表現された。「皮も破れし三味線の」の「スエテ」も亦面白い。それは「シャン」とユッタリ弾くと、「皮も」は一寸しめて、「破れし」は音遣で、「ツウンツウン」と譜をニジラせて、「サーアミセーエン」と大きくゆったり納め、「ノ」と振ると、拵らえた撥で、寂しく「チン　と弾くから「ばちも」息が出られる。

△「祭文」は何より古靭清六の「位取」が無類である。即わち、古靭が肚で泣いて、しめて語っている（謳っていない）のに対して、清六の三味線が変な拵らえ一切なしでサラ〳〵と弾いて行くのが堪らぬ。

時折こゝの三味線で、「間」や「足取」に拵らえをしたりしているのを往々聴くが、それは袖萩を知らぬ者である。清六の弾いているのでよい。これも多分源は団平の指定と思うが、「無の拵らえ」でこゝの容姿の表現を全うした団平の芸力こそ偉大なもので、大いに研究せねばならぬ重要なるブロックである。

△「身はぬれさぎ」の「アテ所」は別にいう程の事もないが、「天道様のおにくしみ」は稍強くいって、「受けし」を「ウケーエッシ」とうんと強くいうのは、恐らく古靭一人であろうと思うが、非常に面白い。しかしこれは古靭だけの直感力が在って初めて出来ることであろうと思う。これと略ぼ同じ手法で「聞えぬ父」を亦強く語るが、これも頗る面白い。この外、

△「難題何と障子の内」の「拵らえ」が面白い。

△「まだ女めは」の「まだ」など古靭の上手さは言語に絶する。

△「神ならぬ」から変って、教氏の条のネバリ工合が何ともいえぬ。詞も無類。殊に「袖萩とやらん」など。

△「冠けだかく静々と」は、「足取」と「産字」の音の扱い方が優れている。「けエ」の音と、「シイ」の音とをていねいに遣うから、こゝの情景が鮮描されるのである。それに、「残して」の「テ」に注意を払ったのもよい。

△調子が上ってからのよさは筆には書けぬ。唯音遣いのみの問題であると思う。

大体斯の如き仕組で、その点に於いて、私はこの段を団平研究（即わち本格的義大節の研究）の材料として、特に重要なものと思う。「壷阪」、「良弁杉」等は名曲とはいいながら、名作を得なかった彼の不幸

が何処かに伺われるように思うが　其の点この三段目にはその難がない。そして書下しの大和掾の風の目標の下に団平の芸力が従横無尽に活躍している。即わち団平が一代の仕事としていた古曲の修大成そのものである。それを最も正しく踏襲している古靱、清六両人のこの段が優れているのは当り前の事である。

「野崎村」

「野崎村」は今度古靱の語った七曲の中で一番感興の浅かった語り物であった。といって悪い出来というのではなかったが、何時ぞや放送した「野崎村」の方がよい出来であったように思う。

しかし数年前に古靱が語っていた「野崎村」よりは余程よくなっていると思う。殊にお染はこの前の放送の時からぐんとよくなった。今度の「野崎村」で特に耳に残ったのは婆であった。いったい婆役は至難とされているが、それは婆を語る技工の出来ている人はかなりあっても、テキストに書かれた婆の性格を外題によって語り分けている人は非常に少いようである。古靱にはそれが出来ている。それは、その役が描写されている部分の中で、最も表現的な文字の部分を、古靱独特の人間的な直観力の鋭さを以って語り活かすからである。⊥

「陣屋」

古靱の「陣屋」は、去る正月大阪で語ったとき、武智鉄二氏の「劇評」の誌上に前半のみ批評した。そのとき古靱は初日より声を潰して中頃より代役もあった程で、前半をやっと完成していたが、今度は全段に亘って完成を見た。青葉の笛から奥もずっと元気に語っていたが、「御批判如何にと言上す」と大きく云い切って、息をグット詰めていて、「ヨーシーイツネ」と出た時、古靱は舞台でそのまゝ気絶しそうに思った。こんな浄瑠璃を今語っている人は外にない。肉体的にへと〳〵になるであろうと思われる演奏は時折あるが。これを見ると先行大隅大夫や組大夫が彦六の舞台の様も斯くやと推せられた。弥陀六は古靱として上乗の出来であると思うが、彼自身が非力で、思うように語れぬという先入感を以って語っている為か、今までよく動いていた義大夫節の動きが悪くなったように思われる。いったい弥陀六は情の人物として書かれている。が、人形の頭は「鬼一」が用いられている。「鬼一」は例の「菊畑」の鬼一の時創られた頭で、其の外この頭の用いられる役は、金藤治、本蔵、音親などである。古靱は嘗て優秀なる金藤治を語った。金藤治は娘の死骸を前に歎く。」弥陀六は平家一門の死を眼前に思い起して嗚咽している。即ち歎かる、もの、構想の大小の差で、そこに大きさ、腹の強さを必要とするのであるが、歎くもの自体の情は同じと見てよい。先頃某大夫が「寺小屋」を語ったとき、或る人がその奥の松王丸を評して、「あれは鬼一になっている」といった。私はこの評を肯定している。その大夫の松王は、文七の持たぬ感傷が語られたからである。こんな事を綜合して考えると鬼一の頭の性格が略わかる。古靱が弥陀六に関してこの点に着目しているかどうかは知らぬが、若し着眼していないのなら、ふと気を変えて人形の頭に注意して他の役から責め上げて語れば、古靱の弥陀六はまだ発展性があると思う。

「引窓」

古靱の「引窓」は去る六月文楽座で語った名品と、それに対する武智鉄二氏の名評が本誌第三百九十号に掲載されたから、今更駄評愚感をも披露すべからざるものであるが、今度演舞場で語った古靱の「引窓」

は、大阪の時のそれよりもまだ一際優れた出来を示した。即わち古靱は「引窓」に遂に完成したのである。言葉を換えると、大阪の折のは、「引窓」を古靱が語ったのであるが、演舞場の時のは、古靱が「引窓」を語ったのである。だから文楽の時の「引窓」はよかった事はよかったが（斯の如き言葉が用いられるのは、演舞場の折のを聴いた後の事で、大阪で聴いた時は、それを最上のものと思っていた）、何処かに隙を求めれば求め得ぬ事はなかった。しかし今度の「引窓」は一分の隙もない。千柳の名作と政大夫の編曲したこの段を古靱が彼の芸力を以ってグッとひっさげて、一押しに語り了せた。それは彼の芸力のみで成されたものでなく、彼のこの段に対する見解が正しさとそれに伴う直感力が天性彼に備っていることが成功の大きな原因である。それに今度は、今普通「端場」として語っている長五郎の入込も通して語った。これを語った古靱の目的は那辺にあるか知らぬが、この段が婆の気持の明暗の変化を骨子として書かれ、並びに作曲されている限り、婆に一貫した表現を徹底さす手段として「端場」から語ったことは賞讃の極みである。従ってこの婆の古靱の語り方などは到底筆舌に尽されぬ。徒らに評しては却って名品に傷をつける如きになる。清六又然り。唯一段聴き終っての感懐は、書卸しの政大夫は別としてその後この段を古靱程語った大夫は断じてない。若しありとせば、それは故三代目大隅大夫一人位と信ずる。その上噂によれば、古靱はこの段を先行の誰という人にていねいに稽古して貰った事がないそうで、謂わば古靱が勝手に纒めて語っているものである。既に十数年前杉山其日庵氏が賞讃していられる。而して今日に到ってこの出来栄えは、絶えず修行を等閑にせぬ古靱として当然到着す可き所かも知らぬが、その表現の組織的なる点に於て、正に引窓に関して「古靱風」を樹立したと公評せられてよいと信ずる。これは現代の芸人として此上ない名誉である。

「寿司屋」

古靭の「寿司屋」は今度で完成したといえるであろう。その意味は、古靭のこの段は今度で三度目で（勿論巡業は省く）第一回は昭和九年の四月、友治郎の絃での初演。この時は例の紋下問題の第一回であったから非常に緊張していてよい出来であったが、絃が臨時の友治郎で、「間」の馴染が薄く完璧とまでは行かなかった。第二回はそれから五年程後の春、清六の絃で語ったが、この時は声の調子を害していて、中頃には休演もあったらしく、批評の範囲ではなかった。清六もこの時はたしか久々出て間もない頃であったと思う、従って一二ケ所の外は大して印象に残らぬ。この意味に於いて今度の「寿司屋」は会心の作と聴かれた。しかし、この段は浄瑠璃史上中興斯の作としては寧ろ佳作乃至凡作の方で、殊に前半は所謂「風物」で運ばれているから、これの演奏に当って、取立てゝいう面白い拵らえ等はない。義大夫節の「風」に対しての研鑽が最も正しい古靭として、この前半が初演以来秀れているのは論を俟たぬ。その音遣いや運びについてもいろ〳〵書残すべき所は沢山あるが、次回本格興行に上場された折に譲る。唯冒頭で「御寿司所の弥左衛門」と丸本通り語ったのは今度が初めてと思う。

内侍の出からは清六の絃が天下無類。実に敬歎の外はなかった。まず最初の「文弥」の弾き方からして違う。これは清六初演の折から強く印象に残っていた事で、大概当込式の足取で弾くこの「文弥」を、清六はサラッと弾いた。そして最初の撥をカスメ所から下ろしたから、こゝの情景が余す所なく表現された。この弾き方は今では清六より外のを聴かぬ。

後は全部当込んで、中に「掛声」などが入っている。つまり内侍が踊って出ている。「文弥」そのもの、乃至はこれを扱った作曲意図を知らざることの甚しきものである。それから奥になってからも「間」と「ウケ」の表現の目標が終始一貫していて極めて優秀なものであった。「戸をうちたゝき」などの「アシライ」は今に耳に残っている。お里の出になってからは普通の上手さに戻ったが、内侍の絃に関しては、清六は古今の出来栄えを示した。次に又古靭のこの条の息の緩急が「ノリ」加減と、この段の内容とに適合していて面白かった。」この他では梶原の肚が面白く出た。これは前の二回の演奏の何れにもなかったものであった。即わち詞のネバリ加減で面白く表現したのである。「聞及びし、イガミノー、ゴン」と切って語り、「ワルモノ」は下からヌーッと音を遣って出る。「イケーエッ、ドッターッ、ナ」と強く語り、「ヨイキリョウ」や「テエサアテ、ケーナゲ」などは皆ネバリ方が面白かった。

［備考］

264・1、2、4埴畑の団平↓植畑の団平（『義太夫年表　明治篇』）

270・16本誌三百九十号↓本誌三百九十二号（『浄瑠璃雑誌』）

270・17今度演舞場で語った古靭の「引窓」…平土間正面三つ目に、熱聴する鴻池、武智両氏の後姿を三階から視野に入れ乍ら古靭の「引窓」を聴いた。（内田三千三「新橋演舞場における豊竹古靭大夫の世話物」『浄瑠璃雑誌』三九四）

272・3第一回は昭和九年の四月↓第一回は昭和八年の四月（『義太夫年表　昭和篇』第一巻）

272・5第二回はそれから五年程後の春…昭和一六年三月、四ツ橋文楽座（『義太夫年表　昭和篇』第二巻）

○昭和一六年

31　三味線の芸系について

『上方』第百二十一号　昭和十六年一月十五日発行

当誌に「文楽号」が特輯されますにつき、何か書けとの御注文を受けたのですが、文楽三業（太夫・三味線・人形）の中、太夫に関する評論や研究発表はかなり多く、人形も、人形遣の研究は殆んどありませんが、人形の頭《カシラ》の研究は折々発表せられて居り、独り三味線に関することのみが全く評論や研究されていませんから、次に三味線に関して少し書くこと丶します。

まず義太夫節の三味線は貞享元年初代竹本義太夫と共に竹本座を起した初代竹沢権右衛門を元祖として、その門弟の初代竹沢藤四郎、初代鶴沢友治郎、初代野沢喜八郎、富沢哥仙より各々の家が起りその門葉が栄え、中頃になって竹沢家より豊沢家が分れ、鶴沢より花沢が分れ現在に到ったものであります。この中富沢家は天明の頃に絶え、花沢家は明治の末まで東京に残っていましたが今はその姓を名乗るものが殆んどなくなったようです。又初代鶴沢友治郎の門弟より初代大西藤蔵が出て、それより大西姓を名乗るものが少し出ましたが之も明和の頃に絶え、今では鶴沢、豊沢、野沢、竹沢の四家のみが存続して居ります。そしてそれ〴〵の開祖時代には各流の芸風がはっきりと区別されていたものと伝えていますが、今は混淆して一つ〳〵取り立て、区別することは殆んど出来なくなったようです。

今の文楽座の三味線紋下である六代目鶴沢友治郎は鶴沢家の元祖の名跡を名乗っていて先代の孫弟子に当る人ですから、まず以って鶴沢家の芸風を最も正しく伝承していると見てい丶ようなものですが、友治郎がその出生地の京都から大阪へ来て入門したのが五代目の豊沢広助、かの松葉屋で、後に六代目友治郎を襲ぐ前に一度豊沢家の人となって猿糸という豊沢家ではかなり重い名跡を名乗っていますから、豊沢の芸風も当然混っている筈で、その上先代の鶴沢友治郎という人が永年京都の元老で、京都は開祖当時より野沢家が栄えた土地で、五代目の友治郎も野沢から出て一時野沢家の元祖名の喜八郎の五代目を名乗っていましたから純粋の鶴沢家とは申されません。今の友治郎はその孫弟子になりますが、今申す様な訳で、豊沢、野沢の風が大分混っていると思います。この外に、今文楽座で鶴沢姓を名乗っている主な人に、鶴沢道八と鶴沢綱造が居り、道八は二代目鶴沢勝七の門弟ですが、彼の名人豊沢団平を篤く敬慕してその薫陶を得ていますから、団平の研究には重要な人ですが、こ丶では別問題となります。綱造の系統は鶴沢家では中々重い一系で、即ち、鶴沢家では二代目友治郎も前名文蔵といって、出勤の年月も長く、かの「妹背山」の作曲者として有名な、なか〳〵の名人でしたが、何といっても三代目友治郎が鶴沢家の中興の祖で、松屋清七（初代鶴沢清七）と称し、三味線朱章の発明者として衆く知られた人ですから、義太夫界に取っても後の名人豊沢団平と共に大傑作であります。従って門弟も多く、その門弟に二代目の鶴沢清七（通称笹屋）と、初代鶴沢豊吉、後に四代目の友治郎（通称鹿児島屋）があり、鶴沢の流れは、大体こ丶で二大別され、清七の名跡は六代目まで続き今の綱造はその直系になります。この外、初代鶴沢清六（通称畳屋町）初代鶴沢勝七（通称なまこ）は二代清七、初代鶴沢重造（通称つまみさん）鶴沢清八は三代清七の門弟で、今の清六、叶、重造など鶴沢家に由緒ある名跡を名乗っている人の源になっています。この外、初代友治郎の門弟の鶴沢寛治の一派があります。さて、然らば鶴沢家の芸風はどんなものかと申しますと、云い伝えとして、地味に弾くという事の外、私は知りません。今鶴沢姓を名乗っているの内誰かはっきり知っている人があるかとも思いますが、それも極く局部的な事のみで、芸風などとして取上げ得る全体的なすがたは殆んど究められないと思います。しかし、鶴沢家の芸風が今日の如く漠然たるものとして伝えられるに到った経路を、元祖以来この流れに出た主な人物（即ち、元祖友治郎、初代文蔵の二代目友治郎、松屋清七の三代目友治郎、三代目文蔵（備前屋）笹屋二代目清七近古に於ける義太夫節の中興の祖である三代目竹本長門太夫を弾いた三代目清七、四代目友治郎、建仁寺町の五代目友治郎など）に関して研究して見ると相当面白い結果が得られると思います。

次に野沢家は、源を初代野沢喜八（通称傘屋）に発し、この人のみが三味線の元祖竹沢権右衛門の育ての門弟でなく、京都の産で後に権右衛門へ入門したのであります。二代目は有名な富小路喜八郎で大阪へ下って竹本座や豊竹座に出勤しています。三代目（綾小路）四代目（橋下）は事歴詳しく伝わらず、五代目は前に述べました五代目鶴沢友治郎であります。野沢家も近世に到るまで二流に別れ、一つは喜八郎系で、一つは二代喜八郎の門弟の初代野沢吉兵衛系であります。この吉兵衛系は初代が京都から大阪へ下って居を構えて以来、その門葉は大阪に栄え、現在では七代目になって居ります。が一方喜八郎系は京都に残りましたが三代、四代が割合に早世らしく、爾来門葉栄えず、五代目友治郎が一時元祖名喜八郎を襲ぎましたがまた直ぐ元の友治郎にかえり、京都に於ける野沢家は寂寥たるものでした。その上、次に述べますが幕末に七代目竹沢弥七（通称大三味線）が入洛して勢を張って以来、京都には竹沢家がはびこり、両家の芸風の混淆されました。これは後に述べます竹沢家の芸風を研究する上見逃す可からざる事象で、同時三味線史研究の上の非常に興味あるブロックと思います。そこで、野沢家の芸風は一体に派手に弾くものと伝えられていますが、根が京都に発生したものですから、元祖等はかの宇治加賀椽の相三味線を勤めていたものと想像され、従って加賀節乃至繁太夫節等、上方の歌浄瑠璃風の音譜、芸風が多分にあるものと見てよろしいでしょう。これ等は筆では書けませんが、現存の曲の中で指摘出来るものがあります。派手なと云っても無闇に喧しいものでなく感傷的な部分も多く、その演奏法は感情輸入型と申さばまず適しているものと思います。それもはっきりしたものが現存しているとは云えず、現に三代目長兵衛は鶴沢から出た人で野沢家では中興の祖と尊んでいますから、こゝでも混淆している訳です。しかし、鶴沢家よりは幾分そのすがたが現存しているようです。現在残っている野沢家の主な名跡は、吉兵衛の七代目、吉弥の八代目、それから吉五郎というのも九代続いているよい名前です。喜八郎系は、七代目喜八郎が先年京都で歿して以来絶えています。

竹沢家は、義太夫節三絃の元祖の初代竹沢権右衛門を元祖としていますから、各家の元締の家ですが、現在では竹沢姓のものが一番少く、京都に九代目竹沢弥七と、その門弟の七代目竹沢団六がその主な人の外、僅か十人あるかないかの有様になっています。尤も開祖当時は、高弟の初代竹沢藤四郎や、その門弟の初代弥七などが出ましたが、二代目弥七の門弟で、竹沢源吉というのが、二代目権右衛門になり、次いで三代目弥七を襲ぎ、更に改姓して豊沢と称し、初代広助の名を起しました。これが豊沢家の開祖で、広助というのは、師の恩は広大なり、と、自らは広助、その高弟の虎造に大助と名乗らせて出来た名跡と伝わって居ります。これ以来、竹沢家の勢力が豊沢の方へ移ったような型で、竹沢家では権右衛門は五代、弥七は現今も続いていますが、その門葉は寂寥たるものです。この中一番興味あるのは七代目（一説に八代目）の弥七で、通称大三味線といい、紀州の産で幕末に京都へ上り、チャリ語りで有名な竹本山城椽の相三味線を勤めましたが、中々の健腕の上、開化的な人物で、大三味線を創造したり、洋服を着て椅子に腰掛けて三味線を弾いたりしたそうで、従って曲弾、櫓太鼓など殊に得意だったといいます。今の竹沢姓の人は皆この弥七の流れを汲んでいる人ですから、その芸風も大体弥七の芸風が支配しているように察せられます。事の善悪は別として、この弥七で竹沢家の芸風が変ったものと見て大略間違ないと思います。義太夫節の三味線の元祖で、西の座の立三味線を祖とする竹沢家の芸風は豪壮ではあったでしょうが、極めて地味な比音楽的なものであったと想像しますが、その流れに大三味線の弥七の如き生来健腕にして、開化的な性格な人物が、その相手方の太夫にチャリ語りの山城椽を得て、京都に居を控え、その地に伝わる野沢家の芸風の或る一面を摂取して出来たのがこの人の芸であります。前にも申しましたが、この弥七の研究は非常に面白いものと思います。

次に竹沢家から分離した豊沢家は初代広助以来、竹沢家に代って非常な繁栄をしています。広助は、あたらしや（二代）どぶつ（三代）近目（四代）松葉屋（五代）松屋町（六代、後に名庭絃阿弥）と続き現在の七代目に到り、三代目の門弟より彼の名人二代目豊沢団平が出て、一門の繁栄の因をなしています。即ち、団平の兄弟が四代広助で、比較的早世しましたがその門弟が五代広助の松葉屋で、その直系の人、故六代広助名庭絃阿弥、現存の六代鶴沢友治郎、現広助などの外は、悉く団平の流れを汲んでいます。⊥又前記の名庭絃阿弥も、団平と一緒に永く彦六座に出ていた関係上、団平の影響を多分に受けています。今の豊沢新左衛門も先代が団平に取って弟々子で、師の歿後預り弟子となっていましたし当代は先頃東京で死んだ松太郎の門人で、松太郎がやはり彦六座の人でしたから団平系であります。又豊沢仙糸、前に申しました鶴沢道八など皆団平の息のかゝった人です。さて豊沢家の芸風はといいますと、どういうのがその目標なのかはっきり伝わりません。しかし、団平が目標としたものは、はっきりと云えます。それが即ち豊沢家の芸風か、どうかはわかりませんが。団平に関する事柄は、方々で書かれ、先年本誌に「上方芸能号」が特輯された時私も団平に関する事を何か書きましたが、近くは「浪花女」という映画にまで脚色されていますから、茲では詳しく申しませんが団平の芸を一口で客観的に評しますと、まず団平自身が、純音楽的才能と劇音楽的才能の両面を、義太夫節に取り必要にして且十分なだけ具備して居り、それを発揮する技量があるのは申すに及ばぬ事で、その目標とする所は、表現的な義太夫節で、従って正しい意味のリアリスティック、正に三味線に於ける模倣型演奏法の大成者であります。団平の流れを汲んでいる人は、勿論団平には遥かに及ばぬ乍らもこの目標を以って演奏している筈です。それは義太夫節の三味線として今後最も正格な目標であり、芸風であると信じます。豊沢家一家のみか、今後の三味線弾の総てが進む可き道であります。

［備考］　279・6「上方芸能号」→「郷土芸術追憶号」（『上方』九八号）

放送局の義大夫名曲選に就いて

『浄瑠璃雑誌』第三百九十八号　昭和十六年四月二十日発行

去る三月九日夜ＢＫから放送された義大夫名曲選第三回の竹本角大夫等によって演奏された「義経千本桜道行」を聴き、その批評並にＢＫが企図した義大夫名曲選に就いての愚感を左に披瀝する。

ＢＫのこの企画は、去る一月廿五日夜の豊竹古靱大夫の、「重の井子別れ」がその第一回であった。そして、当夜木谷蓬吟氏の解説に先んじて、アナウンサアによりこの新なる企画の紹介、そしてそれは十二月まで毎月一回ずつ実現せらる可く約束された。それを聴いた時、私は義大夫熱愛者として非常なる喜びと、ＢＫに対して深謝の念を抱いたが、次にこの計画が、種々の実情の為歪められず、真に芸術的良心の上に立脚して名曲の名演奏が（因に名曲は必ず名演奏されなければならないことは論を俟たない）十二回撰択されるかどうかを甚だ心配した。それに関して、先ず第一回として古靱の「重の井子別れ」が選ばれた事に対して既に疑を持った。それは、名演奏せらる可き名曲選の演奏者が古靱を以ってトップを切られた事は、あらゆる点からして当然過ぎる事であるが、その曲目に「重の井子別れ」が選ばれた事は聊か意外であった。即わち「重の井子別れ」を古靱大夫の語る名曲選の第一回の曲目として撰択した当局の意図が那辺にあるかを私は疑った。「重の井子別れ」そのもの、価値、並に古靱のこの段の演奏評は後に述べるが、名人古靱は嘗て多くの名曲を名演奏している。而してその内には既に演奏回数々度に及び世間に極付として許された物がある。即わち「引窓」、「道明寺」、「安達原三段目」、「寺子屋」、「合邦」、「太十」等々で、従って名曲選の第一回の曲目は、常識的な意図により撰択されるならば、勿論右の如き曲目の内から選定される可きであると思う。尤も時間の制限という当局として最も重大であり且義大夫節の演奏とは最も妥協し難い問題があり、曲目選定に際して真先の条件として、これが挙げられたらしく「重の井子別れ」が選定された原因も七分はこの時間問題であろうと思うが、それにしても世俗的な義大夫考では、古靱の「重の井子別れ」は選定に迄かなりの距離があると思われる。何となれば、現在の所、古靱の「重の井子別れ」は余りにも不利な情況の中にあるからである。即わち、古靱がこの曲を初演したのは昨年十一月四ツ橋文楽座にてゞ、放送の夜が第二回の演奏であるから、曲目に対する馴染が薄く、従って反覆錬磨の良さは一寸考えられず（事実はこれに反して居り、それは後に説明する）同時に一般に膾炙されていず、勿論初演の折は中継放送もなかった故、これを聴いた人はその時文楽座へ行ったのみで、その上従来美声の持主によってのみ初めて名演奏せらる可きであると信じられていた（これは大錯覚であるが）この曲を悪声の古靱が語るという点、そして文楽座に於ける初演の際の一般及批評家の不評等がそれである。所で当局がこれを選定するに到った審議の内容の中、主なるものは左の三つであろうと愚考する。第一が前に述べた時間問題、第二に演者古靱大夫が比較的最近文楽座で語ったもので、同時に人口に膾炙され過ぎていないもの、第三に昨年十一月文楽座に於ける古靱初演を当局者が聴き、真に近来の名演奏たる事を認め、これを推挙したもの、この外演奏者当人の希望があるが、これは問題外として「重の井子別れ」が選定されたのは右の三つの中何れに拠ったものか、私は第三の場合であれかしと望んでやまない。

この辺りで古靱の「重の井子別れ」評及「重の井子別れ」それ自体の価値を披瀝せねばならぬ。細評は避け、当夜の放送は勿論、昨年十月文楽座で封切した古靱の「重の井子別れ」は意外といえば意外、果然といえば果然、実に近来の名演奏で、同時に私にこの段の面白さ、芸術的価値を教えてくれたのであった。尤も従来の「重の井子別れ」の演奏が尾籠極るものであったから一段と優れて聴かれた点もあろうが、恐らく摂津大掾以来の本格的な「重の井子別れ」であろうと信ずる。その成功の原因は、古靱が数十年間本格的な修行により習得した音遣いの妙諦が総てゞ、殊に冒頭一枚の音遣いに依る古靱の表現能力は絶讃に価する。而して前にも述べた通り、この段は従来美声の大夫にのみよって語られる可きものと誤解されていたものであるが、この段に限らず、義大夫節の中で美声を以って名演奏の必要条件とすべきものは殆んど無い。殊にこの段に到っては美声など寧ろ有害無益ともなるもので、徹頭徹尾最高級の音遣いによって終始演奏される可きものである。即わち此の段は名作の内には漏れるが名曲である点は斯芸中卓越したものである。それは、節付の異様に優れてゐる事——初演者竹本大和掾の「風」そのものがこの曲の芸術的価値で、その「地ノリ」、「詞ノリ」、「間ノリ」の「風」は、三絃とのつきはなれという並々の修行では習得し兼る特殊な技術的手段を以って踏襲される可き名曲であり、同時に難曲である。古靱にはそれが完全に出来ていた。古　の音遣いは近来全く老熟の境に入ったから、初演したこの段などにも、恰かも数度手掛けたものゝ如き感があった。表現主義的劇音楽は義大夫節に於いてその表現技巧の主体である音遣いの点からいうと、数少き近世の名人の中に屈指される古靱がこの段に初演からかく優秀なる出来栄えを示すのは当然の事であろうが、現在、恐らく未来に於いてもこれ以上の「重の井子別れ」は望めないと思う。

かくの如く、兎に角第一回義大夫名曲選は辛くも名人古靱によってその真の目的が完遂された。この放送に際して前述の如き種々の懐疑はしながらも、取敢えずその成功を喜び、且それは古靱独りによって辛

く も救われたものでなく、最初から当局が、「重の井子別れ」の名曲たる所謂を考究し、それを名演奏し得る唯一の大夫としてこの曲を古靱に依頼した正しき撰択態度の結果であることを念じつゝ、第二回名曲選の日を待った。

その第二回は二月十六日夜で、豊竹駒大夫の「先代萩御殿」が放送された。私はこの放送を聴いていない、それどころか、当夜名曲選の第二回が行われた事さえ後日になって聞いたのであった。その時、私は、曲目の選定を誤ったな、と思った。同時に、前述の古靱の時に私かに念じていた当局の撰択態度の正しさは、その当初からなかったものだと知った。所で、私は当夜の出来栄えを批評する資格を持っていないが、駒大夫の「先代萩御殿」は文楽座その他の場所で数度に亘って聴いて居り、駒大夫の語り物の中、最下等に属するものと思っている。駒大夫の語り口には「御殿」はない、即わち質が違う。唯、この段には珍しく、幼児の主役が二人登場して、且節付も高調子の所が比較的多い為、高調子が支えない性質の人に適した語り物とされて居り、其点のみ駒大夫に適合しているのであるが、これは「御殿」を名演奏する必要条件ではない。駒大夫の「御殿」こそ、放送は勿論、文楽座に於ても葬らる可きものと思う。しかし、この第二回名曲選に際して、その演奏者に駒大夫を選んだのは正しい。何となれば、今日本で本格的な義大夫語りが三人存在するとして、少くとも曲目の要を得ば名演奏し得る大夫が三人いるとして、駒大夫はその中の一人であるからである。そして、彼には嘗て「冥途の飛脚封印切」という、彼に取って殆んど空前絶後的な名演奏がある。その名演奏振りは嘗て武智鉄二氏が本誌に紹介されたから、茲ではそれについて述べないが、名曲の名演奏者として駒大夫が選定された場合、何はさて置いても選定される可き曲名である。しかも、いう迄もなく近松巣林子の名作中の名作で、曲は中興に復活された名曲である。唯遺憾なことは、かくの如き遊廓を背景とし、延いては心中に展開する作品が現時局下に禁断的に排斥されているのに対して、この作品が一応それに属する点である。しかしかくの如き作品も単にテーマや背景のみによって盲目的な排斥を受けるのは文化上好もしくない。これは一般演芸にも及ぼす相当大きい問題であるが、東都明治座三月興行を評された飯塚友一郎氏も、久々上演された「鳥辺山心中」に関して「――神妙に先人の型を踏襲して見物の純情をついている。それにつけても近松の心中物などが、一概に時局下に排斥されるのは理由のないことだ。今こそ、人々は魂をゆする純情を求めているのだ」といって居られる。「封印切」も全くその例に漏れない名作である。近松はこの段に於いて、不遇な格子女郎梅川の真情を描いている。

遊蕩を奨励した作図は断じて伺われない。唯これを演ずるに当って、甚しき誤解的演出の下に、恰かも遊蕩劇として取扱っている現在の歌舞伎の「封印切」や、一両年前迄文楽座で語られていたこの段は考慮すべきであろう。所が駒大夫の語り方はこの種の悪癖から全く逸脱したもので、彼は近松が筆力を尽して描いた桜川の純情を語り活かしている。放送に限らず、この種の作品に正しい理解が下され、その一般上演が自由となる日、第一に公演される可きもの、一つである。まして名曲選とて、文化的意義を以って第一とすべき、この特殊な催の内に、駒大夫が選ばれた場合、その語り物は当然「封印切」である可きであった。

かくの如く、名曲選の第二回は曲目の選定が全く盲目的であった為、折角の当夜の催も、あたら名演奏を持つ駒大夫も共に葬られてしまった。

第三回の名曲選は三月九日夜の、竹本角大夫以下の「千本桜道行」がそれであった。このプログラムを見た時、折角の名曲選も、当局の無鉄砲、無方針な企画の下に、早くも第三回を以って完全に歪められたと思った。第一回に古靱の「重の井子別れ」の演奏の前にアナウンサーの紹介を聴いた時、最も怖れていた事が遂に実現されたのであった。かくして当夜は、その演奏の非道さを楽しみに聴いた。角大夫は今の斯界では余程の古参と聴く、そして道行大夫で謳われているそうだが、道行大夫道行を知らず、で、当夜放送された角大夫の演奏の一たい何処が「道行」になっているのか私には解せない。義大夫節の中、音楽的要素を主体として特殊な作曲形態を採っている「道行」を語るには、それに調和した音遣いが指定されている筈である。それを語るのが「道行」である。角大夫の如き咽喉に飴か何か詰ったような声の一本調子で終始一貫し、その上不思議な事には屡々馬の嘶きの如きものが入る、そんな馬鹿なものが「千本桜道行」だの、名曲選だの、人を馬鹿にしている。馬が語っているような浄瑠璃を放送して、何が名曲選だ。「選」という字の意味を識らざるの甚しき極みである。二枚目に坐った文字大夫が流石に気の毒で、三味線の新左衛門はそれ以上気の毒である。もうこんな名曲選は真平である。

要するに放送局は名曲選の曲目と演奏者の選定に慎重さが足りない。世俗的な誤解の吟味が不足している。これは義大夫界には格別多いようであるから今後此点余程注意せねばならぬ。駒大夫に最も不得手な「御殿」を語らせたのもその為であり、「道行大夫」などの俗号に誤魔化された為、名曲「千本桜道行」は葬られた。最初の誓約通り行われるならば、まだ九回名曲選の夜は訪れる。この九回にはどんな演奏者がどんな曲目を携えて現れるか、これまで三回の例を見れば当局に信頼は置けない。現在の斯界は錯覚を以ってその三分の二回が覆われているようだ。まず紋下竹本津大夫などその最も代表的なものである。若し当局が真に専ら芸術的良心の下に名曲選を催しているならば（それでなければ意義がないから止めた方がよい）彼は技術的に出場する資格を有していない。だが彼は「文楽座紋下」という栄冠を偶然的に十数年背負っている。当局はそれに如何対処するだろうか。当局の麗わしき芸術的企画の死活の別れ目である。興は深い。因に現在斯界に於いて演奏曲目の要を得た場合、名曲を名演奏し得る芸術家は、大夫では豊竹古靭大夫、豊竹駒大夫、竹本織大夫の三人、三味線では鶴沢道八、豊沢新左衛門、豊沢仙糸、鶴沢清六の四人（この外二人位名演奏可能の見込の所有者がいる）あるのみなることは茲でハッキリいって置く。そして最後に再び、続く跡九回の義大夫名曲選の演奏者と曲目の撰択が慎重を極められ、前述の如き世俗的な誤解に誤魔化されず、真に芸術的良心の上に立脚して行われ、この企画が我邦文化界に於いて本年度の白眉たらんことを望んでやまない。（完）

［備考］

281・18　昨年十月文楽座→昨年十一月文楽座（『義太夫年表　昭和篇』第二巻）

284・5　東都明治座三月興行を評された飯塚友一郎氏…飯塚友一郎「出よ演出家（明治座）」『三月劇評四』（『読売新聞』昭和一六年三月一五日夕刊）

285・2　早くも第三回を以って完全に歪められた…斉藤拳三「追憶二題　竹本土佐太夫を憶ふ」（『太棹』一一五号）に「三月十五日に来た絶筆の手紙にも義太夫名曲選の放送も四月中旬に延した」と、同「土佐太夫の思い出」（同一一七号）に「死の前日（中略）、夜は相三味線吉兵衛とBKの義太夫名曲選に語る大文字屋の稽古をする日を打ち合せ」とある。

33

文楽座三月興行短評

『浄瑠璃雑誌』第三百九十八号　昭和十六年四月二十日発行

第一の「団子売」は不聴、第二に珍らしく「一の谷二段目」が出ているが、何よりも栄三の忠度が圧巻、他の人形は勿論床の浄瑠璃も三味線も飛んでしまった。殊に「怒りの涙てる月に雹をふらすが如くにていたはしくもまた道理なり」で足拍子を入れて十分に激情を遣っておいて、「透もあらせず――」の陣太鼓の囃子を聞くとパッと変って気を引緊め二重へ上って刀を担っての見得になる条の鮮さは実に素晴らしい。いったい心理的な動きをかく鮮かに遣い切った人形遣いは古来数少いと思う。栄三の場合は、ヒューマニスト栄三の舞台に於ける自然的要求と、彼が数十年来尊い修行によって得た芸格の正しさと相俟ってかく完全な舞台が出来るのである。従って、動きの多い少いにかゝわらず、常に役の肚から離れない。即わち、栄三の人形には終始心理的な脈絡を持っている。これは文五郎には求められない。況んや他の人に於いておや。床は相生、織、南部の三人の交替であったが皆々「駒大夫風」という特殊な曲風に踠いていた。大体、織、南部、相生の順と思うが、織大夫のを二回聴くと、音遣いのあやが皆目なく、寂しい、そして足取は大体よいかと思うが「間」が皆死んでいる。団六の絃も同じ様な失敗をしている。いったいかくの如き「風物」と称する特殊な曲は、音楽的旋律を以て曲を進行さす事を主として居り、従って拵らえを設けたりして露骨な劇的表現がある程度制限される、それだけに一際肚構えが出来ていないと劇音楽として完成しない。漏れ聞いた幕内咄を公表する非礼を許され度い。嘗て織大夫、団六の両人で「国姓爺楼門」を語った時、総稽古の日にその指南役であった豊沢仙糸が、「楼門もこう語っては面白うない」と評したと聞く（尤も其後織大夫は修錬を重ねてよい「楼門」を語っていたが…）これを察するに、何といっても名実共に新鋭の織大夫なり団六であるから、仙糸の伝えた技巧は勿論誤りなく踏襲したに相違ないが、その演奏に際して根本的な肚構えが座っていなかった為、古来の口伝的な技巧が活きて来なかったに違いない。従って指南番の仙糸にも不出来とは解りながら、これを訂正することが不可能であったと察する。而して、その肚構えと称するものは、テキストの部分的な文字等の穿鑿によって生れる末梢的技巧でなく、内容的にその「段」たる可き決定的要素であり、そうしてそれはその「段」の「曲風」と相互に関連して成立するものである。即ちこの「流し技」も、単に「筑前風」の流れを汲んだ「駒大夫風」たる局部的な音曲的技巧のみでは成立しない。一例を挙ぐれば、この段に沢山ある、「ツ、トン〳〵〳〵」と演奏される「フシ落」も、それだけでは無意味な許りでなく、耳につく。その一つ〳〵が内容に関連して演ぜられて、はじめて有意義な表現が生れ、且面白くなるのである。この点、織大夫、団六の今度の演奏に不満がある。

第三に「戦陣訓」と称する大際物があり、野沢吉左の作と聞く。何様二十分間に十二景返えすのだから、その一景々々に掬す可き情趣は求められないが、大夫の語るのを聴いていると、「音」の区切り方、渡り方、字配り等が全然滅茶々々で、織大夫の独演の所以外は、皆目何をいっているのか解らない。これじゃ「戦陣訓」も何もあったものではない。これは全く大夫の罪であるが、新曲を語る場合こんなことより出来ぬ平素不勉強な大夫に与えるに際しては、吉左も「音」の区切り方や「字配り」の親切な指定を用意すべきであった。人形では、栄三、文五郎、紋十郎の比較が面白い。品物になっているのは栄三の遣う、菅相丞と乃木将軍の二つだけ、殊に乃木将軍は一段中の白眉、何もしないで、二〇三高地に於ける将軍の感傷を鮮描した。天晴なる哉栄三也。それにひきかえ、次の場で文五郎の東郷元師が「皇国の興廃」を演説しているのは愚劣の極みである。他の段も同じようなもので、僅かにその意気を買うのみである。紋十郎には何もない。これを綜合すると、栄三、文五郎、紋十郎の芸力は、十対四対二の比例で示される。

次は、文字大夫と駒大夫の半分宛の「酒屋」であるが、文字大夫は、「地合」は相変らず拙いが、宗岸の詞が比較的本格であった。恐らくこの人として義大夫節の本格的な詞の語り初めであろう。「まして勘当はせぬむすめ」をポンと投げたように語ったのには一寸驚いた。これ等は多分紘の新左衛門の稽古と察する。その新左衛門も、文字大夫が彼の教えた詞の「息」と「間」を割合に正しく習得したに対して、久しぶりで世話物の持つ激しき「間」を弾き、若かりし頃彦六座に於いて、大団平管轄下に道八の友松などと鎬を削った時代を髣髴せしめ、非常に面白かった。いったい、新左衛門の芸は近来全く枯淡の域に入ったようである。余人に求め得ぬ老巧な所が聴かれる。先月の「菅原」にしても、亦、正月の「淡路町」は近来の秀逸で、世話物には考えられぬ位の芸格の大きさ、「足取」の運び方、「間」の持ち方、そして「カワリ」の大きさ、鮮かさによる容姿の表現は、近松の作品はかく弾く可きかと評者をして賞讃せしめた。駒大夫の後半はいつもの通りで面白くない。嘗て名演奏した「封印切」の手法を以て、この段を演奏すれば、必ずや優れた「酒屋」が出来るものと思うが、近ごろ「アテ込み」一手で固った此の段の演奏法に、その如き改訂を施すには駒大夫の芸力が不十分であるらしい。惜しいことである。

次は、大隅大夫と古靭大夫の「寿司屋」であるが、前半の大隅大夫は、大体の手法は先代大隅大夫のそれを踏襲しているらしいが、それには大隅の芸力が伴っていないから、随所にマクレる。後半の古靭大夫は、何より梶原が無類。その出来は先代大隅大夫以来と信ずる。この人の「寿司屋」は、昨秋東京新橋演舞場の素浄瑠璃に於ける非常な出来栄えのものがあり、当時評者が本誌に評したが、今度の梶原は、その時のより亦一階進み、全く完成した。それは詞のネバリ方と、「息」と「間」にその総てがある「テ、よい」は一っぱいに語って、「器量」でスット逃げる手法は堪らなく面白い。いったいこの段に仕組まれた事件の鍵はこの一語にある。即ちこの段を「三段目」たらしめる技巧はこの一語より他にない。」この点に於いて、従来三段目語りとしては不十分であるという古靭大夫評は既に当を得ないものとしたい。少くとも「寿司屋」に関する限り、古靭は立派な三段目語りと称されてよい。しかし、この段に限らず、一段を二分するのは絶対不賛成だ。流石の古靭も、語り出して二三枚は情が乗らない。また最も情緒的である所であるのに。殊に清六の三味線など、この前の新橋演舞場の時には、若君内侍の絃で至芸を聴かせたが、今度は同じ事を弾きながら以前の面白さに遥かに及ばない。これは演奏者の罪でなく、当局の無道的な配役に起因する。大切の「野崎連弾」は案外賑やかでよい。こんな所から義大夫オーケストラが生れるかも知れない。それも一糸乱れず揃った上の事である。

34

女義の「堀川」評

『浄瑠璃雑誌』第三百九十八号　昭和十六年四月二十日発行

女義大夫の最高目標——即わちどの点まで語れたら女義大夫として完全なものであるか、という批評の基準とすべきものを知らないから、嘗て女義大夫の批評は絶対慎しんでいた。その批評の基準が今度判ったから、という訳ではないが、去る三月五日ＢＫから放送された、三蝶、清糸などの掛合に仙平の絃という女義界では第一流と聞く人々の「堀川」を、微恙の臥床中に聴き、従来の精進を破ってふと批評してみたくなった。それは、往年の呂昇等と名女義の演奏はよく知らないが、一両年前には時折因会女子部の例会を一聴して、中には比較的良心的な演奏者もあり、近頃の文楽のヒネ腐ったものよりはまだ少し好感が持てるように思っていたから、同夜の「堀川」を格別期待したという程でもないが、よい意味でどの程度まで素直さがあるかと思って聴いた所、その演奏の余りにも非道なのに驚いたからであった。女義大夫といえば皆あんなものだ、といってしまえばそれで終りだろうが、苟くも放送局が「掛合義大夫」と相当大がゝりな標題をつけて当夜の膳立をしているのだから、女義の常習としてカットは是非ないとして、拙くてもよい、今少し真面目なものを聴かすべきである。

まず役割の筆頭に書かれた三蝶の与次郎の母が驚くべき素読である。三蝶といえばかなり有名な女義であり、これまでも数回聴いたように思っているが、実にひどい。雛昇のおしゅんというのがこれ亦気味の悪い謳い方である。どういう積りでやっているのか知らぬが、義大夫節にも、「堀川」にもおしゅんにもなっていない。次に昇鶴の伝兵衛が比較的良心的な演奏である。朧気ながらも一つの目標を立て、義大夫節なり、伝兵衛を語ろうとしている。だから欠点は大分あるがそれが割合に惜しいように思われる。しかし詞はまだ全然語れていない。清糸の与次郎は噴飯物である。どう声を張り上げたら与次郎が語れるかと思っているらしい。そのくせ「猿廻し」になると、ケロリとして御自慢の美声をふり廻して、途中から「角力甚句」が入って来たかのようだ。仙平の絃は全然品物にならぬ。唯恥をかいている丈けである。それから予ねて女義大夫は、カットの名手であると聞いていたが、段切に「目は見えねども見送る母、名を絵草紙に聖護院」とやったのには全く感服した。これだけは痛い程手を叩いても惜しまぬ。

［備考］291・5三月五日↓三月四日（『読売新聞』昭和一六年三月四日）

35

新橋演舞場の文楽

『浄瑠璃雑誌』第四百一号　昭和十六年八月三十一日発行

しばらく身辺の都合で批評が書けなかった。その内にと思っている間に当誌の四百号が出て了った。見るとお歴々がずらりと肩を並べ、夫々熱筆を振って居られる。何時も自分の書いたのを読む時は冷汗をかくが、祝すべき当誌の四百号に投稿出来なかったのは取り返えしはつかないが、今でも非常に残念に思っている。その穴埋めという訳ではないが、七月一日から廿八日迄東京新橋演舞場に出演した文楽一座評を左に書いて見る。今度の引越興行は、廿五日建て、外題五日目替りが、大入超満員で三日間狂言揚替えて日延べという近来のレコードであった。外題全部で凡そ三十余種、悉くは批評出来ないが最初に今度の興行中特に興味を惹いた事象を挙げて見る。

総師古靱大夫の語り物は。寺子屋、新口村、良弁杉、重の井、長局、引窓の六つ。この中寺子屋、良弁杉、引窓は総ての点で既に完成しているものとて、新らしい興味や、更に著るしい進歩は当然求められない。新口村と長局は前回のものより一階の進境が聴かれた。殊に長局は当興行の最高傑作であった。重の井は古靱が最近封切して成功したものであるが、何分反復度数が極めて少いから、鍛錬琢磨の結果から来る迫力は、他のものに比べると当然乏しい。古靱としては、この役は昨年十一月の初演の時一ヶ月と、其後に放送が一回、大阪中座の素浄瑠璃が二日間、そして今度の五日間のみである。

大隅大夫の語り物は悉く聴かなかったが、国姓爺や吃又は取り立て、賞讃すべき程ではないが、故津大夫のそれよりは遥かに本格的であったことに非常に興味がある。殊に国姓爺に於いてその感が著るしい。若手精鋭の織大夫の活躍を期待したが、第三回から休演したので、大夫陣に対する興味は殆んど半減された。

大夫陣で興味を覚えたのは以上の程度で、後は全然無味。下手なのは幾らでもある。三味線では、仙糸の良弁杉の桜の宮と清六の引窓が、何れを甲乙とつけられぬ当興行の最高峰で、この外、清六の二月堂、長局がこれに次ぎ、若手陣では、団六の小鍛冶の二枚目と引窓の端場が一寸面白く、その外聴いたものでは興味なく、悪いのなら大夫同様底知れぬ程ある。清二郎の奮闘が聴けなかったのが物足りなかった。

人形では栄三一人、大判事、孫右衛門、光秀、良弁、お辻、尾上、熊谷等々傑作の続出で、中でも久し振りの所為か尾上に魅せられた。若手陣に掘出し物もない。

さて一つ〳〵の批評に移り、第一回では、相生、織以下掛合の妹脊山三段目と、古靭の寺子屋が面白いが、相生大夫の大判事は何を言っているのか全然判らず、大ダレにダレている。吉五郎の絃も全くその役処でなく、浜大夫の久我之助は初演の時より少し舞台馴れがしたというだけで、体格のよい以外は全く未知数、吉左の絃は三味線を弾こう弾こうとして失敗している。従って浜大夫と二人で前半を恐ろしく長いものにしてしまった。向床の織大夫の定高は初演の時より一層模様が乏しくなった。この役は先頃大阪にての古靭大夫の傑作が私の耳に残っていて、その為織大夫のこの場が何としても頼りなく聞えるのは当然の事として致方ないが、兎に角、織大夫は定高を研究すると同等に、又はそれ以上に春大夫風の研鑚に努力せねば、その位にならない。尤もこれは本床の相生大夫にもその責任がある。即ち相生大夫に染大夫風乃至春山の風が皆目解っていないから、受け渡しの反動から生れる主観的演奏が織大夫に当然生れて来ない。だから、いくら織大夫一人が春大夫風を勉強して語っても、相手がグニャ〳〵ではこの場は出来上らない。こゝにこの場が、浄曲中他に類のない掛合の「三段目」としての価値と面白さがある。具体的に言えば、この段が書卸し以来掛合と定められているのは、大判事と定高が喧嘩をしていて、中に川が流れているからではないのである。それだけの事なら全曲の山であるこの三段目を敢えて掛合にする必要はない、又中興一人で勤める例が出たかも知れぬ、が、その書卸しに、初代染大夫と初代春大夫が夫々の「風」を掛合って、この段を組織したからである。この事がよく解っていなければならぬ。その点相生大夫の本床は遥か批評の域に到達しない。

さて織大夫の定高は、その出で、貫目を狙ってか、ノリ加減がないので、浄瑠璃が動かぬ。「大判事様」は時代訛りでいう方がよい。そして「庵」までがこの役の難所であるが、「立派に言ひは――」になると、聊か気の緩みが見え、それが本となって「悪縁の仇花」で情が至らぬ。こゝは古靭大夫のを是非学ばねばならぬ。それから、道具流しになって「未来へ」のハルブシは初演よりは大分よくなったが、まだ〳〵。音遣いの名人古靭大夫でさえ、全力を注いでこの「未来へ」の音遣いに成功せんと努力している。そして段切の「三吉野の花を」等も、もっと音遣いに注意せねばならぬ。ほんとうに見捨てゝしまってはいかぬ。こゝも古靭大夫の音遣いを習得すべきである。団六の絃は初演の時より軟か味がなくなった。これも一つは本床の吉五郎との関係から来る欠陥と思われる。そして、やはり道具流しが非常に悪い。伊達大夫、友衛門の雛鳥は非常に影が薄い。こんな事になると美声も何の役にも立たぬらしい。

次に古靭大夫の寺子屋は一昨年の五月大阪文楽座で完成されたものに更に磨きのかゝった出来であった

（一二箇所変っている所があった）が、清六の絃が久し振りの役の為か（この前は重造の絃）古靱に位負けしていた。その最も著しかったのは、「刀を杖、ツン」が栄三の人形の息と外れ、舞台に穴があいた。それと「胸轟ろかす」の息と間がマクレて古靱大夫のそれについて行けなかった。尤もこれは初日の事で、二日目以後は知らぬ。人形は別にいう事もないが、文五郎の千代が数年前からやる後向きの幕切は非法だと思う。

第二回は東京で初めてという国姓爺の三段目が出た。楼門は南部大夫と重造、この場は風物で、音遣いが格別重要であるが、やはりほんとうの浄瑠璃が語れねばいかぬ。重造の絃も聴いているともっと畳める可き所があった。紅流しは前半を大隅大夫、清二郎。冒頭は平凡だが、婆の息がよかった。その為比較的全体が締って、前述の通り故津大夫のより遥かによかった。そして、これだけではまだほんの稽古を上げた程度であるが、このまゝ研鑽を続ければかなりの紅流しが出来そうに思われる。清二郎も同断。後半の呂大夫は興がない。

第二の「小鍛冶」は去る六月大阪で上演した時より舞台馴れがしてよくなった。栄三の稲荷明神がその代表で、玉蔵の宗近も少しよくなったように思う。が三味線は依然丸潰れである。歌舞伎で数回繰り返した梅屋金太郎のお囃子が出て来ているに拘らず、間が外れるのは吉五郎の「シン」が悪いに違いない。団六の二枚目だけは確かなもの。

第三は古靱大夫の「新口村」で、この前語った時より文章の研究が更に行届き、音遣いを考究した結果、陰気な中に総体に色気が豊かになって、一段の進境を聴いた。

△まず冒頭「落人」の音遣いがその代表的なるもので、鄭重を極めている。衆人の学ぶべき所である。
△「旅路を」これが全部「テツ」になっているのに対し、古靱は正しく語った。
△「大きな不孝」といって、忠兵衛の人形が梅川から家へ顔をふり向ける間を置いて「この藁ぶきは」と語ること。
△「前方の近付は知りませぬ」と切り「が」を語り「もし」はヒソメていう。古靱の注意は端役にまで深甚に払われいる。
△「二人はハッと」は全く息で恐ろしさを語ること。
△「うつとり」も同断。その上に音を遣っていうので二人心が鮮かに出た。
△「ほんに」を大切に語り「かうしてゐても」で恐怖心を表わし「大事ないかえ」はやるせなさと、あせり気味の拵らえでいうこと。全く絶讃の外はない。
△「道場参りぞつゞきける」の足取を大切に、登場人物の通行間隔を表現すること。
△「お前によう似た事わいな」は梅川でうんねりと語り、清六が「ツン」と強くきめると、かぶせて「サアそれ程」と出る。この辺りから「お顔の見初めの」で、清六が「オーッ」と掛声して「見納め」で情を弾き「コレ申し私は」と又かぶせる辺迄は両人の息が漲溢していて素晴らしかった。殊に清六は「見初め」で梅川の懐しい心情を弾き表し次の掛声で変って「見納め」で悲しみの情を弾き分け素晴らしい出来であった。
△「どなたか」をもう既に不審の拵らえでいうこと。
△「延紙引さく其」で眼色をかえ「手元」と語り「打守り」でグット息を詰めていて、一杯の間を持っ

て「こゝらあたり」は不審の拵らえ十分で語ること。

△「嬉しいもの」は嬉しさを十分に一息にいい切ること。

△「さてはさうか」は鋭くツメていう。

△「若しも忍んで」の「若しも」を大事に。

△「かくまう事はさて置いて」は軽く。

△「ア、どうぞ来てくれねば」は泣いて十分へタッて。

△「出すのが孝行」で忠兵衛に道を教える情を語ること。

△「覚悟極めて名乗つて出い」の息は筆で書けぬ。

△「逆様ながら頂きます」は梅川の心の府からの感謝の心持を語り出すこと。こんなことは解り切っていること乍ら古靭以外のは梅川の色気だとか何とか枝葉の技巧に迷っていやな媚声を出している。

△それから段切になると、古靭清六栄三の三人が芸術の最高線を行った。「延び上り」で、清六が「チ、、チ、、、」と一つ〳〵〳〵余音を消して、孫右衛門の心と姿をよく弾いた。「足つくなッ」とツメて、「と」は一杯の息で語り「届かぬ」も一杯に、「声」はシッカリ締めて、以下はヘタッて語ると、清六が「チリ、リンツンジャン」とツメて弾くと、大夫はもう全くヘタッて「平沙の善知鳥」を語る。栄三は「チョイ」を一杯はなして両手は全部力を抜き孫右衛門の肚を表現する。総て一杯という約束が三人一体で行われている訳である。

第三回では仙糸の「桜の宮」の絃が、第六回目の清六の「引窓」の絃と共に当興行の双絶であった。この役は昨秋大阪で勤め、それを聴いたのは中日頃であった為、聊か疲労していて、少し工合の悪い所もあったが、今度は二日目で元気もあり殆んど完璧であった。まず、「かひもありし」にかゝる「チ、、、チ、、、」の合の手が鮮かに弾こうとかそんなことでなく十分情を込めた撥が下ろされた。「いたづらには」は「半間」で、「チーン」と指遣いを大切に「空心さへ」となり、又左の仕事で、「ツーン、ツン〳〵〳〵、ツーン」と弾いて「夢にそれと」となり、「忘れかねたる」は強くキメて弾く。それから、「うらめしき」で仙糸は「トチチン」と拵らえた撥で緩やかに弾いたのに対し、先年新左衛門は、「トテ、ン」と大きく一息に大主観的な撥で弾き捨てた。即ち、新左衛門の心で仙糸の技巧が弾かれたのが名人団平と推察される。こんな点新左衛門の「桜の宮」も傾聴に値する。「我故郷――」では、仙糸天来の弱さの為十分タヽメなかった、だから「うつつ心」でヘタル面白さが十分でなかった。それから、「なぜ誘ふて」と「呼んでおじや」の前に、仙糸は二つ共「チ、チン」と緩やかに弾いたのに対し、新左衛門は（たしか二ヶ所共）「チ、ン」と弾捨てた。これはどちらか片方を新左衛門の如く、一方を仙糸風に弾くのが正しいと思う。次の「羽風」から「子守歌」、「でん〳〵太鼓」にかけては一点非の打ち所がない天晴な出来。恐らく名人団平との距離も非常に近いだろうと思われる。

次の「東大寺」は何でもないような端場であるが、中々等閑に出来ない場である。七五三大夫吉左のを聴いていると、七五三大夫は兎も角、吉左は「東大寺」を知らぬのか、弾けぬのか全然品物になっていない。吉左一人に限らず、近頃一体にかくの如き役場に対する注意心がない。この場も、書卸しの道八が当り役で、どう弾いたか今道八に尋ねるのは兎も角として、昨年文楽座で新左衛門が結構な「東大寺」を弾いたときに、なぜ聴留めて置かぬ。そんな不勉強な事で、作曲もクソもあったものではない。即ちこの場は、所謂「東大寺」を弾けばよいので、従って「門前狭しと待居たる」迄に大寺院の格式を弾定めてしまわねば、切場の「二月堂」に対しても意味がない。それを新左衛門の如き芸格の大きい、音の大きい人が猶「東大寺」の豪壮さを表現せんと、努めて大きく〳〵弾いていた、だから、渚の方の出になってからは、要らぬ小細工がなく、サラッとしていた。そして、今一度終りの「二月堂」が一杯の大きさで弾かれる。これは大きければ大きい程よく、同時に逆に婆の姿が出るのである。私が沢山聴いた内で、「二月堂さして」が弾けたのは新左衛門一人で、ここを語れる大夫は多少あろうが、弾ける三味線弾は極めて少いと思う。

切の「二月堂」は古靱清六の極め付けとして今更批評するのも気がさすが、よく聴いていると、この段は大体「西風」の四段目として仕立てあると思われ、政大夫風等が大分取入れられている。冒頭から、「石垣や」の「フシ落」迄がその位を語る処で、まず三重が済んで「焼かずとも」の一語が何ともいえぬ困難らしい。この一段の肚を締めくゝって、サラット、そして格式を持って言い切らねばならぬ。それが出来ぬと、「草はもえなん」の「播磨」がどっしりと納まらぬ。「三笠に近き木の間より」はマクレぬように。「利益も」はハッて出て、「良弁杉」で杉の高さを語り、「されば」からは一寸カワッて、サラット、ノリ、「網代の」の音遣いを叮嚀に、「続いて御拝」から「二月堂」の「大三重」までは荘厳に、「石垣や」は「ギン」がかって納めるという段取であるが、古靱清六の両人はよく団平の意図を踏襲している。それから「奥」へ行くと文章が段段悪くなって来て、語る古靱の芸力があり余って一種異様な喰い違いが感ぜられる。清六の絃は正に完璧、「足取」をよく弾いた。殊に段切の「御堂を見返り」以下は圧巻。

第四回目の最初に「廿四孝四段目」が伊達大夫以下の掛合であったが、人形の紋十郎と共にゾッとする八重垣姫である。何としても宿場女郎以上でない。伊達大夫も土佐弁とテツと引字を取去れば後には何も残らない。「狐火」は網造の絃であったが、興味がなかった。

次の大隅の「志度寺」の前半は去る六月大阪で語った時から此人として傑作であるが、「志度寺」が語れている外に本格的なしっかりしたものを持って居れば、今では日本に楯つくもの、ない「志度寺」であるが、残念ながらそれがない。だから「志度寺」らしいことは此上ないが、源太左衛門の持って来いのあの音声の割に凄味が皆無だ。清二郎の絃もこんなものを弾くと腹の弱さがよくわかる。

古靱の「重の井」については前にも書き、今度は別にいうこともない。端場の「道中双六」は相生大夫で素読に外ならず、三味線は団六だが、近頃この場の三味線のよいのを聴いたことがない。喧しい許りで面白さが全くない。

第五回目では古靱の「長局」が当興行の白眉で、先年聴いた時よりの進境が目覚しい。やはり根本的に肚構えが出来た上の成功である。いったい従来ざらにあるこの段は、尾上とお初を唯外面的な言葉の足取によってのみ語り分けようとするのが多く、従って、尾上は唯ゆっくり、それも長丁場故仲々持てない、お初は全く単なるその反動のみで、無闇に早間で、鼬のマラソン競走の如くなっている。古靱のお初は、尾上に対する心理的結合を根本の建前として、武士の娘が大恩ある主人の大事に直面しての気合と心配と焦慮の肚拵らえの上に立脚して語られる。尾上は、地合にも詞にも、これを語るには是非必要な音遣いの修行がこの人に出来ているから、一点非の打ち処がない。この尾上の表現の成功の原因が音遣いにある点注目す可きである。例によって語り方の主なる処を左記する。
△「辺り詠めて」で以前から息が積んでいるからこゝのお初の容姿と廊下の広さが表現出来ている。
△「溜息」は三味線と共に一杯の息と間で「つ、き、」と息で切ること。
△「テモ恐しい」は例の鼬のマラソンのようでなく、十分の拵えでいい、「たくみ事」がテツにならぬよう。往々はお初はこゝで慌て者として語られている。
△「コリヤ大切な」の「コリヤ」で事柄の恐しさを表し、「大切な事じやわいの」はユックリ、大事に、そして変って「尾上様へ申上げ」はサラッと。
△「お上への御忠節」の次に「息の間」があって、「イヤ〳〵証拠も」はユックリ大事にいうこと。
△「一筋に恩義に」では古靭の音遣の鄭重さと清六のこれに対するウケの鮮かさが耳に残る。
△「ヲ、御機嫌よふ」は、「オッ、オーオ御機嫌――」と息にいって心の底からの安堵を語ること。
△「詞に夫れと」の「それと」を大事に。
△「上べを包む」から「昨日の遺恨」までは大夫も三味線も大切に演ずるのは当然であるが、殊に清六の肚構えがよかった。そこで、「テチン」で変って「思ひ悩みて」となるが、この変りの古靭清六両人の息の合っていることは実に素晴らしい。それは、「遺恨」で古靭が息を詰めていて、「テチン」と同時に息を開いて「思ひ悩み」と出るが、この「テチン」が単に「遺恨」からの三味線のみ変りでなく、同時に大夫に次の「思ひ悩みて」の変りを拵えてやる撥になっている。こんなのは今日本国中で古靭清六両人のコンビのみに聴かれるものであるが、殊に清六のこの「テチン」はよく弾いた。「思ひ悩みて」は一気にサラット語ること。

△「それぞ」の音遣いも大事に。

△「しらぬお初が物案じ」は世話の足取で運び、「いく間も――」は変って時代でユッタリと運び、「遠き」を大事に、「内入も」は一寸「ギン」がかって語ること。

△「癪に、まぎらし」と切ること。

△「ハイとお初が」、このお初への変りも唐突にならぬよう清六も「テン」を軽く拵らえた撥で、カブセていなかった。

△「心うくも」を古靱も清六も大事に語り且弾いていた。

△「ヲ、勿体ないこと」もカブセず、一間待って叮嚀にいうこと。

△「忠臣蔵の浄瑠璃」は世話で面白く、気軽にいい、「面白いのは」を一寸突込んでいうこと。

△「アノ師直づら」は、「アーノ」と引張らず、詰めて鋭く目遣いで語ること。

△「短気に」は切って大切に。

△「塩冶殿に親御は」は世話で面白く語ること。

△「サ、何と思し召す」も唐突な変りにならぬよう。

△「御家中ちり〴〵」の清六の息組が大きさとそれに伴う撥遣いが素晴しかった。

△「御恩を」は音遣いを大事に、「受けた」は突込んで語ること。

△「御意見の様に」はサラッと「に」は肚を語ること。

△「跡に尾上は」以下は大きく、これが所謂「古浄瑠璃風」と思われる如き語り口であった。従って清六も極めて大まかに弾いていたが、「かきくれて」までは随所に音遣いの大切な所がある。中でも、「中

詰」の古靱の音遣いなど、故大隅大夫以来の名音であると信ずる。
△「何心なく」は全く絃から離れて。
△「何処へのお文」の「何処へ」を十分拵らえていうこと。」
△「明日の事にでもせい、とは」と切ること。
△「そむきやるか」は一息に詰めて。
△「お顔持も悪い故」はお初自身の悲しみとしていうこと。」
△「早ふ行きや」の次に一息置いて「ハーイ」ということ。」
△「行けといはば行かぬか、ハイ、只今――」この語り方が実に偉大なもので、「行かぬか」を尾上が一杯の拵らえでふり切ると、「ハイ、只今」をお初はスネていう。この二つの言葉の拵らえの格合が面白く、息が漲溢しているので場内一杯になった。
△「行きともなふて」は十分突込んで。
△「御存じないか」は、「ナイーッ」と詰めて、「か」は沈んで語り、「わしにまで」を大切に、即ち自分は尾上が隠す最後の者であるという拵えで語ること。
△「虫が知らすとやら」から「心元ない」までは、十分あせって、早間でいうこと。
△「さうもなるまい」は大事に、詞尻を詰めて。
△「ドリヤ一走り」にまだ未練を残して立去ること。これは古靱は或いは無意識かも知れぬが、確かにその拵えが受取れ、非常によかった。
△「錠口」は緩やかに音を遣うこと。

△「影見ゆるまで」の清六の三味線がよかった。

△「これから奥は、或程度情で押して行けるが、古靱の如く音が遣えないと全くその品物にならない許りかダレて了う。」

△「コリヤ忝ないぞよ」の「コリヤ」はカブセず、十分情を持って叮嚀にいうこと。この一語は実によかった。凡そ古靱の口にある総ての「コリヤ」の中、一番尾上らし「コリヤ」であったようである。

△「三年で御年もあく」の泣落しの清六の絃の美しさが無類であった。

以上の外、奥にも記し止めるべき所はあると思うが、特筆すべきは以上位かと思う。清六の三味線も、当興行中同人の「引窓」と仙糸の「桜の宮」に次ぐ、第二位の上出来で、その肚構えがよかった。但し二回聴いた中、二回目（五日目）は多少息組が薄かった。人形では栄三の尾上が神品、十分仕込んで置いて「必ずお赦し遊ばせ」が大落しであった。

第六回ではやはり古靱の「引窓」が優れて居り、その清六の三味線が素晴らしかった。それは、この段を弾くに際し、長五郎の母を主体として弾くように心掛け、またそれが完璧に弾けていた。そして、それがネバ〳〵せず、サラッと上っていたのは余程手に入ったものと思われる。古靱はよく語ったが、何といっても、昨年秋当演舞場で「かけ椀」から通して語った時が彼の「引窓」の最高品であった。端場「かけ椀」を弾いた団六の絃が一寸面白かったが、婆の心が十分に弾けなかった。この外では、段切のみ聴いたのでハッキリしたことは言えぬが、大隅の「吃又」が割合面白かったようだ。

［備考］　301・4去る六月↓去る五月（『義太夫年表　昭和篇』第二巻）

36

文楽評の評

『浄瑠璃雑誌』第四百二号　昭和十六年九月三十日発行

故石割松太郎氏が嘗て演芸月刊に「劇評の劇評」というのを掲載して居られた。その二番煎じではないが、七月東京に引越した文楽の批評の批評をしてみる。というのは、近頃文楽の大夫三味線連が段々下手になって来ているのは（この意味は文楽の大夫として普通というその水準が追々低下して来ているのをいう）勿論各自の不勉強もあるが、聴客の耳が悪くなっている。どんな浄瑠璃を語っていても車輪であればよかった、という。これと反対にどんなに優れた浄瑠璃を語っても一通りの讃辞より呈されない。第一聴いているその場で感心しているのを目撃したことがない。古靱大夫位の浄瑠璃ならたまにお客が「ワーッ」と感心してもよいと思う。それ程までの聴客を今急に求めるのは無理だろうが、明治の中頃まではそんな光景が屢々あったと聞いている。兎に角お客の態度の芸への影響は古来甚大なものとされているから、何としても何等かの形に於いて厳格正統な評言を呈するお客が沢山出来なければ斯芸は亡びてしまう。その先鋒たる可きものが文楽の批評家であることは論を俟たない。この意味に於いてこゝ数年来私は微力な耳で一生懸命聴いて、家々の評によって芸が向上されるのを目標に、出来るだけ正しい批評をして来た積りである。勿論私がいったこと全部が必ず正しいとは定っていないから、公表した後も始終気をつけて数回聴直し、前にいったことが間違っていると心付いた時は訂止するように努めている。それにしても私達の一人や二人が青筋立てゝ喋舌った所がその効果は極めて薄いもので、せめて十人同侶を得て文楽評の尖端を行き、当事者の専問的修行と相俟って斯芸の向上を計らんと常に思っていたのである。処が今度の東上文楽の批評の案外の賑々しさに驚いた。まず都新聞の安藤鶴夫氏を始めとして、演芸画報はいつも安倍豊氏一人であったに、山西元明氏以下四人、各替り目を一人宛承って批評して居られる。実に心強い極みと喜んだが、拝見すると、頗る御同感な処もあるが、失礼乍ら私共からでもお眼鏡違いとはっきり反駁してい、ようなことも書いて居られる。そういう点に関して左に書いてみようと思うが、こう前置すると如何にも喧嘩を買って出ているようだが、私の真意は決してそうでなく、飽くまでも文楽擁護の先鋒に立って芸の向上を計ろうとする処にある。まして、安藤鶴夫氏以下一面識もなく、殊に演芸画報の各位はお名前さえも伺いはじめで、喧嘩を買う気なども毛頭ないが、私の筆ぐせ、熱すると稍もすれば辛辣になり勝ちで、喧嘩腰に似て来るのを前以って御諒承願いたい。

まず第一回評の冒頭に、都の安藤鶴夫氏は津の子大夫改め浜大夫が故紋下津大夫の息で、父親に聴かせ度いとかいって居られるが、これが大間違いの根本だと思う。歌舞伎の世界はいざ知らず、文楽という所はそんなじゃら〱した所ではないのである。親爺が紋下であろうが、庵であろうが、そんなことを斟酌していたら斯芸は惰落のどん底に落ちてしまう。⊥安藤式を以ってすれば、名人団平の孫である豊沢仁平や、名庭絃阿弥の息豊沢猿二郎が東上して床に現れたら、それこそ逆立して挨拶しなければならないことになる。こんな記事は向後絶対に慎んで頂き度い。伝統ある文楽の修行の権威を涜すこと甚しい。それと今一つ、これは画報の山口元明と異口同音に浜大夫の語り口に荘重味があると評していられるが、いったい浜大夫の語り口の何処が荘重なのか伺い度い。凡そ現今の大夫で荘重と評してよいのは古靱大夫の外、評したくてもない筈である。織大夫でさえ荘重というにはまだ大分距離がある。まして、大序かけ出しの浜大夫が如何に荘重な文章を語ったとてその語り口が荘重と評される訳がない。その上、山西氏は栄三の大判事に荘重味があると、浜大夫の語り口と同一語を以って評して居られるのは酷い。それと、いま一つ浜大夫の音遣いが素直だと安藤氏は書いて居られるが、これも珍である。同じ事を繰り返えすが、今賞される可き音遣いなどは古靱大夫の外に断じてない。これも津大夫の息である為のお情け評かも知れぬが、純樸と察せられる浜大夫にして見れば、これを読んで、自分の語り口に荘重味があって音遣いが出来ていると思うだろうから、後のたゝりが恐ろしい。この際浜大夫に対する批評は、親切にその欠点を指摘して、向後の研鑚を促すに止める可きであると思う。

第二回評では、まず「新曲小鍛冶」が問題となっているが、画報の牛島利三氏は、栄三がもっと拙くやってくれたら、といって居られるが、こんな無茶な批評はない。新曲といっても明治中期の作だが、かの「勧進帳」に於いて栄三の弁慶は、昭和五年二月の初役以来文楽至宝の一役となっている。」この稲荷明神もその伝で行けばよいのである。それから安藤氏の方では、「小鍛冶」の青竹の勾欄を問題にして居られるが、木谷蓬吟氏の「鬼界ケ島」の青竹問題以来、「青竹令」でも発令して置く必要があると思う。それと、今一つは三味線の綱造について、牛島氏は無条件で賞讃して居られるに対して、安藤氏は七五三大夫への指導方に興味を持って居られるが、私は反対で、綱造への興味はない、否初めはないでもなかったが、なくなったのである。それは、七五三大夫の役のよしあしによって弾く時と弾かぬ時があるが如き我儘勝手な綱造が、七五三大夫を善導出来る訳がないからである。

第三回評は、古靱の「良弁杉」に対する讃辞が、画報、新聞ともにその殆んどになっている。これに異論はないが、細部に亘ると安藤氏が「二月堂」を「二の音」を主とした節付といって居られるのに善悪両様の意味で注目に値する。これは今少し考究の余地があると思う。

一方画報の飯田澄子さんの方は、「わからないが一字一句もおろそかにしない、芸術的神経にひきつけられて忘我陶然となる」といって居られるが、いったい「一字一句おろそかにせぬ」という語は古靱評の一つの型の如くなっている。その創始者は誰か知らぬが、大して古い事でもないらしい。そしてこれは一応は古靱評中の名文句である如く、又事実それに誤りはないが、よく考えると抑々義大夫節というものは一字一句おろそかにせず研究してかゝらねば語れぬものである。」だから一字一句おろそかにしないのは、まんざら古靱大夫だけでもないだろうが、問題はその一字一句の解釈、研究の仕方及びそれに伴う修行が出来ているか否かにある。故に批評に於てはどの一字一句がどういう腹構えで、どういう語り口で語られて、その結果どういう表現が生れて、それがその段の内容に関してどうであるかを論ぜられねばならぬ。唯一字一句おろそかでは一見細評に見えて極めて空漠たるものである。それからこの飯田さんという方は余程芸神経が気になると見えて、清六の三味線について、その神経を賞美して居られる。これは都の安藤氏も同じことをいって居られるが、実に可哀想である。清六にこの役が立派に弾けているのは神経の為でなく、先代が古靱大夫とゝもに初演の松屋町広助から習って床に上げたのを熱心に聴き、且両人に教わり、更に勉強して出来上った、全く修行の所産であると察せられる。さもなくば神経だけであの段切等が弾けるものではない。それと更に今一つ腹立たしい極みは、画報、新聞共に仙糸の「桜の宮」の三味線に関して一言の批評もないことである。仙糸として一世一代の名演奏で、且「桜の宮」としても九分九厘完璧なあの妙技を方々は何と聴かれたのであろう。一体文楽評の常として三味線の批評が一番等閑に付せられているにしても、飯田澄子さんなど、「三味線も七挺の哀れにも華やかな舞台」と、仙糸の妙技に対して全く酷評同然のことを書いて居られる。そうかと思うと文五郎の渚が子を取られての半狂乱の有様等実に巧緻な芸だと賞めて居られるから、まんざら感受性のない方でもないらしいが、それでいて「子守唄」から「でん〳〵太鼓」から「なぜいとし子」へのカワリ、あの音色を聴いた丈けでも何か讃辞がありそうなもの、演芸画報等へ堂々批評しようという方だけに、実に不可解な事である。安藤氏も同断。それと「東大寺」評も御両人共間違って居られる。何処が端場らしかったのか解らない。

安藤氏の第四回評は、古靱の「恋十」を例に採って斯芸の芸格論がその総てになっている。頗る同感だが、浜大夫を津大夫の息とて賞讃されたのとは別人の感がある。画報では佐谷敬作氏が「狐火」に於ける人形遣いのケレンの攻撃に筆を起し、次には栄三のお辻に「見せようとしないで底光のする渋い味」と名文句を以って絶讃して居られ、これ亦御同感だが、その次が振っている。曰く『恋女房染別手綱』は『道中双六の段』が相生大夫『重の井子別れの段』が古靱大夫である。後者が段違いによい。」と、こんな批評が通用するのなら、男女蔵と六代目で、後者が段違いによい。褌かつぎと双葉山で、後者が段違いに強い。といえる訳である。馬鹿々々しくってお咄にならぬ。

第五回評では、都の安藤氏も画報の小谷青楓氏も古靱の「長局」が圧巻であったことに重点を置いて執筆して居られる。」殊に「書置き」から「仏間へ」迄の安藤氏の批評は結構であるが、今度も三味線が等閑になって居り、清六に関して安藤氏は無評、小谷氏の方は、先代譲りの堅実を採る。と切口上式の大体極り文句であっさり片付けて居られるが、これは先代が幸にして大正十一年まで存命して居てくれたからよいものゝ、これが新左衛門位になって、先代が明治十九年の歿というようなことになって来ると忽ち訳の解らぬ批評になって来る。今少し何とかいいようがありそうに思う。それから重造の「宿屋」の三味線評が珍中珍である。どんなに弾いたのか私は聴かなかったからわからぬが、重造の事だから巧拙は別としてそんなに無茶は弾かぬ筈であるが、それに対し「冒頭に三重を弾くのは大井川の方へ譲るべしである」と来て居る。」さすれば、「鹿オドリ」位を弾いて「入りにけり」とやったらお気に召すかも知れぬ。

第六回目の評は、画報の方になく、都新聞に安藤氏が「古靭の引窓」と題して六回の総評と、古靭の「引窓」が今回の最高品で、人形も亦東上中最高の舞台であったと評して居られるが、今一つ大切な事を書き落して居られる。それは清六の事である。

［備考］

307・10津の子大夫改め浜大夫が故紋下津大夫の息で、父親に聴かせ度い…津太夫の大判事で亡き父親に聞かせたく思うのは筆者一人の感慨であろうか（「皮肉な寺子屋――演舞場――文楽座第一回評」『都新聞』昭和一六年七月三日）

307・16浜大夫の語り口に荘重味がある　308・3浜大夫の音遣いが素直だ…浜太夫は語り出しに荘重味も漂い　音遣いも素直で（同）

308・8牛島利三→手島利三（『演芸画報』三五巻八号）

308・11「小鍛冶」の青竹の勾欄を問題に…御代万歳の太平を祝言するこの作品に青竹の勾欄を使ったのはおかしい（「綱造への興味（演舞場】文楽二の替り」『都新聞』昭和一六年七月九日）

308・12木谷蓬吟氏の「鬼界ケ島」の青竹問題…昭和五年一月四ツ橋文楽座の柿落しに古靭太夫が「鬼界ケ島」を復活上演するに際し、舞台に青竹を用いるとしたことに、木谷が不吉であると批判した（「木谷蓬吟氏に問う

――「文楽今昔譚」、その他について――」『演芸月刊』第八輯）。ちなみに、石割松太郎はこれに対し真っ向から反論した。

308・13七五三大夫への指導方に興味…七五三太夫は芸質の中に品の悪いものと、田舎音があるので、絃の綱造に依って如何にそれらの灰汁を洗い落とすかゞ今後の興味で（同前『都新聞』昭和一六年七月九日）

308・18「二月堂」を「二の音」を主とした節付…作は相当な悪文だが、特に二の音を主とした節付だけに、（「無類の演出〝良弁杉〟…【演舞場】…文楽三の替り評」『都新聞』昭和一六年七月一三日）

309・2「わからないが一字一句もおろそかにしない、芸術的神経にひきつけられて忘我陶然となる」…この渋い語り物のよさとか意義とか云うものはどこにあるのか、我我大衆には一向分らないのである。唯あの一字一句もおろそかにしない芸術的神経にひきつけられて、忘我陶然となるのであろう。（『演芸画報』三五巻八号）

309・11これは都の安藤氏も同じことをいって…清六の一見無造作に微塵も苦渋をみせぬ弾き方の中に、カワリ目の妙を尽くした芸神経の凄さも賞□に価する。（同前『都新聞』昭和一六年七月一三日）

37

――編輯余談――　沼津は晴か雨か

『浄瑠璃雑誌』第四百二号　昭和十六年九月三十日発行

八月二十五日の夕、本誌同人中

（発声順）林秀雄　大西重孝　樋口悟笑　武智鉄二　森ほのほ　鴻池幸武　山本修二　辻部円三郎

以上八氏が北浜の一旗亭で改組編輯、経営等に就き熟議したがその時の座談中から人形浄瑠璃に触れた一節を抄録させて貰うことにした。以下掲ぐるものが即ちそれである。

林　来月東京で吉右衛門が「饅頭娘」を出しますね。

大西　河内屋は東劇で「沼津」をね。

樋口　文楽でも「沼津」が出る、「伊賀越」ばやりです。

武智　播磨屋の政右衛門は初役じゃないのでしょう?

林　前に演ったことがある様です。

武智　政右衛門という役は、東京ではどういう風に扱っていますかしら……。人形と芝居では大へん違います。芝居ではいつもあんなに世話に演るのでしょうか。

森　左様、マアあの程度の扱い方でしょうね、時代世話と観て……。

鴻池　世話に近づいてもいいのでしょう。」

武智　鴈治郎というような人がやったので、いよ〳〵世話味が多くなったのですねえ。

森　「饅頭娘」は東京ではあんまり出ませんよ。

樋口　こちらでもあんまり出ませんな。」

森　私は鴈治郎のを見たぐらいだと思います。

林　「伊賀越」ではやっぱり沼津と岡崎でしょうね。

森　私は昔から沼津の後半……あの平作の落入りがきらいなので…素浄瑠璃でも、津太夫のあの南無阿弥陀仏など全くいやでした、」あんまり写真で反感が起きるんですよ。

山本　「岡崎」で政右衛門が自分の子を刺し殺すのが残酷だという非難があったが……たしか吉右衛門が東京で始めてやった時です。あんな事は日本の武士道から言えば何でもない話で、そんな事を云い出したら「寺子屋」もいけないだろうし、身代りは大概いけないことになる。歌舞伎というようなものは、そんなものじゃないんだと思う……。

森　平作の落入りが残酷なのは、一つは手負いの上に雨が降るという事もあるでしょう。

鴻池　本文では雨は降りませんね。

森　そうでしたかな。すると重兵衛役者の注文かな。笠などさしかけてやると、形がつきますからね。役者によると重兵衛の引ッ込に「降らねばよいが」と雨模様を予報しておくのがある…。

武智　本文によると、平作の家では月が出ています。

辻部　成る程、平作の詞に「三日月様が上がつてござる、宵月夜で行灯はいらぬ」という文句がございますな。

鴻池　併し千本松原は闇で………そうでないと、孫八のソレあの切火がきかないことになります。

大西　しかし背景には富士山が見えていますね。

武智　月夜の富士ですかねハ、、、。

鴻池　前の立テ場はどうでした?

大西　そこにも、たしか富士が出ています、下手寄の方に……。

鴻池　富士山の位置はああいうことになりますかねえ。

武智　平作は海の方へ向いて腹を突いているのですね。

樋口　重兵衛が行った本街道も、千本松原へ来ると、大分に浜へ近くなるのですな。

鴻池　平作は「三枚橋の浜づたひ、勝手おぼえし抜け道を」で、千本松原で追い付いたので……。

林　落合った時は真夜中ですか。

辻部　「真夜に立ちし独旅」とございますな。

大西　芝居では最初夕暮で、だん〴〵照明を落して行ってます。

林　平作の家で月の光は見せていませんね。

森　本文だと、外は宵月で、家の内は仏壇のお灯明だけが一つ灯っている。行灯は文句にもある通り始から灯ってない。そこへ夜風が来てサッとお灯明が消える、」家の内が真ッ暗闇になる、そこで舞台面が一変する、全く感じのいい舞台面なんですが、芝居ではどうもそこまで美術的に行ってくれません。

鴻池　兎に角あの晩は嵐などがあって……「嵐にふつと気のつく娘」で……沼津地方の気象がよくなかっ

たのですよ。

山本　これはいい、アハ、、、、。（一同哄笑）

［備考］　315・11「真夜に立ちし独旅」→「夜深に立ちし独旅」（『床本』）

この話には、以下の後日談がある。

「某日某処へ寄集った浄瑠璃雑誌同人の大天狗共、沼津の話から天気模様が問題となり、平作が「今日は結構なお天気ぢやなア」と言い、「伴ひ入るや西日影」とあり、「日和が知れぬ」で一旦曇ったにもせよ、晩は「三日月様が上つてござる、好い月夜で」あるし、松原では虫が鳴いているのに、重兵衛が平作に笠をさしかけるのは一えん解せぬ話、胡弓の入る意味を知らぬ、それを名人栄三までがヘボ役者同様やるのはけしからぬ、一番へこましてやれと、上使に立ったのが鴻池幸武、咳一咳徐ろに口を開いて「栄三はん、重兵衛が平作に笠をさしかけるのは何故です」栄三即座に答えて「あれは夜露を除けるのだす」にギャフン。天狗の鼻をひき結んで帰ったが、ふらねばよいが、と断ったり、雨音をきかせる歌舞伎役者共とは心掛が格段、あゝ栄三名人様々々。（木葉天狗）」（「重兵衛の笠」『浄瑠璃雑誌』四〇三）

また、栄三自身は以下のように回想している。

「(前略) わてはこの件である若い学生さんに一本やられるとこだした。それは雨も降って居ない街道を重兵衛が菅笠を冠って来るのはおかしいと云うのだす。時雨は後に平作が腹を切ってから降るのだすよって、千本松原の出に重兵衛が笠をかむっとるのは変だと云われて、わても考えた。あれは昔からある型やよって、そのまゝ演っているが……その時、フッと頭に浮かんだのは松原の夜更やよって松の露が落ちる……それで笠をかむっとるのや！そう思うて「あれは夜露をよける為めに冠っとるのだす」と云うて答えたら、「成程」と云やはった。

そやよって、この頃のお客さんは若い人でもなか〳〵理屈に合わんことは承知せん、そこらが時代やさかい。むづかしくなって来ました。」(花柳章太郎「柳かげ (承前) ──吉田栄三の憶い出──」『演劇界』四巻三号)

38

盆替り芝居行脚

『浄瑠璃雑誌』第四百三号　昭和十六年十月三十一日発行

「行脚」と名づくる程沢山も観て廻らないが、九月上旬に観た、東京歌舞伎座、大阪中座、文楽座の三座で感じた事を断片的に書いてみる。

東京歌舞伎座は吉右衛門一座に梅玉加入で、全部古典物、その上四種の内三つまでが院本劇である。第一の、「饅頭娘」は案外つまらない。吉右衛門の政右衛門は何より大切な、「新参の女」のカワリが出来ていない。時蔵のお谷は本役であろうが影が薄い。それよりも九蔵の五右衛門がなんといっても悪い。この役がよいと政右衛門もぐんとしよいのだが。それから多賀之丞の柴垣が出て来て、「驚くお谷に目もやらず」と床が語っているのに、丁度その時お谷に一寸目を遣っている。歌舞伎役者の最も悪い癖の代表的なるもので、出た瞬間何か様子をしないと運べない。役者がこれを廃めない中は歌舞伎はほんとうに面白くならない。

第二は「妹脊山三段目」で、時候外れだが、その代りとして情報局のお声がなりで、歌舞伎脚本検討会推薦とかのいかめしい肩書がついて、前触れも喧しかった。なるほど考えてみると、久我之助という人間は年こそ若いが中々のしっかり者で、淡海の秘書をしていて国事に勤め、傍ら若人の常として雛鳥に恋をしているが、その恋愛たるや極めて健全なるもので、偶々勘気を蒙って庵に蟄居する内も、常に「父の行末身の上を守らせ給へと案じ入」り、且折にふれては、「心の儘に鴬の声はきけども籠鳥の雲井を慕ふ身の上を思ひやられよ」と、国事に奔走出来る日の再来するをのみ考えて居り、雛鳥へ対する愛の言葉は「雛鳥無事で」と「我も心は飛立てど」の二句のみであり、その上読書しているものも無量品とて極めて聖的である、前髪者では院本物中一寸珍らしい大人格に描かれている。

この点正に現下非常時的で、情報局のお眼がねに叶い先生方の再検討の下に上演されるのなら、必ずや右の点に着眼されて、従来のあやしげな本を読んでいるかの如く想像されるデレ助久我之助でなく、現下の我国に最も必要とする若人の典型としてこの役が新演出されるものと非常に楽しんでいたところ、まずその役割が女形の時蔵なるをみてがっかりした。そして観るとこの際かんじんかなめの久我之助が果して一番悪い。殊に情報局がどうとかしたとかいうのにかつがれて右の如く久我之助を自ら再検討したゞけうんと悪く感じた。嘗て文楽座で古靭大夫がこの役を勤めた時一般評として、「大きすぎる」とあったが、今考えてみると少しも大きすぎることはなく、まだ小さすぎると迄はいわぬが、アレ位の堅実さはあって然る可きであったと思う。今度の久我之助は相変らずデレ之助で、何処に情報局の有難さがあるのやら、どんな点を検討されたのやら、こんなありきたりの「山」なら、何も菊月に桜花満開の舞台を見せる必要はない。

吉右衛門の大判事は流石によい所がある。一番よかったのは雛鳥の首を迎える所。庵までは肚が薄い。それに一体老け過ぎて、殊に花を衿にさしている関係上前かゞみになって一寸伊賀守のようによぼ〳〵となる所が悪い。」梅玉の定高は柄だけ。福助の雛鳥も普通であるがもっと肚構えが定らぬと正しい情が出ない。それから眼目の「首打つてか、腹切つてか」の仕方咄はもう見物がくす〳〵と笑うからやはり台詞で一杯にいって泣落した方がよい。」歌舞伎にも前例はあると聞く。それに「命もちり〴〵日もちり〴〵」であるがあんなことをしても向岸へ見えない。そして、「落ちたる障子」と語って、「ヤ、チン〳〵」と三味線がのせる間が、ヘタクソが弾くから腰折れして折角の情がスッ飛んでしまっている。この外背景の桜が今度は全部かきわりで一寸寂しかったがこれは何かの都合かと思われるが、両岸の館がそれ〴〵「庵」とか「仮屋」とかの名に対して立派すぎて、それはまだよいとしても、両方共同じ請負師によって建てられたもの丶ように思われ、これは風情を欠いている。

第三の「酒屋」は前半だけで帰ったが、吉右衛門の宗岸が比較的よい。梅玉のおそのは普通。「今頃は半七さん」の条は人形では特に、又歌舞伎でもかなり喧しい所らしいが、「繰り返へしたる独言」の一句から上手く考え出したら真実味のあるよい型が生れると思う。

大阪で珍らしい「神崎揚屋」が出ているので着阪早々観に行くと、「勘当場」の半程すぎであった。だから細かいことはいえぬが、一寸観た眼では我当の源太が美しく、」扇雀の平次が案外よく、霞仙の延寿が猛烈に悪いようであった。二幕目の「無間の鐘」は時間の都合でのカットが多く、鶴之助の梅ヶ枝の人形振りを見せるのだけが眼目らしいが、その人形振りが今の時代意味をなさぬ。

第二の「南の島」という若き日の西郷南洲を書いた芝居は、寿三郎の西郷が適任と思いの外、案に反してその人格が出ていない。我当の重野厚之丞が普通で、芳子の巫子は最初から喧嘩腰なのが可笑しく、幕切の本心に情熱とうるおいがない。

次の「真如」という芝居は凡そ天下の愚劣劇と思う。人情と武士道と若人の友情とを夫々曲解して、それを無理に結びつけようとしているから、劇中凡そどの条を取り出しても不快ならざる所なしである。無理な作の代表とすべきであり、こんな後味の悪い芝居はない。唯傑作は幕切に「阿呆々々」と鳥を啼かせたことのみ。

次の「御堂の柳」は踊のおさらえ。文楽連中もこう下手のより合いでは特別出演の看板に対して恥かしかろう。」

夜の部は最初の「菊畑」だけを観たが、市蔵の鬼一が近来の珍無類型。まず白の着物に青地に織物を飛ばした平袴、その上にビジョ織の海老茶と黒の立涌の被風という大時代の着付けに、始終目をむき鼻をむき、台詞は「ムシュメ」の外は全然何をいっているのか判らず、「煙にうさを吹きまぜて」で鬼三太と知る思入れで、煙管をふり廻わして口に当てると雁首が下を向いていたなどは珍型。我当の鬼三太はサラットしている所がよく、扇雀の牛若は上方風のありきたりだが、花道などもっと研究する必要がある。鶴之助の皆鶴姫は、この人近頃何をやっても同じことになる。

四ツ橋文楽座は「廿四孝」や「引窓」や新作の「名和長年」などの六本立の賑やかさである。第一の「廿四孝」は南部大夫、小松大夫改め三代目つばめ大夫以下の掛合を珍らしく道八が弾いたが、それが近来の有意義な演奏であった。いったいこの段は近頃若手の役場で、よく重造や友衛門などが弾いてうんと安物の場にしてしまっているのに対し、それを本来の場格に引戻したのが道八ということになる。大夫連も道八のよき指導によって名々その人なりに語れる処は語れていた。まずつばめ大夫の勝頼が六点、南部の八重垣姫が四点、雛大夫のぬれ衣が二点弱、千駒大夫の謙信は零点という成績かと思う。左にその要所を記して置く。

△「オクリ」がすんで、「行水の」は「ギン」の音をユッタリと遣って出るが、それから「流れ」をつばめ大夫はよく語った。

△「夫と悟つて」の「夫」は眼色をかえていうこと。
△「暮れ行く」は「ハルギン」の音でツメて語り、「月日」は十分叮嚀に音を遣うこと。これは「暮れ行く」で光陰を語り、「月日」で一とせの永さを表現したもので、何れ清水町団平の伝授と思うが、道八もそれをよく憶えて素晴らしい稽古をしたものと感心した。
△「菩提」は絃から離れて心を語ること。
△「ケムリモ――」と語ること。
△「せぬもの」はサラット。
△「八重垣姫よ、な」と切ること。
△「不覚の涙と衿」と続けること。
△「筐こそ」以下はぬれ衣の性根所であるが、雛大夫は音も遣えず、その上天性調子が外れるので、こんな「地色」は断然無理である。
△「一間には」の次の撥は「リン」と揃うて不審を弾き表すこと。いったい一段の内に揃う撥遣いが随所にあるが、皆或大切な表現が目標とされている。
△「ヤア我夫か」と「勝頼様」と次の「と」の「間」は心のとび立つ「間」であること。この処道八の苦心を買うが、南部大夫は不十分。
△「はかなき女の」以下の詞をつばめ大夫は普通に云っていたが、これはその前に「声曇り」との指定通りに語らねばいかぬ。だから、「世と、諦めよ」と「間」を拵らえたに拘らずそれが死んでいる。
△「思へば恋しく」はノッて、「なつかしく」は色気をもってスネて語ること。

△「知る人であらう、がの」と切ること。
△「夕日眩くシャン〳〵」の撥を出来る限り薄く注意すること。
△「人目にそれと」以下の三味線は「間」と緩急に深甚の注意を要すること。
△「いひながら」、「得心」、「夫も叶はぬ」等はウレイで語ること。
兎に角今度の「廿四孝」は道八の指導を絶讃すべく、衆人はこれをよく学ぶ可きである。

次の「沼津」は前半を大隅大夫清二郎で、清二郎の進境振りが聴けた。清二郎はさる八月京都で「陣屋」の奥を弾いた時、四分位の低調子であった為、音色を研究したらしく、当時新左衛門の音色に近付いていた。即ち低調子で美しく、且充実した音を出そうと研究したと察せられる。今度は比較的高い調子であったが、勿論音色もよく、撥も確かなもので、二三受取れぬ所があった以外は上乗の出来、更に研鑽を切望する。大隅大夫も近頃少しよくなった。平作内の息が一寸面白かった。奥は文字大夫改め住大夫で、この人として普通、何より住大夫という高名に疵をつけない様に注意すべきである。紘の喜代之助は駄目。

次の新作「名和長年」は時間の関係やその他で粗雑というに外ならぬ。私の聞いた日の奥は織大夫団六。織大夫はその語り口に緩急がない。その結果としての一番大きい欠点は尭心と長年の対立にアクチブとパッシブがないことで、その外もかなり重要な表現が失われている。団六の紘は要所々々の間が総て狭い。殊に長年の「イロ」に皆落付がない。又撥の緩急も乏しく、足取も悪い所がある。

次の「戻り駕」は叶大夫以下の掛合だが、流石の新左衛門もこうがらくたの中に挿まれてはどうにもならぬらしい。

次は古靭清六の「引窓で」、依然天下の名品。両人今更讃辞を呈するなどは却って愚だ。

例によって語り口を左にノートする。

△「オクリ」がすんで、「トン、ジャン」と締めると、詰めていた息を開いて、「人の出世は時知れず」とサラット、しかし重みをつけて語り出すこと。

△「伴ふ武士はナニモノー」と一寸引いて「カ、所目馴れぬ」はサラット語ること。

△「血気」は強く。

△「南与兵衛いそ〳〵と」にいい知れぬ柔味があった。

△「母者人女房」と続けて世話で軽くいい、一寸息があって「只今帰つた」は時代にいうこと。

△「まあうれしい」は十分に。

△「七ケ村の支配」は旧官に戻ったうれしさを十分もって、且七ケ村の広さを表わしながらユッタリと語ると、「ヤレ〳〵夫は」以下を亦十分にうれしさを語り、変って「見れば」と出ること。

△平岡丹平と三原伝造は、鮮かに人格を語り分けること、即ち、丹平は普通の士、伝造の方は人形の頭の如く稍チャリがかった性格に詞を面白く語ること。

△「耳欹つれば」は三味線からギンにかゝること。こゝの清六の指遣いが特に優れていた。

△「立聞きの」も同じく、「胸さわぎ」まで音遣いを大事に、「与兵衛は何の」は軽く変って出ること。

△「イヤうけたまはつ」と一寸はり、「たやうにも」は軽く逃けること。

△「聞きゐたる」は音遣いを大事に。

△「目礼し」から以下、「二人の武士は」は大夫三味線とも十分手厚くあてること。

△「おはやは始終」はしっくりと。

△「申し与兵衛様」は出来るだけかぶせて出ること。
△「そりやまあお前ほんの気かえ」は不安の心十分、即ち以上を気疎いもの、いいように語ること。
△「おうれしからうぞ」の次に「無の間」を置いて「ナゼ」は締めて低く大切に語ること。この「ナゼ」など実に巧い。
△「ひよつと」と語って、一寸息の間があって「お怪我でもなされた時は」と語ること、総じてこの辺りのお早の詞は遠慮しながら、いい出し憎いという心持ちが大事である。
△「ハテ」、「チチン」と清六が美しく弾くと、「折るも一つは」は音を大事に遣って、「お前の為」はサラッと運ぶこと。
△「ヤア此奴が」では「イロ」を十分手厚く弾くこと、これは清六よく弾いた。
△だから「何で」を疑の心十分で出られるのである。
△「ヤレ夫婦の争ひ」は十分かぶせて。
△「何とその濡髪長五郎といふ者」以下は婆のおそる〳〵の心持を十分に拵らえて、サラッということ。
△「色里にて」に一寸愛嬌を以っていうこと。
△「ドーレ」とかぶせて、音を遣い息で語ること。こんな所は古靱の独壇場。
△「火を点してーえッ、上げませう」と肚一杯に語り、「ウムはてなあ」は十分に語り、「面白い」と自分にいい二度目の「面白い」は女房にいうこと。
△「心遣ひぞ」の音遣いを極力大切に語り、「セエーッ、ツーッナケレ」と十分に突込んで語ること。
△「推量して」は泣いていい、「何とその絵姿」は全く気を替えて出ること。

△「大阪へ養子に遣はされた」と語って、「息の間」を語り、「と聞いたが」は独り言にいい、「ござるかな」はユックリ念を押すようにいうこと。
△「与兵衛」は涙でかぶせて語ること。これはこの一段中の眼目である。
△「どうぞ買ひたい」は十分突込んで語ること。
△「ハア鳥の粟を」は息から出ること。
△「布施物を費しても」を大事に、「お買ひなされたいか」は半ば思いやりのウレイ、半ば確しかめる肚で語ること。
△「未来は奈落へ沈むとも」は絶望的な心で語り、「今の思ひにや」は強く出て、清六が「リン」と強く搊うと、「替へられぬ」と泣落すこと。
△「是非もなや」の「ハリマ」はその音遣いを大切に語ること。総じてこの政大夫風のものは「播磨地」が語れぬとその格式にならぬと痛感した。それが出来るのは先ず古靱大夫一人と思う。
△「両腰させば十次兵衛」は時代、「丸腰なれば」は世話で語ること。
△「アノ売って下さるか」はかぶせていい、「夫では此方」は遠慮の心持十分で、ひそめていうと、「アイヤ申し日の内は」は亦かぶせて軽く語ること。
△「ハア」は息を語り、「チ、ン、チン」と大事に弾くと「忝やと頂く母」は大事に語ること。
△「暮の鐘」以下は三味線をハズマせ乗って弾くこと。
△「情も」を大きくしっかり語ること。
△次の「ツン、ツン、ツン」は左で十分ためて弾き、一杯の大きさで、「こ、た、え」と出ること。

△「コリヤうろたへ者」以下の婆の詞は息が十分積んでいないといかぬ、そして「罰当り奴」がその大落しになること。
△「喧嘩口論」は絃から十分ノッテ。
△「おのりや牢へ」とかぶせていって、恐ろしい身震いの息を語って、「牢へ入る覚悟ぢやな」はヘタッテ、尻は泣いていうこと。
△「泣いてござる所ぢやないぞえ」のお早の詞は、そういう自分もまだ泣いている拵らえで、サラットいうこと。
△「一日々々」以下が濡髪の性根所で、「かへって思ひを」がその大落しであること。
△「スリヤどういふても縄かゝる気ぢやな」や「よいわ勝手にしをれ」の上手さは筆にかゝれぬ。
△「涙でもんで」では大夫は一寸涙の拵らえで語り、三味線は何もこだわりもなく弾き流す位取が出来ねばならぬ。
△「老の拳の定まらず」の次の合の手はその足取が無類。」唯その最初の揆を以前はかすめて弾いて出たが、今度は普通に下ろして弾いていた。これは以前の方がよい。
△「おはやは灯火立ちおほひ」は息を大事に十分たゝんで語ること。
△「これも情と母親は」は走って、「表を拝み」はウレイで語ること。
△「思ひ設けて」の「ハリマ」を大切に。
△「元服までは」大夫も三味線も時代を語り且弾くこと。」
△「お礼おつしやれや」は泣いて。

△「オ、誤つた長五郎」以下の婆の情を特に大切に。
△「濡髪長五郎を召取つたぞ」の清六の三味線が以前から猛烈によい。古靱大夫はこれまで、「濡髪、長五郎」と語っていたが、今度は「濡髪長五郎」と語った。
△段切は走れるだけ走ること。

39

中央公論秋季特大号特輯グラフ『文楽』評

『浄瑠璃雑誌』第四百四号　昭和十六年十一月三十日発行

中央公論の秋季特大号に「特輯グラフ文楽」というのが出た。文は斯道研究の泰斗三宅周太郎氏に、撮影は土門拳氏とある。掲載されている雑誌といい、説明者といい、文楽の紹介として最も権威ある可きものと思ったが、拝見するといろ〳〵の不満不可解を感ずる。左にその点を披露する。

まず、その第二頁に「文楽の解剖」という文があって、近来文楽座の興行成績が好況の波に乗って来たのは、文楽が今では「日本で唯一つ」の存在のためであろうと断じていられその唯一つの存在を日本人は島国根性として承認し難いが文楽は例外であると断じて居られる。事日本の国民性に触れている限り、其方面の専門家に論の是否を糺さねばならず、こゝは我々風情が嘴を入れる可き処でないから、一応はこの儘頂戴して置く。

が、次に三宅氏は、「畢竟、これは文楽そのもの丶性格に狭いとはいえ鞏固、不変、熾烈、独創があって、如何な代用品時代と雖も、これのみには代用品を許さぬからではあるまいか」といって居られる。私にはこの代用品という字の意味が解せない。三宅氏は如何なるものを以て文楽の代用品と指して居られるのだろうか。東京の若松若大夫が語る説経節とやらを地に八王寺の車人形の興行をしても文楽並の入りはないという意味なのか。文楽そのもの、と冒頭にいって居られるからそれではないらしい。さすれば、文楽で演ぜられる芸の代用品を指して居られることになる。芸の代用品が許されぬのは、文楽のみに限らず、如何なる芸道に於いても儼守される鉄則である可きで、氏の御説頗る同感であるが、それで居て、氏の文の前後を拝読すると、氏は文楽に於いて最近いまわしい芸の代用品が盛んに現行されていることを御存じないようである。申すも悲しいこと乍ら、厳格にいえば、現行されている文楽の芸は、古靭大夫の全面、織大夫の半面、極く最近の大隅大夫の一面、三味線では、新左衛門、道八、仙糸、清六の全部分、清二郎の一部、団六の僅かな一面、人形では栄三、文五郎の全面、その他極く少数の者の一面を除けば、殆んどの芸が代用品の例に漏れない有様なのである。勿論、こゝでいう代用品的芸は、古来から案外多く行われていたらしいが、それらは、何等かの形式、方法によって非代用品の如くその劣点が覆い隠されていたのである。——近代人に求め得ぬ芸格の大きさ、非正統的なワザがそのものとも多くの場合であったと察する。が、今の文楽の代用品的芸にはそれさえもないのである。このような悲しむ可き現象の結果として、本物と代用品との境界線が極めて曖昧になって来ている。こういう点を三宅氏などによって明瞭にされる可きで、まして文楽の解剖と題されているのだから。

それに続いて氏は、「しかも人形浄瑠璃の竹本座が大阪に初めて発生して今日迄二百六十年、その流れを汲む文楽はあらゆる困窮を経て来た。」と述べて居られ、それは一応是認されてよいが、それに引かれた例が卑近である。氏の挙げている例は、明治二十年頃一時越路大夫（二代）が上京した時、次席の先代津大夫は人形の玉造と共に、敵手彦六座に対抗して留守宅の孤塁を無給金で死守した事で、事実、一ケ年程は不況であったらしく、津大夫玉造の奮闘は認められるが、この悲境時代は営利事業としての植村文楽軒の芝居の興廃に関する事で、直接斯芸の根本的興亡にかゝわる事象ではない。又文楽座としてもこの場合、仮りに営業上堪え兼ねる不況が続いたならば、越路を東京から至急呼び返えす策を取ったであろうし、越路も文楽座の櫓下に盾板を掲げた儘でいる以上何等の紛議なしに帰阪して、この問題が難なく片付いた事と思われる。要するに、この問題は人形浄瑠璃史上さして特筆す可き事項でもない。それよりも、天保八年の説経讃語座事件に於ける長門大夫の覚悟や、不況時代の例としては、「太功記」が書卸された時代の豊竹座等こそ浄瑠璃史上の特記事項である。それと、今一つこれは極めて皮肉な事ながら、三宅氏の例の中にある、不況時代の文楽座の敵手として、盛況を続けていた如く書かれている彦六座こそ、あらゆる困窮と戦い、芸術的には実に絶大なる存在意義と功績を残した（この具体的説明をすれば非常に長くなるから、残念乍ら省略する）に拘らず、営業的には遂に敗退の憂目を見たもっとも適切な例である。そこには、「舞台で死ね」と根本教訓をして遂に自らその範を垂れた大団平を首班として、大隅大夫、組大夫等が真に死物狂いの芸をして、前受が悪うて客が続かず、」華麗な文楽座に営利的敗北をしたのである。又、彦六座の第二次的後身稲荷座の或期間、団平、大隅大夫、弥大夫（五世）が無給で働いたと聞いているが、これが事実だとすれば、第三者的立場から見て先代津大夫が無給で働いたことより意義の深いことである。

次に氏は、義大夫は日本のあらゆる芸道中もっとも至難なもので、その説明として、芝居では名優が往々舞台でせりふを間違えるが、文楽の一流の大夫に限りそのような過失はなく、もしあった場合はその大夫が間もなく死ぬと、三代目越路大夫と先代源大夫とをその例として挙げ、大夫は床の上で「声」一つで三味線弾と大相撲をとるからだ、と結んで居られる。

この項を検討するに、日本の芸道に於て凡そ義大夫程、至難なものはないとは最早天下の公理となった。というは聊か主観的過ぎる嫌いがあり、もっとも至難なもの、一つであるというのが適当かと思う。が、その具体的説明として、九代目団十郎や五代目菊五郎の如き名優では舞台でせりふを誤るが、文楽の一流の大夫に限り、そのような過失はない、というのは少し可笑しい。現に文楽の最高級の大夫が舞台で詞を間違った例は古来少くなく、名人初代古靱大夫、先代津大夫などはその種の面白い逸話を残している。今の古靱大夫でも時折間違ったこともある。だから三宅氏の一流大夫の舞台上の過失によるその大夫の生死の占いは、これ程不当なものなく、三宅氏式で行けば、この間死んだ津大夫が七十三歳の高齢を保ったことなど、特異な例外とせなければならないだろう。又、氏がこの占いの例として出していられる、三代目越路大夫が新富座で語った「寺子屋」の松王や源蔵の詞が、名人のこの人として珍らしい怪しく、不思議に思っている中、間もなく脳を病んで、再び以前の芸は見られず病死したことに関しても、皮肉な話題を呈することが出来る。即わち。右の越路大夫の脳病が一旦快癒して文楽座に現れた時の語り物が「和田合戦の三段目」で、越路はこの大物を完全にとはいえなかったであろうが、まず無難に勤めうせ、続いて「大文字屋」を語り、これが越路の最後の舞台となり、間もなく病死したのであるが、その数年後、先頃物故した土佐大夫がまだ身心共に健全な頃「和田合戦の三段目」を語った時の成績が、脳病上りの越路の出来栄に比べて遥かに劣っていたということである。又「大文字屋」にして、近年屡々津大夫が語ったそれなどとは勿論比較にならなかったと思われる。それから、この項の結論として書かれている、大夫は床の上で、「声」一つで三味線弾と大相撲をとるという事も、「声」一つでなく、「息」一つでなければ誤りである。

その次に三宅氏の書いていられる。義大夫の統制芸術論は不可解の極みである。抑も統制芸術という語の意味がどういう意味なのか、又そのような語が成立するか否かから吟味せねばなるまいが、仮に成立するとして置いても、いったい統制芸術という語は、現時勢に対する媚臭から出発した語で、義大夫の芸術的内容を言明する適確な語でない。そしてその統制芸術の説明としての、「百年以上はそれ〴〵の語り口が一定し、統制せられている。その意味に於いて本式の限り北海道で語られる「太十」と、九州で語られる「太十」とに変化はない。併し、それだからといってレコードやラジオを真似て、原則の法式、統制だけの『太十』や『堀川』であっては死物になる。」の一条は、その内容が錯乱しすぎていて、何の意味か丸きり解らない。反駁すればこちら迄精神的錯乱に陥りそうで、三宅式の占いで行くと、間もなく死ぬような事を喋舌らなければならなくなりそうだから、このまゝにしておく。

最後に、文楽は日本で唯一つだが、富士山程でなく、琵琶湖の湖位だということになって、文楽の解剖と称する項が終っている。

次は写真説明となり、その中の写真、及びその説明には随分愚劣なものがある。

そのもっとも、代表的なものが、第十二頁の「文五郎の人形のこしらえ」と、第二十頁の「下駄箱」である。前者は、禿頭の親爺が針に糸を通しているという滑稽な図というに止まり、文化的意義などあの写真の何処からも吸取れない。文五郎の人形のこしらえに着目したのはよいが、それならば、名手文五郎が大衆を唸らす彼独特な技巧の鍵は何処にあるかという点に立脚して、そのこしらえが撮影される可きである。それは、如何なる場合に於いても遣い手が自ら手を取らねばならないであろうところの、ドグシと肩車と調節でなければならぬ。衣裳を止める糸を針に通すことなど、人形のこしらえの中では末葉の末葉である。

後者の「下駄箱」の撮影は馬鹿の骨張である。人形遣いの舞台下駄ならまだしも、楽屋口の下駄箱などから個性が分れば天下の奇蹟である。

［備考］

329・6「文楽の解剖」↓「「文楽」の解剖」（『中央公論』第五六年第一〇号　第六五〇号）

330・13文楽はあらゆる困窮を経て来た…文楽はあらゆる艱難と戦い、あらゆる困窮を経て来た（同）

333・10「下駄箱」…上は演舞場上京中の文楽の太夫と三味線引きとの下駄箱。下は人形遣いの下駄箱。それぞれ個性が分る筈。名と下駄とを比べて一覧を乞う。（同）

40

直感批評

『浄瑠璃雑誌』第四百四号　昭和十六年十一月三十日発行

題する如く、感じたまゝを左に披瀝する。

東京劇場

（新鋭歌舞伎）

『菊畑』

どんなに贔屓目に観ても、ほめる所が一箇所もない。その上大カットで三十分で片付けるのだから、古今に稀な悪い、「菊畑」のお手本。

『海国兵談』

寛政の三奇人の一林子平の芝居だが、子平をする猿之助に最初からその風格がないのは致し方ないが、随分よい加減な演技がある。例えば四幕目の木彫師市兵衛宅の幕切、捕手が積出した版木の後に子平の猿之助がボンヤリ立って、積重ねた版木に手を掛けると版木が二三枚カタ〳〵と落ちる所。いったい、最近は物がパラ〳〵と散って幕が切れる演出が多いようで、誰が創業したのか知らぬが、随分浅薄なものである。殊に林子平のこの場の場合、捕手が乱雑に抛り出した版木を猶も大切に積み重ねようとするのが子平の心持である、一命は失うとも版木だけでも残れば、何か偶然の拍子にでも上梓出来るかも知れぬと一縷の望みを抱くのがこの場の子平の心なのである。あくまでも版木に執着を持つから、その臨終の床に、版木なしと詠ぜられるのである。こんなことは猿之助が気付かず共、演出家が教える可きで、金子洋文とかいう人のつむりを疑う。

『勘進帳』

劇化上演満百年記念としての上演とあるが、「勧進帳」も百年経つとこんなに無茶苦茶になります、と示さん許りの出鱈目。まずセリフが間違いの「ナ」づくし、「討ったる山伏首な」をはじめとして弁慶と富樫の二人で数知れず出した揚句「重ねて申すことな候」と来るのだから堪らない。それから「大恩教主の秋の月」のいい方は何という拙さだ。年に二度も三度も鶴沢道八師を遥々と一座へ招ずるのは、「二人三番」でお客をやんやといわす為だけであってはならぬ。寿美蔵の富樫も無茶苦茶。八百蔵の義経は苦心は認めるが、もっと肚をすえて、もっと技巧的であってよい。左升の常陸坊は満点。まず花道で、「いでや関所をふみやぶらん」で三人を止めた所が大磐石、それは、三人が「関所の番卒云々」の台詞をいっている間に、そんな無謀な事をしては、という肚を目遣いで表現し切っているから血気に早る三人をグッと片手で止め得たのである。こう書くと、常陸坊は三人が台詞を云っている間に三人に目を遣い、それを本舞台の方へ遷して片手で止める技巧さえすれば、誰がやっても完璧なものが出来ると思われるが、それは大間違いで、そういう技巧を演ずるに伴う可き修行が出来ていなければ断じて成功しない。それが芸なのである。近頃この「伴う可き修行」ということが殆んど忘れられていて、「その行き方ですか」など、全部早合点になっているようである。一夜漬でよいものが出来るのは胡瓜の浅漬位で、それを芸に応用するなど以っての外である。事の序に書いて置く。常陸坊ではこの外、弁慶が義経を打っ所で、目を瞑って、ウレイで詰めているのも正しい。外の役では笑猿の太刀持の坐り方が目立ってよい。

文楽座

『芦屋道満』

「保名物狂い」、大カットで無味。

「葛の葉子別れ」、中の和泉大夫は、あれで活気さえあれば平凡な大夫なのだろう。切の前は住大夫、この人としてましな方。後は大隅大夫、この人夏以来グッとよくなった。調子は外れるが、致し方なく、他のもので隠蔽せねばなるまい。兎に角稽古が第一。先師大隅大夫の心掛けの総てゞあった稽古専一の遺鉢を速かに継承、実現して励むべし。清二郎当月は冒頭だけが猛烈によかった。

「二人奴」、大夫陣は無茶、絃のシンは新左衛門、気の毒千万、新左衛門宗匠数名の乞食を茶席に招じて茶道を教授する風情、どうにもならぬ。人形は栄三の狐葛の葉のみ。

『日吉丸三段目』

角大夫ならお賑やかなお浄瑠璃とでもいって置こうが、重大夫と改名したれば、唯ではすまされぬ。

『鰻谷』

端場は織大夫、団六、本来「みす内」の場で、取るに足らぬ役であろうが、端場を語る意義は、その文章の内容を一杯に表現するということに在るを心得るべし。

切は古靱大夫、清六、十月興行の義大夫節はこの一段ぎり詞は各役満点。この段の地合の評は今の評者に出来ぬ。他日研鑽の上論じたい。清六の絃も同断。

『中将姫』

切の前、相生大夫に仙糸。聞及ぶ唐人の寝言とはこの事ならん。

切の奥、叶大夫改め七代目春大夫、絃寛治郎、どう考えても「取り返しのつかぬ事をした」というのが最も適切な批評と信ずる。寛治郎は居なくともよい。

『琴責』

伊達、七五三、伊勢、司に綱造の絃で、要するに綱造の、「琴責」。我流さえなければこの人の芸系からいって、団平の彦六風の「琴責」に対抗して、釘抜きで「三曲」をかき鳴らしたという松葉屋系、即ち文楽風の「琴責」の現存形として一応肯定される所はある。

41

「賢女鑑十冊目」聞書

『浄瑠璃雑誌』第四百五号　昭和十六年十二月三十一日発行

古靭大夫が文楽座の十一月興行に珍らしく「日本賢女鑑」の十冊目「片岡忠義」の段を語った。明治の晩年故三代目越路大夫が「鎌倉三代記」の中に挟んで語って以来三十余年振りとか聞く。勿論古靭としても初役であるが、この院本は寛政期の作で、十段目は後に三代目此大夫となった豊竹時大夫の由である。曲風は大体真東物として仕立てられているようで、主役の造酒守の前半の蔭腹の技巧の外は大分甘い代物のように思う。従って古靭は初役とはいい条、結果からいうと芸力があまって、現在の古靭が持つあらゆる表現能力が縦横無尽に発揮されていて、十分面白く、前月の「鰻谷」とは正に反対の現象が現れていた。左記するは評者が二度聴いて取ったノートであるが、この段についてはは杉山其日庵氏がその著にかなり詳しく述べて居られる故、それと重複する所は避けるが、最も重要な所は古靭も、其日庵氏の法善寺津大夫の聞書によって努力していた。

△冒頭「騒ぎ立つ」の「三重」は、清六の絃に聊か重味と華やかさがなかったと思う。

△「敵なし」は強く語ること。

△「裏切の」は顎音を遣うこと。

△「乃向ふ奴原こと丶もせず」の「こと丶もせず」は、古靭の独壇場で楽々と至難な裏面の肚を表現する。この類の表現が完全に出来ているのは古靭大夫一人で、後は、織大夫がその明敏なる才智によって

この類の条の演奏的使命を探知して、兎に角そのような表現に努力しているのと、大隅大夫が、恐らく先師故大隅の実演の聞き覚えと、彼が嘗て道八に指導を得ていた間に習得せしめられたと察せられる二つの根拠から、これも兎に角一応特種な語り口を以ってこの類の条を語っているが、この二人は初めにそういう風に語られねばならぬと思って語り出す故に、ぎこちなくてクシャ〳〵となったり、腹が浮いてマクレたりして完璧でない。その外の大夫は頭が悪すぎて、表も裏も意味も何にも解らず唯いうているように思う。

△「ミギーッ」と語って、一息ついて「左」と語って蔭腹を表すこと。

△「ぢろり」の足取も、その瞬間の造酒守の息を土台に語ること。

△「奸佞邪智にて」が単なる文字の意味だけでなく、この作の内容と深く関連した肚構えで絃にのることゝ。こゝは古靱大夫非常によかった。

△「女房、娘——」以下はヘタッて、「主君——」よりハッて語ること。

△染の井の詞は無類。

△「一旦」は息で裏面の肚を表すこと。

△「黙りをらう」は強すぎぬよう、普通にいうこと。

△「我と思はん者」は「モノーッ」と蔭腹の息があって、「なきや」の尻をヌクこと。

△「片岡春元」も同じく、「カタオカーッ、」といって、一息して、「ハル」はハッて出て、「モート」と、「ト」は全くヘタって息をヌクこと。

△「御簾をさつと」から「蘭奢の香」までは、大夫も三味線も立派に、古靱清六は、初日にはまだ「間」

がピッタリ合っていなかったが、二日目は清六の方から巧みな「間」を弾いて出て、完成された。

△「サ、、、、」の春元の詰寄りで、古靭は春元の意気込みと体力の矛盾を素晴らしくうまく表現した。

△「面、色異なり」とクセをつけていい「切腹したに違ひない」はサラッということ。

△「麗はしき御尊顔を拝し」は十分突込んで忠臣の情を語ること。

△槙の戸の詞ノリが無類であった。

△「朝日の登る勢ぞや」は手厚く畳んで、「ヲ、拙き」は全くカワッて音を遣って出ること。

△「えい〳〵声」も強く詰めて、「皆々」は全然カワッて音を遣い「一度に手を合はせ」は美しく納めること。

この外に五種の外題があるが短評だけさせて貰う。

第一の「粂仙人」こんな馬鹿なものを幕開きに据えると、文楽にはじめて来た人の第一印象が悪いだろうと思う。座方は賑やかに幕を開けた積りだろうが、お客にして見れば不愉快に幕が開いた以外何物もない。

第二、重大夫の「鳴戸」兎に角屈託のない浄瑠璃と、一応感心（？）する。

第三「鎌腹」前半の呂大夫は益々何をいっているのかわからなくなる。仙糸の絃はその任でないが、本格な処を弾く。

後半の大隅では、「弥作今は絶対絶命」が一寸よかったが、これはこの人の語る浄瑠璃ではないようである。

第五は「紅葉狩」。心細さを感ずるのみ。

第六は伊達大夫、勝平と相生大夫、吉五郎の「壺坂」とあるが、冒頭勝平の三下りの「まゝの川」に止らず、これは「壺坂」と違うーッ。

○昭和一七年

42

新櫓下豊竹古靱大夫に寄す

『浄瑠璃雑誌』第四百六号　昭和十七年一月三十一日発行

豊竹古靱大夫が櫓下を襲任した事は、こゝ十数年来大成された彼の芸からいって、当然過ぎる事で、且、その時機が随分遅れすぎていた事であるから、格別に芽出度い出来事と大騒ぎする必要はないと思う。しかし、過去十数年来、凡そ古今にその例を見ない非櫓下的技芸の持主の故竹本津大夫が櫓下の任に座り続け、為に櫓下という芸の目標、引いては義大夫節全般に亘る芸の標準及び段階が全く失われ、斯芸の堕落の癌的根拠が存在していた無秩序時代が、古靱大夫の櫓下襲任によって、着々秩序化され、整備されつゝあると信じ得るのは、私が義大夫節を愛好し始めて以来の一番大きい欣びである。言葉を換えると、我々は大正十三年三代目越路大夫の歿後、実に、久し振りでほんとうの櫓下に接し得たのである。

こゝで、私は計らずも古靱大夫の技芸を本当の櫓下的技芸に関して検討せねばならなくなった。所が残念な事には、私の知っている櫓下は前記の津大夫一人である。余儀なく年長者から聞及んだ咄を綜合して、比較論的に古靱大夫の芸を検討して見る。

まず最近物故した斯芸批評家の古老の咄によると、古靱大夫は、先代大隅大夫にさ程の遜色はない、との事である。そして、大隅は、その古老の知る範囲の最高の大夫であったそうである。これは、古靱大夫の技芸を最も高く評価した一例と思う。

次に、私は嘗て某老大家に、「あなたの知っている範囲の大夫で、古靱大夫は何番目に上手か」と糺したに対し、するとその老大家の返答では、古靱大夫は五指の中に屈せられていた。即わち、古靱大夫の上に位する大夫は、三代目竹本大隅大夫、四代目竹本住大夫、竹本摂津大掾、六代目竹本組大夫の四人であった。この席順は大分公平で、真実的であると思う。

第三に、また嘗て私は在東京の大人に、「三代目越路大夫と、古靱大夫とはどちらが上か」と問い正したに対し、その大人は「それは難問じゃ」と答えた。これは前記の二つに比較すると、古靱大夫の一番低く評価したものであるが、以上の三つを綜合すると、古靱大夫の価値は、少くとも三代目越路大夫に優るとも劣らずという結論に到達する。

かくの如き芸術的価値を有する古靱大夫の櫓下襲任に際して、彼に対する希望は、余りにも多過ぎて、その総てを記し尽せないが、その中最も重要で、且急を要するものとして、本格的義大夫節の保存を目標とする現在文楽座芸人の技芸の向上に関する櫓下大夫の積極的行動を促進する。即わち、その具体案の一として、文楽座の総稽古に際し、櫓下古靱大夫は、開演から終演に到るまで、総ての役場を、最も効果的なる席に座して聴き、これに忌憚なき批評と積極的な指導を与えることを断じて強要する。

［備考］　343・14最近物故した斯芸批評家の古老の咄…辻部華翠「近代浄曲巨匠私見（二）」『浄瑠璃雑誌』四〇四号

344・5六代目竹本組大夫↓五代目竹本組大夫（『義太夫年表　明治篇』）

43

文楽座櫓下と古靭

『浄瑠璃雑誌』第四百六号　昭和十七年一月三十一日発行

◇六代目竹本染大夫

五代目染大夫事竹本越前大掾の門弟、慶応元年正月興行より稲荷文楽軒芝居の櫓下となる（披露狂言「新薄雪物語」兵衛屋敷之段）明治二年五月一日歿、行年七十三歳、「染大夫日記」の著あり。

◇五代目豊竹湊大夫

初め三代土佐大夫の門弟なりしが、師の歿後三代目竹本長登大夫の門弟となる。前記染大夫歿後、その後を継いで明治二年五月より文楽軒芝居の櫓下となる（披露狂言「加賀見山旧錦絵」長局の段）同四年十一月興行限り引退。同十年六月廿五日歿。行年七十八歳。

◇五代目竹本春大夫

三代目氏大夫の門人。明治五年一月、松島文楽座竣功の時より文楽座櫓下となる。同時に人形初代吉田玉造も櫓下に入る。同十年七月廿五日歿。行年七十歳。

◇四代目竹本実大夫〔後に四代目竹本長登大夫〕

三代目竹本長登大夫の門弟。前記春大夫歿後、当時、文楽座の最古老なるを以て明治十一年一月より櫓下となり（披露狂言「義経千本桜」堀川御所の段）、同十六年一月四代目長登大夫を襲名ニ興行にて櫓下を退き床頭取となる。同二十三年十月二十二日歿。行年七十七歳。浄瑠璃大系図の大著あり。

◇二代目竹本越路大夫〔後六代目竹本春大夫、又竹本摂津大掾を受領〕

五代目春大夫の門人。明治十六年四月興行より文楽座櫓下となる（披露狂言「新版歌祭文」野崎村の段）この時、三味線初代豊沢団平も櫓下に入る。同三十六年一月春大夫の六世を襲名。同年五月より摂津大掾と名乗る。大正二年四月引退、櫓下は同四年一月興行まで勤む。同六年十月十九日歿。行年八十二歳。

◇二代目竹本津大夫〔後七代目竹本綱大夫〕

竹本山城掾（後に山四郎）の門人。明治二十三年文楽座櫓下越路大夫一時上京中、留守宅を守りし功により同二十四年二月興行に限り櫓下に座る（披露狂言「近頃河原達引」堀川の段）同四十一年文楽座を引退、後七代目竹本綱大夫を襲ぎしが遂に立たず、同四十五年七月二十三日歿。行年七十四歳。

◇三代目竹本越路大夫

二代目竹本越路大夫の門人。大正四年二月興行より文楽座櫓下となる（披露狂言「伊賀越道中双六」岡崎の段）同十三年三月十八日歿。行年六十歳。

◇三代目竹本津大夫

元竹本浜大夫の門弟。後二代目竹本津大夫の門に入る。大正十三年五月文楽座櫓下に入る（披露狂言「一の谷嫩軍記」熊谷陣屋の段）昭和十六年五月七日歿。行年七十三歳。

◇二代目豊竹古靱大夫

明治十一年十二月十五日東京浅草に生る。同十八年八歳の頃より同地の竹本政子大夫に義大夫節の手ほどきを受け、十二歳の四月、大阪に出、二代目竹本津大夫の門に入り、竹本津葉芽大夫と名乗り御霊文楽座に出勤、「大序」に入る。翌年十三歳の明治二十三年十一月同座にて「苅萱桑門筑紫𨏍」の「高野山」にて掛合の石童丸を勤め「大序」をぬけ、十六歳の時一時上京して、四代目竹本播磨大夫の傘下に入り、初代竹本綾瀬大夫の二枚目、津葉芽大夫は三枚目にて各寄席を巡回したが、同年神戸の「はり半」の養子となった。当時はり半は三代目竹本大隅大夫、名人豊沢団平の大夫元を勤めていたので、津葉芽大夫は、大隅、団平と共に東海道を巡業した。明治廿七年三月稲荷座の創立と同時に同座に入ったが、十八歳の時文楽座へ復帰した。その後、一両度巡業に出た後、三十二歳の明治四十二年四月、「伽羅先代萩」の「竹の間」を語り、二代目豊竹古靱大夫を襲名した。同六月より合三味線に三代目鶴沢清六を得て、血の出る修行を遂げ、今日の大成を見るに至った。

櫓下披露は今初春興行にて出し物は「一の谷嫩軍記」熊谷陣屋の段である。

［備考］
345・5明治二年五月一日歿↓明治二年四月卅日歿（「六世竹本染太夫略年表」『染太夫一代記』）
346・4初代豊沢団平↓二代豊沢団平（『義太夫年表　明治篇』）

346・5　同六年十月十九日↓大正六年十月九日（「二、竹本摂津大掾小伝」『竹本摂津大掾銅像建設会報告書』）

347・3　十二歳の四月、大阪に出↓明治二十二年、私十二歳の六月、津賀太夫さんにお暇をいたゞいて、父に送られて大阪にまいったのであります。（茶谷半次郎『山城少掾聞書』）

347・5　十六歳の時一時上京して、四代目竹本播磨大夫の傘下に入り↓母の病気で帰京した時で、十四歳の春から十八歳の六月まで文楽座を離れておりました。……まえ申したように播磨太夫さんの一座にいて寄席を勤めております内、十六歳の三月、服部の養子になることに話が纏まりまして、（同）

44

櫓下披露狂言の批判　古靭大夫の『熊谷陣屋』

『浄瑠璃雑誌』第四百七号　昭和十七年二月二十八日発行

古靭大夫がこの前に「一の谷の三段目、熊谷陣屋」を語ったのは、大阪では昭和十五年一月、四ツ橋文楽座にて、又東京では同年九月、新橋演舞場の素浄瑠璃にてゞ、両者とも非常に優秀なもので、当時、古靭大夫の「陣屋」も既に完成したものと思っていた所、今度の「陣屋」は、前両度に比しても亦格段の進境を聴き驚歎した。その主なる点はまず熊谷直実の肚で、総て前年の直実の詞は「ウイタ肚」で語れた。これは以前に於いても試みられていたことであるが、それが徹底して、一貫した直実の性格の一面を表現し得たのは今度が最初と思う。これは故杉山其日庵氏もその著にいっている如く、この作の技巧の深意の潜む所の、即ち、其容貌や言語は豪壮勇魁なるも、精神は多情多涙の人格にて、殊にこの段では枕からかなり攪乱した心理状態になっている直実を語り表わすに際しての技巧である。この外義経や弥陀六も、前回より遥かに優れた出来であった。左に「聞書」を披瀝する。

△まず、「オクリ」は清六によって、極めてよき息で弾かれた。

△そして、古靭大夫が枕を語るとき、「連れて行く」の「ツウーレ」を高い所より低い所へニジリ下るとき、一寸「ギン」の音に挨拶して語っているが、いったいこの筑前場は「ギン」の音遣いが特に大切であるとのことであるが、それは、「真ギン」の譜の所、乃至総て「ギンウケ」になっている所はその心で、注意して語れば出来るであろうが、そうでない所、この段に譬えれば、枕から「アイと返事も胸にせま

りながら」までに於いて、「地合」の随所に音を「ギン」の譜へ挨拶させて遣うということは並々ならぬ修行と、その上に余程深甚の注意が払われなければ出来ぬものらしく、それが完全に出来ているのは、現在では古靱大夫一人で、後は織大夫以下全部落第である。それが出来なければ、「筑前風」でも、何でもない、「粗雑風」である。それに総て枕が重要であるというのは、この意味もあるので、即ち、枕にその場の「風」の最も代表的なるものが備えられているので、「太功記十冊目」でも、「残る――」と産字を引いている中に、古靱大夫は「麓風」の身上である「ギン」の音を「ニジッタ」所から遣うて出る音曲的技巧があるのである。義大夫節の枕の半面（音曲的面）の総てはそれでなくてはならぬ。

それから、この段の枕一枚にしても、「押開き」の「シ」「西」の「ニ」「敦盛」の「ツウ」、「猛き」、「座」、等々、この外にはまだあると思うが、総て「ギン」の音にかゝって語られるが、その遣い方が一つ〳〵皆違う。「ニジッテ」挨拶をするのや、一寸「ギン」の譜へ触れるのや「真ギン」にしっかり落すのや、大時代にユッタリ遣うのや、様々であるが、それが所謂「ギン」の音の遣い分けとて、「筑前風」の真髄であると察する。そして、再び繰り返えすが、これが出来ているのは古靱大夫一人である。

△次に枕がすんで、清六が「トテン」と緩やかに弾いたのはいけないと思う。この段が三段目切場であり、且大時代の陣立場である以上、何としても「シャン」でなくてはならぬ。「ジャン」でも、「トテン」でもいけない。「ジャン」は論外であるが、往々行われている「トテン」だと、枕を語って、詰めていた息をパッと開いて、間一髪を入れず「相模は」と出られない。即わち、「連れて行くッ」と大夫が詰めて、次に三味線が「フムッ」と気合を入れる間堪らえ、撥が絃に触れたと同時に息を開き、次に眼遣いの一

瞬の間があって、「相模は」と出たものでなければいけないのである。それには、撥が二と三と同時に触れる「シャン」であることが必要となって来る。「トテン」だと、撥が二と三とに別々に触れる普通の撥遣いであるから、撥を下ろす前に入れた気合が鋭くても「トテン」そのものは並々のことになってしまって、その上緩やかな余韻が残るから、大夫はそれを聞き終ってから別に拵らえて「相模は」出ることになり、義大夫節の枕に備えられる可き大切な息の仕組が失われる。清水町団平が弾くときには一度もそんな無理なことはなかったと信ずる。なればこそ、大隅大夫が、「相模」を語るのに一週間余もかゝったのである。つまり、義大夫節の根本的な息の仕組の最も代表的で、最も重要なものが冒頭に儼存されている訳で、それを団平が弾いたのに対して、大隅大夫には中々息組が出来なかったから、奥へ進めなかったのである。「陣屋」に限らず、「安達」の三段目でも同じで、「シャン、タダー」でなければならぬ。清六の弾くのを度々聴いたが未だ一度もこの「シャン」を聴かぬ。それでは如何に古靭大夫に息の本格的な仕組が出来ていて、詰めていても、「トテン」で抜けざるを得なくなるから、又別に拵らえなければならぬことになり、結局、「トテン」の間だけ、ありきたりの三味線弾でも出来る撥と、それの無意味な「間」だけが、義大夫節中最も大切な部分に介在することになるのである。こんな所は、清六向後よく修行して、古靭大夫の全き息と共に枕を完成させなければいけない。

△「夫の帰りの遅さよ」は、「オソ」は地合でいい、「サーヨ」は「地色」でいうこと。この辺の清六の三味線の、「間」が非常によい。

△「熊谷次郎直実」は、低く、力強く、締めて語り、それからカワッテ、「花の盛りの」は軟味を以って出ること。

△「討って」は、「ウーッ、テ」の十分強く極めて語る。清六もこゝで、「エッ」と気合を入れるが、一瞬合したのは五度聴いた内一度であった。

△「サトリシイーッ、カ。」と語って、「ジャン」と締めたら、「さすがに」は許す限りカブセて出ること。そして、「猛き」は大夫も三味線も「真ギン」へ持って行くこと。

△「物の」は、「モノ――」と音を遣って出、一寸カスメて「の」と語り、「哀れ」は大きく、「今」は肚で語り、「ぞ」を大切に、「シイ――ッ、ル。」は一息に、この一段の大切さを、この一語にかけて語ること。

△「妻の相模を」といって、一息あって、「尻目に」は大切に、「シリーイメエニ、カァケ」と語ること。

△「座に」は「ギン」の音をゆったり遣ぅこと。

△「ウム」は沈めていい、次にかなり長い「間」を肚にもって、「セエーンギ」と眼色をかえ、ウイタ肚で語り、一息おいて「とは」を大切に、肚でもって「何事ならん」語ること。この条は古靱大夫によって今度はじめて完全に語り活かされた。

△それから、カワッテ、「まづ其方は」となること。

△「コリヤ女房」をいう前に、一息抜いていい出すこと。

△「何しに」を十分大きく、また「に」を大切に語ること。」

△「あまつさへ」を大きく。

△「陣中へ来るコ、トッ、」と大切に語ること。

△「女め」を大きく。即ち、如何なる風に熊谷が不興の体であるかを鮮かに表現すること。

△「もぢ〳〵」は、「モオジ、モーオオ、ジイイ、イイ」とていねいに産字を出して、音を遣うこと。これも、今では古靱大夫以外には誰も出来ていないことであるが、近頃注意して聴いていると現在の情勢では、こんな所は大した問題ではない、どうでもよい、というような極めて憂うべき傾勢と見て取るが、それでは浪花節と同じことになってしまう。いったい、「産字」とか「音遣」とかはそのときの出まかせではなく、「音曲の組織」であるから、いつでもいえなくても、ある可きものはいわなければならぬのである。

△「どうか」を「節訛り」にうつらぬよう、即ち、「か」を下げていうこと。

△「七里歩み、十里歩み、百里余りの道を」はそれ〳〵距離を表すようにいい廻しをつけ、「ツーイ都まで」と語ること。こんな所は古靱大夫独特の細心の注意によるものである。

△「登って聞けば」は続けていうこと。

△「荒らげ」は、低い所から締めて「アラァ――」と繰上げて、「ラァゲ」を大きくいうこと。

△「戦場へ趣くからは、イノッ」と息で切り、「ターなきもの」と語ること。

△「堅固」は低く力強く。

△「若し」はウイタ肚で、「息遣い」でいうこと。

△「討死したら、ワリヤ」といって、一瞬「息の間」があって、「何と、スルッ。」と強くキメテいうこと。

△「顔色直し」の「直し」は、前の「荒らげ」と同じ手法で語られる。

△「手傷少々」は、普通は「少、少」と切って語られるが、古靱大夫は「少々」と低い音で締めて語って

いる。勿論こうある可きである。

△「この辺りになると、直実と相模との問答が中心へ来るから、直実の詞は、総てウイタ肚で、息遣いで語られる。」総じて前半の直実の詞は、敦盛を討った表面を物語る態度へ、小次郎を討った裏面の、事実をまたしても思い越しての心の乱れを融和した肚で語られなければならぬ。即ち、前者の場合は、稍ハッて、凡ぼ「常間」で語り、後者の場合は、ウイタ肚で、「息遣い」を持つ乱れた「間」で語られる可きで、それが、この段の前半綜括した「足取」になるのである。これは今度の古靱大夫の「陣屋」によって完成されている。

△「末代まで」がウイタ肚で、息を大切に語り、「息の間」をおいて、「イエーノ、ホマーレッ。」と語ると、相模の「エ、」は十分強く、「シテその手傷は――」を一気にいうから、直実自身もかなり心が乱れるのを覆いかくすため、カブせて、「ソーソーソーレ、ソーレ、ソーオレ、」と語るが、これも始めは浮かせて、次第に沈静さと力強さを増して語ること。この「ソーレ」のカワリとその「間」の持ち方は実に素晴らしかったが、筆で書き表わせせぬ。

△「まだ手傷を」も、直実の乱心を覆うために多少ワザで語られる。

△「若し急所なら」は、一杯の「息遣い」で語ること。そして、低い所から出て、「カナーアッシイーッ、カ」と十分語ると、それに強くカブセて、「イ、エ」と一気にいい「何のいなあ」は詞でいうこと。これを詞で語ったのは今度が初めてかと思う。

△「出かした」も詞でいい、次に「息」を語ること。

△「ホ、危し」以下はサラ〳〵と「常間」で運び、「無官の太夫敦盛のクビーイッ。」といって、次に大切

な「無の間」を語り、「取ったり」は、「トオーッ、タリッ。」と大きく息から出て、「タリ」は一寸ヘタッて語ること、この辺は前回上演の時より一際琢磨されて無駄がなかった。」

△「咄に扨はと」は「常間」で、「扨は」を十分に。

△「後に聞き入る御台所」の清六の三味線がよかった。こんな所は、往々弾手自分の撥先の仕事のみに終始して、「すがた」が弾けていないのだが、清六は「すがた」をよく弾いた。

△「何奴」を十分大きく。

△「聞いて直実びつくりし」の浄瑠璃の「間」が相当に長いが、その間栄三の直実は、相模の注意を聞いてから、藤の局の方に顔をそむけて、二三度眉を上げ下げしているが、これは、思いも寄らぬ藤の局の出現に対する直実の心の狼狽を表したものと見て、非常に面白い。抑々この段に於ける藤の局の登場意義ということが従来あまり考えられていないように思う。直実としては、妻の相模には、早晩会うであろうと予期し、心の準備はしていたであろうが、藤の局は、既に十六年音信不通の人であり且敵方である以上、我が陣屋で対面しようとは全く予期せぬことであり、殊にその子の敦盛は敵将ながら、君の御諚を察して助け、我陣屋に密に囲い、その身代りとして我子の小次郎を討ったものゝ、未だ首実験も延引している際、当の敦盛の母親の突然の出現であるから、万一母子が顔でも合わせたら、相当の波瀾は予想されるし、首実験以前だけに、小次郎の死名誉にもかゝわるから、この時の直実の狼狽は、相模を見た時より遥かに大きかる可きと思う。即ち、君の御諚「一枝を切らば云々」の下に一策を断行した今の直実に取って、一番都合の悪い人間が眼前に表れたのである。「聞いてびつくりシ」とはその意味でなければならぬ。と同時に、次の「ハツ〳〵」を語る前に、「ウムッ」と一つ「息」を語った方がよい

と思う。これは古靱大夫も語っていない。それから今一つ直実が延引させていた首実験の時期も（首実験の延引は義経によってなされていたものでなく、直実によってなされていたものであることは、義経の詞の「首実験延引といひ、軍中にて云々」により証明される。）、藤の局の出現によって決定されたものと見る可きと思う（今一つは梶原の詮議に来たことにもよるであろうが。）こゝで、須磨の浦で小次郎を討ってから陣屋までの日数の幾何なるかゞ問題となって来るが、丸本にはこの確かな日数が表れていない。しかし、種々憶測するに、須磨の浦の事件が三月六日で、それから陣屋までの間に弥陀六によって石塔が造られて居り、石塔を造るに要する実際的な日数を数えるのは兎も角として、「石屋の内で、敦盛の詞の、「――先達誂へ置いた石塔云々」により既に昨日今日一両日の経過でない事が明らかであり、また弥陀六の詞に、さてお誂への石塔、今日の約束なりや夜を日についで漸う出来し云々」とあり、敦盛が石塔を日を限って注文したことが判明する、そして、敦盛が限った日というのは、小次郎の命日と仏教的関係のある日、さしずめ初七日の命日位、即ち、須磨の浦と陣屋との経過日数は凡一週間位との憶測が許されるものと愚考する。又一方、「熊谷桜」にて、軍次の詞として、「小次郎様は先頃より御前勤めでお下りなし」とあるにより、数日の経過であることが判明する。尤もこの日に小次郎の生首が腐敗せぬかとの疑問を挟むのは論外とすべきである。そこで、直実が首実験を延引させていた理由としては、首実験をしてしまえば、小次郎の首は大将の手に帰し、永遠の別れとなるのを惜しむ父子恩愛の至情と見るべきであろう。それが、前述の如く、藤の局現れ、敦盛との面接可能に及んでは、一時も早く主君の前に首実験をして、制札の諷刺による身代り問題を片付けてしまわねばならぬ時が到ったのである。藤の局の動向と首実験との関連は、熊谷の詞に、「片時も早く何方へも御供せよ、サア〳〵

早く往け、我も敦盛の首」と「も」の字によって説明されている。かくの如き経緯の首実験を正に敢行せんとする武将の挙動感情の表現の手段として、「我も敦盛の首実験に――」以下に、極めて大まかな節付と足取が施されいるのであり、古来この条がやかましき一節となっているは、単に半段の切目であるという意でない事は勿論、その節廻しの困難というより、その肚が一杯でなければならぬという困難を謳われたものと思うのである。それに関して、「我も敦盛の首」にかゝる「ツン」は、三味線弾として、肚一杯の十分なる「ツン」を弾かねばならぬが、清六は無難であった。

△「御対面」は、一杯の「大間」で大時代の最高潮場面を語ること。由来この条は前半段の最高潮場面と称されている由であるが、その意味も、前述の藤の局に出現による直実の心理的攪乱の表現という点にある可きである。

△藤の局の詞は、比較的緩やかな足取で運び、且音を遣って品位を語ること。「ようむごたらしう」は、「ヨーオオ」を美しく音を遣って突込むこと。それからカワッて、「サッ、約束じや」は幾分鋭く詰めていうこと。

△「刀おつとり」は詰めていうこと。

△「胸に迫り乍ら」の三味線は清六実に素晴らしかった。

△「これ直実殿」は相模が夫にいう情をもっていい、「どう心得て」は十分突込んで、「心得て」で叱る気持を出すこと。

△「ア、愚か〳〵」は低く、「此度の戦」はハッテ、「敵と目指すは平家の一門」はサラッと、「敦盛、はさて置き」と切り、「タアレ、カレ」と語り、「用捨がなからうか」は低い調子で、力強く締めること。

△「是非なし」は多少肚を割っていい、「御諦め」は大きく、⊥「下さるべし」は次第にヘタッていうこと。
△「敦盛卿を」、「討ったる」を夫々大切に語り、カワッテ「次第」はサラッと、締めていうこと。
△「座をかまへ」の「色」を清六が弾くとき、その「間」が取れる限りの大きさであった。
△「一二を争ひ」以下は畳んでサラ〳〵と運ぶこと。
△「かへせ、もどせ」、「打招けば」等十分大きく。
△「されば御顔をヨーオック見奉れば」と語ること。
△「細眉に」の清六の三味線に、大夫が音を遣う丈の十分な「間」があるのがよい。清六崇拝の若手三味線弾は、清六のこんな所も懸命に研究して習得せねばならない。それはワザと肚が一致せねば弾けぬのである。
△「定めて」は「息」から出て、「二親まし」は演者の魂をもって語り「まさん」は普通にいうこと。
△「早首取れよ」は、「取れよ　辺を泣いて語り、息でカワッテ、「熊谷」はヘタッテ、尻は泣いていうこと。
△「まッこの通り」は突込み、「我子の」を大切に、それからカワッテ、「小次郎」は情をおさえるようにいうこと。⊥
△「命や捨てん」も尻は泣くこと。
△「浅間しきは武士の」辺の清六の息組が一杯でよい。
△「是非もなき、シダーイッ、カナッ。」と大切に語ること。
△「波濤」が「フシ訛り」にならぬよう。

△「如何過ぎ行き給ふらん」は、サラ〳〵と運ぶ内に、音遣いで深情を語ること。こんな所が古靱大夫並に出来る大夫が亦一人もいない。しかし是非語らねばならぬ所である。それは栄三の熊谷を見ればわかる。

△「是非に及ばず」は大性根処で、満身の力と情とで、「ゼヒニオヨバズオン……（間）クビーイッオッ・・（間）。ト。」と語ること。

△「咄す内より」を十分シッカリ語ること。これは前回より数段よく徹底していた。

△「一間へ」は、ある可き産字を出して、節の数を正しく語らねば、人形が引込めないが、こんな事も、大夫で古靱大夫、人形では栄三の外次第に等閑になりつゝあるらしい。注意すべき所である。

△青葉の笛の条の「音遣い」と「足取」は一寸筆に書けぬが、要するに修行の問題で、その修行が出来ていないと小児の寝言を語っているようになって、こんな所は省いた方がよいということになるのである。総て、「鐘は無情」からこの辺までの「音遣い」は、十分気を付けて情味が表れねばならぬ。

△「香の煙」から「一念のなす所」までを一息につゞけていうこと。

△義経の出は、出来るだけ立派に（但しきばらぬように、「義経」と離して立派にいい、「是にて――」から「地合」にかけていうこと。これは曖昧であるといけない。今度古靱大夫は義経にも前回に比して格段の進境が開かれた。

△「軍中にて暇を願ふ、汝が心底いぶかしく」は肚で語ること、そして、「シムテイ」とのんで語ること。

△「始終の様子は」で、「様子」を大切に、「サ、オクニテーエッ、キーッ、ク。」とていねいにいうこと。そして「急ぎ敦盛の首」は、一寸カワルが、それが唐突にならぬように、「足取」をかえること。

△「引抜き」を十分大きく語ると、次に清六が「エーッ、ヤ、テン」と「間」を拵らえて弾いているのは立派で最もよい。

△「お騒ぎ」はツメテ。

△「即ち南面の嫩一子を切らば」までを息をはずませていい、「一子をきるべし」は一寸ヘタッテ、ユックリいうこと。

△「御賢慮」は古靱大夫は魂をかけて語っていた。そして「叶ひし、か、」と切り、「但し直実――」は続けて語ること。こういっているのは、文楽歌舞伎を通じて古靱大夫だけかと思うが、これは非常に優れている。

△「言上スーッ。」と一杯に語って詰め、「義経欣然と」の音を大切に遣うこと。

△「花を惜しむ」は稍サラット、「心を察し」をユックリ、「ハア」は息で、「よく」、「も」を共に大切に語ること。

△梶原の詞ノリの「かくあらんと」の一句で梶原の人格を表現するいい廻しをつけること。

△次に弥陀六の出になってからは、この前語ったとき、評者が或る種の不満を表明して置いたが、今度はそれに拠ったという訳ではなかろうが、弥陀六を根本から工夫し直して語っていたのは敬服に値いする。「先づ安堵」は、「マーアズ」を十分にいって、「安堵」は低くしっかりいうこと。それからカワッテ、世話で「もう、お暇」ときっていうこと。

△「コリヤ、弥平兵衛宗清待てッ」と切ること。

△「一生忘れず」の「一生」を十分。

△「その昔」といって、カワッテ、「母常磐の懐に云々」は当時を懐想しながらいうこと。

△「行衛知ずとキ、シーッ、ガ」と切り、その「間」に、弥陀六の行衛に対する想像が適中していた。これは余人は勿論、古靭大夫としても、今度が初めてかと思うが、非常に面白い。

△「ハテ」は息で語り、「満足や」はツメて、力強くいい切ること。

△「テモ恐ろしい眼力じやよな」から「見られた上は」までは世話を残して語り、「エ、義経殿」から時代になること。それについて、「かく」を「カーク」と運命を語ること。

△「怒り」を十分大きく。

△「ヤア弥陀六とは」を十分語って、次に「息の間」があって、「ウム宗清なれば」以下は独り言のようにいい、「ウ、面白い」はカワッて、世話で軽くいうこと。

△「これでチーイット、虫がア」と語り、「納つた」は低くしっかり納め、カワッて、「ノオ直実」以下は幾分サラット運び、「一子をきつて」の「て」を「ウレイ」で語り、「ヘエ忝ない」は十分大切に。

△「蓮、生」と切らず、続けて語ること。

△「十六年も一昔、夢であつたな」のよさは筆で書けぬ。

△栄三の熊谷が、蓮生坊の頭を、去秋「賢女鑑」の片岡春元の時使用した「文七」風で、ネムリ目のものをはじめて使用して、「十六年」の条やその他で、ネムリ目を遣っていたが、「惜しむ子を捨て武士を捨て」で、上手寄りに立って、上段の義経の持った首を一寸ふり返って見、正面に向き直って、瞑目して佇んだ所が、「住所さへ定めなき」になるのが、一抹の寂しき情が出て、此条の直実の心を非常によく表現して、素晴らしかった。

45

大隅の〝椎の木〟――（文楽座評）――

『読売新聞・関西版』第二万三千四百三十号　昭和十七年四月十日

▽「連獅子」は相生の如き音を届かす修行が出来ていぬ者がシンに出るべきでない。絃も友衛門以下のツレが道八のシンの拵えを理解し得ぬ下手さでいながら、和泉太夫が口を開くとくすく笑うは不謹慎の極。人形は栄三のみが大立派。第二は「新口」の二つ切れ、前の伊達は中程から聞いたが、この人として上の部。奥の春太夫は古今の変態芸だ。

▽第三の「由良湊の山」では仙糸の絃の間と具合が正に模範芸で後は全部駄目。第四は「千本桜」、大隅の「椎の木」はこの人近来のヒット、権太のワザがよく場格に納った。清二郎の絃も間の捌き方が快かった。古靱の「寿司屋」は一両年前からの完成品であるが、わけて「栄華の昔」と梶原がよく、今度の上演では全段中力の入れ所とぬき所を整え得たと聴く。清六の絃は前半や、勝手悪きようであるが、内侍の出から素晴らしくよくなる。人形では栄三の権太がぬき出、後は皆平凡。

▽第五は新作「水漬く屍」、評判と違い芸ばなれしたもの採るべきは織太夫の熱のみで、吉左の作曲は先月の「忠霊」といい、その段取が頭脳で創られたもので、腕で出来たものでないから聴客が馴染めない。大切は掛合の「野崎村」で、綱造優遇の一段と察するが、その副産物として、七五三太夫のお光、前々月には同人の翁などの代物が登場するのは聴客として全く堪えられず、その代償となる程の芸を評者は嘗て綱造に聴いたことがない。

46
玉次郎追悼

『浄瑠璃雑誌』第四百八号　昭和十七年四月三十日発行

吉田玉次郎の死は、近年彼が宿痾の為舞台から遠ざかっていたので、直接的な影響は少いようだが、何といっても人形界の大損失である。それは、第一に彼がこゝ廿年間程人形頭取を勤め、幕内一切の統御に当っていたが、その人形頭取というものは、人形浄瑠璃の一座では一日もなしですませないものだそうである。その頭取の仕事というのは詳しい事は知らぬが、人形の役割が定ったら、それ〴〵の左遣いと足遣いの役を割る、（これを幕内では「小割」といっている）ことなどが一番重要な且繁雑な仕事らしい。だから初日前が頭取の一番忙しい時で、昨冬位までは、文楽の総稽古に行くと、西のさじきの一番に、古汚い机に小割帳をのせて、凡そ似つかぬ一寸しゃれた電気スダントをつけて黙々と何か一生懸命に書いていた。その玉次郎の姿は最近の文楽の総稽古の諸情景の中一番奥床しいものであった。こんな訳で、役はなかったが、東京の引越興行でも昨夏まではずっと随行して頭取の繁務についていた。殊に東京の興行などは芸題替りが目まぐるしいから頭取は一入えらかったに違いない。この様な仕事を廿数年間務めて来てその間玉次郎に対する批難が起ったなどの事実を余り聞かないから、彼もやはり古今の名頭取の一人なのであろう。玉次郎の頭取技量は、多く近世の名頭取吉田三吾から授ったものと聞いている。

舞台に関しては、病気前摂津大掾の「寿しや」で権太を遣ったり越路大夫の「勘平切腹」で勘平を遣ったりした彼の得意時代を知っていたら何か書くこともあったろうが、私が知ってからはずっと閑職許りであった。それでも「九段目」の本蔵などは中々よく遣っていたし、七八年以前故津大夫が、「官兵衛砦」を語って、彼の中の注進を遣った。これは俗に「あばれの注進」といって、全注進中の王で、型も定っているものだそうであるが、この時私は東さじきの二か三位で見物していて、舞台の下手であばれる注進を眼近く見たが、その芸格の大きさと、間の確実さに驚いた。かねて噂にきく彼の荒物の技量を遺憾なく発揮したものであった。後に聞けばこの時もやはり多少神経痛があって、低い舞台下駄を履いていたので、格別に手摺を少し下げさせて遣ったとのことである。それから、彼は左や足にも今の人には一寸想像し難い程苦しんだと聞いている。足は名人初代玉造で、左はこれ亦名人二代目玉造で修行したとのことである。

［備考］　364・3この時私は東さじきの二か三位で見物していて、舞台の下手であばれる注進を眼近く見たが…昭和九年一月
木下蔭狭間合戦　竹中官兵衛砦の段　樽井藤太　吉田玉次郎（『義太夫年表　昭和篇』第一巻）

47

「因協会技芸奨励会審査」批判

『浄瑠璃雑誌』第四百九号　昭和十七年五月三十日発行

日本因協会が実現した事業の中、最も対社会的なものである技芸奨励会が、さる三月廿三、四の両日文楽座で開催され、私も同協会の賛助員に推挙されている関係上、招待を受け、入場に際して批評すべく投票紙を貰って、二階の正面さじきに案内されたので、平常の興行なれば、入場料を払っている手前、それに相応した芸だけを聴いて、後は廊下へ出てぶら〳〵しているか、帰るかする私も、両日は都合の許す限り案内された場所に居て、熱心に見物して、出来る丈け正確な批評を下す事に務め、そして与えられた投票紙に忌憚なき批評を認め、更に熟慮の上、一両日後奨励会に於ける全技芸の中最優秀と認めた人形の吉田栄三郎に対して、奨励の意味の軽少なる賞を会長古靱大夫を経て与えたのであった。

しかし、以上は自分としては最も正確なる審査行為であると信じているもの丶、畏友T氏と私とが計った個人的な審査行為であって、この奨励会が、因協会当局の極めて積極的な態度によって企画実現された以上、必ずや、協会側に於いても、到底我々の及ばぬ厳密にして正確を極め、且親切なる審査と指導とが、会終了後速かに出演者に対して公表されるものと信じ、我々も出演者共々その発表を、奨励会当日同等の楽しみとし、会終了後出演者に会う度毎に、審査発表の事をたずねていたが、旬日を過ぎても、要領を得ぬ返事のみにてそのまゝ打忘れていた所、当誌第四〇八号二十五頁に、「成績審査の結果、大夫では越名大夫、隅若大夫、呂賀大夫、三味線では吉季、友花、人形では光之助、栄三郎の七人が表彰された」との記事に接したのであった。以上の記事のみでは表彰の期日、方法、審査の具体的内容は全然察知されないから、その点に関しては、何も批判出来ないが、表彰された七人の人名を見て、協会当局の審査の目安に関しての疑問は多多あるので　その点を左に論じて見度いと思う。

大夫の部で表彰されている越名大夫は、「吉田屋」の掛合で夕霧を語っていたが、私のこの役に対する批判は、夕霧の詞と節の数を唯謳ったというに過ぎず、厳密にして正確を極められる可き審査に於いて、何としても表彰される迄の芸ではなかったと信ずる。尤も、越名大夫の地芸が、文楽座の若手大夫の中では、稍聴くに忍ぶものであり、数年前若手の研声会にて誰かとの掛合で、「壺坂」のお里を語った当時は、中々気魄もあり、将来を想わせたが、それも昨今では刻々稀薄なものとなりつゝあると認めている折柄の夕霧の役であったから、聴く前から格別の期待もせなかったが、その成績は前述の悪条件を入れても猶想像以下の出来であって、稽古の贈物、研鑚の跡は伺われず、気魄にも乏しく、従って義大夫節を語らんとする肚構えなど如何なる部分にも求め得なかったのである。かゝる、成績の越名大夫を表彰した当局の意は那辺にあるか、極めて不明瞭なるものであるが、強いて憶測すれば、他の殆んど論外の技芸所持者に比して、まだやっと聴くに忍ぶという点に審査の目安を置いたのか、又は越名大夫天性の高声を助長すれば大衆向の片輪義大夫が出来る点をおだてたのか、何れにしても審査の標準が低級を極めているというべきである。

その越名大夫を表彰した審査水準から、「合邦」の端場を語って、本興行の源大夫を遥かに凌ぎ、中堅の大夫でもあの成績は覚束ない程の成績を示した隅若大夫の表彰はどう考えても割出せない。事実私も大夫の部ではこの人を最優秀に押し、後は総崩れと審査した。その意味は、第一によく肚で締めた熱演――

非七五三大夫的な――で、第一に詞、特に合邦が聴く前の想像に絶して上手く、前述の通りそれが肚で締っている為、合邦の人格を表現し得た。第三にかくの如き本格芸を目ざした熱演とこの難役との摩擦として、随所に芸がマクレていたが、そのマクレ方が向上的性質のものであったことが実に楽しく感ぜられた。第四に地合はまだ〳〵で「思ひは富士の」など非常にきゝ取り憎くかったが出鱈目乃至与太気はなかったようであった。以上を総じて、確かに或物をとらえて本格的な義大夫節を語らんとする意図はハッキリ伺われ、この点奨励会大夫部の唯一の収穫であり、私がこの役場を聴いた中では、故駒大夫が飛び離れてよく、その次はずっと下ってこの隅若大夫位かと思う。かくの如き技芸を奨励会に見出し得たのは頗る欣幸に思うが、隅若大夫の将来は大物大夫でないことに一抹の寂しさを感ずる。外に今一人、将来三段目語りを予想される大物で、隅若程度の出来栄をこの会に見出したかった。しかし、隅若大夫死闘十数年或いは数十年の後は、故駒大夫、又は聞及ぶ二代目田喜大夫の穴へ行くものと想像され、これとても現下には欠けた貴重なる存在なのである。以上が私の隅若大夫を推挙した理由であるが越名の夕霧小唄を表彰した耳で、この悪声の皺枯れ声のクシャ〳〵いっている隅若大夫を何と聴いて表彰したのか、一寸判断に苦しむが、結局、非常によい品物は、非常に下等な耳の持主でも何か知らよいということ丈けはわかるという自然法則の結果ならんと思われるのである。

次に呂賀大夫を表彰した目安も根拠を求め難い。彼の役は「菅原の道行」の二枚目と、「吉田屋」のおきさの二役で、義大夫語りには持合せている方が都合のよい声量があるという点が判明したのみで、それ以外は殆んど芸の境地に入っていない。それを表彰するのは、地芸奨励会に於いてされる可きで、技芸奨励会に於いてさる可き事柄でない。

第二に三味線の部では吉季と友花の二人が表彰されているが、吉季の役は「合邦」の切の大役であった。吉季が確かな腕の持主であるということは以前から噂に聞いていたので、何時かゆっくり聴き度いと思っていた折柄、非常に期待したが、その期待は半ば裏切られた。彼の芸は可もなく不可もなく、上手でもなく、下手でもなくという、一口に批評すればかく曖昧極る語でいい表さねばならぬものであることが判明して、聊か落胆した。だから技芸奨励を目標とする厳密なる審査に於いては勿論表彰に到るものでないと思うが、吉季程度の年功で、「合邦」の大役をまず〱無難に弾いたのを兎に角手柄とする風習が昔から斯道にあるらしいから、それに習って表彰したものと解釈するのが至当であろう。

友花風の芸は、私の最も排斥するものである。その理由はその弾かれる内容が虚空であって、撥は上すべりにペラ〱と枝葉末節にのみ働き、義大夫節の三味線の第一目標である「すがた」をその芸風に嘗てきいたことがなく、又出来ぬながらでも「すがた」を弾こうと努めたのを認めたことがない。畏友T氏はこの種の芸風に「都々逸の三味線程度。カスみたいなもの」との名評を下した。然るに、文楽の若手間に於いて友花の芸が案外に高く評価されていて、「太十」の後半を弾いた時も、三味線弾某は、「友花の大落しまできかねば帰れぬ」といっていた位である。これを察するに、この無内容なペラ〱芸が、たま〱友花の如き比較的腕のまわる弾手によって弾かれた場合、末梢的技巧に於いて大夫が息をぬくに都合よき点があるからであると思うが、これ芸道衰微荒廃期に於ける著しい事象で、斯芸研究の先覚者故杉山其日庵先生著「浄瑠璃素人講釈」の序に「総て芸道は末世になると、枝葉斗りを研究して、根本を忘れるものである」と警告して居られることの実証であって、一般はいうに及ばず、文楽内部の三味線弾でさえ、三味線をきく耳が殆んど腐敗して来た歴然たる証拠である。かくの如き無価値無内容な芸を、技芸奨励会に於いて表彰した過は、如何に協会当局と雖も、義大夫節三味線の存亡に関する以上許し難い。この機に於いて、私は、「義大夫節の三味線は、故清水町団平の芸風を敬慕し、之を研究踏襲せなければ、他流の三味線の下流に置かれることは勿論、浪花節の三味線同等に迄下落して、殊に皮といい象牙といい物資得難き折柄、そんなくだらぬものは大東亜文化建設の上に必要がないということになって遂に滅亡する」と敢て警告を発して置く。

私は与えられた投票紙の三味線の部には誰をも推挙しなかった。蓋し適当者がなかったからであるが、興深くきいた三味線はあった。それは豊沢仙三郎であった。大分非力の三味線のようであったが、彼が弾いた「菅原の道行」のシンは注目すべきもので、今文楽の三味線のカナ沢全部、半沢及び本沢の中位以下にもこの位道行のシンが弾けるものがないと思う程堂々たる風格であった。即ち、彼には師匠仙糸の具合を習得し得る天分があり、それを今度の役に際して芸として活用出来るだけの修行が平素に出来ていたと見受けられた。この調子のまゝで、目標を誤らず、手厚い撥をも立派にきめ得るように励んだら、撥の持ち方が師匠仙糸ゆずりであるから大した三味線が出来ると思う。このような仙三郎が何等表彰されないのは実にその意を得ないものがある。

この仙三郎のシンをきゝ、いろ〳〵綜合して考えると、連弾のシンというものは、よい意味の個性を著しく持つ芸でないとその責務が果さない、換言すれば、二枚目以下の三味線が目標となし得る特殊な芸風——そしてそれは義大夫節の三味線の本質の一つでなければならぬ、——を持っている者でなければシンは弾けない、そしてそれが連弾数挺の統御力となるのである、という結論に達する。これは実例を見れば明らかで、如何に年功があり、一通り事が弾けても、平凡な三味線では駄目である。

次に、人形では光之助と栄三郎とが表彰されたとあるが、栄三郎は、初菊と重次郎とを遣って非凡な腕を見せたが、光之助の芸は表彰さる可きものではなかった。これを表彰したのは、亀松、紋司等のゲリラ芸の反動と見る可く、こゝでも審査の標準がぐらついている。尤も光之助は、その次の本興行で、安寿姫という彼が勾欄界に入って初めての傑作を出していることを付記する。

［備考］
365・15成績審査の結果↓成績を審査の結果（『浄瑠璃雑誌』同号同頁）
368・16総て芸道は末世になると、枝葉斗りを研究して、根本を忘れるものである↓総て芸道は、末になると、枝葉斗りを研究して、根本を忘れる物である。（『浄瑠璃素人講釈』序）

48

大隅の『椎の木』――四月の文楽座――＊

『浄瑠璃雑誌』第四百九号　昭和十七年五月三十日発行

（45　大隅の〝椎の木〟――文楽座評――『読売新聞・関西版』の再録）

文字の異同　㈮太夫↓大夫　㈮「外題名」ゴシック体↓標準体
記号の異同　㈮▽▼↓削除
読点削除　362・12「水漬く屍」、↓「水漬く屍」
文字追加　最終行（写真は「椎の木」の舞台面）
舞台写真追加　上段上部

49

道明寺聞書

『浄瑠璃雑誌』第四百十号　昭和十七年六月三十日発行

五月二十六日午後五時半より京都帝国大学学芸部主宰のもとに「菅原伝授手習鑑二段目切道明寺の段」が豊竹古靱大夫鶴沢清六によって演奏された。古靱大夫、清六のこの段は、その初演以来定評ある名演奏である。最近の上演は、昭和十一年一月、故竹本津大夫、故竹本土佐大夫と三人で、二段目、三段目、四段目を夫々交替で演じたものであるが、今後文楽座に於ては色々な関係で一寸上場の機会が非常に少いかと思われるので、右の非公開の上演の聞書を左に残しておく。

「道明寺の段」は院本の全二段目中の最高峰とも称せられる名曲であり、且難曲で、二代目竹本政大夫（通称西口政大夫）場である。その政大夫風というものは、決して筆で書き表わされるものではないが、初代政大夫即ち播磨少掾の門弟であるから、曲風の上に於ては最も本流的、古浄瑠璃的であるといえる。即ち、播磨少掾は、その師元祖義大夫が天性大音嬌喉で、その曲風から汲取れる「文章を語る中に謳い、謳う中に語る」というイデオロギイを、小音ながら自ら工夫した音遣いを以って技巧的に完成した人である。故にその門弟で、師の風を深く学んだ西口政大夫の風に於ても、「語る」ということ、即ち、息をツメ、間をツメ、仮名をツメることを以って内容の真髄を表現すること、の中に、それに備えらる可き位取や情合や模様を表現する「音遣い」で以ってそれが曲節となり、更にそれらを融合せしむ義大夫節の特殊技巧である「色」や「地色」が配合されているものである。換言すれば西口政大夫の風は、「息と間」と、「音遣い」と、「色」と「地色」がその運びの殆んど総てゞあるということになる。後年に到って、右の「語る」ことが忘れ勝ちになっていたのを引戻した初代竹本住大夫の風も、全く師匠西口政大夫の風に拠ったものと思われる。故に住大夫風である「志度寺」や「長局」もその冒頭に於いて、「跡見送りて菅の谷は」も、「跡見送りて襖のかげ」の語り風も、政大夫風の「布引の三段目」「オート、シズマレーエバ葵御前」と語るのも、この段で、「ハーヤ、刻限ぞと、御膳の拵らへ」と語るのも同一であって、文章を語ってしまって、音遣いによってそれが曲節となるとのことであるから、その「音遣い」なるものも、唯ザラなる「音遣い」では駄目で、最も根本的なものでなければならぬ。そしてそれによって、その段の容姿が表現されるのであるが、「道明寺」に於ては、「品位」であって、それは音遣いによって表現される可きもの丶中の最も至難なものである。古靱大夫がこの点が完璧であるのは、彼の語り口が天性上品であるという持前に便乗したものでなく、全く音遣いの修行の賜物である。

そこで、

△「早刻限ぞと御膳の拵へ」は、「ハーヤ」と、語り出すと、「ツン」と強く受け、「刻限」はツメテ、且厳然と、大時代に語り、「拵へ」では「トン、テン」と荘重に大時代にウケルこと。

△「銚子、かはらけ」は一つずつ切り、「熨斗昆布」は、「ノシイ」と産字をニジッタ音で続け、「チン」と三上をきいて一寸間をおいて「コシモト」はツメテ語ること。総て義大夫節は、大夫と三味線がベタ付着では駄目で「テン」ときいて、それについて「ナントオヤーラ」となっているのが往々あるが、そんなのは乞食節である。「テン」ときいたらその余韻が消えるまで位、息をつめていて無の間を保ち、その延びた間だけまた畳む意味で「何とやら」とツメテいう運び方でなければならぬ。これは義大夫節

の運びの根本法則で、何れの段に於ても忘れてはならぬことである。

△「伯母御」はしっかり締めて語り、「ツン」、「座敷へ」は澱んだ音を遣い、「イデー給ひ」と一度低い音を伝って三上へ荘重に納めること。「イーデ給ひ」となってはいかぬ。

△「百日千夜」は息から出ること。

△「別るゝ」も同断。

△「時は」の次の「チン」はこの段の最初の「カヽリ」であるから、その「ウレイの音」が余程よく納まり且利かねば意味がないのであるが、清六のこの「チン」は左も右もよく利いて、実によく弾いた。即ちこの段に於ける相丞と覚寿との名残の心持のすがたを決定する「チン」であるから、普通の「ウレイ」の外に品位が備わっていなければならないのである。そして「かはらぬ」は一寸カスメタ所から出て音を遣い、「つらさ」は稍大きく、よく締めて語ると、それを「ツントン」と大きく大時代に受けること。

△「この島台」では「アシライ」に弾くが「アシライ」は往々世話がかるが、こゝも清六はその間の品位が高かった。

△「ジャン」と締めて、出来るだけの間をおいて、出来るだけ荘重に、品よく、ゆったり音を遣って「菅相丞」と語り、「シオー」で「ギン」の譜へ挨拶すること。

△「このあひだ」も出来るだけゆったり。

△「心遣ひの御一礼」も同様ゆったりと語るが「心ヅカーイ」とならぬよう「心遣ひ」と語らなければいかぬ。

△「互につきぬ御名残」の「スエテ節」は大夫も三味線もこれ亦出来るだけ荘重にゆったり納めること。

即ちこゝは相丞と覚寿がお辞儀をする所であるから、広袖の直衣を着たお公卿様と裲襠を着た伯母御前との動きの間を考えなければならぬ。

△宿祢太郎の出からは、枕と全然足取をかえて出ること。

△「怪しの」は、「アヤーシノ」と軽く顎を遣った音で語り、その内容を表すこと。

△「時刻移るとせり立る」は「時刻ウツルーット」と引き、「セリ立ル」とツメテ、キメルこと。

△それからまた元の足取になって、「悠々」と、「と」の間は一杯の間をあけ、「大広間」は荘重に、「より」で絃は受けず、「出させ」はツメテ、「給ひ」は音を遣うこと。

△「人前作つてにこ〳〵」では、「作つて」で絃から一寸ノッテ、「リン」とすくい、「にこ〳〵」は軽く拵らえ、「泣ぬ別れゾー哀レーナール」と鄭重に慎んで音を遣うこと。そしてこの「フシ落」は中程から、カワッテ宿祢太郎が張輿を追い立てるはずませた間で弾かれる。

△「寝られぬとは」は一寸とぼけていい、「御気色でも」は強くいうこと。

△「一つ屋敷に居ながらも」の「居ながら」を大切に、苅屋姫に同情する肚でいい、「悲しかろ」を十分ウレイで語り、カワッテ、「人の逢ふのも──」を出ること。

△「呼びださなんだ」と切り、そういえばその立田は、と思い出すだけの間を十分おいて、「が」を大切に、即ち兵衛太郎の奸計、贋迎いの事件の発覚の端緒となる可き十分の不審の拵えにて語ること。

△「悦びにはなぜこぬぞ」までを覚寿自身にいい、カワッテ「ソーレ誰ぞ──」と語ること。

△「何じや」を息で語り、「居ぬ、ウッ」と息を語ること。

△「まー度見てこい」は覚寿の地色でその足取を運び「座敷の隅々」は腰元の地合になること。

△「吟味のッ」とツメテ、「厳しさッ」と強く締めること。
△「芝に溜つ、た生血、を、ミー、ツー、ケ」と切り方と足取を大切に、即ち奴が闇の中で怪しげなものを見つけた時の身振りを表現すること。
△「水心得た」の切り方を正しく。
△苅屋姫の地合は音遣いを大切に、「コーハ」と語ると、「リン」とすくって（清六のこのすくった撥はよく利いた）「誰人のしわざぞや」ではウケズ、「チン」とノッテ、地色を弾いて出るが、この辺の清六の芸力は並々ならぬものがある。」
△「父上には生別れ」は、十分音を遣って、極力情を語ることに努め、カワッテ、「お前には死別れ」はサラット語ること。この語り分けを技巧の上から出来る人があるであろうが、古靭大夫の如く肚が出来ていなければ、ほんとうの情が浮いて来ぬ。
△「片端から詮議するぞ」は、「セーエンギ」と低く、内訌するように語り、「スルゾ」は走って語ること。
△「立田が死骸池にあるを」で切り、間をおいて「おのりやどうして」はヌーといい出すこと。
△奴詞を正しく、且面白く。
△「イヤ責めるには及ばぬ詞のてんでん」以下の覚寿の詞は怒りと苦悶の肚で語り、その急所々々を特に注意すること。」
△即ち、「テンデエーン」と一寸アタッテいい、次に「ハッ」と事件の真相を探知した時の恐ろしさの息を語り、もう一つと「ハーッ」と情なさを表わす息を突込んで語り「しれたわいの」は、一語一語をい

い出し憎い心で、ユックリ語ること。

△「イヤ是智殿」を一寸アタッテいい、「苦痛させねば」をえぐるようにいい、間をおいて、「腹がいぬ」は一杯の苦悶を以っていう、特に「いぬ」に力点をおいて。

△「いはさぬいはさぬ」も一寸アタッテ語るが、この辺より「我科を人に塗り」や、「クチーイニ」（「ニ」に力を入れて太郎に見せつける振りを表すこと）、「サ声立させぬ」、「極重悪人」など、皆覚寿も既に眼に一ぱいの涙をためていっているのであるから、そのように語らねばならぬ。こんな所古靱大夫は無類の出来である。

△「肝先にこたえたか」を十分。

△三味線も「いはさぬ」の「イロ」から十分シッカリ、「敵を取る」や、「母が娘へ手向の刀」など、「後室とこそ知られけれ」の「フシ落」まで手厚くたゝむこと。

△「カワチ」で大夫も絃もキメテ、「グウンリョウ」は音を遣って出ること。

△「心得ぬことながら」は調子を低く沈めて、独り言にいい、カワッテ高い調子で「此方へ通しませい」をいい、又カワッテ、傍の苅屋姫に「苅屋姫は奥へ行きや」といい、再三カワッテまた刀を突さしている手負に「こいつはまちイとオ苦痛をさす」ということ。この条は覚寿の詞ガワリが面白くなければならぬ。

△「申す詞の先折って」の「イロ」は、詞を打ち消す間で弾くが、それが余りに早すぎて世話にならぬよう、「ツツン」でなく、「ツ、ツン」程度に。

△輝国の詞は、常間で、時代の抑揚を大切に、澱まぬようにいうこと。

△「身が家来に渡したと」を不審の拵えでいうこと。

△「菅相丞の仇にこそなれ為にはならぬ」と続けていうこと。⊥

△「イヤ偽りは申さぬ」の次に覚寿が今までの事件を考え直おす長い間をおいて、「庭で鳴いた鶏の声」は遠いような声で、記憶を辿るかのように語り、息で一寸カワッテ「そこへござつた迎の衆」をいうが、「そこへ」を十分すがたを表すようにいい、そのまゝ「渡したに違ひはない」とつゞけ、⊥「が」を沈め、「請取らぬとおつしやるので」を十分不審の拵えを以っていい、「娘が最期」はウレイで、カワッテ「聟めがあのざま」をいい、「思ひ合せば」は恐ろしさを以っていうが、このうまさは一寸筆には書けぬ。この辺は息が積んでいなければならず、その頂点が「贋迎ひ」で、この一語は、覚寿が取り返えしのつかぬことをしたという肚一杯で語られる。

△「コレ伯母御」の「イロ」はツメテ。

△「一時違へば三里の後れ」は、絃から追いまくって。

△「ヤア〳〵判官先待たれよ。菅相丞はこれにありと、一間より出給ふ」は、音遣の妙諦を習得したものでなければ品物にならぬ。殊に「またれよ」の音の落所、「出給ふ」の音の落所が大切で、これらを満足にいおうとするには並々ならぬ修行と、実演に際しても猶深甚なる注意が肝要で、現在及未来に於いて古靭大夫並にいえる大夫は一寸出現しないと思う。即ち音が十二分に遣えて、その位取が出来て、肚が座っていて、調子の整った芸でなければ、急場の拵えでは赤児の寝言になるのである。

△「覚寿はびつくり」を十分大きく、「さつきに別れた」でまた常間に直ること。こゝの清六の絃の助力は賞すべきものがある。

△「ハテよい所へ」を大切に。

△「引立内にかくれゐる」の「フシ落」では、「チィーン（スクッタ撥で）」、「ツゥーン」と模様を弾いて、「ツトン〳〵〳〵」は次第に撥を手厚く、ノッタ間で弾くこと。この条の清六の絃が堪らなくよい。

△「エ、忝ない」は比較的軽く。

△「心の悦び」で清六の絃のアシライがよかった。

△「明る戸の」から菅相丞にカワル長い間をおいて「輿に召たは」と語り、「木像ならアー」と音を遣って、「ぬ」をいい、「ツツン、イウービノ」と又品よく音を遣うこと。

△「障子の内」の次に息があって、「今見る姿」はサラット。

△「心どぎまぎ」の古靭大夫の足取と、これをアシライで弾く清六の足取が天下無比であった。

△「そりやならぬ〳〵」を強くいって、コロットカワッテ、「とはいふもの、」を軽妙に、「ほんのコレ菅相丞」は拍子にいい、又カワッテ「おらが目の悪いのか」を真面目に面白く、「見所によつ、てかはるかい」と切って語ること。総てこの贋迎いの役はうんと真面目に語らねば面白くない。

△土師兵衛は少しの役であるが、中々の役で、古靭大夫は実によく語っている。その根本性根は「悴めが出世を思ひ」の極めて本能的なもので、その出に於いては「前後をさらに弁へず」の態度が詞の端々によく表現されなければならぬ。即ち「ヤコリャ悴」の「イロ」十分マクッテ「この深手はど、、いつがしわざ」の「ド、、」が兵衛の肚から出たあせった息でなければならず、古靭大夫は無類であった。」又「エ、残念々々」を十分、「悴めの出世を思ひ」も情をこめ、「くさり婆め」は大夫も三味線も手強くキ

メルこと。こういうことになると、歌舞伎でこの役を軽んずるのは悪癖のもっともなるもので、大立者が出て締めるべきである。

△「気をせいたり」の「フシ落」は、大夫は十分走って、三味線も十分手厚く畳めるだけ畳んで、「トン、ジャン」だけをカワッテ、カスメテ残すこと。

△「覚寿はとつかは」以下の音遣い、足取の至難なことは、他曲にその比を見ぬ位と思う。「あくる間」をハッテ、「さぞや」は音を遣い、「お気詰り」は沈め、「内を見れば」の次に一つ息があって、「こは如何に」といい、「又びつくり」は「マタア、」とタメテ、「びつくり」を十分強く語ると、絃からノッテ出て、「是はいかにと立帰り」は、大夫も三味線も足取を大切に、即ち覚寿の人形が、上手から張輿の中の木像をふりかえりながら中央まで考え〳〵歩んで来る心持と足取とが語られなければならぬのであるが、この条の古靱大夫清六のうまさは筆舌に尽し難い。それから「こなたの障子押明くれば」も音遣いが大切で、次の「チン、チン、ウ」はカブセズ、出来るだけユッタリ、左指を働かせて、品よく弾くと、「伯母御さわがせ給ふなと」の「ハリマ」をまた出来るだけ品よく、音遣を大切に語ること。

△「こゝでもびつくり」を強く、カワッテ、「かしこでも」と出ること。

△「あきれ果たるばかりなり」の「フシ落」は、舞台のキマリで、大間に且手厚く弾くこと。

△「悔みの御涙」の次に、カブセズ、間をおいて、「イーヤ」といい、又間をおいて「娘が命――」と出ること。

△「ナンノナコオ。」といって、「何の」は沈めて情を押さえて語るが、次の「何の」は泣いて語ること。

△「息絶えたり」の「フシ落」は全部カスメタ撥で、「エーエ、にくいながらも不便な死ざま」は「地色」

で、音遣いを締めて、肚で語り、「有為転変」で純然たる「地合」となること。

△「同じく此刀と」の「と」をシッカリ、また「髻払ひ」の「イロ」はウレイを持って、シッカリ語ること。

△「孫は得見いで憂目を見る」は、「見いで」から特に大切に一寸ウレイの間をおいて「憂目を見る」は肚で十分泣いて語ること。

△「回向ある」の「フシ落」は、フシ尻の「トントン、ジャン」をノッテ弾いて輝国へのカワリとすること。

△「いやとよ」以下の菅相丞は此段中の大性根所であり、同時に大難所であると思うが、全体の品位はいうに及ばず、それを表わす音遣いがぬける程出来ていて、「間」がよくて詞止めがたしかでなければ聞いていられぬ品物になるのである。

△「木にも魂」は沈めて、情を込めていうこと。

△「讒者の為に」の「表具」の三味線は、「チンチン、トツツン、ツン」と手厚く極めて弾いて、「ザンシャノ」と出ること。

△「身は荒磯の島守と」がこの段の山で、音を遣って出て、「いそ」で又音をゆって、「ハリキリ」があると、「シマモリ」は、一仮名一仮名をていねいに、情を込めて語り、「ト」で大夫と三味線が息の拍子を合わせてキメ、「チン、チン、ジャン」と強くキメルと、「朽果る」はヘタッテ、「後の世まで」は「間」を美しく語ること。

△「召されよ」の「ヨ」もヘタッテ、「と、仰せは外に」以下は立派に語ること。

△「又改まる」で調子が上ってからは、気をかえて、サラット運び、所々「景事」の風も混って語られる。
△伏籠から段切までは、義大夫節を演奏するに際して必要な本質的な技巧の悉くが一応揃って備わっていて、それが修行によって演奏者自身の息と間で運べるまでに完成しているものでなければこの段切にならない。
△「伏屋か苅屋」は、「か」を大切に語り、次にほんの一瞬間であるが、感覚的に非常に鋭い間があって、「カリイヤ」とユックリいい、カワッテ「伯母御前より」はサラット運び、⊥「申請し」で一寸切り、「女子の小」といって、一つ「息の間」を語り「我身にはあはぬ筈」はヘタッタ息から出ること。
△「我子」は、魂でいって、前と同様「息の間」を語って、「袖」ということ。
△「さてはと輝国」もの「さては」を十分に。
△「覚寿が心は伏籠の内――」以下は、情をはずませて語るが、足取はサラット運ばなければならぬ。
△「願ひを叶へて」を十分に語って、「立寄る袖をヒキーイッ」と強くいって、「トドオメ」の「メ」でやっと情が沈むように語ること。
△「子鳥」のうまさは筆で書けぬ。「親ドリモ」とウレイで語ること。
△「あかつきもがな」の辺の三味線は左の指遣いが大切である。
△「詠じすて」の「フシ落」で「トン、トゝゝン」と一をタゝクが、こゝで菅相丞の人形がそろ〳〵と立上るのであって、往昔の三味線弾と菅相丞を遣う人形遣いとの逸話も聞いているが、兎に角一撥々々手厚く、「位」も「間」も立派でなければならぬ。
△これから奥は、一句々々音の遣い方に、甲（カン）乙、明暗、緩急があって、それが西口政大夫の古浄

瑠璃の風であると思う。
△「羽たゝきもせぬ」はカンバッタ音で、「世の中や」が乙の音を利かせて語られる。
△「伏籠の内をもれ出る」はハッテ、次に「合の手」があって、「姫の思ひは羽ぬけ鳥」はヘタッテ語られる。
△「前後左右を」は大きく太く音を遣い、「かこまれて」は精細な音遣いであるが、こゝの「フシ」は他の段にもよくあるもので、とかく感傷的のみに傾き、「品位」などには凡そ縁遠い曲節であるが、古靭大夫清六の演奏には、「品位」と大きさが備わって居り、その芸力に感服した。
△「父は元より籠の鳥」は一寸アタッテ「雲井のむかし忍ばるゝ」は緩やかに語られる。
△次に手厚い「合の手」があって、「さすらへの身の」は明るい音で、「御歎き」を暗い音で、「夜は明けぬれど」が明るい音で、「心のやみ路」は暗い音で語られる。
△「つきぬ思ひにせきかぬる」は「大三重」であるが、この間に菅相丞の人形が二重の下手の階橋を降りて、中央より少し下手よりに来るのが丁度「もくげんじゆ」一杯になるのであるが、近世文楽座で菅相丞を遣う吉田栄三は、階段をたゞスラ〳〵とは決して降られない、何としても一段々々止って降りなければ、との古今の名芸談を語っているが、従ってこゝの三味線は、その肚から出た足取でなければならぬが、それが並大抵の芸力では出来ぬ。肚がすわっていて、許す限りの大間を弾くに、マクレヌようにする撥の修錬とそれが途切れ途切れにならぬようにする指遣いとが出来なければ、勾欄が死ぬのである。清六は、指遣いは実によく出来ていたが、間は大分狭く、完璧ではなかった。尤も素浄瑠璃であったから多少間が狭かったのかも知れぬが。

△「くりかへし」の音遣いを大切に。

△「見返り給ふ」は十分未練を残した肚で語り、後は一気に段切まで持って行くこと。

［備考］　372・5昭和十一年一月↓昭和十年一月（『義太夫年表　昭和篇』）

50

芸の力

『浄瑠璃雑誌』第四百十一号　昭和十七年八月三十日発行

この文は、六月の文楽座興行の真面目な批評で、決して　談や落し咄でないこと初めに断っておく。即ち、文楽座の六月興行の内容は、清二郎が弾いた「勧進帳」をはじめとして、以下夫々之に関して、芸の力ということをかく迄痛感したことが一寸最近に稀であったからである。

まずその第一が清二郎の「勧進帳」である。清二郎の芸は、今の文楽座の三味線の中では唯一の大切な中堅である。新左衛門、道八、仙糸は既に行尽し、夫々権威ある芸風を以って納って臨んでいる横綱である。清六はいま旭日昇天の勢で横綱街道を進んでいる。もっとも油の乗った所の大関の位置といえる。清二郎は旺盛なる気魄を以って大関をねらっている小結程度に譬えられる。その後に前頭の筆頭続いて二枚目、三枚目との芸がズラリと後がつかえん許りに列をなして居れば目出度いのだが、悲しい哉、幕内前頭は全部欠員、一足飛びに幕下へ来る有様だから叶わない。それはさておいて、右の如き清二郎が大物の「勧進帳」を弾くのだから大いに期待して臨んだ。その結果私の胸を強くうったものは、ほんとうの芸の力というもの、清二郎のでない、節付者名人豊沢団平の御勿体ない芸の力である。気魄の点では殆んど満点、音もよし、撥遣いも大体出来る、間もよい、腕も一通り強い、とよい条件は一応揃っている清二郎ではあるが、今一段高い修行、ほんとうに苦しんで出来た、または出来つゝある芸でないから、弾けない所はどこまでも弾けていない。従ってこれは年功に関係ないもので、年と共に弾けて来るという性質のものでない。それはこの曲の中で一番結構な部分の勧進帳を読む件である。「笈の中より」からになると、マクレて来る、急に音が悪くなって来る、芸の輪廓線が微動して来る（この輪廓線がボケたり、なくなったりしないだけえらい）。こうなると道八の芸は流石に尊い。初演或は再演の団平が弾いたのをきいた人は、そこに大分の差異をきゝ出せたであろうが、団平のを知らぬ我々では、道八の絃で十分満足出来る。少くとも弾き切れて居る。その総ては道八の本格的な、苦しんだ修行の所産である。この二つの修行の性質の相違を、数十年後の今日の床に如実に示した団平の芸の力に私は頭を下げたのである。

次に「由良湊千軒長者」の三段目「鶏娘」の改悪物がある。既に立派に出来ているものを、食満南北の脚色というのも妙な事であるが、新に吉左が節付したというのも、なぜそんなつまらぬ事をせねばならぬか不可解である。吉左の節付は、去年あたりから出現し出して、最近は殆んど毎月上場され、我々聴客のなやみの種となっているものであるが、これまでは大体際物か、賑やかせの物であったが、今度は初めて内容を持った三段目物になった。その点幾分期待をかけて、吉左のほんとうの節付技量を評価す可くきいて見た所、それは正しい意味に於いては節付けといえないものであった。あれは節寄せである。一寸よい節だと頭に浮んだ節を唯列べたに過ぎない。従って、曲の段取、展開、足取、緩急はなく、間はスケ〳〵で浮浪自在である。しかし大衆の一寸ぎゝには忍べるであろうが、何様義大夫節の三味線の中で一番傑かった団平の傑作の直後であるから、座方はその積りでないにしても、明治中期から今日までの間に節付もこんな情ないことになった、との比較をせざるを得ない。「勧進帳」の次にこの「鶏娘」の立て方は、即ち芸の力の急転直下を示したに外ならぬ。

その次に玉造襲名の出し物で、「千本桜」の四段目、「道行」、「八幡山崎」、「狐」の三場がある。古靱の

「御殿」は初演以来の傑作で、二年程前にも出たが、今度はその時よりもサラット揚った点が注目に価する。その結果として、この場が「四段目の中」であって、この後に島大夫の語った切場の在ることをその上場なくして聴客に覚らしめた。この場や、「伊賀越」の「饅頭娘」、「盛衰記」の「神崎」に於いて、その格合を語り出すのは誠に至難なことゝ思うが、⊥初演、再演にはその感が稀薄であった古靭大夫も、三度目に到って右の点を完成したのは、所詮芸の力に起因する外はないのである。

端場の「八幡山崎」は二つに割って前後を春大夫、重大夫の交替であるが、初日に前の役であった春大夫は床へ現れなかった。「忠臣蔵」の「ぬれ合羽」や、「椎の木」の端場でも出語りされる今日の文楽で、春大夫の名跡で、この場が「御簾内」と消えたのは、これも芸の力といわねばならぬ。

51

ビクターレコード『寿式三番叟』合評

『浄瑠璃雑誌』第四百十三号　昭和十七年十月一日発行

出演者

アド　竹本相生太夫　千歳　竹本大隅太夫

翁　豊竹古靱太夫

三番叟　竹本織太夫　ツレ　豊竹つばめ太夫

三味線　鶴沢道八　鶴沢清六　野沢吉五郎　鶴沢清二郎　竹沢団六　豊沢団伊三

囃子　梅屋金太郎社中

太宰施門　武智鉄二　鴻池幸武　森ほのほ　―　堀川豊弘

時　八月二十三日　場所　土佐堀船町京家

記者　先頃ビクターから義太夫レコード「寿式三番叟」が発売されました。レコードの持つ普及性と保存性との為め、この際厳正な批判を下しておく必要があると存じます。今日は丁度よい機会でありますから、レコードをお聴き願って充分御検討願います。先ずその企画からお願いします。

堀川　レコード会社の昨今は全く種がつきているようです。外国音楽は勿論種がなくなっていますし、流行歌は遠慮せねばならない、と云って軍歌ばかりを作っても居られません。そこで結局古典ものをと云うことになるのでしょう。

森　政府の望む明朗明快な、而も建設的な娯楽として、この「三番叟」が選ばれたわけですかね。

太宰　神霊への感謝といった意味も含まれていましょう。

森　時局的な題材と云えるでしょう、無難じゃありませんか。

武智　然し結果として無難ではなかったことになります。

記者　その意味は追々伺うことに致しましょう。

武智　このレコードが一般の嗜好にあうでしょうか。会社のお金儲けの心配ですが……

森　義太夫好きなら段物の方を希望するかも知れませんね、然し謡曲の方では「忠霊」がレコードになってから素人の方がどん〳〵やるようになりましたよ。

武智　「三番叟」も猿之助で、大いに大衆化されていますので、ビクターもそれにたよったのかも知れませんね。

堀川　ビクターの狙いは、羽左、幸四郎、仁左の「勧進帳」や「忠臣蔵」が素晴らしい好成績をあげたのに味を占めてのことでしょうが……

武智　ところが「三番叟」は凡そ非通俗的と来ていますからね。

太宰　結局、通のみの鑑賞で、普及価値はないでしょう。

記者　鴻池さん、古靱太夫等が、このレコードを吹込んだ経緯をお聞きになっていませんか。

鴻池　よくは存じませんが、最初古靱太夫は義太夫の「三番叟」は三人でやるものであるから、太夫三人、三味線は道八をシンにして吹込み度い希望だったそうですが、三人では会社の営業方針に叶わないというので暫く中止になっていたのが、今春になって、今度のような顔触れで実現することになったのです。

武智　義太夫節に於ける狂言というものは難しいものですから、古靱以外にやれる人はない訳なのですが、ビクターとしては古靱一門のみでは商品価値がないと云うのでしょう。

鴻池　そうです、偶々古靱、道八その他二三の人の優れた芸があったればこそ、これだけのものが出来ましたが、恐らくビクターとしてはそういう芸の問題は念頭になかったことでしょう。古靱、道八が居なくても、この企画は出来たであろうと思われる節があります。

武智　正にお説の通り。

鴻池　古靱が紋下の位置にあるから、翁を持って来たので、津太夫在世中なら津に翁を持って行ったでしょう。

武智　え〻〳〵そうですとも。

鴻池　芸のことなどは、この会社には判っていないでしょう。この会社ばかりでなく、某会社で鏡太夫の「三番叟」が売出されているのも同じく芸の判っていない証拠です。

記者　その鏡太夫のレコードを持って来て、比較して聴けばよかったのに残念なことです。

武智　古靱太夫の最初の案の通りを実現していれば、立派なものが出来、レコード会社として芸術的に最も意義の深い仕事を為し遂げたことになるわけだったのに、結局ビクターの拝金主義がこの失敗を敢てしたということになります。」レコード文化協会あたりが、頑張るべきなのですが、えてお役所などは芸が判らぬもので……。

記者　「三番叟」についてのお話を伺いたいと存じます。

森　「三番叟」は能としては特殊なもので、能ではない、能以前のものだという人もあります。義太夫の方でも特殊なものではないでしょうか。

鴻池　並木正三の「三十石艠始」の大序に劇中劇として三番叟の全文が入っています。

武智　それ以前にこの「三番叟」が行われたかどうかは証拠がありません。右の「三十石艠始」初演の際は、翁は鐘太夫、千歳が麓太夫でありました。麓風のニジッタ音がてんで遣えない大隅に千歳が語れる訳がありません。そう〳〵今度のレコードでは千歳を大隅と相生とが分割して語っています。これはおかしなことですが、こゝらが会社の金儲け主義が変にたゝって来ているところだと思います。

鴻池　これは大隅の力のないことを証拠立てゝいるようなものです。大隅に力量があれば、相生の役不足を蹴飛ばす筈のところなのですが……

森　能の方では、千歳を二人出すのがあります。レコードのように千歳を二人に分割するなら最初のところを連吟にせねばならないわけです。

鴻池　相生は顔は古い太夫ですが、顔ばかり古くても芸の悪いものは三文の値打もありません。このことは大団平も大隅太夫、組太夫の二人紋下の事件の時に公言していることです。

武智　兎に角、景事に音の遣えない太夫が出てくることが、間違いの根本です。先生（森氏へ）翁と千歳とは両方ともシテ方から出ることがありますが、翁は表の拍子、千歳は裏の拍子とでもいうことがあるのでしょうか。

森　翁は老松の如く、千歳は若松の如く颯爽たる感じが必要です。

武智　「六平太芸談」にもある通り、千歳が難しいというのは、位をもたすと翁につき、砕けると三番叟になるということなのでしょう。

森　御承知の通り、千歳の舞には延年の舞が入っていますが、元々延年の舞は少年の舞とも云って、子方が演じてもよろしいものです、稚児延年とも云います。

鴻池　成程、そういう風に節付がしてありますね。

森　拍子は非常に多い。

武智　「いづれも秘曲の打囃子」のところなどは、その感じがよく出ていて、本来の節付は全曲中一番気持のよいところです。それなのに、よぼ〳〵した感じの相生太夫などが千歳を語っています。

森　それと反対に、三津五郎の千歳はよろしいね。実に颯爽としています。

記者　ではこの辺でレコードをかけて一面々々について皆様の御批評を承りたいと存じます。

（レコードをかける）

記者　私は只今聴くのが初めてゞありますが、実際の演奏を聴く場合と非常に感じが違うように思われます。

武智　録音技術の悪いのが、耳ざわりです。三味線が小さすぎます。

堀川　恐らくこれは三つ位のマイクを置いて吹込んだのではないでしょうか。一つは古靭の前に、一つはツレ、一つは三味線とお囃子の前といった具合に。そして各々のマイクを絞って調節するのですが、古靭の前のを最も大きく開き、三味線その他の前のを最も小さく絞った調節の仕方に根本的な効果上の誤りがあるのではないでしょうか。

記者　では第一面の御批評をお願いします。

第一面

（古靱）夫豊秋津洲の大日本国常立の尊より天津神七世の後地神の始天照大神

森　第一声の「夫れ」はあんなものでしょうか。「勧進帳」では弁慶の「それ」が相当やかましいものになっていますが、こゝの古靱も苦心を払っているようですが、どうも……

鴻池　それはどういう意味ですか。

武智　曲の位からでしょうか、偽せ物の勧進帳を読むという劇的な意味からでしょうか。

森　両方の意味を持っているのでしょう。

鴻池　義太夫の「勧進帳」で、読み出す条は「大序」の節付になっていますから「三番叟」のこのところも同じことです。

森　能の方では頭へ力を入れて出ますが、義太夫の方では押えて出ていますね、その相違を知りたいと思います。

武智　「夫れ」は文章の上では第一面の「岩戸に籠らせ給ひし」にかゝるのですから単なる発語で、「勧進帳」の「夫れ」のような劇的環境が無いから、曲の位ということを別とすれば、古靱の出方でよいのだろうと思います。「大日本国常立の尊より」の「大日本」の音遣いがよろしい。

森　武智君は「大日本」の音遣いを褒められますが、能の方では、このレコードのように「ダァィニー」という産み字が出るのを嫌います。

鴻池　あれは産み字でなく、義太夫の「間」でしょう。

武智　こゝをこれだけに語るには余程、持つ修行が出来ていぬとやれぬ業です。

森　「天照」から「大神」と移るところが切れているように思われますが、どうでしょう。三味線の手の為めかも知れませんが……

鴻池　古靭太夫は常にこうしたところに苦心をしているのですが……

武智　息をつめて持つところがレコードで録音出来ないことにも幾分起因しましょう。

森　もう一つ「大神」の「ガァ、ミ」の二字の間が、離れすぎているようです。

鴻池　これも義太夫の「間」で、荘重なところは一仮名々々に力を入れてやるので、そうなるのでしょう。

森　能の方では「オーンガミ」という時があります。

武智　古靭もそう語っていますが……

森　それにしては「ン」の字が低すぎますね、「オーンガミ」と語った方が、より荘重に開えはしまいかと思うのです。

第二面

（ツレ）岩戸に籠らせ給ひし時世は常闇と成けらし其時に四方津神八百万の御神達神集に集め給ひ燎火をたいて庭神楽（古靭）神（ツレ）すゞしめと木綿襷

武智　ツレの初めの出が、節を覚えていないので揃っていません。というのは、ツレが揃わないのに二つの原因がある、一つは節を完全に覚えていないから揃わぬことで、もう一つは言葉を言葉として語らず、仮名をひろって云うところから、言葉として語る人と合わないと云う場合で、こゝはその前者に相当する訳です、後者に相当するところは後の方へ出て来ます。それから一般に各面の最初のツレの出が不揃いです。

堀川　私は最初、高低二部合唱かと思いました。

鴻池　古靱太夫だけが、景事が解っていてそれを語っているのですが、他の太夫は景事がどんなものかわからず、唯無意味にシンについてオネ〳〵いうているに過ぎないのでこんな結果になります。

武智　「四方津神」の条は古靱のみが音をとゞかせています。⊥それで如何にも沢山の神様が集っている情景が語れるので、⊥他の太夫はとゞかす修行が出来ていないので何にもなっていません。

森　「四方津神」は古靱一人が語っているように聞えました。⊥

太宰　それでは、その間、他の太夫は何を云っていたのでしょう。

森　「神集《かみあつめ》に集《あつ》め給ひ」は文章上「カンツドイニツドイ」がほんとうでしょう。「カミアツメニアツメ」はおかしいと思います。

第三面

（古靱）太祝の神歌や式三番の其謂おさ〳〵申も恐れ有とう〳〵たらり〳〵らたらりあがりら、りとうちりやたらり〳〵らたらりあがりららりとう

鴻池　「太祝《ふとのりこと》の神歌」は非常によろしい。古靱と道八とが延ばされるだけのばしています。勿論よい意味でゞすが実によい気持です

森　そうですね。

武智　第一面のところは息と間とで道八が古靱を斬込んでいますが、この第三面は逆に古靱が道八を斬込んでいます。道八の間が稍せまく感じられます。

鴻池　至極同感です。

武智　「おさ〳〵」に「恐れ有」の拵えがあります。如何にもかけなくもあやにかしこきことを云っているような「おさ〳〵」です。

太宰　こんなことが表現出来るのは当然のことで、若しこれが出来ていねば、月給は払えないことになりますが……

鴻池　他にそんなことの出来る太夫が一人もないので、自然褒めねばならぬことになるのです。

森　こゝで一寸申添えます。囃子の意気がのんべんだらりとしていて、少しもかわりません。第二面の「四方津神」の後の笛、第三面の「恐れ有」の後の笛とは両方とも面白くありません。

鴻池　鼓のかわりが少しも出来ていません、速さが変るだけで、位がかわりません。

第四面

（織　所千世迄おはしませ我等も千秋さふらはん鶴と亀との齢にて幸心に任せたり（相生）とう〳〵たらりたらりらちりやたらり〳〵らたらりあがりらゝりとう（大隅）鳴は滝の水〳〵日は照共たへずとうたり常にとうたり君の千歳をへん事は天津乙女の羽衣よ鳴は滝の水日は照共たへずとうたりありうとう〳〵

武智　この面が一番高価です。という意味は反対給付がないということです。お金を泥溝へすてゝいるようなものです。」

記者　中でも「常にとうたり」が一番拙いようですが……

武智　天津乙女の顚落といったところです。

森　「らゝりとう」というのは相生太夫ですか、音が抜けて了っています。「とう」は謡の方では浮くべきところです。⊥従ってそこに力が表現されます。義太夫では節がついていない。それをやる太夫にも力がないというわけでしょう。「ありうとう〳〵」と謡は終りになる程、音が上って強くなって来ます。今のを聴くと少しも変化がありません。

鴻池　それは謡ばかりでなく、義太夫の方でもそうです。

堀川　「羽衣、よ」と切れるので、羽衣よーと呼んでいるようです。

太宰　もし〳〵亀よですか。

堀川　素人のように調子がはずれています。

武智　こゝの清六の三味線が爽かに弾こうと努力しているのが、充分感じられます。翁の位にならぬよう爽かに弾くのです。

森　「日は照共」から三味線で受けるのですがその間の「間」をおきすぎるように思われますが如何でしょう。

武智　あれは息の込み方が不足しているからです。

鴻池　「たへずとうたり」が実に情ないことですね。

堀川　はずれたら、戻そうとはせず、どん〳〵はずれて行きます。

第五面

（ツレ）とう〳〵と鳴鼓宇佐の神の御役にて笛の初音も高円や笛吹の大明神大鼓は高野の大明神大鼓は熱田の源太夫いづれも秘曲の打囃子鳴は滝の水日は照神の神勇めされば春日の大明神翁の袂ひるがへす扇の手こそ面白や

記者　これ迄の内でこの面が一番面白いところと存じますが……

武智　千歳が舞っているところですが、古靭太夫だけが「笛の初音」を初音らしく爽かに届かせて発音しています。

森　笛が、これについて出るところがよろしい。

武智　他の太夫が邪魔になって仕方がありません。「打囃子」の後の三味線の合の手の道八の演奏は如何にも「秘曲」らしくて名演奏で気持がよろしい。

鴻池　囃子に「いづれも秘曲の打囃子」の条の節付の心が現われていません。唯間を合せているだけで、殊に「打囃子」の鼓などはまるで盥の底を叩くように聞えます

太宰　三味線は最初から非常に冴えて、色んな意味の瑕をカバーしていますね。

第六面

（古靭）青にぎて青丹よし奈良の都の（ツレ）三笠山かげもあらたに慈悲万行（古靭）七五三の歩の大事十五の拍子とりどりに万代の池の亀は甲に三曲を戴いたり

鴻池　「青にぎて青丹よし奈良の都の」こゝへ来て初めて古靭と道八とが、一つに融け合います。従って古靭の音遣いの間と、道八の撥遣い、間のしめ方とが完璧で、太夫と三味線弾きとの位取りの典型的な

もの、典型的なからみ合いということが出来ます。

森　「青丹よし」と「奈良の都」とが、切れたような節付になっていますが、「青丹よし」が「奈良の都」の枕詞でありますから、続けるか、或は枕詞らしく聞かせて貰い度いと存じます。

鴻池　「慈悲万行」は全部の太夫が揃って言えた唯一の箇所で、こゝを探すのに苦心しましたよ。

武智　「歩の大事」は如何にも大事そうに語っています。「十五の拍子」の次の「テン」を道八はお囃子の打切に合わそうということに気をつかって、かえって結果として、お囃子の素読芸にひきずられた結果となっています。従って珍らしく捲れています。「戴いたり」は「万代の池の亀の甲」という世に有り難いことのように語っています。

鴻池　「戴いたり」の条は他の太夫がやると動物園あたりに居る亀の背中に何か妙なものが戴ってあるという感じになっています。それでは困ります。兎に角「戴いたり」の古靱の語り方は表現の最骨頂であります。

第七面

（古靱）滝の水麗々と落て夜の月あざやかにうかんだり渚の砂さく〳〵として旦の日の色をらうず天下泰平国土安穏の今日の御祈祷なり

鴻池　第六面から第七面へは巧く続いています。

森　高い調子ですね。

武智　何本位ですか。

鴻池　二本位でしょう。
森　随分高いですね。
武智　景事はこういう調子でないといけません。
鴻池　低くては音が遣えません。
森　幅のあるところで表現出来ないのでしょうか。三味線の高い音を聞いていると曲が軽いように感じますが……
鴻池　高くて高く感じないよう、低くて低く感じないように聞かすのが三味線の秘訣でしょう。
武智　こゝは道八の御家芸です。
森　翁の位がよろしい。
武智　姿がよく出来ています。
太宰　「夜の月あざやか」にがよろしい。古靱は叙景の表現が巧みですね。
武智　「渚の砂さく〳〵」というところ本当に「さく〳〵」たる感じがしています。「天下泰平」の古靱の演奏も如何にも泰平らしくてよろしい。これが翁の眼目ですから大切に語るべきです。「チン〳〵」とスネテ「チン」をつっこみ「チチチン」とのせて行くあたりは道八いつきいても至芸です。
森　「安穏の云々」は謡ではなかったように思われます。又こゝに「御祈祷なり」とあって更に、第九面に「御祈祷なり」とあるのは重複ですね。

第八面

（古靭）ありはらや芦原やなぢよ共翁共あれはなぢよの翁共そやいづくの翁とう〳〵そよやな千秋万歳悦びの舞成ば一舞まはふ万ざい楽

鴻池　「御祈祷なり」までと「あり原や」以下の音遣いがコロッとかわっているのが、実に結構です。この条を語れた太夫は浄瑠璃史を通じて数人位のものではないでしょうか。古靭はその一人です。

武智　古靭太夫が、こんなに楽んで語るということはめったにないことと思います。翁という人がこうしたことを云っている姿と、古靭が音を面白く遣っているところが一致している点に、こうした芸が生れて来たのでしょう。

森　堅いところにあるなごやかさが感じられ、義太夫節の面白さはこゝにあると思いました。

武智　「なぢよ」や「をやいづくの」の音遣いは音遣いの標本でしょう。神遊びというのは全くこうした感じでしょう。神が人間というものを通じての神である。そういう感じです。」

太宰　神ばかりですと、人間と疎遠に感じられることがありますが、こゝに感じられますことは神人和合ということです。

武智　こゝを聞いて有難涙がこぼれました。古靭の高いユマニテのあらわれです。

太宰　下俗のものは余りに喜怒哀楽が多くありすぎますが、こうした観賞曲は外にはないでしょう。

武智　道明寺はどうでしょう。

鴻池　あれも大分事件が多いですね。

第九面

（ツレ）万ざい楽（古靱　長久円満息才延命今日の御祈祷なり（織）おさへおさへおふ悦びありや〳〵我此所よりも外へはやらじとぞ思ふ

森　「万ざい楽」が前につゞきません点が惜しい。能の方では三遍繰返し、三遍目を押えて沈めて行きます。

鴻池　まるでお経のように聞えます。三番叟の此の囃子は間が早くなっているだけで、息組は少しも変らないじゃありませんか。それから「悦びありや」も下手ですね。一体三番叟は世界中の悦びを身に引受けてやる心でなけねばなりませんが、織太夫はせい〴〵隣組の悦びしか表わせていません。

武智　いや吹込料が入る位のよろこびですよ。

太宰　菊五郎の三番叟は数十年を経て漸くこの悦びを表現出来るようになりました。

鴻池　六代目のは橋がゝりでキッとなるところの構えが強すぎましたが、最近はジッとしているところになごやかな気持が出て来ました。

武智　織太夫は悦びを表現しようとしていますが、それだけでは内から湧き起る悦びは表わされません。技術的に云って捲れています。だから表現にならないのです。聴手にそれが受取れません。

鴻池　「三番叟」の曲と織太夫の腹とが遊離しているのです。」

武智　「我此所よりも外へはやらじとぞ思ふ」が一息に云えることが大切なのではないのです。

太宰　義太夫節としては技芸の上からは、翁より三番叟の方が難しいのではないでしょうか。従って三番叟は翁と同等、或は同等以上の芸術家を煩わさねばならないと思います。

第十面

（ツレ）物の音に連て立まふに忌衣千歳は近江なる白髯の御神なり黒い尉は住吉の大神鼓は浪のとふと打音は高天が原なれや岩戸に向ふ神かぐらほそろぐせりと吹笛もひいやひしぎの音色迄春は霞の立姿

鴻池　（森氏へ）こゝでも「高天が、原」と切れていますね、お気に召さぬでしょう。

森　千歳が白髯の御神とありますが、一説に八幡大神であるとあります。八幡である方が、千歳の颯爽たる風格にふさわしいように感じられます。

武智　「ひいやひしぎの音色迄」で音を届かしているのはやはり古靭だけです。大ぜい太夫をツレで吹込ませて結局聞えるのは古靭と相生だけです。古靭は音をとゞかしている点で、相生は皆より一つずつ遅れているという点で……

太宰　だからアドの太夫と書いてある。（笑声）

鴻池　こゝでは緩急があり、カワリがなければならないところですが、それが一向にありません。

第十一面

（織）あゝら芽出度やな物に心得たる後々の太夫殿にげんざう申そう（相生）てうど参って候（織）誰がお立候ぞ（相生）年頃の傍輩連友達御後の為に罷立て候今日の三番叟猿楽きり〳〵尋常に舞ておりそへ色の黒い尉殿（織）此色の黒い尉が今日の御祈祷を千秋万歳所繁昌と舞納めふずる事は何より以って安ふぞう先後の太夫殿は元の座敷へおも〳〵と御直り候へ

森　こゝの三番叟の舞に太鼓が入るのは浮きすぎて嫌です。後の田植の舞のところはよろしいが……

武智　織と相生の三番叟の問答はまるでお葬式の挨拶をしているようですね。

森　二人が位をとりすぎているからでしょう。

太宰　位ということが判っていない証拠です。「色の黒い尉」がエロのグロと聞えます。

記者　そのまま太宰先生の御講義ですね。（笑声）

武智　織太夫もこゝへ来ると完全に狂言の声色にすぎません。⊥三番叟という住吉の神になっていません。三番叟の性格の表現から出ねばならないのに、織太夫自身の芸という低い芸から割出されますから、たゞの狂言の声色になるのです。⊥昔この太夫がつばめ時代に「赤坂並木」の弥次郎兵衛で非常な評判をとったことがありました。その後、織太夫を襲名してから同じ弥次郎兵衛を語ったことがありましたが、もう駄目でした。即ち弥次郎兵衛程度の情さえ語れなくなったのです。その太夫の三番叟が単なる声色になるのは当り前です。

第十二面

（相生）某が元の座敷へ直らふずる事は尉殿の舞よりもいと安ふぞう御舞なふては直り候まじ御舞候へ（織）御直り候へ（相生）御舞候へ（織）あゝらやうがましや（相生）さらば鈴を参らせふ（織）そなたこそ（ツレ）初日は諸願満足円満二日の日は又二つ柱鈿女の神子が一二三四五六七八九ノ十百千万の舞の袖五月のさ女房が笠の端を列ねて早苗おつ取上て諷ふた（古靱）千町（大隅）万町（ツレ）億万町

森　かぶせるところが、巧く行っていないので、興味が薄いと思います。

鴻池　たゞ妙な二つの声が交わる〳〵聞えるだけです。

武智　「千町」は古今の「千町」ですね。

鴻池　このレコード全体で、三番叟になっているのは、この「千町」だけでしょう。

武智　「九ノ《ここ》十《たり》」と間を盗んで云って了って更に間をおいて「イイイ、、、、」の産み字を語っています。それに他の太夫は「コ、ノタリ——」と仮名を拾って云うから揃わないのです。これがさきにも申しました揃わない一例で、義太夫の詞のつめる云い方が判る人と判らぬ人とが一緒に語っているからです。「さ女房」、第十三面の「火うち袋ぶらり」も同じことです。

第十三面

（ツレ）田をばぞんぶりぞ〳〵ぞんぶりぞ御田を植るならば笠かふて着せふぞ笠かふてたもるならば猶も田を植うよ三日は福徳寿福円満子徳人の子宝車座にならべたたつまついるまつかいつくひつ　うち袋ぶ　りと付て　ぞ是式三の　にて三日是を舞とかや

武智　こゝの三味線が、これ程まくれずによく揃ったのは、文楽でも余り聞いたことがありません。一枚目がよいからでしょう。

鴻池　この三味線の姿が判っていたら、織太夫や相生太夫は嘘にもこんな三番叟は語れぬ筈です。

第十四面

（ツレ）三社の神の舞楽より国常闇もほがらかに人の面もしろ〳〵と面白やの詞を始め今人の世の俳優に神といふ字のへんを取申楽と申こそ実恐れ有神遊び四海浪風納りて高砂の松の葉もちりやたらりは真言秘密狂言綺語の道直に三仏乗の因縁謂ワキ能しゅら事（古靱）かつら事（ツレ）柳は緑り花は紅数々や浜の真砂は尽る共尽せぬ和歌ぞ敷島の神の教への国津民（古靱）治る（ツレ）御代ぞめでたけれ

武智　この「三社の神」が語れているのは古靱だけです。他の太夫は邪魔にこそなれ、何の役にも立っていません、そうした太夫をツレに持って来たことは如何に金儲けが大切だとて、折角のレコードを台なしにした点で、功罪相半どころではありません。この企画の最初に古靱は狂言は難しいから自分が勉強して一人でやって見ましょうといった意見を用いなかった効は目前これを見よ、です。

森　「三仏乗の因縁ぞかし」というのは謡曲「山姥」の中にある文句で、こゝに引用したのはよろしい、これは山姥の中心思想を語っているものです。

記者　皆様、御苦労様でした。これでレコード「三番叟」の合評を終ります。最後にこのレコードに添付された解説書について御意見はありませんか。

堀川　素人の為めに何の用もなさないように思われます。

太宰　啓蒙の書というものは仲々難しいものです。総ての鑑賞の基礎になるものですから、最高の智識の所有者に書かせねばなりません。

武智　最初に挿入された舞台写真は昭和十七年二月興行のもので、古今での最も悪い三番叟でした。どうかと思います。」ほんとうに。

記者　ではこれでこの座談会を終ります。

［備考］

391・13大団平も大隅太夫、組太夫の二人紋下事件の時に公言…彦六座の紋下の問題の時に、団平を心にして左右に組太夫と大隅太夫とを、風鈴にして付けた時に、因講から苦情が出て、太夫を軽んずるのは悪い、紋下は一人にしろと交渉があった。そして彦六は新物〳〵と、新作を狙う事にも因講並びに文楽座にも内々快としなかった連中があった。因講では臨時総会を開いて協議会を催しまでした。この時団平は、道具は古物が値打か知らぬが芸の値打は古物にない。それが規則なら因講の申合せが悪いといって紋下二人の問題よりは新作上演について団平は気焔を上げだ。芸人は腕一つだ。顔の古いのが何の値打になるかと言って組太夫が彦六に帰り新参の時に、大隅太夫の下に組太夫をおいた。（石割松太郎「三味線の名人豊沢団平」『伝記』第二巻第九号）

391・18「六平太芸談」…千歳というものは中途半端なものでね。万さん（梅若万三郎氏）程の人がやってもやはり感心しないね。シテ方がやれば狂言の真似をしているようだし、狂言方がやればシテの真似のようだし、何とかもっと好い型が出来そうなもんだがね。（喜多六平太「千歳」『六平太芸談』春秋社松柏館）

398・2大鼓は熱田の↓太鼓は熱田の（ビクター五八七八～五八八四　昭和一七年八月発売　解説書）

403・2立まふに忌衣↓立まふ小忌衣（同　音源）

404・14早苗おつ取上て諷ふた↓早苗おつ取打上て諷ふた（同　解説書）

405・8ぞんぶりぞ〳〵ぞんぶりぞ↓ぞんぶりぞ〳〵ぞんぶり〳〵ぞんぶりぞ（同）

405・9ひつ　うち袋ぶ　りと付て　ぞ是式三の　にて↓
ひつ付火うち袋ぶらりと付て候ぞ是式三の故実にて（同）

52

和泉太夫追悼

『浄瑠璃雑誌』第四百十三号　昭和十七年十月一日発行

和泉太夫の死は、今の浄瑠璃界に殆んど影響がない、というのが誰もの感懐であり、又それが偽らざる事実であろう。

事実、最近の彼の舞台は全く沈滞期に入っていた。活気がなかったことが一番大きい欠陥であった。かくの如き和泉太夫の死に際して、敢てこゝに追悼の一文を草する理由は、現に文楽座に活躍（?）し、かなりの優遇を受けてはいるが、芸の上からいうとその名前だにも浄瑠璃史上に録する要のない無価値太夫と、彼と同等には扱えないからである。

『和泉さんも以前は中々よう語りはりました』という声を私は屡々きいた事がある。大正十三四年頃、即ちラジオが出来た頃、私は放送番組の統計を取っていた事があった。それによると義太夫節の放送で個人的度数に於いて彼が最高記録を保持していたと記憶している。『よく語った』というのは恐らくこの時代の事であろうと思う。三味線は猿糸の猿太郎時代、死んだ歌助などであった。語り物は、回数が多かったから比較的広範囲に亘り、『寺小屋』、『寿司屋』、『湊町』、『帯屋』、それから『逆櫓』もあったと思うが、何れもかなり達者に語ったように憶えている。

畢竟晩年の沈滞芸は、その原因の八分が健康にあったように思う。しかしその間にも、不健康を斟酌して評価した場合佳作はあった。『引窓』の『かけ腕』、『葛の葉』の『木綿買』などがその例で、そんな時彼は一人前の太夫であった。序切以上はやれない立派な太夫であった。

一人前の太夫、それは五段組織上の一場に適用される芸格を有する太夫を指していうのである。具体的にいえば、一つの狂言が通しで上演された場合、何れかの場を適所適材として受持ち得る太夫のことで、和泉太夫は正にその内の一人で位高き三段目や四段目は持てないが、端場や序切程度では、その演奏的使命を果し得る、芸格的に五段組織の法則に叶った極めて自然な太夫であった。こゝに小さいながらも和泉太夫の浄瑠璃史上ゆるぎなき存在価値を認めることが出来るのである。

三段目や四段目を無茶苦茶にがめって、及第したように顔をして、端場を語ったら、ボロが出て品物にならぬような変態的太夫、換言すれば悪質的雨晒的太夫は、和泉太夫の死に際し、以上の点を胸に手をあてゝよく考える必要がある。

（九月廿五日）

53

文楽東京公演所産

『浄瑠璃雑誌』第四百十六号　昭和十八年一月二十日発行

「ツレ弾き」の事

お目見得狂言の中で、古靭太夫が「堀川」を語った。三味線は清六、ツレ弾き吉左改め松之輔。じっと聴いていると清六と松之輔の三味線が丸で合っていない。揆遣いの全部が別々のものである。私はいみじくも団平の事を想い出した。団平はツレ弾きが非常に厳重であったときく、従って門人の中でも団平のツレ弾きが出来ない者が多数あり、最も大物所では竜助、小団二等がその類であったらしい。ツレ弾きの規約、細々しく述べる暇を持たないが、とに角シンと全等なる三味線を弾かねばならぬ。自我が出てはツレ弾きにならない。自分の芸を殺さねばならぬ。それには活きた芸を自分が持っていなければならぬ、その活きている最後の源泉点だけ残して後の全部をシンの芸風に仕立直すのである。そこでシンが名人の場合、ツレ弾きに出る程よい勉強はないのである。だから上位の者のツレに出るとき、「ツレ弾きをさせていたゞく」と楽屋内では慣用しているのである。近頃の文楽では、ツレ弾きをさせていたゞいている輩はめったに見当らない。清六のツレ弾きに松之輔が出たのは珍らしいことで、どんなことになるかと思っていたら、その乱弾きぶりは想像以上で、最近稀な不快を覚えたので、二三の三味線弾にそのことを咄したら、皆一応肯定したが、次に異口同音に「元々芸も違いますから」と言訳めいたことをいっていたので、口先だけの挨拶かは知らぬが、「もう義太夫の三味線も数年中に滅亡するわい」と思った。しかし松之輔の乱弾きぶりが、私に団平のツレ弾観の重要性を再認識せしめたことは近頃の収獲であった。

新作の事

もう五六年も前のことであった、文楽で新作曲が発表された場合、作曲者が因講顔付の古老格（か上八枚）以上でない限り、作曲者名を肩書きすることが出来ぬという意味の主張が因講から提出され、若手の敏腕家を憤慨せしめたときいている。当時私もそれを憤慨とまでは行かないが、腑に落ちぬ位に思っていたが、その後いろ〳〵考えて見ると、因講の主張も一理はあることが判った。明治以前はよく調べがつかないから判らぬが、明治以後因講の三味線の箱を四代目清七が預っていた間の新作曲は、その清七が担当し、清七歿後団平がその任についたのである。尤もこれは絃界の規則ではなく、当時芸の権威がその構成の重要なる一面であった因講の自然的法則で、清七在世中にも団平は数多の作曲をなし、団平在世中にも松葉屋広助、金照の叶などが作曲をしている。数年前の因講の主張が右の歴史的事実に拠ったものかどうか知らぬが、最近はそれも何処へやら消失して、松之輔が毎興行新作曲を発表している。それを西亭作曲と肩書をつけて発表すること、及びその新曲細評については今は略するが、抑々作曲ということに関し、兼ねて私の持論と、最近文楽に現れる作曲との矛盾を少し述べる。

私の作曲論というのは、演奏そのものの芸術的価値――それは普遍的なものとして修行の目標となる程度以上のもの——をも作曲意図に入れる可きである、というのである。具体的にいえば、或る三味線弾きがある曲を舞台で非常に上手く弾いたとする、そこまで上手に、完全に弾かねばならぬということの指定までが作曲である。つまり自作の曲の最高級演奏の具体的な技術上の実行乃至指定が作曲者に出来なければならないのである。こゝに古典の意義がある。また畏友武智鉄二氏の厳格な意味に於いて義太夫節には作曲はなく、節付というべきであるという卓見の意見も見出せる。この節付論に立脚して、前述の因講の事実、最近の文楽の新曲の現状の双方を吟味すると面白い。前者は意義が成立し、後者は意義が崩壊する。殊に実例として松之輔の作曲を仙糸が弾いた場合右の意がハッキリと表れる。近くは昨年九月の「土屋主税」がそれで、大した曲でもないものを、仙糸が実に上手に扱って、高座の芸に仕立て弾いている。私にいわせれば、仙糸の演奏までを作曲意図に入れ可きである。所がそれは節付者西亭の企て及ばざる演奏であることは、平常の松之輔の三味線を聴けば明白である。畢竟、松之輔は朱章を並べたゞけでそれを仙糸が節付したのである。だから、右のような場合は仙糸節付と肩書するのがほんとうである。でないと芸の秩序が乱れてしまう。文楽の節付者は若くても差支はないが、節付する前に三味線を勉強して、自ら作った曲の最高級演奏を指定し、実行し得るまで芸力を養生せねば、振付は曲りなりに出来ても、踊りを踊ったら丸きり下手糞な現在の踊の師匠の中間入りをせねばならなくなる。

「道明寺聞書」追補

より完全な芸評は、一度や二度鑑賞した位では望めない。時によって演奏者が肉体的精神的に低調であることもある。そんな時は往々にして批評の対象が既に不完全である。批評者側にもそれと同じ場合がある。その上に批評者側は耳や目が外を向いているときもある。従って芸評の公表は、許す限り好演を度々鑑賞するに限る。

東京公演中第四回に、古靱太夫は「道明寺」を語った。古靱の「道明寺」は昨五月京大の研究会での好演を聴き、その聞書きを六月号の当誌に公表したが、何様一夜ぎりであったから聞き漏らしたところや、聞き間違った点もあったと思うが、今度は六日間連日聴いて見たので、前回の追補を左記する。

△枕の「早刻限」は、「ハーヤ」でなく、「ハヤー」とツメなければいかぬが、「ヤ」で音が上ってはいけない。「ハヤ」とツメテいってしまってから、音を遣って絃に添うて行くのである。

△「判官代輝国は路次の用心辻固め」までつゞけていうこと。

△「輿に召す」は時代に弾き、「見送る――」は捺らえた撥で覚寿の容姿を弾くこと。

△「ヤレ嬉しや」は十分。

△「イヤ寝たうても――」は息から出て、独り言のようにいう。

△「アーレまだいの」はかぶせること。

△「それでわざ、と」を鄭寧に。

△「家来共動かすな」は一気に大きく。

△「道理々々」は間をもって、鄭寧に。

△「――正体なし」から太郎へのカワリは絃から捺らえること。

△「詮議仕らんとえーんばなに」とつゞけること。

△「娘の敵」」、「初太刀は此母」、「跡は聟殿」、「刀を借」皆カワリを大切に。

△「宿祢太郎は――」は絃にかまわずいい切ること。

△「もがき」はネバって、「身共に何の――」の詞は、苦しき息の下でいうこと。

△「ヤコレ〳〵伯母御」はツメて、カブセて、十分に。

△「かけ出す輝国」は太夫も絃も畳んで大きく運び、絃から変って「チレ」は時代にうんねりした挨で「ヤア〳〵判官――」となること。

△「今見る姿」から「心どきまぎ」の足取で語り、それにカケて「心どきまぎ」を語ること。至難の極みである。

△「おらが目の悪いのか」は一寸考えて自分にいうこと。

△「見所によつ、てかはるかひ」と切ること。

△「イーヤ、替らうが――戻されし菅相丞」までの音遣い　と足取が無類であった。こんな所がほんとうの叩き込んだ芸の力を表すところである。

△「半死半生」はつゞけて。

△「ヤアとぼけさしやんな」は冷笑的にいう。

△「何かも顕れどき」はサラ〳〵運ぶこと。

△「明る間」は絃の間を拾て出ること。

△「いふ目に涙」までは十分のウレイで、カワッて「のふ輝国殿」はサラッと運ぶこと。

△「娘が最後も此刀、聟が最後も此刀」のカワリと足取は肚できめること。

△「身幅もせまき――」の音遣いが無類であった。

△「あかつきもがな」は届いても届かなくても、届かし、それを絃が上手くアシラって助けねばいかぬ。

△「名残はつきず」を大切に。

△「生けるが――」は十二分にネバッて。

まだ聞き逃している所も沢山あるに違いないし、亦古靱太夫も更に奥深く語れる所必ずあると思う。それが芸である。

54

古靭の『寺子屋』其他 ――一月の文楽座評――

『浄瑠璃雑誌』第四百十七号　昭和十八年三月二十日発行

昼夜二部制になった為め弊害はどこにも見られない。それどころか昼の部を通し狂言として、二月まで「一の谷」を立て、、一部では何としても出ない「序切」を出したことなどは文楽本来のすがたと復したようで大賛成である。二部制にする限り、一部は通し狂言として、「菅原」、「廿四孝」、「妹背山」、「伊賀越」、「狭間合戦」、「忠臣講釈」、「盛衰記」、「夏祭」などを順次上演されたい。

昼の部では新左衛門の「茶屋場」が素晴らしい。「傍り見廻し」や「釣灯籠の明りを照し」の「間」の雄大さ、などもよいが「女の文の跡や先」のすがたなど値千金。「思ひ、テン、ついたる」も面白い。「読取る文章」で足取をかえて、肚ノリでサラ〳〵と運ぶのは表面的に面白い許りでなく、元塩冶の奥女中であるお軽がどんな文章をどんな気持でどんな速度で読み取って、それがどう反映したか、という文章の真髄を表現し切った技巧として、完璧であった。「下家よりは――」もよかったが、九太夫の千駒太夫が「下家よりはボロ〳〵〳〵」と、恐らく床本にもそんな訳のわからぬことは書いてないだろうと思われることを語って、折角の興がスッ飛んだ。「ばったり落つれば、ツン（キメテ）、下には――、ツン（マギン）、縁の下には」の息も激しくて面白かった。「影かくし」の「イロ」を、「チ、ン、ツン」と弾かず、「ツウン」とカスメて息で弾き、「由良さんか」を、そのまゝつゞけて語らせたのには有難涙がこぼれた。従来の如く、別の息で「ユーラーサーンカ」というのは根本的な誤演であることがこの新左衛門のやり方を聴いてはじめてわかった。

太夫では伊達太夫のおかるが著しい進境ぶりを聞かせて頼もしかった。しかし今のまゝではまだ楽観は許せぬ。」もう二年程、新左衛門、道八、仙糸の三絃師に舞台で弾いてもらう機会を造ってみっちり勉強することが、斯道のために何よりの急務であることを強調する。

夜の「小鍛冶」では、道八と栄三の二人を除く外全部ラクダイ。文字太夫の勅使が「道成キンゼン、トリョウショウナシ」というなど、ボルネオの土人でも今少しましな日本語をいうだろう。

古靱の「寺子屋」は依然傑作、度を重ねるに従って更に高度の表現が随所に殖えて来ている。細評は前にしたから、こゝではその追加のみ左記する。

「どりやこちの子――」は二つに切れぬように。「見えければ」からカワって、「心ならず」は戸浪が案外な、きょとんとした拵で語ること。「テ扨器量――」は意外の肚で語られたが、これまでは感心する息だけであったが、今度は一歩進んだ訳である。「跡先見廻し」はゆっくり運び、「夫に向ひ」は待ちかねた息で、せき込んで語ること。」「請合たサー」と語り、「心」はシッカリ語ること。「屠所の歩――」は絃と全く離れて語り、「帰りシーイガ」とタメテ語ること。「語れば」は源蔵、「女房」は戸浪の地合とハッキリ語り分けること。「いふに」、「胸すえ」も同断。松王の詞は調子を高く、若く表現すること。「身の上と源蔵も」から一寸カワッテ、「妻の戸浪も」を語り、「胴をすえ」を大切に語ること。「ハッ」といって、「無の間」を語り、「と、討りに――」と語ること。これは今度が始めてと思う。「目通に」をツメテ、シッカリ語ること。「是非に及ばず」の息は筆で書けぬ。「戸浪も身を固め」からカワッテ「夫は――」を語ること「一生懸命」の一言を大切に語ること。「いふにびっくり」は出来るだけ早く、そして「シテ〳〵それは」

は、源蔵が全く予想だにしていなかった息で、カブセテ語ること。これは従来になかった素的な表現の一つである。「梅はどび――」は比較的沈めて、低い調子で語ること。「ずつと通るは松王丸」で一寸間をおいて、「見るに――」はヌーッと語り出すこと。「一礼は先づ跡の事」は、呆れた息のまゝで、走って「是まで――」と続けていうこと。この詞の足取を畳んで語ったのは今度がはじめてであるが、非常によい、従来のだと、歌舞伎も入れて皆足が遅そすぎる、そんな事をいっている間に一礼が出来る。「よもや貴殿が打ちはせまい」は息でいい、カワッテ「なれ共」を語ること。「――報ずるとき」の次に又カワッテ、「女房千代――」を語ること。」「我子は来たか」のうまさは書けぬ。「見込み給ひ」、「つれなからうぞ」、「かゝる悔やしさ」など全部ウレイで、「推量あれ」の次に肚で泣く間があって、「源蔵殿」は一杯に語ること。総て奥の松王は肚で泣いた詞で語ること、かく語ってこそ、「持つべきものは子なるぞや」といえるのである。

切の大隅の「吃又」はこの人として近来の傑作であった。一月三日の放送は全段語ったが、文楽では大分省いた。以前東京で語ったときは大してよくなかったが、今度は息がよく積んでいた。何時もこの程度に語ってくれるとよいのにと思った。

枕の「足取」も完璧とまでは行かないにしても、前よりよくなった。将監の詞が一番よく、「茶でも呑んで」を「チャーデーモ」と引張った外は相当の出来で、中でも「貧苦をしのぐは何の為」が語れたので、「土佐の苗字を惜しむにあらずや」の大切な一語が殆んど理想的によくいえた。注進の足取は、今少し激しく、早く方がよいが、」「難なく姫君、シェーッばひとられ」の息も十分でよく、「イヤ〳〵」も面白かった。又「如何はせんと」を息で語ったのも本格である。それから「指さしすれ共」で一寸間をおいて、

「合点ゆかず」をきょとんとした拵らえで語ったのは秀逸。修理之助と又平とのやりとりの息も面白く、「放さねばぬいて突くぞも」よく語れた。「敵に向って問答せん――」を思案しながらいうのも正しく、「少しも吃り申さず」といって、カワッテ「サッ又平殿」は勢よく語ったのも、かくある可きである。畢竟我々の知る限りの「吃又」では最高のものであった。清二郎の絃は気組はよいが、注進の条などその割に撥の力が前へ出なかった。また、「石魂にとゞまれ、ツ、、、、ン　がヅッ切れになったのはよくない。

55

豊沢新左衛門追悼

『浄瑠璃雑誌』第四百十九号　昭和十八年五月二十日発行

二代目豊沢新左衛門の死は、彼がこゝ数年間文楽座に於いて全く不要芸人の如き非法の冷遇を受けていたから、文楽座興行の表面に現れたゞけの損害であるかのように世間に誤解されるといけないから、故人へ対する追悼の辞を草するとゝもに、彼の紘界に於ける正しい存在意義を徐に考えて見たいと思う。

新左衛門の芸に関して、特に衆人に抜出て素晴らしく、従って一般の三味線弾は勿論、我々批評家が研究すべきことは、その音色とすがたであった。この二つの中音色は三味線を聞けば誰でも直ちに或程度の判断が出来ることであるから、凡そ普通の音感を持っている人ならば、彼の三味線の音は並々ならぬ妙音であることに気の付かぬものはなかった筈である。三味線の批評が殆んど出来ない東京の文楽批評家でさえ彼の音色には常に好評を下していた。いうまでもなく文楽第一、真実当代随一であった。私は私の三味線研究の重要なる一項目として常に彼の音色に耳を欹ていた。私の微力な耳に感じたところでは、一二三ともに音の大きさは格別で一をハナシた音は義太夫節の三味線として稍軽薄な感があったが、二の同音は全く他に類を聞かぬ華やかさを備えた妙音の中枢であり、三の同音は雄大にして重味あり（所謂底へぬけ切った）それに一種の和かさを伴っていた。それは単なる天賦のみの音でなく、音に対する長年の研鑽と修行によって生れた妙音であった。その証拠として、彼の音色は彼の芸妙の鍵のようであり、弾かれる各段の曲風と文章の内容とに深く関連していた。換言すれば、一つの表現を目標として、彼の音色は演奏技巧と相俟つものがあった。私が彼の三味線に対して少なからぬ敬慕の念を抱いていた意味はこゝにあったのである。

私は久しい間かゝる絶大なる内容を有する音色の根源を究めたいと思っていた。まず高座で彼の使用している三味線を見つめてみたが、我々素人目には案外粗末な三味線の如く見えたに過ぎなかった。またある時彼に向って「あなたの音は実に美しいがそれはどういう訳ですか」と短刀直入的な質問をしたことがあった。すると彼は「私はそれをいわれるのが一番つろおます」と答えた。なぜかというと、何時でもよい音をさせなければならぬからというのであった。彼のこの種々の意味に於いて味うべき答弁と、鶴沢道八の「今文楽で三味線の拵えが完全に出来るのは新左衛門だけです」という言葉とを結びつけて考えると、彼の音色の出発点に関する疑問の糸口はやゝ判るようである。要するに彼は常に音を研究し、研究以上に苦しみ、拵えの名人にまでなったということは判明する。それについて堀江座で低調子の故二代目春子太夫を弾き、春子太夫の一風変った陰に籠った音声の伴奏として、低調子で美しく華やかな音色を研究した時代は、彼の芸歴の中で重要視すべき一期間で、彼の拵えの技量はこの時代に殆んど大成されたと見てよい。だから結局は拵えが問題になるのであるが、新左衛門程度の妙音になると、拵えの常識的手法（といってもこれが満足に出来ている人が一人か二人であるらしい）以外に、音の批判、即ち耳のよさ、自分の演奏技巧の特長（撥と指）即ち手癖と拵えの関係に対する見解等にかなり重要な問題が存在しているように思われる。こゝによい意味の音色の個性が表れて来て、それの各人の芸風への影響は誠に大きいものである。

以上のような意味で、新左衛門の音色は衆人の研鑽の的とさる可きものであった。単に音色の点だけに於いても、当今太棹界に於いて、一方鶴沢道八に対して他方の大関であり、その関係は恰も初代義太夫と頼母のそれの如き重要性を持っていた。嘗て私は道八の音色を理想的な音、新左衛門の音色を空想的な音色と評したが、三味線弾某はこの私の批評を適評だと評してくれた。

　次に論ず可きは新左衛門が弾いたすがたである。これに関しても私は一つの疑問を懐いている。それは彼の撥遣いは千変万化という程の変化はなかったにかゝわらず、すがたが非常によく弾けていたことであった。これは長年の間清水町団平をはじめとして諸名人の名演奏をきゝ研鑽した賜物であろう。嘗て文楽座で「日吉丸三段目」を弾いたとき（太夫は呂太夫であったと思う）段切の「虎の助はにこにこ顔」以下の早間のノリ地をすら〱と弾く間に、虎の助、二人の手負、ばゞ、茂助、久吉等数人の人物のすがたを何の苦もなく弾き表わし我々を驚嘆せしめたことがあった。そのとき私は彼に向って「すがたがよく出ていて結構でした」といったら、彼は「それを弾こうと苦心してまんねん」と即答した。又彼は嘗て私に「三味線は枕一枚でその段の舞台を弾き定めてしまわんといきまへん。太夫は文章を語り出しますけど、これだけは三味線弾の逃れん役目だす」と語った。その他数多き彼の名演奏――中でも今に私の耳に残っている、「先代萩御殿」、「廿四孝四段目」、「酒屋」の枕と妹背川の終りから半七の出にかけて、「野崎村」の枕、「明鳥」の段切、「茶筌酒」、「新口村」の枕、「宝引」の枕、「河庄」の小春のクドキ、「杉酒屋」のおみわのクドキと段切、「金殿」の枕、「茶屋場」等を思い浮べると彼の目標は常にすがたを弾き表すということにあったのである。

　これは一人新左衛門に限らず、義太夫節の三味線弾たる者はこの心掛けを第一とすべきであるが、心掛けは兎も角、それが実地に完成しているものは新左衛門の外二名か三名を数うるのみである。其他は全部落第で、撥が絃に触れる為に絃が振動して音響を発するという一物理的現象に止まり、本質的に芸とは別個のもので、素人でも玄人でも巧拙の程度問題に過ぎないのである。我邦で義太夫節の三味線弾が五名を数えぬ折柄、その中の一人であった新左衛門の存在価値は実に重大であった。

次に私は彼の「ノリ間」のことに関して論じたい。これは彼の芸風の一つの著しい特徴であり、文楽座の三味線弾の大多数が彼を蔑視した一因であったようである。それが言語道断であることはいうに及ばぬことであって、私にいわしむれば、義太夫節三味線には必要なる一要素である「具合」を解し得ず、従ってそれとノリとの関係（新左衛門の場合最も密接であった）を究め得ない者共の低級なる考えであったのである。事実私も彼のノリに対してはかなり久しい間一種の疑いを懐いていたのであるが、腹が完全に座っている彼に本質的に「駕かき間」に類す可き腹ノリでない身体ノリの如きがある筈はなかった。腹が十分座っていたからスネた間が完全にしっくりと弾けて、それと反対の技巧であるノリ（腹ノリ、間ノリ以下これに準ず）が際立って、その二つの技巧の運び方によって具合を弾き、より高き表現手段を試みるのが彼の目算であったと私は解釈している。唯彼の場合ノリ間に稍重点を置き過ぎた感があり、従ってそれが稍強く表面化していたことは事実であったが、これは彼の性来の手はむしろそれと反対の律動の少いもので、それでは具合を弾くことは到底覚束ないことを彼はよく自覚していて特にノリ間を大切に弾くことを長年心掛けて来てその習が性となったのではないかと私は臆測している。換言すれば、彼のノリは具合乃至高度の表現の安全栓であったのである。そして彼の目標とした具合乃至表現はいうまでもなく清水町団平を頭としてそれに続く彼が師匠松太郎であったことは明白である。

次に私は彼の息と間の激しさについて少し述べたい。それは激しかるべき所の彼の息と間は、若手の健腕の者共のそれより遥に激しかったということである。この私の説は一見誤っているように考えられるであろうが、息の激しさ、間の激しさ、撥の激しさは腕の強さとは別のものであるという原則から考えれば容易に解ることで、健腕ではなかった新左衛門にも息、間、撥の激しさの修行は彼なりに出来ていたので、この点にも彼の修行の筋目の正しさ、即ちやらなければならぬ修行は出来ていたことが表れていたのであって、若手連中のよく反省せねばならぬところである。

その他新左衛門の芸に関して思い出したことを付記すれば、彼は自己の力量を非常によく識っていて、力以上の芸を避けられるところは避けていたゝめ、終りまでボロが出なくて非常に美しかったと思う。尤もこれは晩年のみのことかとも思う。

私が聞いた時代の彼の相手の太夫は錣太夫が最も長く後は古靱太夫、呂太夫と文字（今の住）太夫が少し、その他は臨時か掛合であったが、語る本人に取っての都合はどうか知らぬが、私の感じたところでは総てよき女房役であったようである。特に錣太夫等の場合は一段中数回の脱線を救った上、夫々の箇所の規約に仕立て、それに彼自身の特有の妙音で湿いを添えていた。而して語らすところは太夫に十分語らせてやっていた。即ち締めるべきところで十分締めて置いて、太夫に、さあこれからはいいたいようにいえ、とポイと渡してやるというようなことがよくあった。それが証拠には新左衛門に別れてからの錣太夫は、期間も短かったが、実に放蕩の限りを尽した芸であった。又文字太夫の相三味線時代は錣太夫の場合と違った意味で賢妻ぶりを示していた。即ち文字太夫は錣太夫と違って女房役にしながら同時に彼を師と仰ぎかなりの稽古をして貰った上床へ表れたらしく、従って文字太夫の芸が一変して、極言すれば新左衛門を相三味線に得て初めて本格的な義太夫節が語れたのであった。そして当時文字太夫は一図に新左衛門の指導に従って語っていたから、肉体的にはえらかったろうが、義太夫節は面白く、その中に新左衛門の義太夫節に対する見解をきくことが出来て、我々としても非常に参考になった。「寺小屋」、「東大寺」、「夕顔棚」、「酒屋」そして放送の「夏祭六つ目」など今でも耳に残っている。殊に「寺小屋」のとき、丁度入場したら「源蔵戻り」の終り頃で、一語二語聞く中、「これは文字太夫か知ら」と疑った程で音は遣えていなかったが、息と間が一杯で激しく、「駕」までゞあったが、流汗淋漓の大熱演であった。それから私は今一度これをきゝ直して後、楽屋に新左衛門を訪ね「文字太夫がすっかり変って来ましたが、大成する見込はありますか」とたずねたら、彼は「今一生懸命で喜んで稽古をしています、この秋には盲の住さんの名を継ぎますのや」といっていた。摂津大掾、大隅太夫に優るとも劣らぬ名人で、劇界の団菊に対する芝翫彦三郎に相当すべき住太夫の名跡を譲り受けるとは並々ならぬことであるが、このまゝで行けば住太夫の名を辛うじて辱めぬ程度の芸を存続出来るであろうと想像し、襲名狂言は多分「沼津」であろうから、数少い撥と特種な足取で表現されなければならぬ「沼津」の情景を新左衛門が如何に巧みに弾くかを私はそのときより楽しみにしていたのであるが、襲名披露の興行から相三味線が喜代之助に替ったのを知った時は全く木から落った猿の如く情なかった（尤もこれは文字太夫の発意ではなかったらしいが）それから後の新左衛門に対する文楽座奥役の待遇は実に非人道的で、恰も米国の邦人虐待の如く、若し芸術擁護のための刑法が存するならばその罪は万死に値すると私は断言する。

以上私は甚だ不完全ながらも新左衛門の芸界に於ける存在価値を二三の方面から説いて来たのであるが、これを要約すれば、彼は現今の斯界に恐らく絶後的な颯爽たる芸風を以って泰然と臨んでいたもので、新左衛門風の芸は何時の時代にも斯道には不可欠の存在であったのである。従って彼の死は三業を通じて昭和十一年の豊沢松太郎の死以来の大損害であると私は惜しみて止まない。

［備考］ 426・1昭和十一年の豊沢松太郎の死→昭和十三年十月十九日（川端柳蛙「名人豊沢松太郎師を偲ぶ（一）」『太棹』第一〇一号）

あとがき

世に鉄道ファンという存在がある。自動車好きもまた多い。この両者、乗り物というカテゴリーで一括できそうだが、実は対極にある。

あらかじめ敷かれたレールの上を走る、とは批判的表現の典型であり、自動車好きが鉄道ファンを理解できない最大の理由でもある。しかし、鉄道とは、あらかじめ敷かれたレールの上を走るものなのであり、それゆえに精密なダイヤと正確な運転技術が必要とされる。逆に言えば、自由に乗り回せるものではないところに、鉄道の魅力が存在するのであり、あらかじめ敷かれたレールの上を走らなくては、鉄道とは呼べない。鉄道にとって、勝手気ままは絶対に許されないのである。

鴻池幸武が鉄道好きであったことは、「中村章景の思い出」からも読み取れるが、鴻池の文楽批評を読み進めていく中でも、確かに納得できるのである。すなわち、浄瑠璃の「風」を文楽の芸術的価値の根本に置き、人形浄瑠璃文楽における具体的な三業の成果を、一切妥協せず厳格かつ痛烈に批評する姿勢に、それは見て取れる。鴻池にとって、「風」という路線上にないものは浄瑠璃義太夫節ではなく、「風」を体現するからこそ浄瑠璃義太夫節は芸術なのであった。

自動車は文字通り自ら運転することができるが、鉄道の場合そうはいかない。現在日本で喧伝されている〝アクティヴ〟とは正反対の「お客さん」ということになる。とりわけ、やったもん勝ちを身上とする人間から見れば、鉄道乗車などは受動的苦痛以外の何物でもないだろう。しかし、そこに身を置く者に鋭い感受性があれば、受容することが主体的行為となる。名人芸の堪能。そして、やらない勇気がそこにはある。

「鴻池さんを殺したことだけで、私は日本の軍隊を、永久に許すことができない」とは、武智鉄二の言葉である。死地フィリピン戦線に送られた彼の死は、名誉などの虚字によって装飾が施されてよいはずがない。人形浄瑠璃文楽にとっての無念さと絶望感がすべてである。もう一度、武智の言葉を借りよう。「日本は一人の天才を失ったのである。鴻池さんの死は今次大戦に於ける最大の損失の一つに数えらるべきである。」

今日における人形浄瑠璃文楽の危機的状況を鑑みる時、本書に掲載された鴻池幸武の批評文が、彼の精神を体現した耳を通して聞こえてくること、筆者の望みはそれに尽きる。そして、鴻池の声が蘇るとき、その背後には古靭の浄瑠璃が響き、道八そして新左衛門や仙糸の弾く三味線が流れ、それと同時に、栄三の遣う人形もまた姿を現しているに違いない。


鴻池幸武は、親友武智鉄二の処女出版に「かりの翅」という題を付けた。武智が特に好んだ『奥州安達ヶ原』三段目切「袖萩祭文」から段切の一句を選んだと言うが、それは意味上からイメージされる魅力によるものだけではない。そもそも、切場はその前半部の奏演が困難を伴うものとされているから、段切を好むこと、段切の詞章から書名を選ぶことは、語りを知らぬ者と言われる可能性さえある。しかし、例えば、古靭清六が昭和一五年九月新橋演舞場において「大和風」で勤めた素浄瑠璃「袖萩祭文」を聴いて、鴻池は「調子が上ってからのよさは筆には書けぬ。」とまで記しているのである。段切は、その多くで調子が一音上がりノリ間で奏演され、三味線が主導権を握る箇所である。華麗なる旋律とともに、文字通り「音曲の司」として大団円を迎える節付がなされており、聴く者の心を陶酔させる。この「着する冠装束も古郷へ帰る袖袂かりの翅の雲の上」との詞章を思い浮かべたとき、魅惑的な旋律が鳴り響いていたからこそ、鴻池は標題として選んだのである。段切の素晴らしさは、「駒太夫風」の「流しの枝」(『一谷嫩軍記』二段目切)においても堪能することができる。切場全体としては「林住家」であるが、段切の詞章「散行身にも指かざす流シの枝の短冊は世々に誉を残す種」から、その魅力的な呼称は生まれている。

この段切詞章を、陳腐な「種尽くし」と評した大学人＝研究者がいる。たしかに、内容的に見ればそれは様式的であり、現代人の表現基準からすれば、駄洒落の類と変わりはないかもしれない。しかし、その詞章が語り弾かれる現場に身を置いたことがあるなら、否定的評価を下すことなどありえない。なぜならば、それがまさに段切の詞章として書かれているからである。近年、浄瑠璃義太夫節の歴史的音源が数多く復刻され、幻の名演さえも手軽に聞くことができるようになった。その奏演解説は当然のごとく大学人＝研究者の手によっている。曲目や詞章の解説のことを言っているのではない。それら奏演解説の中で、浄瑠璃義太夫節を聞き込んだ、聞き巧者による評言と呼べるものがいったいどれほど存在するであろうか。いやむしろ、批評を学術的でない所感や随想に近いものと低く位置付けているからこそ気軽に書けるのであろう。

鴻池幸武が存命なら、どのように評するだろう。辛辣な彼のことである。本物の浄瑠璃義太夫節を本当の耳で聞いたことがない方々、そう書いて筆を置くかもしれない。

ここで、本書に採用した書体「味明」について述べておきたい。以下、編集者の話を再構成して記す。

この「味明」という明朝体は、デザイナー味岡伸太郎氏の手になるものである。味岡氏は豊橋という場所で地域に根ざしながら、卓越した美意識と信念をもって独自のデザインを打ち出しており、この書体も独特の存在感と個性を有している。この書体の発表に際し大阪と東京で味岡氏の展示会が行われ、若き日から味岡氏と交流があったブックデザイナー白井敬尚氏との、トークイベントがあった。その席上、白井氏のデザインによる書籍『老建築稼の歩んだ道　松村正恒著作集』が紹介され、建築家・松村正恒の遺した文章をまとめた本書に、この「味明」を使用した由などの説明があった。松村正恒は、木造モダニズム建築の名作と謳われる八幡浜市の日土小学校を手がけた建築家であり、一地方都市で、深い思索をもって建築のあるべき姿を追い求めた人物であるという。彼の建築家としてのすがた、かたくななまでの信条、独自の筆致などが、この書体によっても表現されているように感じられた。かつて、ある時代に確かな目と信念をもって文楽研究を行った鴻池幸武、彼もまた松村正恒と同様に「知る人ぞ知る」存在である。そしてその研究人生に光をあて紹介する『鴻池幸武文楽批評集成』にもまた、この美しく力強い書体がふさわしく思われた。

本書が世に出るにあたり、図らずも人間の有り様や人の世の姿を思い知ることとなった。その中にあって、父母の恩はもちろんのこと、研究活動に理解のあった管理職や同僚そして知人、資料の閲覧や調査に協力を得られた関係諸機関職員の存在、これら善意の人々に、衷心より感謝の意を表したい。

京都造形芸術大学舞台芸術センター所長、大阪大学名誉教授天野文雄先生には、大阪大学出版会をご紹介いただいた上、刊行に向け激励までいただいた。師恩の二字に尽きる。

東京家政学院光塩会河村京子氏には、『浄曲新報』についてお取り計らいいただいた。なお、学院創立者大江スミ女史は「心してオーケストラを聴きこころして浄瑠璃をきく」との至言を残されている。

人形浄瑠璃文楽座太夫豊竹呂勢太夫師には、「鴻池幸武自筆書入本」の翻刻を作成するに際し、監修をお引き受けいただいた。「風」にも精通したその語りは、浄瑠璃義太夫節の本道を行くものである。

「鴻池幸武自筆書入本」について、貴重な初出資料をご提供いただいた山縣元氏に、謹んでお礼を申し上げる。同氏には、他にも多数の資料をご提供いただき、校正においてもご助力を賜った。

最後になるが、大阪大学出版会の板東詩おり氏ならびに川上展代氏には、何から何までお世話になった。

理屈ではわかっていた編集者という存在の大きさに、自身の経験においてあらためて思い至ったのである。

第一部は「鴻池幸武による「文楽評」の成立――背景と特徴分析――」（『演劇学論集　日本演劇学会紀要六〇』二〇一五年六月）を大幅に加筆・補訂したものである。

本刊行物は、日本学術振興会平成三〇年度科学研究費補助金（研究成果公開促進費）「学術図書」（課題番号18HP5046）の助成を受けたものである。

文楽三業演者名索引

太夫、三味線、人形に分け、五十音順の掲載とする。
演者名の後の丸数字は代数を表し、通称はその後に付す。
改名ある者は最終名を索引名とし、前名はその下位に付す。
なお、「先代」や「二代目」のみの場合なども該当項に採録した。

太夫

三味線

人　形

浄瑠璃作品名索引

「外題名」を五十音順に掲載し、通称はその後に、段名は下位に付す。
鴻池幸武による詳細な聴取分析がある頁は、太字斜体で示した。

多田英俊（ただ ひでとし）

1957年4月15日生まれ。

1980年筑波大学第一学群人文学類卒業。2010年大阪大学大学院文学研究科文化表現論専攻博士後期課程修了。博士（文学）。京都府立高等学校教諭・指導教諭・司書教諭、京都教育大学非常勤講師、大谷大学非常勤講師、京都造形芸術大学非常勤講師。人形浄瑠璃文楽に関するWebページ「音曲の司」主宰。

主要業績：
- 「思想教育の芸術鑑賞に及ぼす影響について――戦前の女学校向け人形浄瑠璃公演を中心に」『演劇学論叢』（大阪大学大学院文学研究科演劇学研究室）第15号、2016年
- 「平成二十三年度上半期（一月から六月）の文楽評・附歌舞伎鑑賞教室（関西）」『歌舞伎――研究と批評』第48号、2012年
- 「人形浄瑠璃における「序切跡」についての考察――詞章内容および曲節の分析から」『藝能史研究』（藝能史研究会）第189号、2010年

- 独立行政法人日本学術振興会科学研究費補助金（奨励研究）採択課題
  「古典芸能における日露戦争三十周年――国民精神の高揚と文化の対外宣揚――」（2016年）
  「思想教育の芸術鑑賞に及ぼす影響について――戦前の女学校向け人形浄瑠璃公演を中心に――」（2015年）
  「戦前・戦中における人形浄瑠璃文楽の普及とその受容に関する考察」（2011年）
  「鴻池幸武の人形浄瑠璃文楽研究に関する考察」（2010年）
  「明治・大正から昭和前期までの義太夫節における「つ」「づ」音の発声に関する研究」（2006年）
  「日本固有の伝統芸能である人形浄瑠璃「文楽」の教材化ならびに音曲的研究」（2005年）

鴻池幸武文楽批評集成

2019年2月28日　初版第1刷発行　［検印廃止］

編著者　多田 英俊

発行所　大阪大学出版会
代表者　三成 賢次

〒565-0871　大阪府吹田市山田丘2-7
大阪大学ウエストフロント
TEL　06-6877-1614
FAX　06-6877-1617
URL：http://www.osaka-up.or.jp

印刷・製本　尼崎印刷株式会社

ISBN 978-4-87259-674-8 C3074